中国外交

China's Foreign Affairs

2010年版

中华人民共和国外交部
政　策　规　划　司　编

2009年2月12日，中国国家主席胡锦涛抵达巴马科对马里进行国事访问。图为马里少年儿童在机场用当地传统礼仪迎接胡锦涛。

2009年4月2日，中国国家主席胡锦涛出席在伦敦举行的二十国集团领导人第二次金融峰会。图为胡锦涛同与会各国领导人及有关国际组织负责人集体合影。

2009年9月23日，中国国家主席胡锦涛在纽约出席第64届联合国大会一般性辩论，并发表重要讲话。

2009年11月17日，中国国家主席胡锦涛与来华访问的美国总统奥巴马在北京人民大会堂共同会见记者。

2009年11月11日，中国国家主席胡锦涛在吉隆坡会见马来西亚总理纳吉布。图为两国领导人在亲切交谈。

2009年12月14日，中国国家主席胡锦涛和土库曼斯坦总统别尔德穆哈梅多夫、哈萨克斯坦总统纳扎尔巴耶夫、乌兹别克斯坦总统卡里莫夫共同出席在土库曼斯坦阿姆河右岸天然气处理厂举行的中国—中亚天然气管道通气仪式。图为四国元首共同转动天然气管道启动阀门。

2009年7月17日至20日，第11次驻外使节会议在北京召开。图为胡锦涛等党和国家领导人会见出席会议的驻外使节。

2009年5月13日至24日，中国全国人大常委会委员长吴邦国对俄罗斯、奥地利和意大利进行了正式友好访问。图为吴邦国在克里姆林宫会见俄罗斯总统梅德韦杰夫。

2009年8月10日，中国全国人大常委会委员长吴邦国在北京人民大会堂会见各国议会联盟主席、纳米比亚议长古里拉布。

2009年8月31日至9月12日，中国全国人大常委会委员长吴邦国对美国、古巴和巴哈马进行正式友好访问。图为吴邦国来到中国援建巴哈马国家体育场项目工地，亲切看望正在那里施工作业的中方工程技术人员和建筑工人，并与巴哈马副总理西莫内特一同为项目标志牌揭幕。

2009年11月8日，中国国务院总理温家宝在埃及沙姆沙伊赫出席中非合作论坛第四届部长级会议开幕式并讲话。

2009年10月10日，第二次中日韩领导人会议在北京举行。图为中国国务院总理温家宝、韩国总统李明博、日本首相鸠山由纪夫在人民大会堂合影。

2009年12月18日，中国国务院总理温家宝在丹麦哥本哈根与巴西总统卢拉、南非总统祖马、印度总理辛格“基础四国”领导人一起与美国总统奥巴马就联合国气候变化大会达成最后协议进行磋商。

2009年1月28日，中国国务院总理温家宝在瑞士达沃斯世界经济论坛2009年年会上发表特别致辞。

2009年4月24日，中国全国政协主席贾庆林在北京人民大会堂会见叙利亚人民议会议长阿卜拉什。

2009年11月19日至30日，中国全国政协主席贾庆林对菲律宾、秘鲁、厄瓜多尔和巴西进行正式友好访问。图为贾庆林在马尼拉会见菲律宾众议院代议长维拉罗莎。

2009年3月21日，中共中央政治局常委李长春在堪培拉会见澳大利亚工党领袖、联邦政府总理陆克文。

2009年8月14日，中国国家副主席习近平在北京人民大会堂东门外广场举行仪式，欢迎阿联酋阿布扎比酋长国王储穆罕默德·本·扎耶德·阿勒纳哈扬殿下访华。

2009年10月22日，中国国务院副总理李克强在北京中南海紫光阁会见来华出席全球核能合作伙伴执行委员会第三次部长级会议的部分代表团团长。

2009年6月13日至27日，中共中央政治局常委、中央纪委书记贺国强对埃及、西班牙、约旦和蒙古国进行了友好访问。图为贺国强在开罗会见埃及民族民主党总书记穆罕默德·萨夫瓦特·谢里夫。

2009年11月16日至20日，中共中央政治局常委、中央政法委书记周永康对苏丹、南非进行正式友好访问。图为周永康在比勒陀利亚会见南非总统、非洲人国民大会主席雅各布·祖马。

2009年7月27日至28日，首轮中美战略与经济对话在华盛顿举行。中国国家主席胡锦涛特别代表、国务院副总理王岐山和国务委员戴秉国与美国总统巴拉克·奥巴马特别代表、国务卿希拉里·克林顿和财政部长蒂莫西·盖特纳共同主持了对话。图为王岐山发表首轮中美战略与经济对话闭幕声明。

2009年2月23日，中国与越南在广西凭祥友谊关口岸举行仪式，共同庆祝陆地边界勘界立碑圆满结束。图为中国国务委员戴秉国（左）和越南副总理兼外长范家谦在为1116号界碑揭幕后握手。

2009年5月15日，上海合作组织成员国外长会议在莫斯科举行。图为中国外交部长杨洁篪（左四）与上合组织其他成员国的外长及上合组织官员合影。

2009年1月9日，第九次中日战略对话在东京举行。中国外交部副部长王光亚和日本外务省次官薮中三十二分别率团参加。图为战略对话会议现场。

2009年7月30日，联合国安理会一致通过决议，将联合国和非洲联盟（非盟）驻苏丹达尔富尔混合维和部队的任期延长一年，至2010年7月31日。图为中国常驻联合国官员（前中）举手投票。

2009年7月2日，世界卫生部长峰会在墨西哥坎昆开幕，共商应对全球甲型H1N1流感大流行，共享防控信息，讨论防控的经验及教训。图为中国代表（左三）在峰会上发表讲话。

2009年5月3日，外交部在北京举办“五四”青年节大学生专场公众开放日活动，主题为“弘扬‘五四’爱国精神，青春奉献祖国外交”。来自北京大学、清华大学等11所院校的170余名大学生参与了开放日活动。

2009年9月至10月，“辉煌六十年——中华人民共和国成立60周年成就展”在北京展览馆举行。图为外国驻华使节、驻华国际组织官员和记者、在华工作的外籍专家在现场参观。

2009年10月30日，中国援建的宾博医院奠基仪式在中非班吉市宾博区隆重举行。中非总统、议长、第一和第二副议长、代总理、16位部长、驻中非使节和国际组织代表及当地民众2000余人出席仪式。该医院建成后将结束中非首都南部地区没有医院的历史。

自2008年底开始，中国海军在亚丁湾、索马里海域实施护航。图为2009年11月13日，第四批护航编队的“温州”号导弹护卫舰（前）为商船护航。

2009年，外交部与地方合作，开展了“树立海外中国公民文明形象宣传月”活动，推出《海外中国公民文明指南》和《中国公民海外安全常识》宣传册。图为7月9日在福建省长乐市举行的启动仪式。

《中国外交》（2010年版）指导委员会

《中国外交》（2010年版）编辑委员会

外交部长序

2009年是新中国成立60周年和新中国外交60周年，是具有特殊历史意义的一年。中国人民隆重庆祝新中国60华诞，成功应对历史罕见的国际金融危机。中国国际地位进一步提升，国际作用和影响备受关注。

2009年也是中国外交的丰收之年。面对国际形势的复杂深刻变化，我们以应对金融危机为主线，以多边峰会外交为主要平台，以外交理论和实践创新为重要动力，以统筹协调为根本工作方法，抢抓机遇、化解挑战，加大运筹大国外交，全面发展与周边国家睦邻友好关系，继续深化同发展中国家团结合作，努力推进多边外交，大力加强经济、安全和公共外交等各领域外交工作，坚决维护了国家主权、安全和发展利益，巩固了我国发展的重要战略机遇期，促进了世界和地区的和平、稳定与繁荣。

这些成绩来之不易，是党中央、国务院坚强领导、正确指挥的结果，是外交战线全体同志团结奋斗的结果，是各地区、各部门以及全国人民共同努力的结果，也得益于广大华人华侨和国际友人的理解、支持和帮助。

2010 年版《中国外交》真实、全面、系统地阐述了 2009 年的国际形势、中国外交政策和工作情况，是国内外公众真切了解和感受当代中国外交的重要渠道。希望此书对关心和研究中国外交的国内外读者有所帮助。

楊潔篪

2010 年 1 月 19 日

目　录

第二章　2009 年的中国外交

第三章　中国与各建交国家的关系

第四章　中国与国际和地区组织的关系

第五章　中国外交中的军控、裁军与防扩散工作

第六章　中国外交中的条约法律工作

第七章　中国外交中的边界与海洋工作

第八章　中国外交中的新闻工作

第九章　中国外交中的领事工作

＊ 仅指东亚、东南亚、南亚。——编者

第一章

2009 年的国际形势

2009 年是危机之年和变革之年。在国际金融危机、大国政策调整等多重因素的作用下，国际形势、国际关系和国际格局加速调整演变，出现了一系列重大、深刻和复杂的变化。

1. 概　述

(1) 金融危机深层次影响显现，国际体系变革进程加快

国际金融危机不断深化蔓延，主要经济体普遍遭受冲击，全球经济陷入 20 世纪 30 年代以来最为严重的衰退，发展问题更加突出。在世界各国普遍采取的大规模经济刺激措施作用下，世界经济下半年以来出现了复苏好转迹象，美、欧、日等经济增长由负转正，新兴大国经济回升势头明显。但世界经济的深层次问题并未解决，经济复苏的基础尚不牢固，面临的不确定因素依然很多，贸易和投资保护主义抬头。这场危机是由美国次贷危机引发的，充分暴露了经济全球化条件下世界经济长期积累的深层次矛盾，暴露了世界经济治理体系的严重缺陷。危机的影响远超出经济金融领域，对国际力量对比、国际格局演变和大国关系产生重大影响。国际经济金融体系改革取得突破。二十国集团（G20）成为全球经济治理的核心平台，继续加强有关机制建设成为各方共识。国际货币基金组织、世界银行的治理结构改革迈出重要步伐。发展中国家在国际经济金融体系中的代表性和发言权得到提高，为推进全球经济金融领域的对话与合作打下了良好基础。

（2）国际力量对比出现新变化，多极化趋势更加明朗

国际金融危机使新兴大国和传统发达国家之间的力量对比发生新的消长变化。发达国家深受国际金融危机冲击，软硬实力有所受损。新兴大国虽然也受到明显冲击，但总体上仍能保持较快增长势头，日益成为世界经济新的驱动力和增长点。新兴大国与传统大国在全球国内生产总值（GDP）中的比重一升一降之势进一步加强。全球投资、贸易格局和经济增长方式正在发生重大变化，逐步向发达经济体和新兴经济体之间双向平衡的格局转变。新兴大国在加快崛起的同时，联合自强的意识增强。“金砖四国”举行首次领导人会晤，开辟了四国机制化合作的道路。新兴大国的其他合作机制方兴未艾，在国际事务中的协调合作进一步加强。国际力量对比继续朝着相对均衡、有利于多极化的方向发展。

（3）主要大国加紧战略调整，大国关系进入新一轮互动

国际金融危机引发世界各大国深刻反思。各方普遍调整各自发展战略、对外政策，抢抓危机后的战略制高点。变革成为不可阻挡的国际潮流。美国奥巴马政府对内提振经济活力，对外进行冷战结束以来最为全面的政策调整，倡导“巧实力”外交，主张建立“多伙伴世界”，加强大国协调合作。俄罗斯对内积极消弭危机的影响，调整经济结构，整顿经济秩序，对外更加进取务实，致力于加强和改善与各方关系，提升大国地位。欧盟推动完成《里斯本条约》批约进程，一体化建设取得新进展，对外积极参与国际议程和国际规则制定。日本民主党首次上台执政，倡导“友爱外交”，更加重视亚洲，倡议建立“东亚共同体”。新兴大国在大国关系中的地位和作用进一步上升。总的来看，大国间维持既竞争又合作的关系框架，互动更加频繁，协调合作的广度和深度不断拓展。

（4）气候变化问题备受关注，全球性问题牵动各方利益

气候变化问题成为国际关注焦点，各国围绕哥本哈根气候变化会议激烈博弈，最终达成《哥本哈根协议》，为下一步气候变化谈判指明了方向。低碳经济和绿色发展逐渐成为国际经济竞争的核心内容之一，各方着眼未来发展空间与主导权的斗争激烈。核裁军、核安全和防扩散问题在国际议程中显著前移。恐怖主义泛滥及公共卫生安全等问题日益突出并相互交织。全球性问题的紧迫性、联动性上升，任何国家都难以单独应对，“同舟共济”成为各方共识。国际合作显著加强，多边外交空前活跃，呈现出活动密、层次高、议题广、共识多等特点。“全球治理”不断向实践和制度层面推进。

（5）亚太地区合作蓬勃发展，在国际格局中的分量上升

亚太地区国家在应对国际金融危机过程中表现出较强的发展活力和潜力，中国、印度等国经济逆势上扬并带动亚洲经济总体回升。地区各国政治互信和利益融合不断加深，求合作、谋发展的共识增强。中日韩、10+1、10+3、上海合作组织等地区合作日趋活跃，有关双边和多边自由贸易区建设稳步推进。各方普遍加大对亚太地区的重视和投入，积极筹划和营造未来区域合作架构，提出各种倡议和设想。另一方面，不少亚太国家仍处于经济转轨、政治转制和社会转型期，各国维护国内稳定的难度增大，相互间关系也更加复杂。亚洲国家间双边纠纷有所增多，地区热点问题时有起伏，安全形势存在不少变数。

（6）中国国际地位提高，作用和影响备受各方关注

新中国成立 60 年特别是改革开放 30 年来，中国的综合国力显著增强，发展成就举世瞩目。中国有效应对国际金融危机影响，积极参与应对危机的国际合作，在拉动世界经济复苏、合作应对全球性挑战中发挥重要作用，成为全球经济治理新机制的重要成员。国际社会高度评价中国在国际事务中的建设性作用，加强对华合作的愿望进一步上升。另一方面，国际上过高估计中国的发展水平，要求中国承担更大责任的声音也在上升，有的还刻意散布和炒作“中国威胁论”等论调。中国发展的外部环境仍然复杂。国际社会特别是西方对中国独特发展道路的接受和认同，还需要一个较长的过程。

2. 全球各地区形势

(1) 亚洲地区*形势

2009年，亚洲地区形势总体保持稳定。在国际金融危机冲击、主要大国对外政策调整、亚洲发展转型等影响下，亚洲地区形势出现一些新变化。

亚洲发展模式酝酿深刻调整。亚洲国家受到国际金融危机不同程度冲击，出口萎缩，资本外流，增长放缓，失业率上升。各国政府积极应对，纷纷出台经济刺激方案，地区经济逐步企稳复苏。一些国家开始反思发展模式弊端，加快结构调整，努力培育内需，推进绿色经济，增强可持续发展能力。据亚行估算，2009年东亚新兴经济体增长4.2%。亚洲仍是世界经济增速最快的地区之一。

亚洲国际地位和影响力进一步提升。中国、印度、印尼、越南、马来西亚等新兴国家保持较高发展速度，前景看好。亚洲新兴大国通过参与二十国集团峰会等提升在国际经济治理方面的发言权。美国、日本调整对外政策，奥巴马政府加大对亚洲投入，巩固同盟国关系，增强对新兴大国借重，推动构筑“多伙伴”关系。日本民主党执政后，鸠山由纪夫首相倡导“友爱”外交，倡议建立“东亚共同体”，注重加强同亚洲国家合作。

亚洲继续经历深刻社会政治变革。日本社会人心思变，民主党战胜长期执政的自民党上台执政。印度国大党在选举中以较大优势胜出，印尼总统苏希洛领导的民主党在国会选举中跃升为第一大党，显示民众对这两党促进社会经济发展政绩的肯定和支持。与此同时，泰国、尼泊尔等国政局仍持续波动。

地区安全形势依然严峻。朝鲜发射卫星，并再次进行核试验，安理会通过关于制裁朝鲜的第1874号决议，六方会谈陷入停顿，半岛无核化进程出现曲折。美推出“阿巴新战略”，反恐重心向阿富汗转移，先后向阿增兵1.7万和3万人，恐怖主义和宗教极端势力强力反弹，阿富汗、巴基斯坦安全形势堪忧。自然灾害、传染性疾病、生态环境恶化等非传统安全问题也是诸多亚洲国家面临的现实挑战。

区域合作继续向前发展。东盟推进一体化进程，确定政治安全、经济、社会文化三个共同体蓝图。中国—东盟合作保持前进势头，双方签署

---

* 仅指东亚、东南亚、南亚。

《投资协议》，为中国—东盟自贸区如期建成铺平道路。东盟与中日韩签署清迈倡议多边化协议。东盟与中日韩、东亚峰会分别就应对全球经济和金融危机发表联合新闻声明。中日韩成功举行第二次领导人会议，就政治、经贸、可持续发展等方面达成 11 项合作协议。南亚区域合作联盟一体化进程不断推进。

(2) 西亚北非地区形势

2009 年西亚北非地区形势总体平稳。美国奥巴马政府努力调整中东政策。地区热点问题有起有伏，前景复杂多变。国际金融危机对地区国家经济的影响进一步显现。

美国奥巴马政府上台后，努力改善与阿拉伯及伊斯兰世界关系，在热点问题上更加注重外交手段、政治交涉及接触和对话，努力争取与大国及地区国家的合作，受到各方关注。

巴以和谈迟迟未能启动。2008 年 12 月 27 日至 2009 年 1 月 18 日，以色列对加沙地带发动代号为“铸铅行动”的大规模军事行动，造成巴方重大人员伤亡，巴以和谈中止。2009 年 2 月，以色列举行大选，以利库德集团为首的右翼政党获得多数议席。3 月，利库德集团主席内塔尼亚胡组成新一届政府。以新政府在领土划分、耶路撒冷主权、定居点等问题上坚持强硬立场。巴勒斯坦内部持续割据状态。2009 年 2 月以来，巴勒斯坦民族解放运动（法塔赫）、伊斯兰抵抗组织（哈马斯）等巴各政治派别在埃及开罗举行多轮和解对话，但未能达成一致。10 月，巴勒斯坦民族权力机构主席阿巴斯宣布 2010 年 1 月举行巴民族权力机构主席和立法委员会选举，哈马斯拒绝在巴内部达成和解之前进行大选。12 月，哈马斯领导人倡议成立一个广泛的民族团结政府，结束巴分裂状态，遭到法塔赫拒绝。美国总统奥巴马强调美方致力于通过推动“两国方案”解决巴以冲突，并任命米切尔为美国中东问题特使，派其 9 次赴巴以斡旋。9 月 22 日，奥巴马在纽约同内塔尼亚胡和巴勒斯坦民族权力机构主席阿巴斯分别举行双边会晤，并围绕恢复巴以和谈等问题主持美以巴三方峰会，但未能推动实现复谈。叙利亚、以（色列）及黎巴嫩、以（色列）和谈亦无进展。

伊朗核问题总体仍然陷于僵局。奥巴马政府表示愿与伊朗进行“面对面”对话，但在伊朗核问题上不放弃任何选项。6 月 12 日，伊朗第十届总统选举结果引发伊内部争议和骚乱。9 月 9 日，伊朗向中、美、俄、英、法、德六国递交关于伊朗与六国谈判的一揽子新建议，表示伊朗已准备好与六国就政治安全、国际和经济三方面议题展开讨论。9 月 21 日，伊朗向国际原子能机构致函，通报伊朗正在库姆建设一个新的核燃料浓缩厂。10 月 25 日，国际原子能机构对伊朗库姆铀浓缩设施进行核查。11 月 16 日，国际原子能机构总干事提交伊朗核问题新报告，称伊朗新建库姆核设施未提前向机构通报，违反了全面保障监督协定有关规定。与此同时，伊朗就将部分低纯度铀运往其他国家加工，然后再回购纯度达 20% 的浓缩铀问题同“六国”及国际原子能机构进行了多轮谈判，双方分歧明显，谈判未获进展，美国威胁向伊朗实施更多制裁。

伊拉克政治、经济重建进程继续取得进展，但安全形势依然动荡，恐怖暴力活动有所回潮。1 月，伊拉克举行省级地方议会选举，现任总理马利基领导的“法治国家联盟”在选举中获得优势。同月，《美国和伊拉克友好合作战略框架协议》和《驻伊拉克美军地位协议》生效，规定建立和发展美国和伊拉克长期友好合作关系，驻伊拉克美军最迟 2011 年底前全部撤离。2 月，美国总统奥巴马宣布，将在 2010 年 8 月底前撤出全部驻伊拉克美军作战部队。6 月 30 日，美军将城镇安全防务移交伊拉克安全部队。6 月、12 月，伊拉克举行两轮油田开发项目国际招标，加快经济重建步伐。12 月 6 日，伊拉克新选举法在各派激烈争论，数度修改之后终获通过，新一轮全国议会大选在 2010 年 3 月举行。下半年以来，伊拉克境内发生多起严重恐怖爆炸袭击事件，造成重大人员和财产损失，也给伊拉克政治和经济重建进程带来不利影响。

苏丹问题复杂多变。在达尔富尔问题上，联合国/非盟“混合行动”部署逐步展开，各方着力推动达区政治进程。2 月 17 日，苏政府与达区反对派“正义与平等运动”（JEM）举行多哈和谈并签署《解决达问题善意与建立互信协议》。3 月 4 日，国际刑事法院（ICC）向苏丹总统巴希尔签发逮捕令，引起强烈反应。5 ~ 6 月，苏政府与 JEM 举行第二轮多哈和谈，但无果而终。10 月 29 日，非盟阿布贾峰会审议通过非盟达问题高级别小组（AUPD）报告。11 月 17 ~ 18 日，达区公民社会协商会议及全面和谈启动会议在多哈举行。联合国/非盟达问题首席协调员吉布里勒·巴索莱和卡塔尔等有关各方在苏政府与达区反对派之间积极斡旋，推动各方于 2010 年初在多哈召开和谈会议。苏丹北南和平进程进入关键阶段。6 月 23 日，美国召开苏丹北南问题高级别会议。7 月 22 日，国际仲裁法院就阿布耶伊地区划界问题作出裁决。12 月，苏国民议会陆续通过《国家安全法》、《公投法》、《阿布耶伊公投法》等相关法律。

国际金融危机对地区国家经济和社会的影响进一步显现。受油价下跌、美元贬值的冲击，地区国家财政收入大幅减少，基础设施和房地产业严重下滑，失业率普遍上升，投资环境更趋严峻。地区国家积极谋求联合自强，应对危机。1 月 19 ~ 20 日，阿盟首次召开经济问题特别峰会。随着全球经济复苏及国际油价的回升，地区经济有望好转。

(3) 撒哈拉以南非洲地区形势

2009 年，撒哈拉以南非洲地区形势保持总体稳定，区域、次区域一体化继续推进。国际金融危机对非洲的影响进一步显现，非洲发展问题更加突出。非洲国家加强在应对金融危机、气候变化等全球性问题上的团结合作，努力以集体力量维护自身权益。

非洲总体和平局面不断巩固，但部分国家政局不稳定。刚果（金）东部局势发生积极变化，布隆迪、科特迪瓦和平进程继续推进。南非、加纳等国顺利举行大选。但非洲之角地区仍较动荡，索马里安全形势持续恶化，海盗问题依然严重。几内亚、几内亚比绍、马达加斯加等国政局不稳，尼日尔修改宪法问题引发危机。

国际金融危机对非洲造成较大冲击，非洲经济发展面临的困难和挑战增多。非洲国家能源矿产品出口收入大幅下降，财政赤字增加，外资流入减少，发展资金缺口进一步增大。非洲失业率攀升，贫困人口增多，粮食安全形势严峻，民生问题更加突出。非洲国家采取积极措施应对金融危机，并呼吁国际社会在应对危机过程中重视和照顾非洲的利益和关切。一些国际机构预计，随着世界经济逐步走向复苏，非洲经济形势也将有所好转。

非洲一体化进程继续推进，主要次地区组织表现活跃。非洲联盟决定成立“非盟权力机构”，向“联盟政府”过渡。东南非共同市场启动关税同盟，东非共同体将建立共同市场，南部非洲发展共同体、东非共同体和东南非共同市场筹建“南北经济发展走廊”。

非洲国家在国际金融危机、安理会改革、气候变化等全球性问题上努力用一个声音说话，显示集体力量。各大国进一步强化对非合作。年内，美国总统奥巴马和国务卿克林顿分别访非，欧洲联盟积极推动签署欧非经济伙伴协定，法国总统、总理相继访非，俄罗斯、印度、巴西、韩国等新兴国家也不断增加对非洲的重视和投入。

(4) 欧亚地区形势

2009 年，欧亚地区形势总体稳定。

2009 年 4 月 16 日，俄罗斯国家反恐委员会宣布取消俄罗斯联邦车臣共和国自 1999 年开始实行的反恐行动状态。

2009 年 4 月 5 日，摩尔多瓦举行议会选举，摩尔多瓦共产党人党获得 60 个议席，但摩尔多瓦共产党人党的总统候选人因两次遭反对党抵制而未能当选，议会被解散。7 月 29 日，摩尔多瓦提前举行议会大选，夺得 53 个席位的自由民主党、自由党、民主党和“我们的摩尔多瓦”联盟结成执政联盟。9 月 11 日，摩尔多瓦前总统、摩尔多瓦共产党人党主席弗拉迪米尔·沃罗宁宣布辞职。摩尔多瓦议长米哈伊·金普出任代总统。7 月 23 日，吉尔吉斯斯坦举行总统选举，吉尔吉斯斯坦总统巴基耶夫获得连任。12 月 27 日，乌兹别克斯坦举行议会立法院（下院）选举。

独联体多边机制趋于活跃。2009 年 2 月 4 日，集体安全条约组织（CSTO）和欧亚经济共同体（EAEC）非正式元首会议分别在莫斯科举行，会议决定组建集体安全条约组织快速反应部队和规模为 100 亿美元的欧亚经济共同体反危机基金。6 月 14 日，集体安全条约组织理事会会议在莫斯科举行，俄罗斯、哈萨克斯坦、亚美尼亚、吉尔吉斯斯坦和塔吉克斯坦 5 国首脑在莫斯科签署成立集体快速反应部队的协议。7 月 31 日至 8 月 1 日，集体安全条约组织在吉尔吉斯斯坦举行第二次非正式峰会。5 月 22 日，独联体政府首脑理事会会议在哈萨克斯坦首都阿斯塔纳举行。10 月 10 日，独联体元首理事会会议在吉尔吉斯斯坦首都比什凯克举行。11 月 20 日，独联体政府首脑理事会会议在乌克兰雅尔塔举行。11 月 27 日，欧亚经济共同体国家理事会会议在白俄罗斯首都明斯克举行，俄罗斯、白俄罗斯和哈萨克斯坦签署了建立三国关税同盟的协议文件。2009 年 12 月 11 日，欧亚经济共同体跨国委员会政府首脑会议和关税同盟最高机构会议在俄罗斯圣彼得堡举行，俄罗斯、白俄罗斯、哈萨克斯坦签署了启动三国关税同盟的有关文件，2010 年 1 月 1 日三国关税同盟正式启动。

2009 年 9 月 8 ~29 日，俄罗斯和白俄罗斯举行“西方 2009”大规模联合军事演习。演习由两国武装力量总参谋长共同指挥，约 1.25 万人、60 架战机、40 架直升机、220 多辆坦克、470 辆装甲车、230 门大炮和数艘战舰参加演习。10 月 2 ~16 日，集体安全条约组织快速反应部队举行“协作 -2009”军事演习。演习分为三个阶段：第一和第二阶段分别在俄罗斯和白俄罗斯举行；第三阶段在哈萨克斯坦南部江布尔州的军用训练场举行。10 月 16 日，俄罗斯总统梅德韦杰夫、哈萨克斯坦总统纳扎尔巴耶夫等到现场观摩演习。来自 5 国的 7000 多名士兵和 90 架战斗机参加了当日的演习。

2009 年 8 月 18 日，格鲁吉亚正式退出独联体。

国际金融危机对欧亚地区国家影响逐渐加深。2009 年，欧亚地区国家 GDP 平均下降 7%，其中俄罗斯 GDP 下降 7.9%，乌克兰 GDP 下降 15%，哈萨克斯坦 GDP 增长 1.2%。

（5）欧洲地区形势

2009 年，欧洲地区政治形势总体保持稳定，经济全面衰退，一体化建设在困境中发展。

欧洲政治与安全局势

2009 年，欧洲地区共有立陶宛、罗马尼亚、斯洛文尼亚、马其顿四国举行总统选举，卢森堡、德国、冰岛、挪威、葡萄牙、希腊、保加利亚、阿尔巴尼亚八国举行议会选举，欧洲议会举行了选举。

在金融危机的“外溢”效应影响下，工潮、学潮等大规模抗议活动在多国蔓延，进而引发政局动荡，英国、西班牙、比利时、冰岛、匈牙利、捷克、拉脱维亚、罗马尼亚、克罗地亚等国政府被迫更迭或改组。极端主义、排外势力有所抬头，恐怖威胁依然存在。美宣布调整在波兰、捷克部署反导计划，美俄关系有所缓和，欧洲地缘安全环境得到改善。前南地区安全形势总体稳定，科索沃已获得 64 个国家承认，但科加入联合国的目标短期内难以实现，大国在该地区的角逐仍在继续。

欧洲经济

欧洲经济受国际金融危机冲击严重，全面陷入衰退。欧盟实体经济持续恶化，外贸显著下滑。2009 年欧盟和欧元区 GDP 增长率分别为 -4.2% 和 -4.1%，失业率分别为 8.9% 和 9.4%。欧盟进出口贸易额同比下降明显。其中欧洲最大出口国德国出口同比下降 18.4%，为历史最大降幅。

为缓解危机和提振经济，欧盟及各成员国 2009 年累计推出总额 3 万亿欧元的金融救助计划和经济刺激计划，欧央行推行多项宽松的货币政策以增强市场流动性，欧元基准利率下调至 1% 的历史最低水平。欧盟加大内部金融监管协调力度。增加对绿色低碳等新兴产业投入，制定长期发展规划。第三季度以来，英、法、德、意等欧盟主要大国经济初显向好迹象，但受国际整体经济形势、各国财政赤字压力增大等因素影响，欧盟整体经济复苏势头仍较脆弱。

欧盟一体化建设

《里斯本条约》生效。9 ~ 10 月，德国、爱尔兰、波兰先后批准通过《里斯本条约》。11 月，捷克总统克劳斯正式签署《里斯本条约》，至此“里约”获全部成员国批准。12 月 1 日，《里斯本条约》正式生效，标志着欧盟一体化建设进入新的历史时期。比利时首相赫尔曼·范龙佩出任欧洲理事会主席，即欧盟“常设主席”，欧委会贸易委员凯瑟琳·阿什顿出任欧盟外交和安全政策高级代表，并兼任欧委会副主席。

共同外交与安全政策建设取得新进展。12 月，欧盟首届“东部伙伴关系”计划外长会在布鲁塞尔举行，会议强调深化欧盟与亚美尼亚、阿塞拜疆、白俄罗斯、格鲁吉亚、摩尔多瓦和乌克兰六个东部邻国间的政治与经济关系，确定 2010 年启动欧盟与除白俄罗斯外的其他五个国家的联系协定谈判。欧盟努力争取在气候变化、国际金融体系改革等问题上发挥主导作用，积极参与中东、伊朗核、阿富汗、科索沃等热点问题的解决以及参加打击索马里海盗行动。

欧盟稳妥推进扩大进程。冰岛、阿尔巴尼亚、塞尔维亚先后提出入盟申请，欧盟与克罗地亚和土耳其分别举行入盟谈判，推迟与马其顿的谈判，取消对阿尔巴尼亚、波黑、马其顿、塞尔维亚、黑山五国公民的入境签证限制。

欧美、欧俄关系

欧盟与美国关系总体改善，双方淡化分歧，强化合作，互动频繁。4 月，美总统奥巴马赴欧出席二十国集团伦敦金融峰会、北约成立 60 周年峰会，并参加在布拉格举行的欧美峰会。6 月，奥巴马访问德国、法国并出席二战盟军诺曼底登陆 65 周年纪念仪式。欧美在应对国际金融危机、阿富汗、伊朗核等问题上加强协调，但在国际金融体系改革、气候变化等问题上仍存分歧。

欧盟与俄罗斯关系出现改善和回暖迹象。2 月，欧委会主席巴罗佐率 9 名委员赴俄进行战略对话，双方同意尽快签署新的《伙伴合作协定》。5 月，欧俄峰会在俄远东城市哈巴罗夫斯克举行。11 月，欧俄峰会在斯德哥尔摩再度举行。欧俄在气候变化、双边合作等方面取得一定成果，但欧俄在欧洲安全体系、能源安全等问题上分歧仍未弥合。

欧盟与发展中国家关系

欧盟与印度。11 月，第 10 届欧盟—印度峰会在新德里举行，双方重点就应对气候变化、环境能源合作、反恐、地区热点问题和双边贸易等问题进行了讨论。欧洲投资银行计划向印度贷款共 25 亿欧元，用于环保合作项目。欧印双方还签署了核能研究合作协议。

欧盟与巴西。10 月，第三次欧盟—巴西峰会在斯德哥尔摩举行。会议重点讨论了气候变化、能源、全球金融和经济等问题。双方还就欧盟 27 国与巴西互免签证达成协议。

欧盟与东盟国家。5 月，第 17 届欧盟—东盟部长级会议在金边举行。双方就欧盟—东盟关系现状、国际经济和金融危机、粮食和能源安全、气候变化等问题进行了讨论。12 月，欧盟理事会批准欧盟委员会与东盟成员国进行逐个自由贸易谈判。

欧盟与非洲国家。7 月，欧盟委员会通过 2010 年向非洲提供 6300 万欧元的科研援助计划。8 月，欧委会与东南非四国签署临时《经济伙伴协定》，进一步扩大东南非国家享受的贸易优惠待遇。9 月，欧委会宣布向索马里等非洲 9 国追加 5300 万欧元的人道主义援助。10 月，第 13 届欧盟—非洲部长级会议在埃塞俄比亚举行。

北约

北约东扩及战略转型取得新进展。4 月，北约在法国斯特拉斯堡和德国凯尔举行成立60周年峰会，吸收阿尔巴尼亚和克罗地亚入约，法重返北约军事一体化机构，发表《联盟安全宣言》，启动制定北约“新战略构想”工作，选举丹麦首相拉斯穆森为北约新任秘书长。12 月，北约外长会同意黑山加入“成员国资格行动计划”。

4 月，北约出台对阿富汗新战略，宣布启动对阿富汗警察和军队的培训任务。10 月，北约非正式防长会批准了关于阿富汗形势的评估报告，制定了近期北约在阿优先任务，通过了在条件成熟时移交阿安全领导权的战略构想。12 月，北约外长会承诺将在 2010 年向阿增兵 7000 人。

北约与俄罗斯关系逐步恢复。3 月，北约外长会议决定正式恢复因俄格冲突而中断的北约—俄罗斯理事会工作。6 月，北约—俄罗斯理事会非正式外长会决定恢复双方在政治与军事层面的合作。12 月，北约秘书长安诺斯·拉斯穆森访俄，这是俄格冲突以来北约领导人首次访俄，与俄领导人就双边关系、阿富汗行动、欧洲安全条约等问题交换意见。

（6）北美大洋洲地区形势

2009 年 1 月 20 日，巴拉克·奥巴马就任美国第 44 任（第 56 届）总统。在美国深陷大萧条以来最严重经济危机、民众呼唤变革的背景下，奥巴马政府对美国内外政策进行了一系列调整。

奥巴马政府全力应对经济金融危机。2 月，出台 7870 亿美元的《美国复苏与再投资法》，大规模投资振兴实体经济；利用布什政府 3500 亿美元救市余款实施“金融稳定计划”；投入 2750 亿美元救助房贷市场；实施零利率和“量化宽松”的非传统货币政策向信贷市场注资，通过购买 1.75 万亿美元国债和抵押债权等化解不良资产。6 月，推出“旧车换现金”计划刺激消费。11 月，签署《工人、房屋主和企业救助法案》。12 月，公布促进就业政策方案应对高失业问题，加大对环保、能源、科技等领域的投资，推行“创新战略”，倡导发展“绿色经济”。

与此同时，奥巴马政府大力推进医保、金融监管、能源、教育等内政议题。6 月，美国国会众院通过《美国清洁能源与安全法案》。美国国会参、众两院分别于 12 月和 11 月通过各自医保改革法案，于 2010 年初合并文本后最终表决。12 月，美国会众院通过金融监管改革法案。

2009 年，美国经济呈现起伏发展。继 2008 年下半年连续两个季度负增长之后，2009 年第一、二季度美国国内生产总值持续收缩，增长率分别为 -6.4% 和 -0.7%，创近 60 年来最严重衰退纪录。受奥巴马政府大规模刺激经济政策影响，第三季度美国国内生产总值增长 2.2%，扭转连续四个季度的下跌势头。美国金融市场系统性风险减弱，大型金融机构重现盈利，股市明显回升。制造业、服务业、房地产等多项经济指标温和改善，企业生产投资、个人消费开支有所增加。但另一方面，美国经济持续复苏的动力不足。失业率突破10%并居高不下。金融体系仍存有高额不良资产，中小银行倒闭数量不断增加。信贷市场偏紧，特别是私营中小企业贷款困难。财政风险持续上升，2009财年美国联邦财政赤字高达1.42万亿美元。

2009年美国对外政策出现了一些调整。奥巴马政府强调国防、外交和发展是美国对外政策的三大支柱，将反恐重心从伊拉克转移到阿富汗，重视解决巴以冲突、朝鲜半岛核和伊朗核等热点问题，保持和改善与其他大国关系，努力改善与伊斯兰世界的关系，强调通过国际组织等多边渠道解决问题，高度重视气候变化、能源、环境、核裁军等全球性问题。

美国大力推行中东新政，向伊斯兰世界释放善意，积极重启中东和平进程。奥巴马总统多次派国务卿希拉里·克林顿、国防部长罗伯特·盖茨等高官赴中东斡旋，并安排美国与以色列、巴勒斯坦三方领导人在9月联大期间举行会谈。但以、巴立场依旧对立，美计划受挫。对伊拉克，奥巴马政府大力推行“伊人治伊”，根据《美伊安全协定》开始自伊拉克撤军，计划于2010年8月底前完成从作战行动到训练伊安全部队的转变，2011年底撤出所有作战部队。奥巴马总统、约瑟夫·拜登副总统、盖茨国防部长相继访问伊拉克。奥巴马政府高度关注伊朗核问题。美国一方面与伊朗接触对话，重视六国机制作用，呼吁伊接受国际原子能机构核燃料供应安排；另一方面对伊加强单边制裁，推动国际社会加大对伊施压。

美国宣布“重启”美俄关系，积极推动两国关系的改善和发展。美俄首脑多次会晤，奥巴马总统、克林顿国务卿、总统国家安全事务助理詹姆斯·琼斯先后访俄。两国建立并启动了总统双边关系委员会，涉及政治、外交、安全、军控、经济、科技、体育等广泛领域的合作。美俄就新的《削减战略武器条约》进行谈判，就伊朗核、中东、阿富汗、防扩散等问题加强沟通协调。但美俄关系仍面临反导、核裁军和一些地区问题的制约。

美国重视发展与中亚关系。美国副国务卿威廉·伯恩斯、中央总部司令大卫·彼得雷乌斯等官员多次出访中亚。美国推动中亚五国为美向阿富汗过境运输物资开放领空和陆路运输线，与吉尔吉斯斯坦就美在玛纳斯空军基地建立物资转运中心达成协议。美国与中亚五国分别商定建立年度磋商机制，继续与中亚国家开展安全、经济能源、文教卫生、禁毒合作，提供发展援助。

美国重视改善和提升美欧关系，表示要与欧洲加强同盟关系。美国支持欧盟政治团结，增加军事能力，继续向东扩大并接纳土耳其。美国希与欧盟加强在金融经济政策、气候变化问题上的协调，希在国际地区问题上得到欧盟配合。奥巴马总统、拜登副总统、克林顿国务卿先后访问欧洲有关国家并出席北约有关会议。美欧峰会 11 月在华盛顿举行。美国在处理跨大西洋伙伴关系时更趋务实。奥巴马政府宣布调整在东欧部署导弹防御计划，暂缓推动格鲁吉亚和乌克兰加入北约进程。美欧关系虽总体改善，但双方在国际金融机构改革、应对气候变化减排方案、阿富汗、中东等问题上存在分歧。

美国进一步加大对亚太地区的关注与投入，提出与亚洲国家开创合作新时代。奥巴马总统就职首年即出访亚洲，访问中国、日本、韩国和新加坡。美国继续推动驻日本、韩国等地美军重组，强化与日本、韩国、澳大利亚等国的同盟关系，密切与印尼、菲律宾、越南等东南亚国家关系，举行首次美国与东盟 10 国领导人会议。美国重视推动解决朝鲜半岛核问题，派对朝政策特别代表斯蒂芬·博斯沃思访问朝鲜，表示愿意有条件发展与朝鲜的关系，增加与朝鲜双边接触。美国提出对缅甸实行接触对话和制裁施压相结合的政策，增加双方直接接触。美国积极参与亚太多边机制建设，签署《东南亚友好合作条约》，表示愿与东亚峰会开展更正式交往，宣布重启加入《跨太平洋经济伙伴关系协议》谈判。

美国对南亚的重视明显上升。美国将阿富汗作为全球反恐的重点战场，加大对阿富汗军事、民事投入。奥巴马总统两次调整美对阿富汗战略，在向阿富汗增兵的同时提出 2011 年 7 月开始从阿富汗撤军。美国高度关注巴基斯坦局势，要求巴基斯坦加大反恐力度，增强与巴基斯坦在反恐、经济、安全等领域合作。美国继续推进与印度战略伙伴关系，加强与印度经贸、防务、核能等领域合作，深化在南亚反恐问题上的沟通协调。

美国与拉美关系总体有所改善。奥巴马政府提出在平等和相互尊重的基础上发展美拉伙伴关系，奥巴马总统、拜登副总统、克林顿国务卿均出访拉美。美国通过“通向繁荣之路”、“梅里达计划”、“千年挑战账户”等机制推进与拉美国家合作，提出建立“美洲能源和气候伙伴关系”。美国加强与巴西、墨西哥、哥伦比亚、智利等国的关系，与哥伦比亚签署军事合作协议。美国部分解除对古巴制裁，改善与委内瑞拉、玻利维亚等国关系，推动洪都拉斯政治危机的解决。另一方面，美国仍坚持对古巴实施禁运，并对委内瑞拉、尼加拉瓜等国保持压力。

美国对非洲重视程度上升。奥巴马总统先后访问埃及和加纳，克林顿国务卿访问肯尼亚、南非、安哥拉、刚果（金）、尼日利亚、利比里亚、佛得角非洲七国。美国重视民主、经贸、发展援助、安全等问题，积极介入苏丹、索马里、津巴布韦等地区热点问题，任命美苏丹问题特使，推进美军非洲司令部建设，继续关注非洲之角、大湖等局势不稳地区。美国还继续打击索马里海盗与武装劫匪，并派军舰进行护航。

2009 年，加拿大政局总体稳定。保守党少数政府化解年初自由党与新民主党、魁北克集团联合“倒阁”危机，并在下半年两次不信任动议投票中顺利过关，民意支持率有所上升。

受国际金融危机冲击，加拿大经济 2009 年前两个季度分别下降 6.1% 和 3.4% 。加拿大政府陆续推出一系列经济刺激措施，收到一定成效，第三季度经济增长 1.3% ，能矿、制造、建筑、金融服务业等主要行业止跌回升。

加拿大在国际地区事务中表现活跃，与美国新政府关系进一步强化，与欧盟、日本等传统盟友关系得到巩固。重视发展与中国、印度等新兴国家关系。加大对阿富汗军事和外交投入，重申履行对阿援助和重建承诺，重视北极问题。关注气候变化、金融危机、反恐等重大国际热点问题，于 2010 年举办 20 国集团领导人第四次金融峰会。

2009 年，澳大利亚、新西兰政局稳定，两国经济逐步企稳回升。澳大利亚工党政府大力推行经济、教育、医疗、社会福利、劳资关系等改革，积极应对国际金融危机，着力发展与世界各国贸易关系。新西兰国家党政府积极兑现竞选承诺，兼顾各阶层利益诉求，有效应对政治、经济、外交等挑战。两国继续推行积极、务实的外交政策。澳大利亚政府进一步强化与美国、日本的传统关系。新西兰政府着力巩固与澳大利亚关系，改善与美国关系。两国均重视发展与亚洲国家关系，积极参与区域合作，澳大利亚还努力推进亚太共同体倡议。两国继续奉行多边主义，在气候变化、国际金融体系改革等问题上表现活跃。两国对太平洋岛国事务的投入进一步加大。库克群岛、纽埃政局总体稳定，两国经济均受到国际金融危机的冲击。

2009 年，太平洋岛国地区形势总体稳定，个别国家政局出现波动，岛国经济社会发展面临挑战增多。瓦努阿图执政联盟内部出现分裂，总理爱德华·纳塔佩大幅改组内阁。马绍尔总统利托克瓦·托梅茵因议会通过不信任案下台。汤加选举和政改委员会向议会提交政改方案，汤政治改革进程进入关键阶段。斐济废除宪法并决定 2014 年 9 月前举行大选，被中止太平洋岛国论坛成员资格。

受到国际金融危机冲击及洪水、地震、海啸等自然灾害影响，多数岛国经济困难，地区经济增长速度明显放缓。各岛国为摆脱困境，采取加强金融管理、增加公共投资、加大扶持旅游业等措施，取得一定成效。各岛国继续以太平洋岛国论坛为依托、以“太平洋计划”为重要内容，推动区域合作进程。同时，岛国以“小岛屿国家联盟”和“太平洋岛国论坛”等多边组织为平台，加强沟通协调，在气候变化、海洋资源利用及环境保护等方面寻求统一立场，在国际上用一个声音说话，维护区域共同利益，在哥本哈根气候变化大会上表现活跃。

（7）拉丁美洲和加勒比地区形势

2009 年，拉美和加勒比地区形势总体保持稳定，求稳定、谋合作、促发展、重民生是地区形势主流。萨尔瓦多、安提瓜和巴布达、玻利维亚、厄瓜多尔、巴拿马、乌拉圭、智利、多米尼克等国大选顺利举行，墨西哥、阿根廷中期选举平稳进行，委内瑞拉顺利通过修宪公投。各国探索发展道路的努力仍在继续。受金融危机影响，各国社会矛盾有所增多，政府执政压力增大。洪都拉斯发生军事政变，遭到地区内外多数国家一致谴责。

金融危机对拉美和加勒比国家实体经济冲击进一步显现，但地区经济已显企稳向好迹象。各国经济增长率、工业产值、出口额、就业率等各项指标下挫，多数国家一度陷入衰退。墨西哥、加勒比等国经济下降幅度较大。但由于近年来拉美国家财政状况改善，金融体系相对稳定，危机后采取了增加公共投资、减少税收、扩大内需等应对措施，地区经济表现出较以往更强的抗危机能力。三季度以来，巴西、秘鲁等国经济止跌回升。据联合国拉美经济委员会预计，2009 年地区经济将负增长 2% 左右。

区域一体化取得新进展。“美洲玻利瓦尔选择”更名为美洲玻利瓦尔联盟，接纳厄瓜多尔、安提瓜和巴布达、圣文森特和格林纳丁斯等国为新成员，成员国数量增至 9 个，并成立地区主权和防务常设委员会。南美国家联盟举行第三届首脑会议和防务理事会特别会议，在处理地区纠纷方面积极发挥作用。此外，南方共同市场、加勒比共同体、东加勒比国家组织等地区组织分别召开首脑会议，就金融危机、地区一体化建设等协调立场，加强合作。同时，受发展理念分歧、历史遗留问题、现实利益纠纷等影响，拉美国家在区域一体化合作发展模式和方向上仍有较大分歧，区域一体化仍面临较多制约因素。

地区多元化外交继续发展，拉美在国际格局演变中的整体地位和作用上升。地区各国推行多元化外交政策，谋求同世界主要力量关系的全方位、平衡发展。第二届阿拉伯—南美国家峰会和第二届南美—非洲峰会分别在卡塔尔和委内瑞拉召开。第 14 届欧盟—里约集团外长会议在捷克举行。巴西、墨西哥、阿根廷等国积极参与二十国集团金融峰会、“金砖四国”和发展中五国合作，就国际金融体系改革、气候变化等重大问题表明立场，提出倡议，影响力进一步扩大。巴西成功申办第 31 届奥林匹克运动会，在国际经济和金融体系调整中努力扩大话语权，崛起势头引人注目。美国新政府加强与拉美国家接触。美国与拉美国家举行第五届美洲首脑会议，与古巴恢复移民谈判，同加勒比国家举行首次安全会议，同哥伦比亚签署《防务和安全合作与技术援助补充协议》。

3. 专题评述

(1) 国际社会合作应对金融危机取得初步成效

2009 年是国际金融危机继续蔓延与深化的一年，也是世界各国协调合作应对危机的一年。金融危机使世界经济陷入二战以来最深的衰退，各国在积极推出本国经济刺激计划的同时，加强国际协调合作，共同应对危机。在国际社会的共同努力下，世界经济逐步出现企稳复苏迹象。

主要经济体相继推出大规模经济刺激措施。美、英、日等发达国家央行联手实行“量化宽松”的货币政策，美联储、日本央行、欧洲央行分别将基准利率降低至 0%～0.25%、0.3% 和 1%，为市场提供充足流动性。主要经济体先后推出大规模刺激方案。美国推出 7870 亿美元新经济刺激方案，加强基础设施、医疗保险和教育科技投入；欧盟推出 2000 亿欧元刺激计划，扩大对基础设施建设、科研创新和节能环保等投资；日本出台 8000 亿美元刺激方案，加大政府投资力度。此外，各国还积极减免税费，向中小企业提供融资，通过“以旧换新”和发放消费券等方式鼓励居民消费。

各国政府在加强自救的同时，更加注重开展国际与地区金融合作。二十国集团（G20）相继召开伦敦、匹兹堡峰会，在一系列问题上取得进展。一是加强宏观经济政策协调。G20 成员纷纷采取协调一致措施，出台金融救援计划，经济刺激方案，以稳定金融市场、刺激经济复苏。就合作协调撤出非常规政策达成共识，国际货币基金组织（IMF）和金融稳定理事会（FBS）制定了“撤出”战略指引。二是共同反对贸易保护主义，积极寻求在 2010 年内完成多哈回合谈判，承诺至 2010 年底避免设置新贸易壁垒，避免采取新出口限制措施，积极支持贸易融资。三是推进国际金融体系改革。落实金融机构份额和投票权改革，承诺 IMF 和世界银行（WB）向新兴市场和发展中国家转移份额，由高估国向低估国分别至少转让 5% 和 3%。四是加强国际金融监管合作。在建立联合监管机制、审慎监管、会计标准等一系列问题上达成共识。G20 匹兹堡峰会将峰会机制化，G20 峰会作为全球经济治理核心机制初步确立。

2009 年，中国坚持积极的财政政策和适度宽松的货币政策，继续实施 4 万亿一揽子经济刺激计划，重点投资于民生、节能、环保、应对气候变化以及基础设施建设等领域。中国高度重视并积极参与应对危机的国际合作与地区合作。中国保持人民币汇率基本稳定，向 IMF 增资 500 亿美元，积极参与国际和地区金融机构融资；与马来西亚、印尼、韩国、阿根廷等签订了总额达 6500 亿元人民币的双边货币互换协议；设立 100 亿美元中国—东盟投资合作基金，促进双方基础设施、能源资源等重大投资项目合作；签署清迈倡议多边化协议，与日、韩、东盟合作建设 1200 亿美元区域外汇储备库；推出中非合作 8 项新举措，向非洲国家提供 100 亿美元优惠性贷款，免除非洲重债穷国和最不发达国家债务，逐步给予非洲最不发达国家 95% 产品免关税待遇；向上合组织提供 100 亿美元信贷支持，协助中亚国家应对国际金融危机；组织大型采购团赴欧洲和北美采购；中国领导人两次出席 G20 峰会，就反对贸易保护主义、推进国际金融体系改革等提出一系列重大主张，积极推动各国领导人就 G20 峰会机制化并成为全球经济治理核心机制达成共识，国际经济金融体制改革提上重要日程，清洁能源、低碳经济等新产业发展方向初露端倪。

目前，世界经济正逐步走出危机，但仍存在诸多不稳定不确定性因素。世界经济增长内生动力不足、发达国家金融体系深层次问题未得到实质解决、各类保护主义升温等风险突出。世界经济全面复苏将是一个缓慢、曲折和复杂进程，国际社会需继续加强协调合作，实现世界经济可持续增长。

（2）哥本哈根会议斗争激烈，全球瞩目

2009 年 12 月 7 ~19 日在丹麦哥本哈根举行的联合国气候变化会议是国际社会应对气候变化史上的一次十分关键的会议。按照“巴厘路线图”的安排，哥本哈根会议应就如何加强《联合国气候变化框架公约》及其《京都议定书》作出安排，会议结果将对应对气候变化国际合作走向产生重要影响，引起了全球广泛关注。无论从参会人员的规模还是级别看，本次会议都是空前的。119 位国家元首或政府首脑出席会议，给气候变化谈判提供了强劲的政治推动力。

哥本哈根会议背景错综复杂，过程跌宕起伏。气候变化问题是涉及政治、经济、社会、科技、文化等诸多复杂因素的全球性挑战，关系到各国未来发展权和发展空间，深刻影响各国长远竞争力和国际政治、经济格局走向。会上，各方矛盾交错，南北分歧突出，谈判过程极其艰难，会议成果来之不易。

发达国家试图否定、曲解“巴厘路线图”共识，否定《公约》和《议定书》基本框架，极力推动建立“新全球减排协议”取代《京都议定书》，逃避、转嫁应尽的义务。发达国家还要求发展中国家将其自主采取的减排行动国际化，不断强化发展中国家的义务。发展中国家则坚持《公约》和《议定书》，要求发达国家拿出政治诚意，切实履行在《公约》和《议定书》下承担的义务，对发达国家进行了针锋相对的斗争。发展中国家认为，发达国家对气候变化负有历史责任，理应按《公约》和《议定书》的规定率先大幅量化减排，并向发展中国家应对气候变化提供资金、技术和能力建设支持。哥本哈根会议能否取得成功，主要取决于会议能否按“巴厘路线图”要求，进一步加强《公约》及其《议定书》的全面、有效和持续实施。

经艰苦磋商，会议发表的《哥本哈根协议》坚持了《公约》和《议定书》的基本框架，确认了“巴厘路线图”双轨制谈判的进展，锁定了各方在长期目标、资金、技术、发达国家绝对量化减排、发展中国家采取自主减缓行动及透明度等方面的共识，为推进应对气候变化国际合作奠定了基础，也为今后谈判指明了方向。由于各方分歧严重，会议决定延续“巴厘路线图”双轨谈判，于2010年底的墨西哥会议完成谈判。

哥本哈根会议未改变国际社会在气候变化问题上基本格局和态势。“后哥本哈根”进程已经开启，各国围绕墨西哥会议和“巴厘路线图”谈判的新一轮较量和博弈已拉开序幕。

(3) 朝鲜半岛核问题再起波澜

2009年，朝核形势出现复杂变化，半岛紧张一度加剧，六方会谈陷入僵局。

4月5日，朝鲜宣布成功发射人造试验通信卫星。4月14日，联合国安理会发表主席声明，谴责朝发射活动违反安理会第1718号决议，呼吁各方根据第1718号决议采取相关措施。同日，朝鲜宣布不再参加六方会谈，中止与国际原子能机构（IAEA）合作，要求其工作人员离境，并重新开始对宁边核设施的乏燃料棒进行后处理。

5月25日，朝鲜宣布再次成功进行地下核试验。美国、日本、韩国、俄罗斯、欧盟等十几个国家和国际组织纷纷表示谴责。5月27日，中国外交部发表声明，对朝鲜再次核试表示坚决反对。6月13日，安理会通过第1874号决议，严厉谴责朝鲜再次核试，要求朝鲜不再进行任何核试验和使用弹道导弹技术进行发射，全面、可核查、不可逆地放弃所有核武器和核计划，并提出对朝武器禁运、船只检查、金融制裁等一系列制裁措施。朝鲜随即发表声明，谴责和抵制安理会决议，宣称绝不可能弃核，将把新提取的钚全部武器化，启动铀浓缩项目，以武力应对封锁。

作为安理会常任理事国，中国在讨论安理会主席声明和第1874号决议的过程中，始终坚持客观、公正的原则，既同意对朝鲜有关行为作出必要适度反应，同时强调制裁不是目的，而是推动朝核问题重回对话解决轨道的手段。制裁不能影响朝鲜的民生和发展，要为局势转圜留有余地。

为缓和朝鲜半岛紧张局面，中国同各方保持密切沟通，积极劝和促谈，推动各方保持冷静克制，切实维护地区和平与稳定，取得了积极成果和重要进展。

7月2～14日，外交部副部长武大伟出访俄美日韩，与各方就朝核问题、东北亚局势交换意见。8月17～21日，武大伟副部长访问朝鲜，会见朝鲜最高人民会议常任委员会副委员长杨亨燮和外务相朴义春，就中朝关系、地区形势和共同关心的问题交换意见。

8月4～5日，美国前总统比尔·克林顿访问朝鲜，会晤朝鲜劳动党总书记、国防委员会委员长金正日和最高人民会议常任委员会委员长金永南。朝方释放因非法入境被扣押的两名美国女记者，表示双方就共同关心的问题坦诚、深入交换了意见，并就通过对话解决有关问题达成一致。

9月16～18日，国务委员戴秉国作为胡锦涛主席特使访朝，分别会见朝鲜领导人金正日、金永南和外务省第一副相姜锡柱。戴秉国向金正日转交了胡锦涛主席的亲署信。胡锦涛主席在信中表示，中方高度关注半岛局势，实现半岛无核化目标，维护和促进半岛及东北亚的和平、稳定与发展是中方的一贯宗旨。中方愿与朝方共同为此作出不懈努力。金正日表示，朝方将继续坚持无核化目标，致力于维护半岛和平与稳定，愿通过双边及多边对话解决有关问题。

10月4～6日，国务院总理温家宝访问朝鲜，出席中朝建交60周年暨中朝友好年有关活动。在会见朝领导人金正日、金永南和内阁总理金英日时，就推动两国睦邻友好合作关系和促进地区和平、稳定和发展深入交换了意见，在朝鲜半岛无核化问题上达成重要共识。朝方表示，实现半岛无核化是金日成主席的遗训，朝致力于实现半岛无核化的目标没有改变。希望通过朝美双边会谈，使敌对关系转变为和平关系。朝方愿视朝美会谈情况，进行包括六方会谈在内的多边会谈。

12月8～10日，美国对朝政策特别代表博斯沃思访问朝鲜，与朝鲜六方会谈团长、外务省副相金桂冠举行会谈，并会见了第一副外相姜锡柱，就朝核问题形势及六方会谈等问题进行了深入沟通，双方就重启六方会谈的必要性以及履行9·19共同声明的重要性达成共识。

中国政府始终以实现朝鲜半岛无核化、防止核扩散、维护东北亚和平与稳定为目标，积极致力于通过协商对话，通过政治外交手段，以和平方式解决朝核问题。一年来，中方为缓和半岛局势、增进各方互信、维护地区和平与稳定作出积极贡献，得到了有关各方及国际社会的一致肯定。

（4）伊朗核问题仍陷僵局

2009 年，国际社会继续推动通过外交谈判解决伊朗核问题，但解决进程艰难，总体仍陷于僵局。

2009 年初，美国奥巴马政府确立对伊朗接触政策，表示将采取务实的外交政策与伊朗打交道。奥巴马政府同时表示，在伊朗核问题上，美国不放弃任何解决选项。

伊朗对美国释放出的“直谈”信号作出回应。伊朗总统内贾德表示，伊朗已准备好在公平和相互尊重的气氛中同美国对话。但伊朗坚持推进核计划，继续铀浓缩活动。同时，伊朗要求美国彻底改变对伊朗政策，放弃对伊朗制裁。

2 月 4 日，中国、美国、俄罗斯、英国、法国、德国六国外交部政治总司长在德国举行会议。会后，德国以会议主办国身份表示，六国对美国政府愿与伊朗对话表示欢迎，呼吁伊朗与国际原子能机构全面合作。

2 月 19 日，国际原子能机构总干事提交伊朗核问题报告，确认伊朗已申报的核材料未被转用，但指出伊朗在澄清军用性质相关未决问题方面未取得进展，亦未暂停铀浓缩等活动。3 月 2 日，中、美、俄、英、法、德六国在国际原子能机构理事会上发表联合声明，重申致力于通过包括直接对话在内的全面外交解决方案解决伊朗核问题，敦促伊朗与国际原子能机构全面合作，以建立国际社会对其核计划和平性质的信心。

4 月 8 日，六国在英国举行政治总司长会议，并于会后发表联合声明，对美国愿全面参与六国与伊朗会晤表示欢迎，重申愿通过直接外交努力解决对伊朗核计划的共同关切，敦促伊朗抓住机遇与六国接触，同意欧盟共同外交与安全政策高级代表索拉纳邀请伊朗与六国代表举行会晤。

4 月 13 日，索拉纳代表六国邀请伊朗与六国进行对话。4 月 22 日，伊朗政府发表声明，表示愿就伊朗核问题展开建设性对话，并将提出新的一揽子建议，以解决包括伊朗核问题在内的诸多国际问题。

6 月 5 日，国际原子能机构总干事提交伊朗核问题新报告，确认伊朗已申报的核材料未被转用，但指出伊朗未履行安理会相关决议，继续进行铀浓缩等活动，未与国际原子能机构充分合作。

9 月 9 日，伊朗向中、美、俄、英、法、德递交关于伊朗与六国谈判的一揽子新建议，表示伊朗已准备好加入对话和谈判，愿与六国就尊重主权、铲除恐怖主义根源、联合国和安理会改革、环境、能源、金融危机等政治安全、国际和经济议题展开讨论。

9 月 2 日，中、美、俄、英、法、德六国外交部政治总司长在德国举行会议。9 月 23 日，六国外长会议在纽约举行并发表共同声明，重申对伊朗核计划的关切，鼓励伊朗加强与国际原子能机构合作；重申六国致力于谈判解决伊朗核问题的意愿。

9 月 21 日，伊朗向国际原子能机构致函，通报伊朗正在库姆建设一个新的核燃料浓缩厂。美、英、法领导人就此发表共同声明，称伊朗违反联合国安理会有关决议，敦促国际原子能机构立即对此进行严格调查。

10 月 1 日，中、美、俄、英、法、德及欧盟与伊朗在日内瓦举行会晤。会后，欧盟共同外交与安全政策高级代表索拉纳宣布，会议取得如下成果：六国和欧盟计划于 10 月底前与伊朗举行第二次会晤，集中讨论核问题，并将讨论任何一方希望提出的全球性问题；伊朗准备就其新建库姆铀浓缩设施立即与国际原子能机构全面合作，将邀请国际原子能机构专家尽快访问该设施；各方原则同意将伊朗生产的低浓铀运往第三国进一步浓缩并加工成燃料元件后，用于伊朗德黑兰研究堆。会晤期间，美国副国务卿伯恩斯与伊朗最高国家安全委员会秘书贾利利举行了双边会晤。

为落实会晤共识，10 月 19～21 日，国际原子能机构在维也纳与伊朗、美、俄、法就德黑兰研究堆燃料供应问题举行磋商。国际原子能机构总干事巴拉迪提出一项核燃料供应协议草案。各方未能就协议草案达成一致。

10 月 25 日，国际原子能机构对伊朗库姆铀浓缩设施进行核查。11 月 16 日，国际原子能机构总干事提交伊朗核问题报告，称可确认伊朗申报的核材料未被转用，但伊朗新建库姆核设施未提前通报国际原子能机构，违反了全面保障监督协定有关规定，伊朗关于该设施目的及设计和建造过程的有关解释有待进一步澄清。

11 月 20 日，中、美、俄、英、法、德六国外交部政治总司长在布鲁塞尔举行会议。11 月 27 日，国际原子能机构理事会通过伊朗核问题决议，强调国际原子能机构在解决伊朗核问题中的重要作用，重申致力于外交解决伊朗核问题，敦促伊朗全面执行安理会有关决议，与国际原子能机构合作解决伊朗核计划未决问题，澄清库姆铀浓缩设施有关情况。11 月 29 日，伊朗议会发表声明称，国际原子能机构通过的伊朗核问题决议具有政治性目的。同日，伊朗国家电视台报道，伊朗政府决定在伊朗境内新建 10 座铀浓缩设施，以向伊朗核电站提供足够燃料。

中国支持维护国际核不扩散体系，主张通过外交谈判解决伊朗核问题，以维护中东地区和平与稳定。中国呼吁有关各方加大外交努力，充分体现灵活，争取维持对话与谈判进程，寻求全面、持久解决伊朗核问题的妥善办法。

中国为推动和平解决伊朗核问题作出不懈努力。国家主席胡锦涛、国务院总理温家宝等领导人多次做美国、欧盟国家和伊朗领导人工作，劝和促谈。国务委员戴秉国、外交部长杨洁篪也通过多种方式积极做有关各方工作。

中国严格履行联合国安理会关于伊朗核问题的决议，以建设性态度参与国际原子能机构关于伊朗核问题的工作和中、美、俄、英、法、德六国机制处理伊朗核问题的进程，出席了各次六国外长会议和政治总司长会议以及六国与欧盟同伊朗的会晤。中国还派高级别官员赴伊朗访问，推动解决伊朗核问题的谈判进程。

中国将与国际社会一道，继续为维护国际和地区的和平与稳定，维护和加强国际核不扩散体系有效性，推动通过对话与谈判和平解决伊朗核问题发挥建设性作用。

（5）欧盟《里斯本条约》如期生效

2009年12月1日，欧盟在葡萄牙首都里斯本隆重举行庆典，庆祝《里斯本条约》（简称“里约”）正式生效。“里约”自此进入实施阶段，标志着历时八年、一波三折的欧盟制宪进程终告结束，欧盟一体化建设进入新的历史时期。欧盟轮值主席国瑞典首相赖因费尔特、欧盟委员会主席巴罗佐表示，“里约”将推动欧盟向更民主、更透明、更有效的方向迈进，并将开启欧盟扮演全球角色的新时代。

“里约”是欧盟经历《欧盟宪法条约》（简称“欧宪”）在法国、荷兰公投失败后，为继续推动一体化建设制定的简化版“欧宪”条约。“里约”删除了“欧宪”条约中关于“盟旗”、“盟歌”和“欧盟外长”等具有宪法与联邦特征的敏感字眼，但保留了“欧宪”条约的实质内容，主要涉及欧盟机构及决策机制改革等重要内容。内容主要有：

设立欧洲理事会主席和新的欧盟外交和安全政策高级代表。欧洲理事会主席（欧盟“常设主席”）任期两年半，可连任一届。主要负责主持欧洲理事会会议，推动理事会各项工作，与欧盟委员会主席进行工作协调，对外代表欧盟。新的外交和安全政策高级代表兼任欧盟委员会副主席，负责主持欧盟外长会议，管理欧盟外交预算。撤销欧盟委员会对外关系委员一职，其职能并入高级代表。成立欧洲对外行动署，协调成员国外交政策，协助高级代表工作。

11月19日，在经过内部激烈争论与协调之后，欧盟特别首脑会议最终确定由比利时首相赫尔曼·范龙佩出任首位欧洲理事会常设主席，原欧盟委员会贸易委员凯瑟琳·阿什顿担任欧盟新的外交和安全政策高级代表。

精简欧盟委员会。自 2014 年 11 月 1 日起，欧盟委员会委员人数将减少为成员国数量的 2/3（含欧盟委员会主席和高级代表），欧洲理事会可在表决一致的情况下，作出更改委员数量的决定。委员依照严格公平的轮流原则，兼顾成员国人口和地理因素，由各成员国推选。

扩大欧洲议会共同决策权。欧洲议会与欧盟理事会共同决策领域将由目前 38 个扩大至 80 多个，涉及内政、司法、农业、外贸等重要领域。

确立欧盟理事会双重多数表决机制。自 2014 年 11 月 1 日起，实施新的双重多数表决机制，即表决通过须有至少 55% 的成员国同意，同时这些成员国至少代表 65% 的欧盟人口。

扩大特定多数表决机制的适用范围。“里约”废止了成员国在司法与内务合作等 50 多个领域的一票否决制，在反恐、打击犯罪和非法移民等领域实行特定多数表决机制，但在外交、税收以及防务等敏感领域，仍将采用协商一致的原则。

第二章

2009 年的中国外交

1. 概　述

2009 年是新中国成立 60 周年和新中国外交 60 周年，是意义特殊的年份。面对复杂多变的国际形势，在以胡锦涛同志为总书记的党中央领导下，中国外交以应对金融危机为主线，以多边峰会外交为主要平台，以外交理论和实践创新为重要动力，以统筹协调为根本工作方法，抢抓机遇，化解挑战，开拓进取，有力地维护了国家主权、安全和发展利益，巩固了中国发展的重要战略机遇期。

（1）大力开展多边峰会外交，积极引导国际体系改革进程

胡锦涛主席两次出席二十国集团金融峰会，还出席了联合国气候变化峰会、安理会核不扩散与核裁军峰会、亚太经合组织第 17 次领导人非正式会议等峰会，国务院总理温家宝出席东亚领导人系列会议、中日韩领导人会议、哥本哈根气候变化会议等重要多边活动，都取得了圆满成功。中国同其他国家就宏观经济政策加强协调，提振国际社会应对金融危机的信心，为推动世界经济早日企稳复苏作出重要贡献。积极引导国际体系变革进

程，维护中国和发展中国家利益。深入阐述中方对有关区域合作的立场和主张，务实推进区域合作进程。中国在应对气候变化等全球性问题上发挥重要积极和建设性作用，为推动有关国际合作作出了重要贡献。

(2) 切实推进经济外交，为国内“保增长、保民生、保稳定”服务

把全力应对国际金融危机影响、为国内经济社会发展服好务作为贯穿全年外交工作的主线，努力维护和营造更有利的国际环境。积极推进与各国的务实合作，协助推进实施“走出去”战略，大力开展能源资源外交。此外，还根据国内统一部署认真做好防控甲型 H1N1 流感涉外工作，服务国内发展稳定大局。

(3) 加大运筹大国外交，全面发展与各大国的关系

中美关系在美国政府更替后实现平稳过渡并打开了新局面。两国领导人多次举行重要会晤，双方建立并成功启动中美战略与经济对话机制，美国总统奥巴马成功访华，两国发表《中美联合声明》，进一步确立了中美关系新定位，一致同意共同致力于建设 21 世纪积极合作全面的中美关系，并将采取切实行动稳步建立应对共同挑战的伙伴关系。中美关系呈现良好发展势头。

中俄战略协作伙伴关系更上一层楼。胡锦涛主席对俄罗斯进行国事访问，与俄总统梅德韦杰夫多次会晤，俄总理普京访华，两国各领域务实合作继续深化。中国成功举办“俄语年”活动，双方语言、文化交流十分活跃。

中欧关系总体保持了稳步发展的良好势头。中法关系实现转圜。中欧两国领导人分别在捷克、中国南京成功举行第 11 次和第 12 次中欧领导人会晤，有力地推进了各领域的互利务实合作。

中日战略互惠关系在日本新政府执政后继续取得稳步发展。中国加强与日新政府交往，认真落实发展双边关系的各项共识和举措，不断为两国关系发展注入新动力，双方经济、文化、教育、人文等各领域合作活跃展开，两国友好的社会基础进一步得到增强。

(4) 深化周边国家睦邻友好，努力维护良好周边环境

中国坚定不移地奉行与邻为善、以邻为伴的周边外交工作方针，与周边国家睦邻友好关系全面发展。胡锦涛主席成功访问马来西亚、新加坡、哈萨克斯坦、土库曼斯坦等国并出席中国—中亚天然气管道通气仪式。中国成功举办第二次中日韩领导人会议、上海合作组织成员国总理第八次会议，温家宝总理出席第 12 次中国与东盟（10 +1）领导人会议、第 12 次东盟与中日韩（10 +3）领导人会议和第四届东亚峰会。这些重大外交活动推进了区域和次区域合作，促进了中国与有关国家双边关系发展。中国致力于维护周边稳定的大局，温家宝总理成功访问朝鲜，进一步加强中朝友好，推动六方会谈进程向积极方向发展。

(5) 全面推进与发展中国家团结合作，巩固发展中国家在中国外交全局中的基础地位

胡锦涛主席出席“金砖四国”领导人首次正式会晤，推动了中国与发展中大国的务实合作，得到国际上尤其是发展中国家的广泛支持和认可。温家宝总理出席中非合作论坛第四届部长级会议开幕式，宣布了对非合作新的八项举措，为新形势下中非友好合作关系打下更牢固的基础。全国人大常委会委员长吴邦国、全国政协主席贾庆林分别访问拉美等地区国家，深化了中国与有关国家的政治、经济和科技等领域的务实合作。中国与阿拉伯国家双多边合作取得新进展，政治互信达到新高度。中国继续深化与非盟、阿盟、南盟等发展中国家组织的关系，积极开展多样化的交流与合作。

(6) 大力加强安全外交，捍卫国家主权与安全利益

新疆乌鲁木齐“7·5”事件发生后，全力、深入、细致、有针对性地做有关国家工作，赢得国际社会的广泛理解和支持。就某些国家领导人会见达赖的行径进行严正交涉和斗争，坚定捍卫一个中国原则，努力维护两岸关系和平发展势头。

（7）积极开展公共外交，增强软实力

紧紧抓住新中国成立 60 周年、新中国外交 60 周年以及中国与有关国家建交 60 周年等契机，积极创新公共外交的方式方法，广泛开展政策宣示工作，增进了国际社会对中国和平发展、互利共赢、和谐世界等重大战略思想的认识。参加法兰克福书展等重要文化交流活动，扩大了中国文化的影响。及时就国内外重大突发事件和敏感问题介绍情况、宣传政策，加强对舆论的引导。中国驻外使领馆充分利用身处第一线的优势，在做驻在国媒体、学界和民众工作方面取得明显成效。

（8）坚持以人为本，大力维护中国公民和法人海外合法权益

坚决贯彻“外交为民”理念，把领事保护放到外交工作更加突出的位置上来，加强了领事保护工作的针对性和主动性，充实完善领事保护预防体制，加强海外领事保护的能力和体制建设，有效维护中国海外公民、法人安全和合法权益。及时妥善处理“新星”号、“德新海”号货船受袭遭劫和中国公民在海外遭绑架等重大突发事件。妥善处置涉外劳务纠纷和人员被扣等涉中国人员财产和劳务纠纷案件，全年共处理各类领事保护案件 3 万余起。

（9）创新外交理论和机制，加强外交队伍建设

2009 年以来，在中央统一领导下，以成功召开第 11 次驻外使节会议和系统总结新中国外交 60 年宝贵经验为契机，在外交理论创新方面提出了一系列新思想新论断新要求，进一步丰富和发展了中国特色外交理论体系。《中华人民共和国驻外外交人员法》于 2010 年 1 月 1 日起生效，这为外交事业大发展特别是外交队伍建设提供了强大的法律保障。

2. 中国和各地区国家关系

(1) 中国与亚洲地区*国家关系

2009 年，中国政府坚持“与邻为善、以邻为伴”的周边外交方针，继续加强与亚洲国家的睦邻友好和互利合作，积极推动区域合作，共同营造和平稳定、平等互信、合作共赢的地区环境。

中国与亚洲国家保持密切高层往来和接触，巩固和加强睦邻互信伙伴关系。中国领导人分别访问马来西亚、新加坡、朝鲜、菲律宾、缅甸、日本、韩国、柬埔寨。柬埔寨、巴基斯坦、朝鲜、马来西亚、泰国、韩国、日本、阿富汗、尼泊尔等国领导人分别访问中国。中国领导人还利用出席联大、二十国集团峰会等场合同亚洲国家领导人举行双边会见，增进互信，促进合作。中国同朝鲜、蒙古隆重庆祝建交 60 周年，传统友好关系进一步发展。中日关系在日政权更替后实现平稳开局，两国领导人就继续推进中日战略互惠关系达成新的重要共识。中韩关系保持稳定发展势头。中巴战略合作伙伴关系进一步深化。中印关系顺利发展。中尼关系提升为全面合作伙伴关系。中老关系提升为全面战略伙伴关系。中菲签署“关于战略性合作共同行动计划”。中国同东盟国家友好合作关系继续深化。亚洲国家对新中国成立 60 周年表示热烈祝贺。

中国与亚洲国家互利经贸合作进一步加强。在国际金融危机背景下，中国同亚洲国家加强宏观经济政策对话，同马来西亚、印尼、韩国签订总额为 3600 亿元人民币的双边货币互换协议，同日本、韩国等加强节能环保和循环经济合作，积极参与亚洲国家基础设施建设和大项目合作，为促进亚洲经济企稳复苏发挥了积极作用。2009 年，中国同亚洲国家的贸易总额为 6602.43 亿美元，约占中国对外贸易额的 30% 。亚洲国家和地区是中国进出口主要来源地，日本是中国在亚洲最大贸易伙伴。随着中国东盟自贸区的建立，中国和东盟国家经济联系日益密切。

中国与亚洲国家同甘苦、共患难。在亚洲国家遭遇天灾等困难时及时给予帮助。印尼发生强烈地震后，中国政府和红十字会分别向印尼提供 50 万美元和 5 万美元现汇援助。中国政府、红十字会向菲律宾、不丹、柬埔寨、老挝等国提供了救灾援助。中国政府还为菲律宾、柬埔寨等国应

* 仅指东亚、东南亚、南亚。

对甲型H1N1流感提供支持。

中国积极推动同亚洲国家的社会人文交流。中朝、中蒙就建交60周年举行一系列交流庆祝活动，中朝首次互派青年百人团和青年外交官团互访并实现机制化，中蒙首次组织青少年代表团互访。中日文化中心举行揭牌仪式。中国在马来西亚、柬埔寨等国新设孔子学院。同新加坡合作建立第四所大学。中泰成功举办第五届中国春节文化周及第四届“中泰一家亲”音乐会。中国组织南盟国家驻华使节赴湖北省考察，邀请来自东南亚、南亚10个国家的联合记者团访华，增进中国同亚洲国家相互了解。

中国积极参与区域经济合作。中国同东盟签署中国—东盟自贸区《投资协议》，宣布新设总规模100亿美元的中国—东盟投资合作基金，并向东盟国家提供150亿美元信贷支持。中国成功主办第二次中日韩领导人会议，就加强务实合作达成一系列共识。同东盟、日本、韩国共同努力，签署总规模1200亿美元的清迈倡议多边化协议。积极参与东亚峰会框架下灾害管理等务实合作。中国作为观察员积极加强同南盟的务实合作。

中国在维护地区安全方面发挥积极和建设性作用。作为六方会谈主席国，中国为维护半岛和东北亚和平稳定做了大量外交努力。积极同有关各方沟通协调，劝和促谈，防止紧张升级。温家宝总理2009年10月访问朝鲜，为缓和半岛形势创造条件。中国积极参与阿富汗和平重建进程，支持巴基斯坦实现稳定与发展的努力，积极参与国际反恐合作，同时主张充分尊重有关国家主权和领土完整。中国积极参加东盟地区论坛、香格里拉对话会等地区多边安全对话，倡导互信、互利、平等、协作为核心的新安全观。

（2）中国与西亚北非地区国家关系

2009年，中国与西亚北非地区国家各领域友好合作进一步发展，合作成果显著。

高层互访频繁，政治互信加深。国家主席胡锦涛访问沙特阿拉伯、国务院总理温家宝对埃及进行正式访问；中共中央政治局常委、中央纪委书记贺国强访问埃及、约旦；中共中央政治局常委、中央政法委书记周永康访问苏丹；回良玉副总理访问叙利亚；中央军委副主席郭伯雄上将访问土耳其；全国人大常委会副委员长、全国妇联主席陈至立访问埃及、约旦；全国人大常委会副委员长桑国卫访问埃及；国务委员兼公安部长孟建柱访问约旦、土耳其；全国政协副主席白立忱、阿不来提·阿不都热西提、李金华、厉无畏分别访问突尼斯、摩洛哥、阿尔及利亚、卡塔尔、土耳其；外交部长杨洁篪访问埃及、约旦、巴勒斯坦、以色列、叙利亚。科威特埃米尔、土耳其总统、伊朗第一副总统、阿联酋阿布扎比王储、叙利亚议长、卡塔尔副首相、科威特副首相及突尼斯、苏丹、土耳其等部分地区国家外长和其他部长等访华。

中国为缓解中东紧张局势、推动解决地区热点问题发挥了建设性作用。在中东问题上，中国积极劝和促谈，杨洁篪外长两次出访中东有关国家，提出缓解中东局势的“五点主张”；中国中东问题特使三度访问该地区国家；积极参加加沙重建捐助国会议，向巴方提供无偿援助。在伊朗核问题上，中国积极做有关各方工作，为推动通过外交谈判和平解决伊朗核问题发挥积极作用，以建设性姿态参与国际原子能机构审议伊朗核问题的相关工作和中、美、俄、英、法、德六国机制处理伊朗核问题的进程。中国继续在伊拉克问题上发挥建设性作用，在安理会审理涉伊拉克决议及其他多边领域秉持公正立场，支持并推动国际社会解决伊拉克问题的努力。在苏丹问题上，通过中国政府达尔富尔问题特别代表出访、出席国际会议、接待苏丹总统特使、外交国务部长、美国总统苏丹问题特使、俄总统苏丹问题特别代表、联合国/非盟达尔富尔问题首席协调员访华等多种形式与有关各方就苏丹问题广泛交换意见。2009 年，中国向苏丹提供了 2000 万元人民币人道主义物资援助，用于改善达区人道状况；向联合国信托基金捐款 50 万美元，用于支持达区政治进程。

2009 年，中国积极推动与西亚北非地区国家经贸合作，受经济危机和油价下跌影响，双边贸易额有所下降。双方在工程项目承包、能源、投资等领域的合作续有进展。

中国与阿拉伯国家的集体合作稳步推进，“中阿合作论坛”机制建设进一步得到加强，中阿双方共同举办了论坛第六次高官会、第三届企业家大会暨首届投资研讨会、第三届中阿关系暨中阿文明对话研讨会和首届中阿高等教育和科研合作研讨会。“中阿合作论坛”网站正式开通，论坛标志正式启用。

（3）中国与撒哈拉以南非洲地区国家关系

2009 年，中非新型战略伙伴关系不断深化，各领域友好合作取得丰硕成果。中非合作论坛北京峰会后续行动基本落实。论坛第四届部长级会议在埃及沙姆沙伊赫成功召开，成为中非关系发展新的起点。

中非高层交往和对话密切，政治互信进一步增强。2 月，国家主席胡锦涛对马里、塞内加尔、坦桑尼亚和毛里求斯等非洲四国进行国事访问。11 月，国务院总理温家宝出席在埃及沙姆沙伊赫举行的中非合作论坛第四届部长级会议开幕式。11

月，中共中央政治局常委、中央政法委书记周永康访问南非。6 月，胡锦涛主席特使、国务院副总理张德江赴加蓬出席邦戈总统葬礼。11 月，中共中央政治局委员、全国人大常委会副委员长王兆国访问南非、毛里求斯和肯尼亚。5 月，胡锦涛主席特使、全国政协副主席阿不来提·阿不都热西提出席南非新任总统就职仪式。1 月，外交部长杨洁篪访问乌干达、卢旺达、马拉维和南非。年内，塞拉利昂总统科罗马、中非总统博齐泽对华进行国事访问，利比里亚副总统博阿凯正式访华，科特迪瓦总理索罗、肯尼亚总理奥廷加来华出席在成都举行的第十届中国西部国际博览会。塞舌尔、纳米比亚、肯尼亚、喀麦隆国民议会议长以及毛里求斯副总理兼财经发展部长，赤道几内亚、莱索托、马里、吉布提外长访华。中国分别同非洲联盟委员会、南非和尼日利亚举行了战略对话，加强在重大国际问题上的沟通协调。

中非在重大问题和应对全球性挑战上的相互支持进一步加深。乌鲁木齐“7·5”事件后，非洲国家在涉疆问题上给予中方坚定支持。中非加强在应对金融危机、气候变化等全球性问题上的协调合作。中国领导人多次在国际场合呼吁国际社会重视非洲的关切和利益，认真履行对非援助承诺，增加对非洲的支持和帮助。胡锦涛主席在出席伦敦二十国集团领导人第二次金融峰会和在纽约出席第 64 届联大期间两次会见南非总统。温家宝总理在出席大连夏季达沃斯年会期间，会见与会的津巴布韦副总理穆坦巴拉。温家宝总理分别与埃塞俄比亚总理和南非总统通电话，就中非关系及共同应对气候变化问题交换看法。此外，中国政府非洲事务特别代表刘贵今大使年内也多次访非，就一些非洲热点问题做劝和促谈工作。

中国政府努力克服国际金融危机的不利影响，进一步推进论坛北京峰会成果特别是对非务实合作八项政策措施的落实工作。中方大幅增加了对非洲国家的援助，对非免关税举措全部完成，免债工作基本落实；中非发展基金启动并开始运作；中方援建的非盟会议中心已于 2008 年 12 月初正式开工，在有关非洲国家建设经贸合作区工作也在积极推进。截至 2009 年底，中方已为非洲国家培训了 15000 多名各类人员。援建医院、疟疾防治中心、农业技术示范中心和农村学校工作进展顺利。受金融危机影响，2009 年，中非贸易额为 911 亿美元，同比下降 15.1% 。中国对非洲投资逆势上扬，非金融类投资额达到 13.6 亿美元，增长 36%。

11 月 8 ~9 日，中非合作论坛第四届部长级会议在埃及沙姆沙伊赫成功召开。温家宝总理和 18 位非洲国家领导人出席开幕式。会议评估了论坛北京峰会后续行动落实情况，对未来三年的中非合作进行了全面规划。中方在会议上出台了推进对非合作的新八项举措，受到非洲国家普遍欢迎。

(4) 中国与欧亚地区国家关系

2009 年，中国与欧亚地区国家友好关系进一步深入发展，各领域合作成果丰富。

中国在与欧亚地区国家交往中积极扩大友好合作，坚持互利共赢，尊重欧亚地区国家的主权和领土完整，不干涉内政，尊重各国人民选择的发展道路。欧亚地区国家在台湾、“东突”、涉藏等问题上明确支持中国的原则立场。

2009 年，中国与欧亚地区国家高层互访频繁，政治互信不断加深。国家主席胡锦涛访问了俄罗斯、哈萨克斯坦和土库曼斯坦，出席了在莫斯科举行的中国和俄罗斯建交 60 周年庆祝大会，并与土库曼斯坦总统、哈萨克斯坦总统、乌兹别克斯坦总统共同出席了在土库曼斯坦举行的中国—中亚天然气管道通气仪式。全国人大常委会委员长吴邦国对俄罗斯进行正式友好访问。俄罗斯总理普京、哈萨克斯坦总统纳扎尔巴耶夫、吉尔吉斯斯坦总理丘季诺夫访华。国家主席胡锦涛与俄罗斯总统梅德韦杰夫发表了《中俄元首莫斯科会晤联合声明》，与哈萨克斯坦总统纳扎尔巴耶夫签署了《中国和哈萨克斯坦联合声明》。温家宝总理与俄罗斯总理普京签署《中俄总理第 14 次定期会晤联合公报》。

2009 年 6 月 15 ~16 日，上海合作组织成员国元首理事会第九次会议在俄罗斯叶卡捷琳堡举行，上海合作组织 6 个成员国的国家元首，以及 4 个观察员国和主席国客人阿富汗等国家领导人出席。会议决定给予斯里兰卡和白俄罗斯上海合作组织对话伙伴地位，发表了《联合公报》。成员国元首共同签署了《叶卡捷琳堡宣言》、《上海合作组织反恐怖主义公约》等重要文件。

2009 年 10 月 14 日，上海合作组织成员国政府首脑（总理）理事会第八次会议在北京举行。上海合作组织 6 个成员国政府首脑，以及观察员国代表和阿富汗作为主席国客人出席会议。会议发表了《联合公报》、《上海合作组织成员国关于加强多边经济合作、应对全球金融经济危机、保障经济持续发展的共同倡议》等文件。

中国与欧亚地区国家经济合作基本保持稳定，经贸额有所下降。2009 年，中国与欧亚地区国家贸易额为 700 亿美元，同比下降 28.9% 。

中国同欧亚地区国家在文化、教育、卫生、科技领域的合作继续发展。2009 年在中国举行了“俄语年”活动，取得丰硕成果。中国在欧亚地区国家成功举办了一系列中国文化日、科技展、电影周、图片展等活动。

（5）中国与欧洲地区国家关系

2009 年，中国与欧洲地区国家关系继续保持平稳发展势头，并取得了新的进展。与欧盟关系克服了 2008 年因涉藏问题出现的困难，重新回到稳定发展的轨道，特别是与法国关系实现转圜。与罗马尼亚、保加利亚、捷克、匈牙利、阿尔巴尼亚等国庆祝建交 60 周年，与爱尔兰庆祝建交 30 周年。与塞尔维亚建立战略伙伴关系。

高层交往频繁，政治互信增强。国家主席胡锦涛、全国人大常委会委员长吴邦国、国务院总理温家宝、全国政协主席贾庆林、国家副主席习近平、国务院副总理李克强、国务院副总理王岐山等约 20 位国家领导人访问了英国、法国、德国、意大利、丹麦、芬兰、希腊、捷克、奥地利、斯洛伐克、克罗地亚等 26 个欧洲国家和欧盟总部。中方接待了塞尔维亚总统、拉脱维亚总统、瑞典首相、芬兰总理、阿尔巴尼亚总理、马其顿总理、欧盟委员会主席、法国国民议会议长等 20 多位欧洲领导人来访。中国和欧盟在捷克恢复举行第 11 次中欧领导人会晤，并在中国南京举行第 12 次中欧领导人会晤。国家主席胡锦涛、国务院总理温家宝在出席伦敦和匹兹堡二十国集团峰会、纽约联合国大会系列峰会、意大利八国集团与发展中国家对话会、瑞士达沃斯世界经济论坛 2009 年年会和联合国哥本哈根气候变化大会期间分别与法国、德国、英国、奥地利、瑞士、丹麦等国领导人会见。中国领导人深入阐述对欧洲政策，强调中国政府一贯高度重视欧洲，始终将发展同欧洲的关系置于中国外交政策的重要位置，表明了中国愿与欧洲携手应对全球性挑战的坚定政治意愿。

各级政治对话与磋商富有成效。英国、保加利亚、瑞典、匈牙利、罗马尼亚、芬兰等国外长和欧盟对外关系委员访华。外交部长杨洁篪访问葡萄牙、德国，与欧盟“三驾马车”外长在年内举行两次会晤，并与英国、比利时、瑞士等国外长通电话、致函或在多边场合举行会晤。中国与欧盟举行第四轮和第五轮战略对话；与德国举行第三轮战略对话；与英国举行第二次高级别外交政策研讨会。中国外交部同近 20 个欧洲国家外交部举行副部级、司局级等不同级别的政治磋商，就双边关系、外交政策、战略安全、气候变化、军控、反恐、人权等问题开展对话。中欧伙伴合作协定谈判取得阶段性成果。中国与挪威在北京举行首轮北极事务双边对话。英国政府首次发表题为《英中合作框架》的对华战略文件。

经贸合作继续平稳发展。与欧盟 27 个成员国的进出口贸易总额为 3640 亿美元。第二次中欧高层经贸对话、第五届中欧工商峰会、第二次中英经济财金对话以及与塞尔维亚、波黑、黑山等国成功举行政府间经贸混委会例会。向英国、法国、德国、西班牙、爱尔兰、荷兰、瑞士、意大利、葡萄牙、瑞典、芬兰、克罗地亚、斯洛文尼亚等多个欧洲国家派出大型贸易投资促进团。与瑞士签署《关于中瑞自贸区联合可行性研究的联合声明》；与保加利亚、匈牙利、克罗地亚等国签署经济合作文件；与罗马尼亚、斯洛文尼亚等国签署中小企业合作文件。中法广东台山核电项目开工。与芬兰、瑞士等国的生态城建设合作进展顺利。中国航空工业集团西安飞机工业（集团）公司收购奥地利未来先进复合材料股份公司91.25%的股份，实现了中国航空工业首次海外并购。中国浙江吉利控股集团、北京汽车工业控股集团和广州汽车集团分别达成对欧合作协议。中国联通与西班牙电信完成10亿美元的换股交易。中远集团正式接管希腊比雷埃夫斯港口集装箱码头。

各领域务实合作持续深化和拓展。

教育。与奥地利、塞尔维亚、黑山、匈牙利等国签署教育合作协议；与欧盟达成《中欧伊拉斯谟奖学金项目》财政协议。与丹麦的教育与研究中心项目进入实施阶段。在希腊、丹麦、意大利等国共增设7所孔子学院并与克罗地亚、斯洛文尼亚达成合作意向。阿尔巴尼亚地拉那大学首设汉语课程。中国教育部在保加利亚、匈牙利举办了中国教育成就展暨大学校长论坛。荷兰高校建立中国小组，协调对华教育交流。挪威新设“中国研究中心”。

文化、旅游。与挪威、斯洛伐克、保加利亚、匈牙利、罗马尼亚、黑山、阿尔巴尼亚等国签署文化合作计划或谅解备忘录。“法兰克福书展—中国主宾国”和“欧罗巴利亚—中国艺术节”大型文化活动取得圆满成功。中国春节品牌庆祝活动、中国文化节以及各种文化展演在欧洲国家受到广泛欢迎。中央电视台俄语频道在爱沙尼亚成功落地；中国国际广播电台在芬兰落地，并开通希腊语网站。中国旅游办事处在意大利成立。阿尔巴尼亚成为中国公民出境旅游目的地国。

科技、能源、环保。与欧盟续签科技合作协定并签署《中华人民共和国科学技术部与欧洲共同体委员会科技伙伴计划》。与塞尔维亚签署政府间科技合作文件。与斯洛文尼亚、克罗地亚、马其顿等国举行科技合作委员会例会取得积极成效。“中德科技年”开幕式在德国柏林自由大学成功举行。与荷兰签署能源合作备忘录。与欧盟签署有关环境治理、建筑能效、近零排放发电技术的合作文件。中国—欧盟清洁能源中心项目启动。

军事。中央军委副主席郭伯雄上将、国务委员兼国防部长梁光烈上将、总政治部主任李继耐上将、解放军总装备部部长常万全上将、海军司令员吴胜利上将、空军政委邓昌永上将访问塞尔维亚、保加利亚、斯洛伐克、德国、奥地利、匈牙利、波兰、芬兰等国。中国人民解放军副总参谋长马晓天上将率团赴慕尼黑举行中德第四轮防务战略磋商。捷克、波兰、马其顿军方领导人访华。与波兰签署国防部防务合作协议。

税收、医药卫生、地方等其他领域。奥地利财政部国务秘书来京出席第三届国际税收制度全球对话大会。与比利时、捷克签署避免双重征税和防止漏税协定。与保加利亚、斯洛文尼亚等国签署卫生医学合作的执行计划。北京中医药大学与卢森堡卫生研究中心开展中西医结合治疗疑难杂症交流，系两国卫生医疗合作的首次尝试。上海市与奥地利萨尔茨堡州萨尔茨堡市，扬州市与克罗地亚科尔丘拉市就建立友城初步达成协议。山东省临沂市与瑞典埃斯基尔斯图纳市结好。

(6) 中国与北美大洋洲地区国家关系

2009 年，中华人民共和国与美利坚合众国关系总体保持稳定发展。

两国高层和各级别交往密切。国家主席胡锦涛先后于 4 月 1 日在伦敦出席二十国集团领导人第二次金融峰会期间、9 月 22 日在纽约出席联合国系列峰会期间与美国总统奥巴马会晤。两国元首 4 月伦敦会晤时，双方一致同意共同努力建设 21 世纪积极合作全面的中美关系。11 月 15～18 日，奥巴马总统对中国进行国事访问。奥巴马总统访华期间，双方发表对新时期中美关系具有重要指导意义的《中美联合声明》，在重申共同努力建设 21 世纪积极合作全面的中美关系的同时，明确将采取切实行动稳步建立应对共同挑战的伙伴关系。两国元首并就中美关系和共同关心的重大国际地区问题深入交换意见，达成一系列重要共识。两国元首还多次以通话、通信等方式保持沟通。9 月 6～12 日，全国人大常委会委员长吴邦国对美国进行正式友好访问。12 月 18 日，国务院总理温家宝在出席丹麦哥本哈根《联合国气候变化框架公约》缔约方第 15 次会议和《京都议定书》缔约方第五次会议期间会晤奥巴马总统。7 月，国务院副总理王岐山、国务委员戴秉国作为胡锦涛主席特别代表在华盛顿同奥巴马总统特别代表国务卿克林顿、财政部长蒂莫西·盖特纳共同举行首轮中美战略与经济对话。10 月，王岐山副总理与美国商务部长骆家辉、贸易代表罗恩·柯克在杭州共同主持第 20 届中美商贸联委会。第 13 届中美科技联委会在华盛顿举行。双方举行了贯穿全年的中美建交 30 周年纪念活动。中共中央政治局委员、国务委员刘延东，中共中央政治局委员、中央书记处书记、中共中央组织部部长李源潮，中共中央政治局委员、中央军委副主席徐才厚上将，外交部长杨洁篪，科技部长万钢，农业部长孙政才，商务部长陈德铭，国务院台湾事务办公室主任王毅，全国人大外事委员会主任委员李肇星，国家发展与改革委员会副主任解振华等访美。美国会众议长南希·佩洛西、国务卿克林顿、财政部长盖特纳、能源部长朱棣文、商务部长骆家辉、农业部长托巴斯·维尔萨克、联邦调查局局长罗伯特·穆勒、陆军参谋长乔治·凯西上将等访华。美国新任驻华大使洪博培到任。

中美有效开展应对国际金融危机的协调合作，为推动国际金融稳定和世界经济复苏发挥了重要作用。两国经贸合作继续深化，能源、环境、人文、农业、卫生、交通、反恐、执法等领域的交流合作取得新进展，两军关系得到改善和发展。双方就朝鲜半岛核、伊朗核、南亚等地区热点问题以及国际金融体系改革、气候变化、核安全等全球性问题保持密切的磋商协调。地方和民间交往热络。

2009 年，中国和加拿大关系发展顺利。两国高层及各级别官员交往频繁。国家主席胡锦涛在 9 月出席匹兹堡二十国集团领导人第三次金融峰会期间同加拿大总理斯蒂芬·哈珀简短会见。全国人大常委会委员长吴邦国在出访途中过境温哥华。哈珀总理 12 月正式访华，双方发表《中加联合声明》，并签署关于气候变化、矿产资源、文化和农业教育等领域的多项合作协议。中加经贸合作不断扩大，在文化、教育、卫生、科技、司法执法等领域交流与合作成果丰硕，在气候变化、金融危机、反恐、军控、阿富汗等国际和地区问题上保持良好沟通与协调。

中国与澳大利亚、新西兰关系继续深入发展。双方高层交往密切。国家主席胡锦涛在伦敦出席二十国集团领导人第二次金融峰会期间会见澳大利亚总理陆克文，在匹兹堡出席二十国集团领导人第三次金融峰会期间与陆克文总理简短交谈，在新加坡出席亚太经合组织（APEC）领导人非正式会议期间分别与澳大利亚总理陆克文、新西兰总理约翰·基寒暄。国务院总理温家宝在泰国华欣出席第四次东亚峰会期间分别会见陆克文总理、约翰·基总理。中共中央政治局常委李长春访问澳大利亚。中共中央政治局常委、国务院副总理李克强，全国人大常委会副委员长陈至立访问澳大利亚和新西兰。澳大利亚参议长约翰·霍格访华。新西兰总理约翰·基访华并出席博鳌亚洲论坛2009 年年会。中澳、中新经贸关系一定程度上受国际金融危机的影响，但双方仍互为重要的贸易与投资合作伙伴。中新自由贸易协定实施总体情况良好。中澳、中新在科技、文化、教育、农业、林业、军事等领域的交流合作不断深化。两国坚持一个中国政策，反对“台独”。

2009 年，中国与太平洋岛国关系继续保持良好发展势头。双方高层接触和往来频繁。国家副主席习近平在出访拉美途中过境斐济，国务院副总理李克强、中国人民解放军总参谋长陈炳德上将分别对巴布亚新几内亚进行正式访问。巴新总理、密克罗尼西亚联邦副总统正式访华。太平洋岛国议会代表团集体访华。萨摩亚副总理，巴新外交、贸易与移民部长及国企部长、卫生与艾滋病防控部长，密克罗尼西亚交通、通信与基础设施部长及资源发展部长、斐济警察总监等政要分别访华或来华出席国际会议。

双方经贸、文化等领域合作富有成果。中国与巴新合作开发的拉姆镍矿项目进展顺利，中国援建的瓦努阿图水产品加工厂、斐济纳务索桥等项目竣工，巴新威瓦克体育场项目、瓦努阿图电子政务项目、密克罗尼西亚波纳佩州政府办公楼项目和科斯雷州中学项目、萨摩亚青年妇女活动中心维修扩建项目等顺利实施。中国为岛国举办高级外交官研修班，并派艺术团体赴斐济和瓦努阿图访问演出。

双方在国际和地区事务中保持了良好的沟通与协调。中国积极参与地区多边对话与合作，理解、支持岛国在可持续发展、气候变化等重大问题上的特殊关切和合理诉求，积极资助"太平洋计划"等区域合作计划。中国—太平洋岛国论坛对话会特使王永秋出席第 21 届太平洋岛国论坛会后对话会。全国人大外事委员会委员金矛出席太平洋岛国论坛议会大会 2009 年年会并顺访汤加。国家旅游局派团出席第 19 届南太旅游组织部长理事会会议。

（7）中国与拉丁美洲和加勒比地区国家关系

2009 年，中国继续致力于同拉美和加勒比国家发展平等互利、共同发展的全面合作伙伴关系。中拉各领域合作卓有成效，友好合作关系进一步深化。

双方高层交往频繁。全国人大常委会委员长吴邦国对古巴和巴哈马进行正式友好访问。全国政协主席贾庆林访问秘鲁、厄瓜多尔和巴西，并在巴国会发表题为《深化互利合作，携手开创未来》的演讲，回顾了中拉各领域合作取得的辉煌成就，表达了中方继续与拉美国家携手合作，应对共同挑战的良好愿望。国家副主席习近平对墨西哥、牙买加、哥伦比亚、委内瑞拉和巴西进行正式访问，并在中国—委内瑞拉企业家研讨会开幕式上发表题为《加强全面合作，实现共同发展》的主旨演讲，提出在当前世界经济形势下进一步加强中拉合作的五点倡议。中共中央书记处书记、政治局委员、中宣部部长刘云山访问巴西、智利、秘鲁并过境阿根廷。国务院副总理回良玉访问阿根廷、厄瓜多尔、巴巴多斯和巴哈马。在上述重要访问中，中国同拉美有关国家签署了涉及金融、能源、基础设施等领域的多个合作文件。此外，乌拉圭、委内瑞拉、巴西总统和格林纳达总理、秘鲁第一副总统及古巴、阿根廷、哥伦比亚外长分别访华。中拉领导人还在联合国系列峰会、二十国集团领导人金融峰会、"金砖四国"领导人峰会、亚太经济合作组织第 17 次领导人非正式会议、哥本哈根气候变化大会等多边场合频繁会晤。中国与智利、玻利维亚等国举行外交部间磋商，与墨西哥举行首轮战略对话，与委内瑞拉举行两国政府间高级别混合委员会第八次会议。双方高层交往和政治对话增进了中国同有关国家的政治互信，促进了中拉各领域合作。

中国同拉美地区组织的合作取得新进展。1月，中国人民银行代表中国成为美洲开发银行正式成员。全国人大外事委员会副主任委员马文普以观察员身份赴巴拿马出席拉丁美洲议会第25届大会。中国常驻美洲国家组织观察员周文重大使出席第39届美洲国家组织年会。拉美议会议长豪尔赫·皮萨罗·索托和美洲国家组织副秘书长阿尔伯特·拉姆丁先后访华。第二期中国—美洲国家组织合作基金正式启动。

中国同拉美和加勒比国家在国际事务中密切合作。中拉在气候变化、国际金融体系改革等重大国际问题上相互协调配合，共同维护发展中国家权益，在联合国、世界贸易组织、二十国集团、"金砖四国"、发展中五国、亚太经合组织等机制内保持密切沟通和协调。

中国同拉美和加勒比国家务实合作深入发展。在金融危机不利环境下，中国继续成为多数拉美国家第二大贸易伙伴，并成为巴西第一大贸易伙伴和智利等国第一大出口对象国。2009年，中拉贸易额达1215.4亿美元，同比下降15.2%。中拉金融、投资、能源等领域合作加强，在基础设施、制造业和高科技领域重大合作项目取得积极进展。中国—拉美第三届企业家高峰会在哥伦比亚成功举行。

中国同拉美和加勒比国家人文领域交流取得新进展。中国在巴西、阿根廷、牙买加、哥斯达黎加、哥伦比亚等国设立或增设孔子学院、孔子课堂，推广汉语教学。中国向墨西哥捐赠"中国古代艺术珍品复制品展"，宣布哥伦比亚为中国公民出境旅游目的地国。中国兵马俑文物展在智利成功举办。拉美高级外交官访华团和多个媒体考察团先后访华，增进了双方相互了解。

3. 专题评述

（1）胡锦涛主席出席二十国集团领导人峰会

胡锦涛主席出席二十国集团领导人第二次峰会

2009年4月2日，国家主席胡锦涛在伦敦出席二十国集团领导人第二次峰会。峰会是在国际金融危机不断蔓延、各国经济运行风险和矛盾日趋显现、全球发展面临严峻挑战的背景下召开的。会议期间，胡锦涛主席和各国领导人重点讨论了加强宏观经济政策协调、稳定国际金融市场、改革国际金融机构等议题。各国领导人和国际舆论盛赞中方为峰会取得积极、务实成果所发挥的重要建设性作用，积极评价中国在合作应对国际金融危机、促进世界经济恢复增长等方面采取的重大举措。胡锦涛主席出席这次峰会主要取得以下重要成果：

全面深入阐述中国政府应对国际金融危机、恢复世界经济增长的重要主张。胡锦涛主席在峰会上发表重要讲话，呼吁二十国集团成员进一步落实国际社会达成的共识，树立更坚定的信心，采取更有效的措施，开展更广泛的合作，实施更合理的改革，努力取得实质性成果。胡锦涛主席提出应对国际金融危机的主要主张：第一，进一步坚定信心。国际社会已经具备应对国际金融危机的客观条件和共同意愿，各国只要坚定信心、共同努力，就一定能渡过难关，实现共同确定的目标。第二，进一步加强合作。各国应该认清形势、加强沟通、相互支持、携手合作、共克时艰，保持宏观经济政策导向总体上的一致性、时效性、前瞻性。第三，进一步推进改革。二十国集团应该抓紧落实华盛顿峰会达成的重要共识，在充分协商的基础上制定出可供操作的时间表，推动国际金融秩序不断朝着公平、公正、包容、有序的方向发展。第四，进一步反对保护主义。各国应该共同反对以保护本国就业为由对外国劳务人员采取歧视性做法，共同反对任何形式的贸易保护主义，推动多哈回合谈判早日取得全面、均衡的成果。第五，进一步支持发展中国家。各国不能因为金融危机中断联合国千年发展目标进程。这些立场和主张立足当前，着眼长远，既有高屋建瓴的战略思想，又有切实可行的具体措施，在国际金融危机仍在发展、世界经济前景还存在不确定性的背景下，有力提振了国际社会应对金融危机的信心，为世界经济复苏、国际金融体系改革指明了方向。

介绍了中国政府为应对国际金融危机冲击、保持经济平稳较快发展采取的重大举措。胡锦涛主席表示，中国及时调整宏观经济政策，果断实施积极的财政政策和适度宽松的货币政策，形成了进一步扩大内需、促进经济增长的一揽子计划。中国在面临巨大困难的形势下，始终积极参与应对国际金融危机的国际合作，维护国际金融形势稳定，坚持对外开放，在南南合作框架下，向发展中国家提供力所能及的援助。

提出了二十国集团是国际社会共同应对国际经济金融危机重要有效平台的主张。胡锦涛主席指出，各国应该大力开展各项实质性合作，加快结构调整，稳定市场，促进增长，增加就业，改善民生，千方百计减轻国际金融危机对实体经济的冲击和影响，主要包括以下五条措施：大力开展贸易和投资等实体经济合作，为恢复世界经济增长提供坚实支撑；大力加强贸易融资合作，尤其应该加大对发展中国家的融资投入；大力加强中小企业合作，帮助它们尽快摆脱经营困境；大力推动国际新兴产业合作尤其是节能减排、环保、新能源等领域合作，积极培育世界经济新的增长点；大力加强国际科技合作，充分依靠科技进步的力量，不断增强世界经济增长的内在动力。

维护了发展中国家的利益。胡锦涛主席呼吁国际社会应该高度关注和尽量减少国际金融危机对发展中国家特别是最不发达国家造成的损害；国际社会特别是发达国家应该承担应尽的责任和义务，继续履行援助、减债等承诺；切实保持和增加对发展中国家的援助；切实帮助发展中国家维护金融稳定、促进经济增长；切实帮助发展中国家特别是帮助非洲国家克服困难，不断改善这些国家发展的外部环境。

促进了中国同有关国家的双边关系发展。出席峰会期间，胡锦涛主席分别同美国总统奥巴马、英国首相布朗、俄罗斯总统梅德韦杰夫、巴西总统卢拉等外国领导人举行会晤，就发展双边关系、加强各领域合作、共同推动恢复经济增长达成许多重要共识。

胡锦涛主席出席二十国集团领导人第三次峰会

2009 年 9 月 24～25 日，胡锦涛主席出席在美国匹兹堡举行二十国集团领导人第三次峰会。此次峰会的召开正值全球经济从危机走向复苏的关键时期，国际社会普遍希望匹兹堡峰会在促进世界经济复苏方面发挥积极作用。胡锦涛主席与各国领导人重点讨论了推动世界经济复苏、转变经济发展方式、国际金融体系改革、气候变化融资和发展等议题。胡锦涛主席发表重要讲话，介绍了中国政府在应对国际金融危机及落实前两次峰会成果方面采取的措施和取得的成效，针对推动世界经济健康复苏，推进国际金融体系改革，实现世界经济可持续发展，阐述了中国政府的看法和主张。国际社会普遍积极评价中国为匹兹堡峰会成功发挥的积极作用。主要成果如下：

全面深入阐述了中国对促进经济健康复苏，推动平衡发展的重要主张。胡锦涛主席在峰会上发表重要讲话，指出世界经济形势好转的基础并不牢固，实现全面复苏将是缓慢和曲折的过程，国际社会首要任务仍然是应对国际金融危机、推动世界经济健康复苏，当前要做好以下三项工作：第一，坚定不移刺激经济增长。各国应该充分利用二十国集团这一平台，继续加强宏观经济政策协调，保持政策导向总体一致性、时效性、前瞻性。第二，坚定不移推进国际金融体系改革。现在，国际经济金融形势有所好转，但各国推进改革的决心不能减弱、目标不能降低。第三，坚定不移推动世界经济平衡发展。失衡根源是南北发展严重不平衡。只有广大发展中国家有效实现发展，世界经济复苏步伐才会坚实，世界经济增长才能持久。

宣介了中国政府在推动经济社会全面协调可持续发展方面所采取的重

要举措和积极成果。胡锦涛主席表示，中国政府始终把扩大内需特别是消费需求作为应对国际金融危机冲击的基本立足点，积极调整内外需结构和投资消费结构，在经济发展中努力实现速度与结构、质量、效益相统一。国际金融危机发生以来，中国推出一系列扩大内需、调整结构、促进增长、改善民生的政策措施，并取得初步成效。中国经济增长为世界经济复苏作出了贡献。

阐释了中国政府关于刺激经济增长的建议。胡锦涛主席强调，无论是发达国家还是发展中国家都应该采取更加扎实有效的举措，在促进消费、扩大内需上多下工夫；主要储备货币发行国要平衡和兼顾货币政策对国内经济和国际经济的影响，切实维护国际金融市场稳定；要坚决反对和抵制各种形式的保护主义，在锁定现有成果的基础上推动多哈回合谈判早日取得成功；大力推动国际新兴产业合作，积极培育世界经济新的增长点；大力加强国际科技合作，充分依靠科技进步增强世界经济增长内在动力。同时，各国要对刺激措施可能产生的负面影响尤其是潜在通胀风险保持警惕。

提出了中国政府对国际金融体系改革的立场和主张。国际金融体系改革是峰会讨论重点之一，胡锦涛主席就此提出五点主张：一是落实伦敦峰会确定的时间表和路线图，着力提高发展中国家代表性和发言权；二是完善国际金融机构现行决策程序和机制，提高发展中国家担任国际金融机构高级管理人员比例；三是推进国际金融监管体系改革；四是加强金融监管合作；五是营造公正透明的国际税收环境。

深入阐释了中国政府对推动世界经济平衡发展的看法。峰会期间，国际社会十分关注全球经济失衡问题，胡锦涛主席指出，失衡的根源是发展不平衡，要想解决这个问题，应该做好以下四点：一是完善促进平衡发展的国际机制；二是加大形式多样的发展投入；三是高度重视技术合作对促进平衡发展的重要意义；四是着力转变经济发展方式。

促进了中国同有关国家的双边关系发展。出席峰会期间，胡锦涛主席分别同美国总统奥巴马、俄罗斯总统梅德韦杰夫、日本首相鸠山由纪夫、法国总统萨科齐等外国领导人举行会晤，就发展双边关系、加强各领域合作、共同推动世界经济全面复苏及长远健康平衡发展达成许多重要共识。

(2) 胡锦涛主席、温家宝总理分别出席上海合作组织元首会议和总理会议

2009 年 6 月 15~16 日，上海合作组织成员国元首理事会第九次会议在俄罗斯叶卡捷琳堡举行，国家主席胡锦涛出席会议。胡锦涛主席在会上发表题为《携手应对国际金融危机，共同创造和谐美好未来》的重要讲话，深入分析了国际地区形势复杂深刻变化给上海合作组织带来的影响，强调在国际金融危机面前，成员国应坚定信心、相互支持，增强自身实力，把本组织的事情办好，为推动本地区持久和平与共同繁荣、为世界和平与发展作出更大贡献。胡锦涛主席介绍了中国应对国际金融危机的成功经验，宣布中方将提供 100 亿美元信贷资金，用以支持上海合作组织框架内的多双边项目和帮助成员国应对危机，承诺中方将向成员国派出贸易投资促进团，推动同各方的贸易和双向投资。胡锦涛主席还就推动上海合作组织健康平稳发展同与会元首深入交换意见，提出增强政治互信、深化经济合作、强化安全合作、扩大人文交流和坚持对外开放五项主张。会后，成员国元首签署了《叶卡捷琳堡宣言》、《上海合作组织反恐怖主义公约》，批准了《上海合作组织关于应对威胁本地区和平、安全与稳定事态的政治外交措施及机制条例》、给予斯里兰卡、白俄罗斯上海合作组织对话伙伴地位等重要决议，就会议成果发表《联合公报》。在元首见证下，各国还签署了《上海合作组织成员国反恐专业人员培训协定》和《上海合作组织成员国保障国际信息安全政府间合作协定》两个重要文件。

10 月 14 日，上海合作组织成员国政府首脑（总理）理事会第八次会议在北京举行。国务院总理温家宝出席并主持会议。针对国际金融危机对地区稳定与发展造成的严峻挑战，温家宝总理强调上海合作组织应在整合成员国资源、加快区域合作进程方面发挥更大作用，为成员国开启长期、稳定、可持续发展之路。温家宝总理同各国领导人共商提振地区经济大计，提出加强相互投资、发展交通通信基础设施、加强财金对话与合作、继续推进贸易便利化等重要建议。会议发表了《联合公报》、《上海合作组织成员国关于加强多边经济合作、应对全球金融经济危机、保障经济持续发展的共同倡议》和《上海合作组织地区防治传染病联合声明》，批准了涉及上海合作组织财务和常设机构建设等问题的决议，签署了《上海合作组织成员国海关培训和提高海关关员专业技能合作议定书》。会议期间，成员国政要和工商界人士还共同出席了上海合作组织工商论坛。

2009 年上海合作组织峰会和总理会议均取得丰硕成果，达到了增强成员国政治互信、完善上海合作组织整体安全合作体系、明确共同应对国际金融危机努力方向并制定具体措施、促进成员国共同发展的目标，全面规划和部署了上海合作组织各项工作，进一步提高了上海合作组织解决全球性、地区性问题，维护成员国共同利益的能力。中国领导人在会议期间提出的有关建议和主张，显示了中国与成员国共享发展机遇、共同应对挑战的决心和诚意，受到与会各国普遍欢迎和高度评价。各国领导人一致表示，将把落实《上海合作组织成员国长期睦邻友好合作条约》和叶卡捷琳堡峰会共识作为下一阶段中心工作，继续保持上海合作组织的良好发展势头，深化和扩大成员国各领域务实合作，加强团结，共御危机，实现共同发展。

峰会和总理会议期间，胡锦涛主席和温家宝总理还分别会见了哈萨克斯坦、吉尔吉斯斯坦、塔吉克斯坦、乌兹别克斯坦、印度、伊朗、蒙古、阿富汗等国家领导人，推动了中国同上述国家双边关系的发展。

（3）胡锦涛主席出席安理会核不扩散与核裁军峰会

2009 年 9 月 24 日，国家主席胡锦涛出席在美国纽约联合国总部举行的安理会核不扩散与核裁军峰会。此次峰会是在核裁军问题在国际上持续升温、防扩散形势依然严峻、全球核电出现复兴势头的背景下举行的，是安理会有史以来首次专门就核不扩散与核裁军问题举行的峰会。

胡锦涛主席在峰会上发表了题为《共同缔造普遍安全的世界》的重要讲话。这是近十年来中国领导人首次在多边场合就核不扩散、核裁军等问题作出的重要政策宣示。胡锦涛主席在讲话中提出五点重要主张：第一，维护全球战略平衡和稳定，积极推进核裁军进程。第二，放弃以首先使用核武器为基础的核威慑政策，切实减少核武器威胁。第三，巩固国际核不扩散机制，防止核武器扩散。第四，充分尊重各国和平利用核能权利，积极开展国际合作。第五，大力加强核安全，切实减少核风险。同时，胡锦涛主席结合新形势，对中国多年倡导的新安全观作出进一步阐述，呼吁各国努力营造和平稳定的国际大环境，充分尊重和照顾各国正当合理的安全关切，致力于建立相互理解和信赖的国家关系，坚持多边主义，巩固以联合国为核心的集体安全体系。

国际舆论高度评价胡锦涛主席出席峰会并发表讲话，赞赏中国在维护国际和平与安全，以及推进核裁军、核不扩散与和平利用核能方面的公正、负责和建设性态度。

峰会通过了安理会第 1887 号决议。决议重申国际社会在核裁军、核不扩散、和平利用核能以及核安全领域一些得到普遍认可的原则和理念，呼吁各国进一步加强国际核不扩散和核裁军努力。中国在决议磋商过程中发挥了建设性作用，主张案文应总体平衡，突出共识，妥善处理核裁军、核不扩散与和平利用核能三者之间的关系。在中方努力下，决议增加了支持安理会以外其他国际机构的作用、对无核武器国家安全保证、建立无核武器区、和平解决国际争端等内容，更加平衡地反映了发展中国家一些合理关切和要求。

（4）温家宝总理三度会晤欧盟领导人，推动中欧关系稳定发展

2009 年 1 月 29～30 日，国务院总理温家宝应邀正式访问欧盟总部。这是在国际金融危机加剧蔓延，中欧关系因涉藏问题经历波折，原定于 2008 年底举行的第 11 次中欧领导人会晤被推迟的背景下的一次访问，旨在提振中欧发展全面战略伙伴关系的信心，维护中欧关系的稳定发展。温家宝总理向欧盟委员会主席巴罗佐提出发展中欧关系的四点看法，重申中国政府把发展对欧关系作为中国外交政策战略重点的坚定态度，坚信中欧关系的主流和基本面是好的，希望欧盟以发展的眼光看待中国，相互尊重，求同存异，以和为贵，强调在全球金融危机面前，“当务之急是中欧双方一起向前看”，以中欧合作增强国际社会应对危机的信心。双方签署了科技、海关等 9 项合作协议，发表了简短有力的联合声明。虽然访问日程十分紧张，温家宝总理专门抽出时间会见时任欧盟轮值主席国捷克总理托波拉内克。在会谈会见中，温家宝总理向欧方领导人表明了中方对恢复第 11 次中欧领导人会晤所持的积极开放态度，并主动提议年内还可照常举行第 12 次会晤，欧方深受鼓舞。此访实现了预期目标，为 2009 年中国对欧外交工作奠定了良好基础，开创了有利局面。

2009 年 5 月，在中国抗击甲流疫情面临严峻形势的情况下，温家宝总理取消了对欧亚有关国家的访问计划，但从中欧关系的大局考虑，于 20 日专程赴捷克首都布拉格同欧方领导人如期举行第 11 次中欧领导人会晤，“亚欧万里一日还”，充分体现了“国之交，止于信”的理念。温家宝总理同欧盟轮值主席国捷克总统克劳斯、欧盟委员会主席巴罗佐、欧盟理事会秘书长兼欧盟共同外交与安全政策高级代表索拉纳等欧方领导人就中欧关系、应对国际金融危机和气候变化等问题深入交换了看法。温家宝总理指出，中欧关系核心在战略性，内涵在全面性，关键在与时俱进。中欧要坚持战略伙伴这一基本定位，坚持相互尊重、互不干涉内政原则，照顾彼此重大关切，妥善处理敏感问题，推动双方关系全面、深入、持久发展。温家宝总理在会晤及共同会见记者时坚决驳斥了“中美共治”论，强调“中国坚持独立自主的和平外交政策，奉行互利共赢的开放战略，愿同所有国家开展友好合作关系，绝不谋求霸权。一两个国家或大国集团不可能解决全球的问题，多极化和多边主义是大势所趋、人心所向”，获得欧方积极评价。双方于会晤后签署了能源、科技等 3 项合作文件，并发表联合新闻公报。第 11 次中欧领导人会晤恢复举行并取得积极成效，表明中欧关系重新回到正常发展轨道。

2009 年 11 月 30 日，温家宝总理同欧盟轮值主席国瑞典首相赖因费尔特和欧盟委员会主席巴罗佐等欧方领导人在中国南京举行第 12 次中欧领导人会晤。此次会晤正值欧盟《里斯本条约》生效在即，哥本哈根联合国气候变化大会行将举行，具有重要意义。温家宝总理深入阐述了中欧关系的战略意义和时代内涵，重申反对“中美两国集团”的提法，指出“中欧要紧跟形势的发展变化，始终走在时代的前列”，并就中欧全面战略伙伴关系提出五点指导意见：中欧要彻底摒弃歧视、对抗和遏制，倡导平等、对话与合作，增强战略互信，永远做朋友，不做对手；要旗帜鲜明地反对霸权主义，推动世界多极化，支持多边主义；要把发展作为首要任务，走互利共赢、共同发展的道路；要尊重彼此的文化传统、社会制度和价值观念，秉持开放包容的精神，在交流借鉴中实现创新和进步；要致力于解决国际关系中深层次的结构性问题，促进世界和谐与可持续发展。温家宝总理重点介绍了中国政府有关控制温室气体排放的具体目标和应对措施，指出“中国自主作出的承诺是严肃认真的，实现这个目标需要付出巨大的努力，是中国为应对气候变化对世界作出的巨大贡献”。温家宝总理阐述了中方有关哥本哈根联合国气候变化大会的原则立场，强调“《联合国气候变化框架公约》及其《京都议定书》是国际社会共同应对气候变化的主渠道和法律基础，各国遵循“共同但有区别的责任”原则是会议取得成功的关键，希望欧盟在适应、资金和技术转让方面积极呼应发展中国家的合理诉求。在人民币汇率问题上，温家宝总理指出中欧都是金融危机的受害者，呼吁欧盟客观看待人民币汇率问题，并敦促欧盟以实际行动反对贸易保护主义。双方签署了科技、建筑能效、环境治理等 6 项合作协议，并发表了内容丰富、基调积极的联合声明。此次会晤取得圆满成功，成为 2009 年对欧外交的精彩“收官之作”，进一步巩固和深化了中欧关系的稳定发展。

(5) 温家宝总理出席东亚领导人系列会议

2009 年 10 月 23～25 日，国务院总理温家宝率团出席了在泰国华欣举行的东亚领导人系列会议。

在第 12 次中国与东盟领导人会议上，温家宝总理表示，面对国际金融危机的严峻挑战，中国和东盟应相互帮助，加强合作，在携手应对挑战中促进共同发展。关于下一阶段双方的合作，温家宝总理提出以下建议：发挥中国—东盟自贸区作用；加快基础设施建设；深化农业和农村合作；促进可持续发展；加强社会文化交流；推进多层次的区域合作。

东盟各国领导人赞同中国提出的新合作倡议，希望同中国深化政治互信，加强经贸合作和人员往来，推动财金、基础设施建设、疾病防控、环境、人文等领域交流合作取得更多务实成果，推进国际经济金融体系改革，维护共同权益。

会议签署了《建立中国—东盟中心谅解备忘录》、《中国—东盟知识产权领域合作谅解备忘录》、《中国—东盟关于技术法规、标准和合格评定程序谅解备忘录》、《中国—东盟东部增长区经济合作框架》等文件。

在第 12 次东盟与中国、日本、韩国（10＋3）领导人会议上，温家宝总理表示，10＋3 合作要继续把应对国际金融危机作为当务之急。同时，要着眼长远，充实各领域合作，推动地区一体化建设，促进地区和平与繁荣。温家宝总理在会上提出了六点建议：巩固经济复苏势头；深化财金合作；扩大域内贸易和投资；实现区域互联互通；促进共同发展；提升区域整体竞争力。

各国领导人批准了 10＋3 财长会议在印尼巴厘岛通过的协议，将争取在 2009 年底前签署规模为 1200 亿美元的清迈倡议多边化协议，并推动建立独立的区域经济监测机构。各国领导人对为促进亚洲企业债券市场的发展而建立初始规模为 5 亿美元的区域信用担保和投资机制基金表示欢迎，对中方承诺向该基金提供 2 亿美元表示欢迎。

会议发表了《东盟与中日韩关于粮食安全和生物能源开发合作的华欣声明》。

在第四届东亚峰会上，温家宝总理表示，中方支持峰会在教育、经贸、金融、减灾等领域推进交流与合作。中方将在未来 5 年内向东亚峰会的发展中国家新增 2000 个中国政府奖学金名额，提供 200 个公共管理硕士奖学金名额。各国领导人还就气候变化、朝鲜半岛核问题等交换了意见。

会议发表了《东亚峰会灾害管理华欣声明》和《东亚峰会关于重建

那烂陀大学的联合新闻声明》。

温家宝总理还在会议期间会见了印度、澳大利亚、新西兰、泰国、缅甸等国领导人。

(6) 温家宝总理出席哥本哈根会议

2009年12月17～18日，国务院总理温家宝出席哥本哈根气候变化会议，充分显示了中国对应对气候变化和哥本哈根会议的重视。中方以积极、负责任态度参与有关谈判和磋商，特别是温家宝总理亲自与会，广泛做各方工作，为推动哥本哈根会议取得积极成果，特别是《哥本哈根协议》的达成付出艰苦努力，作出了重要贡献。

会前，中国政府宣布了控制温室气体排放行动目标：包括到2020年，单位GDP二氧化碳排放比2005年下降40%～45%，非化石能源占一次能源消费的比重达到15%左右，森林面积增加4000万公顷，森林蓄积量比2005年增加13亿立方米。中国还是一个发展中国家，总体发展水平还不高，发展经济、消除贫困、提高人民生活水平的任务还很重，从中国的发展阶段和国情看，这些自主确定的目标极具挑战性，实现这些目标将面临种种困难，力度与任何发达国家相比都不逊色。温家宝总理强调，中方的自主行动目标不附加任何条件，不与任何国家的减排指标挂钩，无论哥本哈根会议取得什么结果，中方都将尽最大努力实现这一目标。这充分显示了中国政府以实际行动积极推动“巴厘路线图”谈判取得进展、促进哥本哈根会议取得积极成果。

会上，温家宝总理发表了题为“凝聚共识、加强合作、推进应对气候变化历史进程”的主旨讲话，全面、系统阐述了中国应对气候变化的政策、措施和取得的成绩，表达了中国对推进应对气候变化国际合作的意愿和看法，受到国际社会广泛好评。

会议期间，温家宝总理进行了密集的穿梭外交和首脑外交，深入细致广泛做各方工作。温家宝总理呼吁，各国必须着眼大局，立足现实，照顾彼此关切，坚持“共同但有区别的责任”原则，迅速凝聚共识，求同存异，有效推进谈判，向世界传递希望和信心。

在会见丹麦、德国、英国和美国等发达国家领导人时，中国一方面要求发达国家正视历史责任和发展中国家的合理诉求，切实履行率先减排和向发展中国家提供资金、转让技术的义务；另一方面，表达中国推动会议取得积极成果的意愿，从而增进理解、扩大共识。

小岛国、最不发达、非洲国家受气候变化影响严重，在资金、全球控温方面有特殊关切。温家宝总理向有关国家领导人表达充分理解和同情，支持他们的合理要求，同时表示中国愿在南南合作和双边框架下，继续向他们提供力所能及的支持和援助。

温家宝总理还多次与印度总理、巴西总统、南非总统举行“基础四国”领导人会晤，强调四国是发展中大国，在应对气候变化方面有重要共同利益、相同立场和一致目标，应增进团结，加强协调，坚定为发展中国家仗义执言，争取最大利益。

在谈判中，中国坚持“求大同、存小异”，在许多核心问题上展现了最大灵活性，带动多数国家，从而打破了当时谈判面临的僵局。

通过这一系列努力，中国为会议最终取得积极成果，发表《哥本哈根协议》作出了积极贡献。

(7) 中非合作论坛第四届部长级会议成功举行

2009 年 11 月 8 ~ 9 日，中非合作论坛第四届部长级会议在埃及沙姆沙伊赫举行。国务院总理温家宝、埃及总统穆巴拉克以及其他非洲国家的 9 位总统、3 位总理、3 位副总统、1 位议长和非盟委员会主席出席开幕式并发表讲话。中国和 49 个非洲国家的外长和负责经济合作事务的部长或代表与会，部分国际和非洲地区组织以观察员身份列席会议。

会议以“深化新型战略伙伴关系、谋求可持续发展”为主题，总结回顾了 2006 年北京峰会后续行动落实情况，通过了《中非合作论坛沙姆沙伊赫宣言》和《中非合作论坛—沙姆沙伊赫行动计划（2010 年至 2012 年)》两份成果文件，全面规划了未来 3 年中非新型战略伙伴关系的发展方向。

开幕式上，温家宝总理发表了题为《全面推进中非新型战略伙伴关系》的重要讲话，全面回顾论坛创办 9 年来，特别是 2006 年北京峰会召开后中非合作取得的成果，提出新形势下推进中非新型战略伙伴关系的五点建议：加强战略协调，维护共同利益；落实千年发展目标，改善非洲民生；提升经贸合作，实现互利共赢；促进人文交流，巩固中非友好；拓宽合作领域，加强机制建设。

为进一步推进中非合作，温家宝总理在会上宣布了今后三年中国政府将采取的八项新举措：（一）倡议建立中非应对气候变化伙伴关系，不定期举行高官磋商，在卫星气象监测、新能源开发利用、沙漠化防治、城市环境保护等领域加强合作。中方为非洲援建太阳能、沼气、小水电等 100 个清洁能源项目。（二）加强科技合作，倡议启动“中非科技伙伴计划”，实施 100 个中非联合科技研究示范项目，接收 100 名非洲博士后来华进行科研工作，并为其回国服务提供资助。（三）增加非洲融资能力，向非洲国家提供 100 亿美元优惠性质贷款；支持中国金融机构设立非洲中小企业发展专项贷款，金额 10 亿美元。对非洲与中国建交的重债穷国和最不发达国家，免除截至 2009 年底对华到期未还的政府无息贷款债务。（四）扩大对非产品开放市场，逐步给予非洲与中国建交的最不发达国家 95% 的产品免关税待遇，2010 年年内首先对 60% 的产品实施免关税。（五）进一步加强农业合作，为非洲国家援建的农业示范中心增加到 20 个，向非洲派遣 50 个农业技术组，为非洲国家培训 2000 名农业技术人员，提高非洲实现粮食安全的能力。（六）深化医疗卫生合作，为援非 30 所医院和 30 个疟疾防治中心提供价值 5 亿元人民币的医疗设备和抗疟物资，为非洲培训 3000 名医护人员。（七）加强人力资源开发和教育合作，为非洲国家援助 50 所中非友好学校，培训 1500 名校长和教师；到 2012 年，向非洲提供的中国政府奖学金名额将增至 5500 名；今后 3 年为非洲培训各类人才总计 2 万名。（八）扩大人文交流，倡议实施“中非联合研究交流计划”，促进学者、智库交往合作，交流发展经验，并为双方出台更好合作政策提供智力支持。

与会各国领导人对温家宝总理讲话反响热烈，表示在各种挑战面前，中国坚定致力于支持和帮助非洲实现和平与发展，是非洲真诚的朋友和伙伴。中非合作是南南合作的成功典范。非洲国家愿与中国携手并进，开创非中关系光明的未来。

在沙姆沙伊赫期间，温家宝总理还会见了 13 位非洲国家领导人，出席了第三届中非企业家大会并发表演讲，参观了“中非合作论坛北京峰会后续行动成果图片展”，并举行记者会，就中非关系、中国的对非政策等内容回答了记者提问。在中非企业家大会上，中非企业共签署 10 个投资和工程承包合作项目，总金额达 28.5 亿美元。

本次中非合作论坛会议是中非团结合作的盛会，是中非友好合作进程中新的里程碑，对进一步深化中非新型战略伙伴关系、开创中非合作新局面具有重要意义。

（8）中国顺利完成首次接受联合国国别人权审查工作

国别人权审查（又称普遍定期审议），是人权理事会新设立的机制，旨在对联合国所有会员国人权状况进行全面审查。国别人权审查是各国就促进和保护人权交流看法、分享经验、加强合作的机制。2009 年 2 月，中国首次接受审议，本着严肃和负责任的态度与各国开展互动对话，展现了中国开放、自信的姿态和促进人权的坚定决心。

审议前，中国政府认真准备，按规定向联合国提交了《国家人权报告》。报告主要介绍了中国促进和保护人权的法律、制度、政策、实践、面临的困难和挑战以及未来工作目标，涉及经济、社会、文化、公民、政治权利和特殊群体权利。报告由近 30 家立法、司法、行政部门组成的跨部门工作组撰写。撰写过程中，工作组广泛听取了非政府组织意见，并上网征求了公众意见，最大程度地保证了报告的全面、客观和权威性，为参与对中国审议的国家提供了重要参考。

2 月 9 日，中国派出了包括香港、澳门特别行政区代表在内的高级别、跨部门代表团出席人权理事会国别人权审查工作组审议。中国代表团团长、中国常驻联合国日内瓦办事处和瑞士其他国际组织代表李保东大使发言介绍了中国改善和促进人权事业发展的情况。李保东大使指出，新中国成立 60 年来，特别是改革开放 30 年来，中国人权事业取得全面进步，促进和保护人权已成为中国经济社会发展和政治体制改革的重要内容。中国实现了人民生活从贫困到温饱、从温饱到小康的两次历史性跨越，已成为全球最早实现联合国千年发展减贫目标的国家。中国稳步推进民主法制建设，逐步改革和健全司法体制，加强司法独立和公正，不断推进依法行政和政务公开，确保公民依法行使知情权、参与权、监督权。中国确立了民族平等和民族区域自治政策，在政治、经济、文化、教育等领域给予少数民族特别照顾。中国充分发挥非政府组织在促进和保护人权方面的作用，积极倡导和参与国际人权领域交流与合作。中国政府正全力贯彻以人为本、全面协调可持续的科学发展观，努力构建以“民主法治、公平正义”为主要特征的和谐社会。

李保东大使发言后，中国代表团与各国代表进行了开放、坦诚的互动式对话，回答并介绍了各国提出的问题，涉及中国加入国际人权公约、司法制度、网络管理、保护律师权利、民族区域自治政策、宗教信仰自由、妇女儿童权利保护、教育权等方面。加拿大、奥地利、俄罗斯、古巴、巴基斯坦等 60 个国家代表发言，肯定中国在人权领域所做的努力。许多国家对新中国成立 60 年、特别是改革开放以来在政治、经济、社会、文化等各领域取得的巨大成就表示赞赏，希望分享中国的发展经验，支持中国根据本国国情继续促进和保护人权事业。一些国家还提出了有价值的建议。中国代表团本着高度负责任的态度，认真研究了各国所提建议，并从本国国情出发，接受了各国提出的共 42 条建议，涉及公民经济、社会、文化权利和公民政治权利等多个领域。

2 月 11 日，人权理事会国别人权审查工作组协商一致通过了审议中国的报告。6 月 11 日，人权理事会第 11 次全会顺利核可工作组报告。至此，中国圆满完成首次接受人权理事会国别人权审查工作。

中国将继续以负责任的态度参与国别人权审查，积极参加国际人权领域的活动，为促进国际人权事业的进步作出更大贡献。

(9) 贯彻落实使节会议精神，开创公共外交新局面

2009 年 7 月，第 11 次驻外使节会议在北京召开，中共中央总书记胡锦涛发表重要讲话，强调要不断提高外交工作能力和水平，努力使中国在政治上更有影响力、经济上更有竞争力、形象上更有亲和力、道义上更有感召力，为全面建设小康社会、加快推进社会主义现代化营造良好国际环境和外部条件；要加强公共外交和人文外交，开展各种形式的对外文化交流活动，扎实传播中华优秀文化。胡锦涛总书记的讲话指明了中国外交的重要开拓方向。中国外交由此站在新的历史起点上，肩负新的时代使命，进入新的发展阶段。中国的公共外交应运而生，大有可为。

2009 年，外交部会同其他部委，以使节会议为契机，紧密围绕新中国成立 60 周年、新中国外交 60 年、国内外重大外交活动以及应对国际金融危机、气候变化等主题，解放思想，开拓进取，积极探索公共外交新思路、新方法，多层次、多领域、全方位推进公共外交，不断开创公共外交新局面。

积极创新工作模式。以领导人出访或出席国际多边会议等重大外交活动为平台，设立中国代表团新闻中心，邀请中国官员、专家学者、非政府组织代表、企业家与媒体和公众展开热烈的互动和交流，主动宣介中国政府政策主张，回应各方关注问题。

全面实施《外国常驻新闻机构和外国记者采访条例》（简称《条例》）。外交部作为外国记者事务的主管部门，充分发挥指导协调作用，会同各部门各地方全面贯彻落实新条例，与外国记者开展了更多互动和交流。除一年近百场例行记者会外，外交部为外国记者组织或协助安排近 130 场采访活动，在新中国成立 60 周年之际，邀请来自亚非拉地区 53 个国家近百名发展中国家记者来华采访国庆系列活动，增进了广大发展中国家民众对中国的了解和友谊。

不断丰富公共外交活动内容。2009 年，外交部先后举办"五四"青年节、"新中国外交 60 周年"、"中非合作论坛"、"驻外使节任职宣誓仪式"等主题公众开放日，热情接待国内外公众参观外交部，向他们介绍当前国际形势和中国外交事业，进一步增进公众对中国外交的了解和认识。围绕新中国成立 60 周年和新中国外交 60 年，杨洁篪部长接受国内中央媒体联合采访，全面阐述新中国外交政策和理念，介绍新中国外交走过的风雨历程和取得的辉煌成就。10 位驻外大使在国内媒体发表系列文章，

3位驻外大使做客央视《小崔说事》栏目，围绕大国关系、周边外交、多边外交等多个领域全方位介绍中国外交实践和成果。

大力推进网络公共外交。第四次改版外交部中文网站，开辟“网上视频”专栏，不断丰富网站内涵，进一步增强网站时效性、服务性、互动性。与新华网、人民网合作，邀请外交部外交政策咨询委员会委员、驻外使节等就中国外交与网民在线互动交流，引发热烈反响。

中国驻外外交机构积极主动开展公共外交。驻外使节及高级外交官通过对外发表演讲、在主流媒体上发表文章、接受采访、出席研讨会等方式，与当地各界人士加强沟通交流，增信释疑，宣介中国发展成就和政策立场。各馆还举办使领馆“开放日”、中国论坛、中国主题研讨会、图片展、电影招待会以及中国文化节、电影节、文艺演出和青少年交流等大型公共外交活动，促进当地社会感知中国、了解中国。

上述公共外交活动的开展，增进了国内公众对外交工作的理解和支持，加深了中国与世界人民之间的相互了解和友谊。

（10）统筹国内国际两个大局，积极维护海外公民和企业安全与权益

当今世界多极化、经济全球化深入发展，国际金融危机影响深远，国际力量对比出现新态势，综合国力竞争和各种力量博弈更趋激烈。随着中国公民和企业“走出去”范围的持续扩大，海外利益的不断拓展，一些国家和地区政局动荡、社会治安恶化甚至恐怖暴力活动频仍，海外安全风险骤增，领事保护工作的艰巨性、复杂性进一步凸显。

2009年，外交部和中国驻外使领馆和国内有关部门认真贯彻落实中央领导的指示精神，积极践行科学发展观，统筹国内国际两个大局，妥善处理了大量领事保护案件，切实保护海外中国公民和企业的合法权益，为维护社会和谐稳定作出了积极贡献。具体表现在：

防范工作做深做细。2009年7~9月，外交部会同国内有关部门、各驻外使领馆及地方政府外办，以“海外文明”和“海外安全”为主题，在国内外同时开展了“树立海外中国公民文明形象宣传月”活动，倡导海外中国公民和企业树立文明、守法、友善的形象，以维护自身安全利益。外交部组织编印了《海外中国公民文明指南》和《中国公民海外安全常识（2009）》，结合“宣传月”活动进行大力推介。2009年6~9月，外交部与商务、公安、监察、国资委、交通运输、工商部门联合开展“全国清理整顿外派劳务市场秩序专项行动”，逐步完善有关处置外派劳务纠纷的政策措施。外交部密切跟踪有关国家和地区安全形势变化及自然灾害发生情况，随时更新信息。2009 年在部网站“领事新闻”、“出国特别提醒”等平台共发布 150 余条预警信息。

案件处置扎实有效。2009 年，外交部协调国内有关部门和驻外使领馆，及时妥善处理了大量社会舆论广泛关注的重大突发性领事保护案件，其中包括青岛远洋运输公司“德新海”号船被索马里海盗劫持、中国公民在巴基斯坦、阿富汗及菲律宾被绑架、派包机接回因甲型 H1N1 流感爆发滞留在墨西哥的中国公民、美国纽约州枪击案中国公民 4 死 1 伤、15 名中国游客在美国遭遇车祸伤亡、法航飞机失事致 9 名中国公民遇难、多起中国留学生在澳大利亚被伤害、中国在印度承包建设的烟囱倒塌、俄罗斯关闭莫斯科切尔基佐夫斯基大市场等案件。此外，外交部还处理了各类日常领事保护案件 4000 多起。

工作方式不断创新。针对索马里海盗活动日益猖獗并严重危及中国船员和船只安全的情况，外交部拓宽工作思路，对加强国际间合作、共同打击索马里海盗、派遣军舰赴亚丁湾护航等问题进行了可行性研究。中国海军首次赴海外护航，迈出中国军队在非战争状态下遂行武装护航任务的第一步，此举具有重大深远意义。

一年来，外交部和中国驻外使领馆坚持“以人为本”、“外交为民”理念，按照“预防为主、积极处置”的原则，不断创新工作思路和工作方式，高度重视并妥善处理每一起领事保护案件，扎实有效地做好领事保护工作，进一步树立中国政府的良好形象，受到海内外各界人士及新闻媒体的一致好评。

（11）坚持一个中国原则，促进两岸关系和平发展

2009 年，两岸关系保持和平发展的良好势头，在对外领域台湾对中国大陆正面冲撞也有所下降。台当局 13 年来首次未在世界卫生大会搞涉台提案，16 年来首次未在联合国大会推动涉台提案。但另一方面，台仍极力拓展“国际空间”，并强调对外活动的“自主性”，声称要以“软实力”寻找参与国际活动的新出路，实现“全球布局”，凸显台“国际存在”和“主权”。力争挤入《联合国气候变化框架公约》、国际民航组织等联合国专门机构和国际公约。台还继续寻求向美购武，竭力打造“台日特别伙伴关系”，推进与美、日、欧及东盟国家的实质关系。

中国政府继续全面做国际社会工作，捍卫一个中国原则。积极向国际社会宣介中国促进两岸关系发展、维护台海和平的努力和诚意，强调无论两岸关系发生什么变化，中国政府坚持一个中国原则、反对“一中一台”

和“两个中国”、反对“台独”的立场没有也不会改变。两岸关系和平发展不会损害任何国家的利益，只会促进亚太地区和世界繁荣稳定。明确要求各国继续坚持一个中国原则，更加谨慎地处理涉台问题，得到国际社会积极响应。

中国政府坚持反对外部势力干预两岸关系和平发展进程的立场。坚决反对中国建交国与台进行官方往来，反对其与台互设机构，要求其不支持台参加仅限主权国家参加的国际组织。坚决反对美售台武器，反对美台军事往来，反对亲台反华势力借《与台湾关系法》通过30周年推动提升美台关系。敦促国际社会以实际行动支持两岸关系和平发展。

在一个中国原则前提下，中国政府积极、妥善处理台对外活动问题。认真落实胡锦涛总书记2008年12月31日在纪念《告台湾同胞书》发表30周年座谈会上的讲话精神，即对于台湾参与国际组织活动问题，在不造成“两个中国”、“一中一台”的前提下，可以通过两岸务实协商作出合情合理安排。在这个原则指导下，妥善解决了台以观察员身份参加2009年5月的第62届世界卫生大会的问题，稳妥、务实处理亚太经合组织领导人非正式会议涉台问题、台参与国际会展、主办国际体育赛事、国际社会助台救援“莫拉克”风灾等问题，获得岛内民众的欢迎，促进了两岸关系的和平发展。

中国政府十分关心台湾同胞在海外的经济、民生、安全问题。各驻外使领馆切实采取措施，努力做好领事保护与服务工作。在处理台船只在索马里海域申请护航、协助处理台胞涉外纠纷等事务上切实维护海外台胞的合法权益，照顾台胞福祉，获得台湾岛内民众的赞誉。

（12）大力推进安全外交，维护国家主权和安全

2009年，中国政府大力推进安全外交工作，与境外“东突”势力、达赖集团和西方反华势力进行坚决斗争，继续参加国际反恐合作，有力维护了国家主权、安全和发展利益。

全力做好乌鲁木齐“7·5”事件涉外工作

2009年7月5日，境内外“三股势力”煽动、策划、制造了乌鲁木齐打砸抢烧严重暴力犯罪事件，造成197人死亡、1700多人受伤，331个店铺和1325辆汽车被砸烧，大量市政公共设施被损毁，给各族群众生命财产造成重大损失，给当地正常秩序和社会稳定造成严重破坏。“东突”势力利用乌鲁木齐“7·5”事件诋毁中国政府形象，加紧为反华分裂活动造势，鼓动国际社会向中国施压，企图推动“东突”问题国际化。“东突”势力还伙同其他反华敌对势力纠集近5000人次对中国40多个驻外使领馆

进行滋扰，中国驻荷兰使馆等9个使领馆遭不同程度暴力袭击。国际反华势力对中国政府依法处理“7·5”事件横加指责，利用涉疆问题干涉中国内政。

中国政府积极做有关国家工作，澄清“7·5”事件真相，阐明中国政府原则立场，强调“7·5”事件既不是民族问题、宗教问题，也不是人权问题，而是境内外“三股势力”精心策划组织的打砸抢烧严重暴力犯罪事件；中国政府依法采取果断措施平息事态，保护新疆各族人民群众生命财产安全，维护社会稳定，得到各族人民群众拥护和支持；各族人民大团结和社会和谐稳定是包括新疆2100多万各族群众在内的中华民族最高利益所在，中国政府坚决反对民族分裂主义，反对暴力恐怖行径；中国政府有信心有能力维护各民族团结奋斗、共同繁荣发展的大好局面，发展和谐稳定的社会政治局面，把新疆的各项事业发展得更好。

中国政府对有关国家错误行径提出严正交涉，敦促其在涉疆问题上谨言慎行。要求有关国家采取措施，不允许“东突”势力从事反华分裂活动，确保中国驻外机构和人员安全。中国政府积极做外国主流媒体工作，促其客观、公正报道。

中国政府的立场得到国际社会广泛理解与支持。绝大多数国家表示，尊重中国主权和领土完整，新疆事务属于中国内部事务，对中国政府为打击暴力犯罪、维护国家统一和社会稳定依法采取的措施表示理解和支持。一些周边邻国加大对“三股势力”监控，禁止其搞反华分裂活动，严防其向中国境内渗透。有关国家采取有效措施，加强对中国驻外机构和人员安全保卫。国际舆论在涉疆问题上的客观理性声音不断增多。

坚决遏制达赖集团“藏独”分裂活动

2009年，达赖集团利用西藏平叛50周年、拉萨“3·14”事件一周年等敏感时间节点，在30多个国家纠集上万人次对中国40多个驻外使领馆进行滋扰。达赖年内窜访15个国家达18次之多，企图推动所谓“西藏问题”国际化，破坏中国与有关国家双边关系。西方反华势力纵容、支持达赖集团分裂活动，个别国家炮制涉藏反华议案、声明，干涉中国内政。

中国政府大力开展涉藏外交工作，向国际社会阐明中国在涉藏问题上的原则立场，强调涉藏问题事关中国主权和领土完整，事关中国人民的民族感情，涉及中国核心利益；达赖不是单纯的宗教人士，而是打着宗教幌子、长期从事分裂中国活动的政治流亡者，中国政府坚决反对达赖以任何身份和名义到任何国家从事分裂中国的活动，反对任何国家官方人士同达赖进行任何形式的接触；要求有关国家从维护双边关系大局出发，妥善处理涉藏问题。中国政府以“西藏民主改革50周年”、“西藏百万农奴解放纪念日”等为契机，通过多种方式做外国主流媒体工作，推动其客观、公正报道涉藏问题。

中国政府对一些西方国家在涉藏问题上的错误立场进行坚决斗争，对个别国家政要会见达赖行为提出严正交涉，要求其停止纵容、支持“藏独”分裂活动。要求有关国家采取有力措施，严防“藏独”分子暴力冲闯中国驻外机构和“闯关”进入中国滋事，确保中国驻外机构和人员安全。

有关国家对中国政府的立场有了进一步认识，在涉藏问题上更加谨言慎行，重申西藏是中国领土一部分，尊重中国主权和领土完整，不支持“西藏独立”。大多数国家领导人在达赖窜访时未予会见，达赖窜访势头受到遏制。有关邻国加大边境管控力度，阻止“藏独”分子进入中国境内滋事。有关国家采取有效措施，限制“藏独”分子反华分裂活动，加强对中国驻外机构和人员安全保卫。

积极开展国际反恐合作

恐怖主义是国际公害。中国反对一切形式的恐怖主义，主张反恐应遵守《联合国宪章》和其他公认的国际法和国际关系准则，采取政治、经济、社会、外交、法律等措施综合治理，以消除恐怖主义滋生的土壤。中国反对将恐怖主义与特定的国家、民族或宗教相联系，主张加强不同文明间对话，反对在反恐问题上持双重标准。

打击恐怖主义需要加强国际合作。国际社会应采取一致立场，并帮助发展中国家加强反恐能力建设。中国高度重视国际反恐合作，一贯本着“平等合作、双向互利”的原则与各方加强在反恐问题上的对话、沟通与协调，维护共同利益，促进地区乃至世界的和平与稳定。

2009年，中国政府继续深入开展反恐外交工作。先后同巴基斯坦、俄罗斯、美国、加拿大举行了双边反恐磋商，就国际和地区反恐形势，各自反恐举措及双边反恐合作等问题深入交换意见和看法。积极做中亚、西亚、南亚等国家工作，加强在情报信息交流、人员核查及边境管控方面的合作，严密监控和防范“东突”恐怖势力对中国海外利益实施袭击或向中国境内渗透。中国政府深入参与联合国、上海合作组织及其他国际和地区组织框架下的反恐合作，不断完善反恐合作法律和机制建设。

通过上述工作，中国政府扩大了同有关国家在反恐问题上的利益汇合点，深化了同有关国家的务实反恐合作。特别是在打击“东突”恐怖势力方面赢得了国际社会的更多支持与配合，有效挫败了“东突”恐怖势力对中国境内外目标发动恐怖袭击的图谋，保证了新中国成立60周年庆祝活动顺利举行，确保了中国境外机构及人员安全，有效维护了国家主权、安全和发展利益，同时也为促进国际反恐合作，维护地区和世界和平与稳定作出了积极贡献。

（13）全力做好甲型H1N1流感防控涉外工作，服务国内发展稳定大局

2009年4月，甲型H1N1流感疫情爆发后，迅速在全球范围蔓延。中国人口众多，居住密集，医疗卫生条件相对薄弱，防控形势十分严峻。在党中央、国务院的坚强领导和应对甲型H1N1流感联防联控工作机制的统一部署下，外交部和驻外使领馆以对国家和人民高度负责的精神，始终坚持将维护人民群众的生命健康安全作为出发点和立足点，周密部署、全力以赴地开展各项工作，有力配合了国内防控大局。

外交部坚决贯彻外堵输入、内防扩散的防控策略，在签证、入境管理等方面采取果断措施，有效迟滞疫情传入，为国内研制生产防治药物赢得了宝贵时间，对维护国内正常的生产生活秩序和社会的稳定发挥了积极作用。在领事通报和外宣方面，外交部加强统筹协调，积极理顺机制，坚持第一时间对外通报外籍人员被隔离情况，协调有关方面对被隔离人员给予人文关怀；坚持从中国国情出发积极开展对外宣传解释工作，表明中国防控措施合理合法和符合国际惯例，赢得了国际社会对中国防控措施的理解和支持。

与此同时，外交部会同有关部门积极开展国际合作，有力支持了国际社会的防控努力。第一时间向墨西哥提供紧急物资和资金援助，中国援助物资系墨疫情爆发后首批抵达的国际援助，墨总统亲自到机场迎接并发表讲话表示感谢。严格履行国家主席胡锦涛在美国出席系列峰会期间关于中国愿为发展中国家防控工作提供力所能及的帮助的郑重承诺，在国内防控形势严峻、疫苗供不应求的情况下，努力帮助有关国家解决疫苗困难。此外，中国还积极参加有关国际会议，在北京举办了东盟国家实验室检测培训班和甲型流感应对与准备国际科学研讨会。通过上述努力，中国以实际行动为应对人类共同面临的重大国际疫情挑战作出贡献，充分体现了中国政府和领导人愿与国际社会携手共进、共克时艰的坚定决心和高度负责任的态度，赢得了国际社会的广泛赞誉。

中国对甲型流感防控反应迅速，策略得当，措施到位，处置有效，赢得了国际社会的普遍肯定。其中，涉外工作立足国内，着眼全局，统筹兼顾，稳妥务实，既很好地支持和配合了国内防控工作，为实现国内“保增长、保民生、保稳定”的目标作出积极贡献，同时彰显了中国负责任的大国形象，成为外交工作统筹国内国际两个大局，服从服务于国内发展稳定的一个亮点。

(14) 第11次驻外使节会议在北京召开

2009年7月17～20日，第11次驻外使节会议在北京召开。中共中央总书记、国家主席、中央军委主席胡锦涛，国务院总理温家宝等党和国家领导人出席会议并发表了重要讲话。中国驻外大使、总领事、驻国际组织代表，外交部和有关部委负责人、部分中央企业负责人及有关省区市外事部门负责人出席了会议。

会议认为，进入新世纪新阶段以来，国际上发生一系列具有全局性和战略性影响的重大事件，对国际政治经济格局产生了重大而深远的影响。综观世界，和平与发展仍然是当今时代的主题，但综合国力竞争日趋激烈，广大发展中国家平等参与国际事务的要求日益强烈，国际上实现国际关系民主化呼声增强，国际金融危机使现行国际经济金融体系、世界经济治理结构受到严重冲击，世界多极化前景更加明朗，国际形势出现了一些值得高度重视的新特点新趋势。

会议提出，本世纪头20年中国发展的重要战略机遇期没有改变，同时中国面临的机遇和挑战出现了一些新的变化。中国将坚持以邓小平理论和“三个代表”重要思想为指导，深入贯彻落实科学发展观，高举和平、发展、合作旗帜，奉行独立自主的和平外交政策，始终不渝走和平发展道路，始终不渝奉行互利共赢的开放战略，坚持在和平共处五项原则的基础上同所有国家发展友好合作，为推动建设持久和平、共同繁荣的和谐世界作出新的贡献。坚持统筹国内国际两个大局，不断提高外交工作能力和水平，努力使中国在政治上更有影响力、经济上更有竞争力、形象上更有亲和力、道义上更有感召力，为全面建设小康社会、加快推进社会主义现代化营造良好国际环境和外部条件。

会议指出，当前和今后一个时期，中国外交工作将把有效应对国际金融危机冲击、保持经济平稳较快发展，为保增长、保民生、保稳定服务作为重要任务，积极参与应对国际金融危机冲击、推动恢复世界经济增长的国际合作，积极推进中国同各国的务实合作。坚决维护国家主权和安全，坚定不移坚持一个中国原则，维护中国周边稳定大局。适应世界格局变化，全方位、多层次地推进外交工作，重点是要运筹好大国关系，做实做深构筑周边地缘战略依托工作，巩固发展中国家在中国外交全局中的基础地位，积极开展多边外交，大力加强各领域外交工作。加强公共外交和人文外交，开展各种形式的对外文化交流活动，扎实传播中华优秀文化。坚持以人为本，依法维护中国公民和法人海外合法权益，维护侨胞及香港特别行政区同胞、澳门特别行政区同胞、台湾同胞正当权益。同世界各国一道推动建设和谐世界，致力于同世界各国相互尊重、扩大共识、和谐相处，致力于同世界各国深化合作、共同发展、互利共赢，积极倡导多边主义，促进国际关系民主化，推动国际文化交流，实现共同繁荣。

（15）《中华人民共和国驻外外交人员法》颁布实施

2009 年 10 月 31 日，十一届全国人大常委会第 11 次会议高票通过《中华人民共和国驻外外交人员法》，国家主席胡锦涛签署第 19 号主席令予以公布，自 2010 年 1 月 1 日起施行。作为新中国成立 60 年来首部针对驻外外交人员的专门立法，该法的出台既是落实宪法要求，进一步完善中国特色社会主义法律体系的重要内容，也是提高驻外外交人员管理科学化、法制化、规范化水平，建设高素质驻外外交人员队伍的战略举措，必将对中国外交事业的发展产生深远影响。

驻外外交人员法是一部由全国人大常委会制定，以宪法和公务员法为立法依据，规范保障驻外外交人员这个特殊群体的综合性法律。法律系统总结了中国外交队伍建设经验，适当借鉴了国内外相关立法成熟做法，具有鲜明的中国特色和时代特色。

一是创设衔级制度。驻外外交人员法以宪法规定为依据，创设了体系完整、层次分明，既体现集中统一原则，又符合中国干部人事制度实践的外交衔级制度。其中特命全权大使由全国人大常委会决定任免，由国家主席派遣和召回，由国务院总理授予其相应衔级。外交衔级制度的确立与实施将进一步完善中国驻外外交人员的管理制度，进一步明确外交人员的职业发展路径，进一步增强外交人员的使命感、责任感和荣誉感。

二是突出统一领导。多年来，中央授权外交部统一领导驻外外交机构各项工作，在驻外外交机构实行馆长负责制。实践证明，这套领导体制行之有效，符合外交工作的客观规律。随着外交工作涉及的领域越来越广，参与的部门越来越多，将驻外外交机构的领导体制以法律的形式确定下来，有利于进一步明确驻外外交人员的职责分工，提高驻外外交机构的运转效率。

三是规范人员管理。驻外外交人员作为在特殊环境下履行特殊职责的特殊职业群体，需要一套有别于国内公务员的特殊管理制度。驻外外交人员法对驻外外交人员的职责条件、义务权利、职务衔级、派遣调回、考核奖惩、交流培训等内容作出明确规定，突出了管理内容和手段的特殊性，强化了管理程序和标准的规范性，实现了职责与条件相统一，义务与权利相平衡，为提高这支队伍的整体素质奠定了坚实基础。

四是落实以人为本。为体现党和国家对广大驻外外交人员的亲切关怀，落实“以人为本”的要求，驻外外交人员法明确了驻外外交人员应当享有的基本权利，并对驻外外交人员的工资福利待遇及其配偶子女的保障作出原则规定，必将进一步激发广大驻外外交人员的积极性、主动性、创造性，激励他们以更加饱满的热情投身工作，报效祖国。

在新中国成立60周年的重要历史时刻，驻外外交人员法的颁布实施，充分体现了新形势下外交工作同国家发展的关系更加紧密，充分体现了党和国家对广大外交人员的亲切关怀和殷切期望，充分体现了社会各界和广大人民群众对外交工作的关心、理解与支持，是时代发展的必然，是群策群力的结果，是各方智慧的结晶。在历时七年的起草过程中，外交部始终秉持科学立法、民主立法理念，为推动立法进程、提高立法质量作出了不懈努力。法律实施后，外交部将会同有关部门做好法律的宣传、普及和实施工作，不断提高依法行政和法制化管理水平，不断提高外交人员的整体素质，不断开创外交工作新局面。

第三章

中国与各建交国家的关系

阿富汗

(Afghanistan)

2009 年，中华人民共和国与阿富汗伊斯兰共和国全面合作伙伴关系进一步发展。中国重视发展与阿传统友好，支持阿和平重建进程，并继续向阿重建提供力所能及的帮助。

两国保持高层接触，政治互信进一步增强。6 月，国家主席胡锦涛在俄罗斯叶卡捷琳堡出席上海合作组织峰会时会见阿总统哈米德·卡尔扎伊。10 月，国务院总理温家宝在北京会见来华出席上海合作组织第八次总理会的阿副总统穆罕默德·卡利姆·哈利利。6 月，阿人民院议长穆罕默德·尤努斯·卡努尼访华，全国人大常委会委员长吴邦国、副委员长司马义·铁力瓦尔地会见。6 月，阿外长兰金·达德法尔·斯潘塔访华，国家副主席习近平会见，外交部长杨洁篪与其会谈。6 月，中阿签署《中阿经济技术合作协定》。11 月，国家主席胡锦涛、副主席习近平和外长杨洁篪分别向阿总统哈米德·卡尔扎伊、副总统穆罕默德·卡西姆·法希姆、副总统穆罕默德·卡利姆· 哈利利和阿外长兰金·达德法尔·斯潘塔发去就职贺电。

两国在国际和地区事务中的合作进一步加强。中方支持阿积极开展区域合作。阿一贯奉行一个中国原则，在涉藏、涉疆、台湾等问题上予以中国坚定支持。

两国经贸合作迈上新台阶。中国公司积极参与阿经济重建，承建阿公路、通信等基础设施项目。6 月，中阿两国签署矿业合作谅解备忘录。7 月，由中冶江铜联合体中标的埃纳克铜矿正式开工，这是中国企业在国外最大单项投资之一。中兴、华为、中水电等中资企业也参与多个阿政府与企业项目。

外援项目稳步推进。8 月，中国在阿最大援建项目——共和国医院顺利竣工并移交阿方，阿总统哈米德·卡尔扎伊出席交接仪式。中国向阿提供 8000 多吨小麦无偿援助。中国援阿的帕尔旺水利工程修复项目增项工程等项目的准备工作正在进行。

两国军警、文教等领域交流与合作不断深化。中方为阿方培训各类专业人才 33 人。两国合作破获多起贩毒大案。喀布尔大学孔子学院正式挂牌、共招收 35 名学生。阿信息文化部派团来华参加第 11 届亚洲艺术节和亚洲文化部长圆桌会议。

阿尔巴尼亚
(Albania)

2009 年是中华人民共和国与阿尔巴尼亚共和国建交 60 周年。两国友好关系加快发展，各领域交流合作富有成果。

两国高层交往频繁。4 月，阿尔巴尼亚总理萨利·贝里沙对中国进行正式访问并出席博鳌亚洲论坛 2009 年年会。其间，国家主席胡锦涛、国务院总理温家宝、副总理回良玉分别会见、会谈。双方发表《中华人民共和国和阿尔巴尼亚共和国关于深化传统友好关系的联合声明》，并签署文化、卫生等领域合作文件。10 月，国务院副总理张德江对阿尔巴尼亚进行正式访问。其间，阿尔巴尼亚总统巴米尔·托皮、议长约泽菲娜·托帕利、总理萨利·贝里沙、副总理兼外长伊利尔·梅塔分别会见、会谈。张德江副总理同贝里沙总理共同出席中阿经贸合作论坛全体会议并分别致辞。

11 月 23 日，国家主席胡锦涛、全国人大常委会委员长吴邦国、国务院总理温家宝、外交部长杨洁篪分别同阿尔巴尼亚总统巴米尔·托皮、议长约泽菲娜·托帕利、总理萨利·贝里沙、副总理兼外长伊利尔·梅塔互致贺电，热烈庆祝两国建交 60 周年。同月，中国人民对外友好协会在北京举行中国和阿尔巴尼亚建交 60 周年庆祝活动。全国人大常委会副委员长严隽琪出席。

立法机构交往增多，经贸、人文合作富有成果。7 月，全国人大外事委员会副主任委员卢钟鹤访问阿尔巴尼亚。10 月，中国经贸代表团访问阿尔巴尼亚。阿尔巴尼亚地拉那大学首次开设汉语课程。11 月，全国人大农业与农村委员会副主任委员孙文盛访问阿尔巴尼亚。《中国元素——中国现代平面设计展》在地拉那举办。

两国外交部合作密切。2 月，外交部部长助理吴红波赴阿尔巴尼亚举行两国外交部政治磋商。阿尔巴尼亚总理萨利·贝里沙、外交部副部长安东·古拉库奇分别会见、会谈。4 月，外交部长杨洁篪与陪同阿尔巴尼亚总理萨利·贝里沙访华的阿外交部长卢尔齐姆·巴沙在北京举行会晤。

阿尔及利亚

(Algeria)

2009 年，中华人民共和国与阿尔及利亚民主人民共和国战略合作关系全面深化，各领域交流与合作进一步发展。

中阿政治往来不断。4 月，国家主席胡锦涛、国务院总理温家宝分别致电阿卜杜勒阿齐兹·布特弗利卡总统和艾哈迈德·乌叶海亚总理，祝贺其成功连任。全国人大常委会副委员长、中非友协会长阿不来提·阿不都热西提、杨洁篪外长特别代表、中国中东问题特使吴思科先后访问阿尔及利亚。5 月，阿尔及利亚外交部秘书长马吉德·布盖拉来华举行两国外交部政治磋商。11 月，阿尔及利亚国务部长、布特弗利卡总统个人代表阿卜杜勒阿齐兹·贝勒卡迪姆率团出席在埃及举行的中非合作论坛第四届部长级会议。两国在国际场合相互协调与配合，阿尔及利亚在台湾、涉藏、涉疆等问题上继续坚定支持中国。

经贸合作深入发展。中阿双边贸易额持续增长，中国在阿尔及利亚工程承包合作取得新成绩，阿尔及利亚已成为中国在非洲第六大贸易伙伴和海外工程承包重要市场。5 月，中国商务部副部长钟山率经贸代表团访问阿尔及利亚，主持阿尔及利亚第 42 届国际博览会中国馆开幕式，并出席中阿合作项目推介会。11 月，中国国际贸促会会长万季飞访问阿尔及利亚，出席中阿企业家论坛。12 月，全国人大财经委员会主任委员石秀诗访问阿尔及利亚。

两国法律、文化、卫生、新闻、人力资源培训、航空等领域的合作与交流继续发展。国家文物局局长单霁翔、中国法学会会长韩杼滨、人力资源和社会保障部副部长杨士秋先后访问阿尔及利亚。7 月，中国地震局副局长刘玉辰访问阿尔及利亚并出席中国援助阿尔及利亚地震台网落成仪式。2 月，阿尔及利亚航空公司开通北京—阿尔及尔直通航班。新疆木卡姆艺术团和河南武术杂技艺术团先后赴阿尔及利亚演出。

安道尔
(Andorra)

2009 年，中华人民共和国与安道尔公国的关系平稳发展。

6 月，国务院总理温家宝、外交部长杨洁篪分别致电安道尔新任首相豪梅·巴图梅乌·卡萨尼和新任外交与机构关系大臣哈维尔·埃斯波特·米罗，祝贺其就任新职。7 月，全国人大常委会委员长吴邦国致电安道尔总委员会议长约瑟夫·达列尔斯·科迪纳，祝贺其履新。

安道尔政府继续坚定奉行一个中国政策。两国在国际事务中进行了良好配合与协调。

安哥拉
(Angola)

2009 年，中华人民共和国与安哥拉共和国传统友谊进一步巩固和发展，各领域的交流与合作取得了新成果。

两国保持各层次接触和交往。安哥拉总统若泽·爱德华多·多斯桑托斯与国家主席胡锦涛就进一步发展两国互利合作互致信函和口信。

1 月 17 ~19 日，商务部长陈德铭率中国政府经贸代表团访问安哥拉，会见了安哥拉总理安东尼奥·保罗·卡索马、贸易部长玛丽亚·瓦伦特，与财政部长爱德华多·德莫赖斯举行会谈，双方就两国经贸合作、落实中非合作论坛北京峰会成果、应对国际金融危机等问题交换了意见，一致同意加强两国在经贸领域的合作。

3 月 26 ~28 日，商务部副部长姜增伟访问安哥拉，会见了财政部长爱德华多·德莫赖斯，与外交部副部长埃沙尔吉娜·甘博亚共同主持召开了中安经济贸易联合委员会第四次会议，并签署了《中华人民共和国政府和安哥拉共和国政府经济技术合作协定》等 3 份文件。

11 月 9 日，商务部长陈德铭在埃及沙姆沙伊赫出席中非合作论坛第四届部长级会议期间会见了安哥拉计划部长安娜·洛伦索。

双方其他领域的交往进一步加强。中国国家开发银行董事长陈元、山东省副省长贾万志、中国工商银行行长杨凯生，中共中央候补委员、云南省委副书记李纪恒，中国人民对外友好协会会长陈昊苏先后访问安哥拉。安哥拉公共工程部长弗朗西斯科·卡内罗、安哥拉人民解放运动干部考察团、安哥拉武装力量总参谋长弗朗西斯科·佩雷拉·富尔塔多上将、石油部副部长若泽·伊纳森西奥、渔业部长萨洛芒·希林宾比、财政部副部长瓦伦蒂娜·德索萨来华进行工作访问，石油部长若泽·德瓦斯康塞洛斯来华出席全球智库大会。

两国经贸合作稳步推进。中非合作论坛北京峰会成果涉安项目得到有效落实，中国援建的农村学校已竣工验收，抗疟中心已移交安方。受国际金融危机影响，双边贸易额同比下降 32.6% 。

安提瓜和巴布达
(Antigua and Barbuda)

2009 年，中华人民共和国与安提瓜和巴布达友好合作关系稳步发展，经济技术合作进展顺利，双方在国际事务中相互支持、密切配合。

两国保持高层交往，有力推动了两国关系发展。3 月，国务院总理温家宝致电安提瓜和巴布达总理鲍德温·斯潘塞，祝贺其当选总理。安巴外交部常务秘书奥托来华参加“加勒比和南太公共行政管理研修班”。10 月，国家开发银行代表团访问安巴。

双方经贸领域交流与合作进一步发展。1 月，中国政府援建的安提瓜岛路灯项目举行开工典礼。2 月，中方援建的圣约翰医疗中心顺利完工并移交。9 月，在安巴举办了中华人民共和国成立 60 周年图片展，反响热烈。年内，共有 15 名安巴学生获得中国政府奖学金来华学习。

阿根廷
(Argentina)

2009 年，中华人民共和国与阿根廷共和国战略伙伴关系继续保持良好发展势头，各领域交流与合作不断深化。

两国高层交往密切。9 月，国家主席胡锦涛同阿根廷总统克里斯蒂娜·费尔南德斯·德基什内尔在二十国集团领导人匹兹堡峰会期间简短交谈。2 月，国务院副总理回良玉访问阿根廷，会见克里斯蒂娜总统，与内阁首席部长塞尔希奥·马萨举行会谈。6 月，中共中央政治局委员、中央书记处书记、中共中央宣传部部长刘云山过境阿根廷。9 月，阿外交、国际贸易和宗教事务部长豪尔赫·恩里克·塔亚纳访华，国家副主席习近平会见，外交部长杨洁篪同塔举行会谈。

受国际金融危机影响，2009 年中阿贸易额大幅下降，但中国仍是阿根廷全球第二大贸易伙伴和农产品最大买主。双方在基础设建设、能矿、金融、电信等领域的合作开展顺利。4 月，两国央行签署了 700 亿元人民币/380 亿阿根廷比索本币互换协议。10 月，中阿经贸混委会第 17 次会议在阿举行。12 月，阿联邦计划、公共投资和服务部交通国务秘书胡安·巴勃罗·斯恰比率团访华，同中方就深化双边交通领域合作进行探讨。

两国在议会、政党、地方、文教、科技等领域合作不断加深。全国人大成立双边友好小组。中共中央对外联络部部长王家瑞、全国政协外事委员会副主任赵进军先后访阿。阿众议院体育委员会主席吉列莫·佩雷拉访华。北京市市长郭金龙、上海市常务副市长杨雄等地方领导人访阿。布宜诺斯艾利斯大学孔子学院和拉普拉塔大学孔子学院相继落成。

亚美尼亚

(Armenia)

2009 年，中华人民共和国与亚美尼亚共和国友好合作关系保持积极发展势头，各领域交流与合作不断深化。

中亚政治交往保持高水平。9月，亚美尼亚外长爱德华·纳尔班江访华，国家副主席习近平、外交部长杨洁篪分别会见，双方就深化双边关系和扩大各领域合作等问题深入交换看法。11 月，亚国民会议副主席阿列维克·彼得罗相来华出席 2009 欧亚经济论坛。12 月，亚武装力量总参谋长尤里·哈恰图罗夫访华，国务委员兼国防部长梁光烈上将，中央军委委员、总参谋长陈炳德上将分别会见、会谈。2 月，中共中央对外联络部代表团出席繁荣亚美尼亚党第四次党代会。12 月，中亚外交部司局级对口磋商在亚举行。

中亚在涉及对方核心利益的问题上相互支持，在联合国等多边场合保持沟通与磋商。亚美尼亚在涉台、涉藏、涉疆等问题上坚定支持中方立场。

中亚经贸合作续有发展，经济技术合作项目进展顺利。2009 年中亚双边贸易额大幅提升，中国成为亚第三大贸易合作伙伴。两国企业间的交流与合作渐趋活跃，中亚两国最大的合资项目山西—纳依利特合成橡胶厂试车投产，中国企业在亚承建的电站改造项目进展顺利，中方向亚提供的各种无偿援助取得良好效果。

中亚人文等领域交流保持良好势头。2 月，中国在亚首家孔子学院在“布留索夫”埃里温国立语言大学正式挂牌。4 月，亚国家科学院东方研究所代表团访华。年内，中国文化日在亚成功举行，中国驻亚使馆与亚方联合举办少数民族服饰展、新中国成立 60 周年图片展，合作出版亚文《中国概览》和《汉语》教科书。

澳大利亚
(Australia)

2009 年，中华人民共和国与澳大利亚联邦关系继续深入发展。两国高层交往频繁，各领域交流与合作取得新成果。

双方高层交往频繁。4 月，国家主席胡锦涛在伦敦出席二十国集团领导人第二次金融峰会期间与澳大利亚总理陆克文会晤，双方就中澳关系、应对国际金融危机及其他共同关心的国际和地区问题交换意见。9 月、11 月，胡锦涛主席分别在匹兹堡和新加坡出席二十国集团领导人第三次金融峰会和亚太经合组织领导人非正式会议期间与陆克文总理简短交谈。10 月，国务院总理温家宝在泰国华欣出席第四次东亚峰会期间与陆克文总理会晤。3 月，中共中央政治局常委李长春访问澳大利亚，分别与澳代总督玛丽·巴希尔，总理陆克文，贸易部长西蒙·克林，环境、遗产与艺术部长彼得·加勒特等会晤。10 月，国务院副总理李克强访问澳大利亚，分别与澳总理陆克文、副总理朱莉娅·吉拉德等会晤。访问期间，中澳双方发表了《中澳联合声明》，有关部门和企业还签署了涉及林业、文物保护、教育培训、电信领域的多个合作文件。5 月，全国人大常委会副委员长陈至立访问澳大利亚。

其他重要双边交往有：3 月，澳大利亚外长斯蒂芬·史密斯访华。3 月，澳贸易部长克林访华。4 月，国务院副总理王岐山会见来华出席博鳌亚洲论坛2009 年年会的澳前总理罗伯特·霍克。5 月，王岐山副总理、朱镕基同志分别会见以国家开发银行国际顾问名义访华的澳前总理保罗·基廷。5 月，商务部副部长姜增伟率中国政府经贸代表团访问澳大利亚。7 月，澳贸易部长克林和创新、工业及科学研究部长基姆·卡尔访华。7 月，外交部副部长何亚非在埃及出席第 15 次不结盟运动首脑会议期间会见澳外长史密斯。7 月，商务部长陈德铭在新加坡出席亚太经合组织贸易部长会议期间会见澳贸易部长克林。7 月，外交部长杨洁篪在出席东盟地区论坛系列外长会议期间与澳外长史密斯简短交谈。7 月，中共中央对外联络部副部长刘结一率团出席在悉尼召开的澳工党第 45 届全国代表大会。8 月，澳能源资源和旅游部长马丁·弗格森访华。8 月，澳前副总理兼贸易部长马克·维尔访问重庆。10 月，澳气候变化与水资源部长黄英贤访华。11 月，澳参议长约翰·霍格率澳联邦议会代表团访华。11 月，外交部长杨洁篪、商务部长陈德铭在出席亚太经合组织第 21 届部长级会议期间分别会见澳外长史密斯、贸易部长克林。

2 月，澳大利亚维多利亚州发生特大山林火灾。温家宝总理致电陆克文总理表示慰问，中国政府和中国红十字会分别向澳提供 50 万美元和 3 万美元人道主义援助。

中澳经贸合作继续发展。据澳方统计，2008/2009 财年，中国是澳第一大贸易伙伴、第一大进口来源地和第二大出口市场。据中方统计，2008 年，澳是中国第八大贸易伙伴、第七大进口来源地和第十大出口市场。中澳双边自由贸易协定谈判已举行 13 轮。

双边对话和磋商机制进一步加强。双方举行了第二轮中澳战略对话、第 12 次中澳人权对话、第八轮中澳领事磋商、第 16 轮中澳地区安全与军控磋商、第二次中澳气候变化部长级对话。

两军交往密切。2 月，澳大利亚陆军司令肯尼思·詹姆斯·吉列斯皮中将访华。4 月，中国人民解放军副总参谋长马晓天中将会见澳大利亚国防部副秘书长迈克尔·佩苏洛。5 月，中国人民解放军副总参谋长马晓天中将在新加坡出席第八届香格里拉对话会期间会见澳大利亚国防军司令艾伦·格兰特·休斯顿上将。10 月，中央军委委员、中国人民解放军总参谋长陈炳德上将率军事代表团访问澳大利亚并与澳方举行第 12 次防务战略磋商。

两国在科技、教育、文化等各领域互利合作成果丰硕，民间交往活跃。2 月，澳大利亚部分地区发生特大山林火灾，中国科学院等有关单位应澳方要求提供了卫星数据资料协助救灾。8 月，中国科学院副院长李家洋率中国科学院生物技术代表团访问澳大利亚。截至 2009 年底，中国已在澳大利亚成立 9 家孔子学院，汉语已成为当地第二大语言。2008 年，在澳大利亚的中国留学生总数为 12.7 万人，中国是澳大利亚最大留学生来源国。5 月，“中国文化日”在澳大利亚塔斯马尼亚州首府霍巴特举行。《西藏今昔》图片展分别在澳大利亚首都堪培拉和南澳大利亚州首府阿德莱德举行。8 月，国家汉办在澳大利亚举办了首届“中国语言文化节”活动。11 月，中国向澳方提供用于合作研究的两只大熊猫“福妮”和“网网”抵达澳大利亚。同月，“中国新疆综合文化交流活动”在澳大利亚举办。截至 2009 年底，两国已建立 80 对友好省州和城市关系。

奥地利
(Austria)

2009年，中华人民共和国与奥地利共和国关系总体发展顺利。

两国保持高层交往。9月23日，国家主席胡锦涛在出席联合国秘书长潘基文为参加第64届联合国大会的各国代表团团长举行的欢迎午宴上与奥地利联邦总统海因茨·菲舍尔简短交谈。5月15~18日，全国人大常委会委员长吴邦国应奥地利国民议会议长芭芭拉·普拉默和联邦议会议长哈拉尔德·莱森贝格邀请对奥进行正式友好访问。其间，吴邦国委员长与普拉默议长举行会谈，会见奥总统菲舍尔、联邦议会议长莱森贝格、代总理约瑟夫·普罗尔、萨尔茨堡州州议长西蒙·伊尔默和州长加比·布尔格施塔勒，双方就进一步发展中奥关系等深入交换意见。4月2~12日，奥地利联邦议会议长莱森贝格应中国人民对外友好协会邀请率奥中友协高级代表团访华，全国政协主席贾庆林会见。

受国际金融危机影响，双边贸易额略有下降，中国继续保持奥在亚洲最大贸易伙伴地位。11月12日，第22次中奥经贸联委会在维也纳举行。中国企业对奥“走出去”取得成果，中国航空工业集团西安飞机工业（集团）公司收购奥地利未来先进复合材料股份公司91.25%的股权，双方于12月3日在维也纳举行股权交割仪式。这是中国航空工业首次海外并购，是截至目前中国在中欧地区实施的最大规模的企业并购。

两国在文化、科技、教育、财政、军事等领域的交流与合作持续发展。1月9日，“北国之春——中国维也纳新春音乐会”在维也纳金色大厅举行，奥联邦议会副议长苏珊娜·诺伊维特等出席。5月12~16日，中央军委委员、解放军总装备部部长常万全上将访奥。6月3~4日，中国人民对外友好协会与奥地利奥中友协合作在奥地利联邦司法部举行“纪念改革开放30周年——中国妇女问题研讨会”，中国人民对外友好协会副会长李建平、奥联邦司法部长克劳蒂亚·班迪恩—奥特纳出席。8月2~8日，奥地利财政部国务秘书莱因哈特·罗帕特卡访华。9月24~27日，奥联邦科学与研究部长约翰内斯·哈恩访华，教育部长周济会见。10月26~28日，奥地利财政部国务秘书安德里亚斯·席德尔来京出席第三届国际税收制度全球对话大会。11月11~14日，全国人大常委会副委员长、中国科学院院长路甬祥访奥，与奥科学院院长赫尔穆特·邓克举行会谈，双方就进一步加强两国科学院合作交换了意见。出生在奥地利维也纳美泉宫动物园的熊猫幼仔“福龙”返回四川中国保护大熊猫研究中心雅安碧峰峡基地。

省州及其他交往活跃。9 月 3 日，上海市与奥地利萨尔茨堡州萨尔茨堡市签署《中华人民共和国上海市和奥地利共和国萨尔茨堡市建立友好城市关系协议书》。9 月 6 ~9 日，海南省省委书记、省人大常委会主任卫留成访奥。截至 2009 年底，两国已建立 17 对友好省州（市）关系。

阿塞拜疆

(Azerbaijan)

2009 年，中华人民共和国与阿塞拜疆共和国友好合作关系进一步发展和深化。

政治关系平稳发展。阿塞拜疆政府奉行一个中国政策，在涉台、涉藏、涉疆、打击"东突"等重大问题上支持中方立场。乌鲁木齐"7·5"事件后，阿明确支持中国政府为维护国家主权、统一和社会稳定所采取的措施。5 月，阿副总理阿比德·沙里福夫来华出席中阿政府间经贸合作委员会第三次会议，国务院副总理王岐山会见。9 月，阿国民议会前副议长戈夫哈尔·巴赫沙莉耶娃访华，全国人大外事委员会主任委员李肇星会见。

4 月，中国新任驻阿大使张延年向阿总统伊利哈姆·阿利耶夫递交国书。

两国在联合国等国际组织中保持良好沟通和协调。

受国际金融危机影响，中阿贸易额有所下降，但双方合作领域不断拓宽，贸易结构显著改善。两国在能源、通信、电力、建材、民航等领域合作取得新进展，中阿陆上油田开采项目合作进展顺利，中国企业在阿承建的电力工程和水泥厂改造等项目顺利实施。6 月，全国工商联代表团访阿。

两国文化、教育和青年等领域交流与合作日趋活跃。中国青年演员和艺术团分别参加阿举办的卡巴拉音乐节和木卡姆艺术节。安徽大学与巴库国立大学达成共建孔子学院的合作意向。3 月，全国青联代表团访阿。12 月，阿两名记者随欧亚地区联合新闻团访华。

巴哈马

(Bahamas)

2009年，中华人民共和国与巴哈马国友好合作关系续有发展，各领域合作富有成效。

双边高层互访频繁，政治互信不断加深。9月，全国人大常务委员会委员长吴邦国访巴，此访为全国人大常委会委员长首次访巴。访问期间，吴邦国委员长分别与巴总督阿瑟·汉纳、总理休伯特·英格拉哈姆、参议长林恩·奥洛韦斯科和众议长阿尔文·史密斯举行会见、会谈。2月，国务院副总理回良玉率中国政府代表团访巴。11月，中共山东省委书记姜异康率中国共产党代表团访巴。

两国经贸合作继续发展，双边合作项目进展顺利。7月，中国政府援建的巴国家体育场项目正式开工建设，中国政府提供优惠贷款的拿骚国际机场高速公路项目进展顺利。12月，两国政府签订《税收情报交换协议》。

两国人文交流续有发展。11月，巴哈马学院孔子课堂挂牌成立。

巴　林

(Bahrain)

2009年，中华人民共和国与巴林王国友好合作关系稳步发展，合作领域不断拓宽。

两国保持高层往来。4月18日中巴建交20周年纪念日之际，国家主席胡锦涛、外交部长杨洁篪分别与巴林国王哈马德·本·伊萨·阿勒哈利法、外交大臣哈立德·本·艾哈迈德·阿勒哈利法互致贺电。年内双方举办了一系列的庆祝活动。

两国经贸合作继续深化，双方在能源、农渔、基础设施建设等领域合作呈现良好发展势头。中国公司先后获得巴林北部海上区块石油勘探项目及5000套别墅式住宅项目。

两国在军事、新闻、文化等领域交流取得积极进展。11月，巴林国防国务大臣穆罕默德·本·阿卜杜拉·阿勒哈利法中将访华，与中央军委委员、国务委员兼国防部长梁光烈上将举行会谈，就中巴两军关系及军事合作等问题交换了意见。6 月，巴林协商会议议员、专栏作家萨米拉·易卜拉欣·拉吉布访华。11 月，巴林正式签署上海世博会参展合同，并任命巴林文化新闻部助理次大臣艾哈迈德为巴方参展总代表。

孟加拉国
(Bangladesh)

2009 年，中华人民共和国与孟加拉人民共和国全面合作伙伴关系稳步发展。

两国保持各级交往，政治互信进一步加强。1 月，国家主席胡锦涛、全国人大常委会委员长吴邦国、国务院总理温家宝、外交部长杨洁篪分别向孟加拉国总统齐鲁尔·拉赫曼、议长阿卜杜尔·哈米德、总理谢赫·瓦吉德·哈西娜和外长迪布·莫尼发去就职贺电。2 月，中共中央对外联络部副部长刘洪才访孟。6 月，杨洁篪外长在出席“世界金融与经济危机对发展影响高级别会议”时与孟外长迪布·莫尼会晤。7 月，杨洁篪外长特别代表周刚大使访孟。12 月，谢赫·瓦吉德·哈西娜总理参加国务院总理温家宝在哥本哈根气候会议期间举行的工作午餐。12 月，外交部部长助理胡正跃访孟。11 月，孟人民联盟总书记、地方政府和乡村发展部部长赛义德·阿什拉夫· 伊斯拉姆率人盟高级代表团访华，国家副主席习近平、全国政协副主席王刚分别会见。

两国经贸合作呈现良好势头。7 月，第 12 届中孟经贸联委会在北京召开。8 月，孟加拉国工业部长迪利普·巴鲁阿访华。12 月，商务部部长助理鲁建华访孟，签署中孟两国政府经济技术合作协定。

中国援孟工程取得积极进展。已结束对中孟友谊七桥项目的可行性考察。签署两所援孟乡村小学项目的换文。对援孟展览中心项目进行重新设计。双方就沙迦拉化肥厂项目融资安排的探讨取得进展。

两国在国际和地区事务中保持密切合作。孟加拉国支持中国竞选联合国禁止酷刑委员会委员、国际海事组织理事国等近十个国际组织职位。孟加拉国始终坚持一个中国原则，在台湾、涉藏、涉疆、人权等重大问题上继续给予中国坚定支持。

两国文教、军事等领域交流与合作不断深化。1 月，两国签署《中国政府和孟加拉国政府文化合作协议 2009～2012 年执行计划》。60 名孟加拉国学生在中国政府奖学金项目下赴华留学。8 月，孟加拉国国家艺术院来华参加第 6 届亚洲艺术节。8 月，孟加拉国南北大学孔子学院新校址落成。4 月，中国人民解放军总政治部副主任贾廷安中将访孟。10 月，中国国防大学副校长王朝田中将访孟。孟加拉国海军、空军参谋长分别来华参加中国人民解放军海、空军成立60周年阅兵、庆典活动。

3月22日，中国新任驻孟加拉国大使张宪一向孟总统齐鲁尔·拉赫曼递交国书。

巴巴多斯
(Barbados)

2009年，中华人民共和国与巴巴多斯友好关系顺利发展。两国在政治、经贸、农业和军事等领域的交流与合作进一步发展。

2月，国务院副总理回良玉对巴进行正式访问，会见了巴总督克利福德·赫斯本兹，与总理戴维·汤普森会谈。6月，中国新任驻巴巴多斯大使魏强向巴总督赫斯本兹递交国书。9月，巴巴多斯执政党民主工党首次派团访华。双边贸易额大幅增长。中国广东省文艺代表团赴巴访演，反响热烈。巴媒体记者来华参加中华人民共和国60周年国庆访华记者团。

白俄罗斯
(Belarus)

2009年，中华人民共和国与白俄罗斯共和国全面友好合作关系稳步发展，政治、经贸、文化、军事等领域合作成果显著。

双方高层保持交往，政治互信增强。国家主席胡锦涛和白俄罗斯总统亚历山大·卢卡申科多次互致函电，强调推动中白全面发展和战略合作关系。8月，国务院副总理回良玉过境白俄罗斯，与白总理谢尔盖·西多尔斯基举行会谈，就深入推动双边关系及各领域务实合作达成重要共识。3月，白总统办公厅主任弗拉基米尔·马克伊访华，国务院副总理王岐山，中共中央书记处书记、中央纪委副书记何勇分别会见。12月，白国民会议代表院主席弗拉基米尔·安德烈琴科正式访华，全国人大常务委员会委员长吴邦国、全国政协主席贾庆林、国务院副总理李克强和全国人大常委会副委员长韩启德分别会见。此外，国家外国专家局、文化部、监察部、最高人民检察院和国家质量监督检验检疫总局等多个团组访白，推动双方具体合作取得积极进展。

中白在涉及对方核心利益的问题上相互支持，在联合国、上海合作组织等国际和地区组织中保持密切合作。白俄罗斯在涉台、涉藏、涉疆等问题上坚定支持中方立场。乌鲁木齐“7·5”事件后，白外交部发言人表态支持中国政府依法采取的维稳措施。

中白经贸合作快速发展，经济技术、投资及大项目合作逐步铺开。中白企业合作生产家用电器，中国企业承建白电站改造、水泥生产线等进展顺利。

中白文化、教育、科技、军事、新闻等领域交流与合作不断扩大。7月，中国煤矿文工团对白进行访演。9月，第五届“中国文化日”期间举办的《中国当代水墨画艺术展》和中国国家广播电影交响乐专场音乐会取得圆满成功。10月，中国国际广播电台“国际在线”白俄罗斯语网站正式开通。3月，白国防部长列昂尼德·马尔采夫访华。5月，中央军委委员、总装备部部长常万全上将访白。

比利时
(Belgium)

2009 年，中华人民共和国与比利时王国关系呈现改善发展的良好势头。

8 月，在双方共同努力下，两国克服 2008 年比利时政要会见达赖对双边关系造成的负面影响，各级别交往逐渐恢复。10 月 7 ~9 日，国家副主席习近平正式访问比利时。其间，习近平副主席同比利时首相范龙佩举行会谈，同国王阿尔贝二世、王储菲利普举行会见，出席“欧罗巴利亚—中国艺术节”开幕式，并在“中国—比利时经贸论坛”上发表演讲。9 月，外交部长杨洁篪在纽约联合国大会期间会晤比利时外交大臣莱特姆。12 月，外交部副部长张志军访比，会见比副首相兼外交和体制改革大臣瓦纳克尔、法语社会党主席迪吕波和前首相、欧洲人民党主席马尔腾斯。8 月，比副首相兼财政和体制改革大臣雷德尔斯来华出席上海世博会比利时馆奠基仪式。11 月，比法语社会党副主席、众院副议长弗拉奥访华，中共中央政治局委员、全国政协副主席王刚和外交部副部长王光亚会见，中共中央对外联络部副部长刘结一与弗拉奥会谈。9 月，比企业大臣范奎肯伯纳来华出席世界经济论坛第三届新领军者年会。

9 月 4 日，比利时新任驻华大使帕特里克·奈斯向国家主席胡锦涛递交国书。

受全球经济形势影响，中比双边贸易额有所下降，但仍保持较高水平，中国占比利时进口份额提高，成为比第八大贸易伙伴。两国双向投资稳定增长。10 月，中比签署新的避免双重征税和防止偷税漏税的协定及议定书。

两国文化、教育、科技合作得到巩固发展。“欧罗巴利亚—中国艺术节”历时数月，汇集千余名中国文艺界人士，在比推出500多场文化活动，影响遍及全欧。两国教育合作平稳发展，高校交流不断扩大，汉语推广成绩突出，基础教育和职业教育成为新的合作领域。两国执行政府间科技合作研究项目23个，航天、核能、流行病防治、可再生能源等领域交流合作密切。

贝　宁

(Benin)

2009年，中华人民共和国与贝宁共和国友好合作关系继续健康稳定发展。

两国政治互信基础坚实。贝宁政府继续坚定奉行一个中国政策，支持中国统一大业。新疆乌鲁木齐“7·5事件”后，亚伊总统致函胡锦涛主席，高度赞赏中国采取有效措施维护国家主权和统一。3月，外交部部长助理翟隽访问贝宁，会见了亚伊总统并与埃胡祖外长举行会谈，双方就进一步发展中贝关系及共同关心的问题交换了意见，达成广泛共识。

两国经贸合作富有成效，中非合作论坛北京峰会成果在贝宁得到有效落实。中国援建的贝宁首座立交桥——戈多美立交桥正式动工。两所农村学校竣工并交付使用，3名高级农业专家和20名志愿者已抵达贝宁工作，帕拉库医院、农业技术示范中心等项目相继动工。

两国在文化等领域交流不断深入。为庆祝建国60周年，中国在贝宁成功举办了“中国文化聚焦”系列大型文化活动。年初，孔子学院在贝宁阿波美—卡拉维大学挂牌成立。12月，贝宁文化部长加利乌·索格洛率政府文化代表团访华，双方签订了中贝文化协定2010~2013年执行计划。

玻利维亚

(Bolivia)

2009年，中华人民共和国与多民族玻利维亚国关系进一步深化和发展。

政治互信进一步加深。9月，国家主席胡锦涛在出席联合国系列峰会期间与玻利维亚总统胡安·埃沃·莫拉莱斯·艾马举行双边会晤，两国领导人就进一步加强中玻关系达成重要共识。12 月，胡锦涛主席和国家副主席习近平分别致电玻总统莫拉莱斯和副总统阿尔瓦罗·加西亚·里内拉，对其连任表示祝贺。中国政府向玻政府提供30 万美元紧急现汇无偿援助，用于帮助玻方应对登革热疫情。玻副外长乌戈·阿尔弗雷多·费尔南德斯·阿劳斯访华，两国外交部举行第七次政治磋商和第二次领事磋商。中共中央对外联络部副部长陈凤翔，前全国人大常委会副委员长、中国拉丁美洲友好协会会长成思危等访玻。玻国会少数民族委员会、玻国会玻中议员友好小组代表团等访华。两国经贸关系发展迅速，合作领域不断拓宽。双方在国际事务中保持密切沟通与合作。

玻在涉台、涉藏等问题上继续坚定支持中方立场。

波斯尼亚和黑塞哥维那

(Bosnia and Herzegovina)

2009 年，中华人民共和国与波斯尼亚和黑塞哥维那友好合作关系平稳推进，各领域交流合作逐步加强。

政治关系发展良好。2 月，波黑主席团轮值主席奈博伊沙·拉德马诺维奇、部长会议主席尼科拉·什皮里奇就山西屯兰煤矿瓦斯爆炸事故分别向国家主席胡锦涛、国务院总理温家宝致函慰问。

经贸合作进展顺利。6 月，商务部副部长姜增伟访问波黑，分别同部长会议副主席兼安全部长塔里克·萨多维奇、外经贸部部长姆拉登·济罗耶维奇、财政部副部长法乌德·卡苏莫维奇举行会见、会谈。双方就进一步发展经贸关系等问题深入交换意见，达成广泛共识。11 月，中国和波黑政府间经贸混委会第三次会议在萨拉热窝举行。

两国外交部合作密切。3 月，外交部欧洲司司长李瑞宇赴波黑磋商。文化、广电、地方交流日趋活跃。8 月，中国电影代表团观摩萨拉热窝电影节。10 月，波黑塞族共和国总统拉伊科·库兹马诺维奇访问河北省。

博茨瓦纳

(Botswana)

2009 年，中华人民共和国与博茨瓦纳共和国友好合作关系稳步发展。

两国保持高层接触和交往。博茨瓦纳总统伊恩·卡马先后就中国部分地区发生洪水等自然灾害和黑龙江省新兴煤矿发生爆炸事故等致信国家主席胡锦涛，向中国政府和人民表示慰问。10 月 20 日，胡锦涛主席就卡马当选连任博茨瓦纳总统致信表示祝贺。全国人大常委会委员长吴邦国就玛格丽特·纳莎当选博茨瓦纳国民议会议长致信表示祝贺。国家副主席习近平、外交部长杨洁篪分别就蒙帕蒂·梅拉费、潘杜·斯凯莱马尼连任博茨瓦纳副总统、外交与国际合作部长致信表示祝贺。

5 月 28 日，中国新任驻博茨瓦纳大使刘焕兴向卡马总统递交国书。年内，外交部部长助理翟隽，商务部副部长钟山，中共中央纪委常委、监察部副部长、国家预防腐败局副局长屈万祥，中共中央候补委员、云南省委副书记李纪恒（率中共友好代表团）等先后访博。

两国其他领域的交流与合作持续扩大。5 月，中国工商银行与南非标准银行联合向博茨瓦纳莫鲁普莱火电站扩建项目提供 8.25 亿美元贷款。5 月和 12 月，中博两国政府代表签署两个《中华人民共和国政府和博茨瓦纳共和国政府经济技术合作协定》。11 月，刘焕兴大使和博青年、体育与文化部长肖·卡蒂分别代表两国政府在哈博罗内签署《中华人民共和国和博茨瓦纳共和国文化合作协定 2010 ~2013 年执行计划》。年内，中国为博援建的两所农村学校竣工并交付使用，多功能青年活动中心破土动工，莱特哈肯—克昂公路二期项目建成通车，首批 12 名援博青年志愿者和 3 名高级农业专家抵博开展工作。

巴　西
(Brazil)

2009 年，中华人民共和国与巴西联邦共和国战略伙伴关系继续保持良好发展势头，各领域合作取得新进展。

两国高层交往频繁，政治互信加深。国家主席胡锦涛和巴西总统路易斯·伊纳西奥·卢拉·达席尔瓦在 4 月二十国集团领导人伦敦金融峰会期间举行双边会晤。5 月，卢拉总统对华进行第二次国事访问，两国元首举行会谈并签署《关于进一步加强中巴战略伙伴关系的联合公报》。8 月，两国元首互致贺电，热烈庆祝中巴建交 35 周年。10 月，胡锦涛主席致电卢拉总统，祝贺里约热内卢获得 2016 年夏季奥运会主办权。12 月，国务院总理温家宝同卢拉总统就气候变化问题通话，并在哥本哈根召开的《联合国气候变化框架公约》第 15 次缔约方会议期间举行双边会晤。国家副主席习近平、全国政协主席贾庆林先后于 2 月和 11 月访问巴西，分别会见卢拉总统、参议长若泽·萨尔内和众议长米歇尔·特梅尔。中央政治局委员、中共中央宣传部部长刘云山，外交部长杨洁篪分别于 7 月和 1 月访问巴西。巴西最高法院院长吉尔马尔·门德斯、国防部长内尔松·若宾、卫生部长若泽·戈梅斯·滕波朗、总统府新闻部长富兰克林·马丁斯、里约热内卢州州长塞尔吉奥·卡布拉尔、戈亚斯州州长阿尔西德斯·罗德里格斯、南马托格罗索州州长安德烈·普西内林等年内分别访华。

两国在国际组织和多边机构中继续密切合作。中巴在二十国集团、“金砖四国”、发展中五国、“基础四国”等多边机制中就国际金融危机、气候变化等全球性议题保持良好的沟通与协调，共同维护发展中国家合法权益。5 月，国务委员戴秉国在俄罗斯出席“金砖四国”安全事务高级代表会议期间同巴西总统府战略事务部长罗伯托·曼加贝拉·昂格尔举行双边会晤。11 月，巴西副外长、二十国集团事务协调人佩德罗·路易斯·卡内罗·德门东萨和副外长韦拉·露西娅·巴罗因·克里瓦诺·马沙多先后访华。

中巴经贸合作取得积极成果。中国在巴西外贸中的比重上升，首次成为巴西第一大贸易伙伴、第一大出口对象国和第二大进口来源国。两国石油和金融合作取得突破，中国国家开发银行同巴西石油公司签署总额为 100 亿美元的贷款协议，中国石油化工集团公司同巴西石油公司签署原油贸易合同。中国企业在巴西承建的天然气管道、火电厂、高炉等项目进展顺利。

中巴在科技、文教等领域合作取得新进展。卢拉总统访华期间，两国科技部签署《科学技术与创新合作工作计划》，两国航天部门签署《关于中巴地球资源卫星保持连续性、扩大合作及其应用的议定书》。中国社会科学院拉美研究所设立巴西研究中心。

文　莱

(Brunei Darussalam)

2009 年，中华人民共和国与文莱达鲁萨兰国关系继续保持稳定发展，各领域友好交流与合作不断推进。

两国高层继续保持密切往来。1 月，全国人大常委会副委员长周铁农访文，其间拜会文莱苏丹哈桑纳尔·博尔基亚。5 月，文工业与初级资源部长叶海亚访华。8 月，文外交与贸易部第二部长林玉成来华工作访问，外交部长杨洁篪会见。9 月，中共中央政治局委员、天津市委书记张高丽访文。10 月，文工业与初级资源部长叶海亚来华出席中国—东盟博览会。12 月，文外交与贸易部第二部长林玉成再次访华，国务委员戴秉国会见。

两国经贸合作进一步拓展。5 月，中国农业部与文莱工业与初级资源部签署《中华人民共和国农业部与文莱达鲁萨兰国工业及初级资源部农业合作谅解备忘录》。

两国在军事、教育、文化等领域的交流与合作继续扩大。2月，中国人民解放军副总参谋长葛振峰上将访文。8月，中国人民解放军海军南海舰队司令员苏支前少将访文，并率“广州号”导弹驱逐舰出席文莱第二届国际防务展。9月，文国防部副部长亚斯敏访华。8月，文莱大学和文莱技术学院出席第二届中国—东盟教育周，并分别与海南大学和贵州大学签署合作谅解备忘录。

保加利亚

(Bulgaria)

2009年是中华人民共和国与保加利亚共和国建交60周年。一年来，双方举办了一系列庆祝活动，两国传统友谊和各领域友好合作进一步巩固和发展。

双方保持高层交往，传统友谊与政治互信不断深化。10月4日，国家主席胡锦涛与保加利亚总统格奥尔基·珀尔瓦诺夫就中保建交60周年互致贺电。10月14~15日，国家副主席习近平访问保加利亚，会见了保加利亚总统格奥尔基·珀尔瓦诺夫、总理博伊科·博里索夫，同马林副总统举行会谈并共同出席中保企业家早餐会。两国领导人共同回顾总结了60年来中保关系的发展历程，就共同推动中保全面友好合作关系发展达成广泛共识。3月21~25日，保加利亚副总理兼外交部长伊瓦伊洛·卡尔芬访华，国家副主席习近平、外交部长杨洁篪分别会见、会谈。4月12~18日，保加利亚最高上诉法院院长拉扎尔·格鲁埃夫访华。9月8~12日，国务委员兼国防部长梁光烈上将访问保加利亚。10月30日，全国政协副主席张梅颖出席了全国对外友协与保加利亚驻华使馆共同举办的庆祝中保建交60周年招待会。

经贸、文化和卫生等领域合作持续发展。习近平副主席访保期间，两国相关部门共同签署了《中华人民共和国文化部和保加利亚共和国文化部2008年至2012年文化合作计划》、《中华人民共和国卫生部和保加利亚共和国卫生部关于卫生医学合作的执行计划》、《中华人民共和国商务部和保加利亚共和国经济能源旅游部关于经济合作的谅解备忘录》。双方企业签署了总额约29亿美元的贸易与投资合作意向。

人文领域交流进一步深化。9月，中国教育部在保加利亚举办了中国教育成就展暨中保大学校长论坛。10月，中保双方在索非亚共同举办了

“中保庆祝建交60周年音乐会”；中国外交部出版了《中保建交60周年》纪念画册；两国友协共同举办了庆祝建交60周年专题研讨会；两国邮政部门分别发行了建交60周年纪念封；两国驻对方使馆分别举行了大型庆祝招待会、图片展、研讨会等活动。

此外，两国在监察、金融、新闻、地方交流等领域继续保持密切合作。

布隆迪

(Burundi)

2009年，中华人民共和国与布隆迪共和国的友好合作关系稳步发展。

11月，布隆迪第二副总统恩加布里埃尔·恩蒂塞泽拉纳出席了在埃及沙姆沙伊赫举行的中非合作论坛第四届部长级会议开幕式。5月，布隆迪执政党“保卫民主力量”主席热雷米·恩让达库马纳访华，会见了中共中央书记处书记、中纪委副书记何勇，并与中联部副部长李进军举行了工作会谈。10月，布对外关系与国际合作部部长办公室主任戈当斯·欣达伊加亚访华。

年内，中国援建的穆班达医院在布班扎省开工。

柬埔寨

(Cambodia)

2009年，中华人民共和国与柬埔寨王国的全面合作伙伴关系持续深入发展。各领域交流与合作不断扩大。

两国高层接触频繁。1月，国务院总理温家宝致信柬埔寨太皇诺罗敦·西哈努克和太后诺罗敦·莫尼列·西哈努克，祝贺新春。2月，全国政协主席贾庆林在京会见柬埔寨国王诺罗敦·西哈莫尼。9月，国家副主席习近平在京会见柬埔寨国王诺罗敦·西哈莫尼。10月，柬埔寨太皇诺罗敦·西哈努克和太后诺罗敦·莫尼列·西哈努克出席新中国60周年国庆招待会和天安门城楼观礼。柬埔寨首相洪森来华出席第十届中国西部国际博览会。12月，国家副主席习近平对柬埔寨进行正式访问，会见柬埔寨国王诺罗敦·西哈莫尼、参议院主席谢辛和国会主席韩桑林，同柬埔寨首相洪森举行会谈。双方签署多项经贸合作协定。

两国经贸合作总体发展势头良好。受国际金融危机冲击，中柬贸易额有所下降。中国政府援助的柬埔寨政府办公大楼竣工并交付使用，其他由中国政府贷款支持的路桥、水电站等基础设施项目进展顺利。

中国共产党与柬埔寨人民党和奉辛比克党按照双方商定的计划派团互访。6月，柬埔寨奉辛比克党主席拉斯梅率团访华。7月，中共中央政治局委员、北京市市委书记刘淇率中共代表团访问柬埔寨。9月，柬埔寨人民党中央常委辛卡率人民党代表团访华。

两国其他领域合作进展顺利，地方交流活跃。两国立法机构多个专门委员会实现互访。中国人民解放军总参谋长助理杨志琦率军事代表团访问柬埔寨。柬埔寨副首相兼内政部大臣韶肯来华出席“万国禁烟会”一百周年纪念大会。柬埔寨社会福利、财经、新闻等部负责人率团访华。

喀麦隆

(Cameroon)

2009年，中华人民共和国与喀麦隆共和国的友好合作关系继续发展。

双边交往势头良好。8月，喀对外关系部长亨利·埃耶贝·阿伊西来华出席中喀经贸混委会第七次会议，其间外交部长杨洁篪与其会谈，就两国关系及国际和地区问题交换看法。11月，经济、计划和领土整治部部长级代表亚武巴·阿卜杜拉耶出席中非合作论坛第四届部长级会议。12月，喀国民议会议长卡瓦耶·耶吉·贾布里勒访华，全国人大常委会委员长吴邦国、全国政协主席贾庆林分别会见。

经贸合作成果丰硕。中国援喀雅温得多功能体育馆启用，两所农村小学竣工并交付使用，杜阿拉城市供水一期工程顺利完工，抗疟中心挂牌启用，农业示范中心、杜阿拉妇儿医院开工。

文教领域交流与合作繁荣。8月，喀文化部秘书长来华出席中非文化圆桌会议。9月，中国文化部艺术团访喀。10月，孔子学院艺术团访喀。

军事交流与合作良好。6月，喀国防部宪兵国务秘书博卡姆访华，国务委员兼国防部长梁光烈上将和武警总部司令员吴双战上将分别与之会见、会谈。

加拿大

(Canada)

2009年，中华人民共和国与加拿大关系总体发展顺利。

两国高层交往频繁。9 月，国家主席胡锦涛在出席匹兹堡二十国集团领导人第三次金融峰会期间同加拿大总理哈珀简短会见，就中加关系和共同关心的问题交换意见。8 月 31 日至 9 月 1 日，全国人大常委会委员长吴邦国在出访途中过境温哥华，分别会见加拿大国际贸易部长斯托克韦尔·戴伊及不列颠哥伦比亚省省长戈登·坎贝尔。12 月 2～6 日，加拿大总理哈珀正式访华，胡锦涛主席、吴邦国委员长分别会见，国务院总理温家宝与哈珀举行会谈。两国领导人就发展中加关系等问题广泛、深入地交换意见，达成重要共识。中方领导人表示，中方愿与加方一道，从战略高度和长远角度出发，本着相互尊重、平等互利、互不干涉内政的原则，加强各领域各层次的对话、交流与合作，尊重彼此核心利益和重大关切，妥善处理两国间的敏感问题，推动中加友好合作关系健康稳定持续发展。哈珀表示，加方奉行一个中国政策，尊重中国领土完整，愿以友好坦诚和相互尊重的方式妥善处理双方的分歧，希同中国加强对话与合作。访问期间，双方发表《中加联合声明》，并签署关于气候变化、矿产资源、文化和农业教育等领域的多项合作协议。

两国各级别交往增多。6 月，外交部长杨洁篪访加，分别与加拿大总理哈珀、参议长诺埃尔·金塞拉、反对党自由党领袖迈克尔·伊格纳蒂夫、外交部长劳伦斯·坎农会见、会谈，并在加中贸易理事会午餐会上发表题为“携手共建中加关系的美好明天”的演讲。卫生部长陈竺，司法部长吴爱英，中共中央对外联络部副部长张志军，商务部副部长陈健，文化部副部长陈晓光，交通运输部副部长徐祖远，质检总局副局长魏传忠，全国人大外事委员会副主任委员、中加议会协会主席郑斯林，全国人大民族委员会副主任委员陆兵，全国政协民族与宗教委员会副主任赵金铎等分别访加。5 月，加拿大外交部长坎农访华，国家副主席习近平、外交部长杨洁篪分别与坎会见、会谈；坎农在外交学院就加外交政策及对华关系发表演讲。加国际贸易部长斯托克韦尔·戴伊，财政部长詹姆斯·弗莱厄蒂，交通、基础设施和社区事务部长约翰·贝尔德，加中议会协会主席约瑟夫·戴伊和戴瑞·克兰普，前总理布赖恩·马尔罗尼等分别访华。

两国经贸合作不断扩大。9 月，第三届中加经贸合作论坛在多伦多举行，全国政协副主席白立忱出席并致辞，两国企业家逾 400 人参加。10 月，中加基础设施论坛在温哥华举行，商务部副部长陈健出席并发表主旨演讲，两国近 70 家企业代表参加。中加经贸联委会第 21 次会议、基础设施工作组会议分别在北京和渥太华召开。

两国在文化、教育、卫生、科技、司法执法等领域交流与合作成果丰硕，在气候变化、金融危机、反恐、军控、阿富汗等国际和地区问题上保持了良好沟通与协调。中加卫生联委会第二次会议、中加科技联委会第二次会议、中加第二次司法和执法合作磋商、中加第二次反恐磋商、军控和防扩散磋商先后举行。双方签署了中加《卫生合作执行计划 2009 ~ 2011》、《中华人民共和国政府和加拿大政府文化协定 2010 ~2012 年合作计划》、《中华人民共和国教育部和加拿大农业与农业食品部关于科学技术合作与人才培养的谅解备忘录》、《中华人民共和国国家发展和改革委员会与加拿大环境部、加拿大外交和国际贸易部和加拿大自然资源部关于气候变化合作的谅解备忘录》等合作文件。

两军交往进一步扩大。4 月，加太平洋海上部队司令泰隆·帕利海军少将率一艘补给舰参加中国海军成立 60 周年庆祝活动。5 月，加作战支援司令部司令丹尼尔·本杰明少将访华。

两国地方保持密切交往与合作，截至 2009 年底已结成 44 对友好省市。

佛得角
(Cape Verde)

2009 年，中华人民共和国与佛得角共和国友好合作关系进一步发展，各领域友好合作进展顺利。

双方政治交往密切。4 月 24 日，佛得角外交、合作与侨务部长若泽·布里托致函中国外交部长杨洁篪，祝贺中佛建交 33 周年。

9 月 21 ~23 日，外交部部长助理翟隽对佛得角进行工作访问，分别会见了佛总统佩德罗·维罗纳·罗德里格斯·皮雷斯，代总理、基础设施、交通和通讯部长曼努埃尔·伊诺森西奥·索萨和教育部长韦拉·杜阿尔特（女），与外交国务秘书若热·博尔热斯举行会谈。佛领导人积极评价中佛友好合作关系，重申佛坚持一个中国立场，感谢中方长期以来向佛提供的援助，希望加强双方在基础设施建设、教育和文化等领域合作。双方签署了《中华人民共和国政府和佛得角共和国政府经济技术合作协定》等合作文件。

8 月 12 日，中国新任驻佛得角大使李春华向佛总统皮雷斯递交国书。

11 月，佛外长布里托率佛政府代表团出席了在埃及沙姆沙伊赫举行的中非合作论坛第四届部长级会议。

两国经贸合作稳步发展，中非合作论坛北京峰会成果落实顺利。8 月，中国派遣的 2 名高级农业技术专家抵达佛得角开始工作。10 月，中国为佛援建的农村学校正式移交。11 月，中国政府向佛政府提供 10 万美元紧急现汇援助，帮助佛抗击登革热疫情。7 月，佛经济国务秘书温贝托·布里托来华参观考察，期间，商务部副部长傅自应予以会见，双方就进一步推动两国经贸合作交换了看法。8 月，中国驻佛大使李春华与佛外长布里托代表各自政府签署了《中华人民共和国政府和佛得角共和国政府关于成立经济、贸易和技术合作联合委员会的协定》。

两国在政党、文化、地方等领域交流活跃。5 月，中共中央对外联络部部长王家瑞率领中国共产党代表团访问佛得角，期间，与佛得角非洲独立党主席、总理若泽·马里亚·佩雷拉·内韦斯等该党领导人就发展两党关系等共同关心的问题交换了意见。7 月，文化部副部长赵少华与佛得角驻华大使儒利奥·德莫赖斯代表各自政府在北京签署了《中华人民共和国政府和佛得角共和国政府文化合作协定 2009～2012 年执行计划》。9 月，济南市与佛首都普拉亚市正式缔结友好城市关系。10 月，三亚市与佛萨尔市正式缔结友好城市关系。

中非

(Central African Republic)

2009 年，中华人民共和国与中非共和国的友好合作关系持续深入发展。

两国高层交往密切。9 月 9～15 日，中非总统弗朗索瓦·博齐泽·杨古翁达来华进行国事访问，国家主席胡锦涛与博齐泽总统举行会谈，全国政协主席贾庆林会见，两国领导人就双边关系及共同关心的问题深入交换看法，达成广泛共识。双方签署了《中华人民共和国政府和中非共和国政府经济技术合作协定》和《中华人民共和国国家广播电影电视总局与中非共和国新闻、公民责任感、全国和解和对话后续部合作议定书》两个合作文件。除北京外，博齐泽总统一行还访问了昆明和深圳。11 月，博齐泽总统出席中非合作论坛第四届部长级会议开幕式，国务院总理温家宝会见，就两国关系和论坛事务等交换看法。4 月，中非新闻、公民责任感、全国和解和对话后续国务部长西里亚克·恩贡达率团对中国进行工作访问，国家广电总局、中央电视台、中国国际广播电台负责人会见。

9 月 4 月，中非新任驻华大使埃马纽埃尔·图阿布瓦向胡锦涛主席递交国书。

两国经贸合作日益加强，教育、卫生等各领域交流与合作进一步发展。4 月和 7 月，中国援建的两所小学校先后移交中非方。10 月，中国援中非的宾博医院奠基。同月，中国援建的抗疟中心挂牌。

乍　得

(Chad)

2009 年，中华人民共和国与乍得共和国友好合作关系进一步发展。

双方友好往来不断。6 月，中国政府非洲事务特别代表刘贵今访问乍得，会见乍总统伊德里斯·代比·伊特诺，与乍外长穆萨·法基·穆罕默德举行会谈，双方就两国关系及苏丹达尔富尔、乍得与苏丹关系等问题交换了意见。8 月，乍石油部长穆罕默德·纳赛尔·哈桑和经济计划部长奥斯曼·马塔尔·布雷梅访华。11 月，乍外长法基和经济计划部长布雷梅出席了中非合作论坛第四届部长级会议。其间，外交部长杨洁篪会见了法基外长，双方就双边关系、论坛事务等交换了看法。

8 月 18 日，中国新任驻乍得大使杨广玉向代比总统递交国书。

两国经贸合作取得积极进展。中乍合资炼油厂建设稳步推进，输油管道已正式开工建设。年内，中国援建的三所农村小学交付使用，抗疟中心挂牌，乍首都恩贾梅纳市政道路项目完工。

智　利

(Chile)

2009 年，中华人民共和国与智利共和国全面合作伙伴关系取得新的进展，各领域交流与合作不断深化。

两国高层保持交往。国家主席胡锦涛和智利总统米歇尔·巴切莱特·赫里亚在 9 月纽约第 64 届联合国系列峰会期间简短交谈。11 月，巴切莱特总统对上海进行工作访问，出席 2010 年上海世博会智利馆的落成仪式。胡锦涛主席和巴切莱特总统在 11 月新加坡亚太经合组织第 17 次领导人非正式会议期间举行会见。双方签署了两国海关、民航领域的合作文件。

两国政府、立法机构、政党、军事交流与合作日益密切。2 月，智利众议长弗朗西斯科·恩西纳访华，全国人大常委会委员长吴邦国会见。5 月，中智议会间政治对话委员会第四次会议在北京举行。6 月，中共中央政治局委员、中央书记处书记、中宣部部长刘云山访智，巴切莱特总统会见。6 月，中智两国外交部间第 12 次政治磋商在京举行。11 月，中国海军舰艇编队访智。双方重要互访还有：国土资源部副部长汪民、北京市市长郭金龙先后访智；智利财政部长安德烈斯·贝拉斯科、智利中央银行行长德格雷戈里奥、智利农业部长霍恩科尔、智利矿业部长冈萨雷斯先后访华。

中智经贸合作继续深化。双边自由贸易协定实施顺利，贸易结构多元化趋势明显。中国是智利第一大贸易伙伴，智利成为中国在拉美地区的第二大贸易伙伴。中智自贸区框架下的投资协议谈判于 1 月启动。

文化、教育等领域合作交流不断加强。10 月，为庆祝中国 60 周年国庆和智利建国 200 周年，中国在智举办"中国文化周"。11 月，陕西文物局在智成功举办兵马俑展。11 月，中国国家汉语国际推广领导小组办公室与智利政府教育部就合作设立智教育部孔子学院达成一致。

哥伦比亚
(Colombia)

2009 年，中华人民共和国与哥伦比亚共和国友好合作关系稳步发展。

双方保持高层接触。2009 年 2 月 14 ~ 17 日，国家副主席习近平对哥伦比亚进行正式访问，会见哥伦比亚总统阿尔瓦罗·乌里韦·贝莱斯、哥国会主席兼参议长埃尔南·安德拉德·塞拉诺和众议长赫尔曼·巴龙·科特里诺，与副总统弗朗西斯科·桑托斯·卡尔德龙举行会谈，并共同出席《中华人民共和国政府与哥伦比亚共和国政府经济技术合作协定》、《中国国家开发银行和哥伦比亚外贸银行合作协议》等文件的签字仪式。习近平副主席访哥期间，宣布哥伦比亚为中国公民出境旅游目的地国。11 月 24 ~ 26 日，全国政协副主席阿不来提·阿不都热西提率团出席在波哥大举办的第三届中拉企业家峰会，并分别会见哥总统乌里韦、副总统桑托斯和国会主席兼参议长哈维尔·卡塞雷斯。1 月 8 ~ 16 日，哥国会主席兼参议长安德拉德访华，全国人大常委会委员长吴邦国、副委员长乌云其木格分别会见。9 月 4 ~ 5 日，哥外交部长海梅·贝穆德斯·梅里萨尔德访华，国家副主席习近平会见，外交部长杨洁篪与其举行工作会谈。

双边重要互访还有：3 月 26 ~ 31 日，中国人民银行行长周小川和中国进出口银行副行长朱鸿杰分别率团出席在麦德林市举办的美洲开发银行成立 50 周年年会。其间，哥总统乌里韦会见周小川。6 月 10 ~ 14 日，最高人民法院副院长熊选国访哥，与哥司法界交流经验。6 月 21 ~ 23 日，商务部部长助理鲁建华访哥，就解决两国贸易摩擦问题与哥方交换意见。9 月，哥贸易、工业和旅游部部长路易斯·吉列尔莫·普拉塔·派斯访华，出席在大连举行的夏季达沃斯论坛。

两国经贸、人文、军事等领域交流合作进一步扩大。哥"光荣"号训练舰访问上海。新格拉纳达学校孔子课堂正式运营。3 月，中国国家博物馆副馆长董琦访哥。11 月、12 月，解放军总政治部干部部副部长于大清少将和国防大学政委童世平中将先后访哥。

科摩罗

(Comoros)

2009 年，中华人民共和国与科摩罗联盟的友好合作关系继续稳步发展。

双方保持高层交往。11 月 8 日，国务院总理温家宝在埃及沙姆沙伊赫会见了前来出席中非合作论坛第四届部长级会议开幕式的科摩罗总统艾哈迈德·阿卜杜拉·穆罕默德·桑比。双方就进一步加强两国各领域友好合作达成广泛共识。

两国经贸合作取得新成果。6 月 3 ~ 11 日，科摩罗财政、预算和经济部长穆罕默德·阿里·萨利赫及邮政和电信部长阿卜杜鲁瓦希姆·赛义德·巴卡尔共同访华，双方就中方支持科方发展电信产业达成一致。

两国卫生领域交往与合作密切。4 月 16 ~ 24 日，科摩罗副总统兼卫生部长伊基利卢·杜瓦尼纳·马迪访华。11 月 24 ~ 26 日，国家中医药管理局副局长李大宁访问科摩罗。11 月 26 ~ 28 日，广东省卫生厅副厅长黄小玲访问科摩罗。10 月，中方援建的抗疟中心举行挂牌仪式。

4 月，科摩罗发生洪涝灾害，中国红十字会向科摩罗提供了 2 万美元现汇援助。

刚果共和国

(Congo)

2009 年，中华人民共和国与刚果共和国［简称刚果（布）］友好合作关系继续健康、顺利发展。

双方友好往来密切。2 月 17 日和 20 日，国家主席胡锦涛、外交部长杨洁篪和刚果（布）总统德尼·萨苏—恩格索、外长巴西勒·伊奎贝分别互致贺信庆祝中刚建交 45 周年。7 月 27 日，胡锦涛主席致函萨苏总统，祝贺其在 12 日举行的总统选举中获胜连任。11 月 7 ~ 8 日，萨苏总统出席中非合作论坛第四届部长级会议开幕式，国务院总理温家宝与其举行双边会晤。9 月 16 ~ 19 日，大连市人大副主任王成敏一行赴刚考察。6 月 7 ~ 21 日，刚果劳动党中高级干部代表团访华，访问广东、安徽、北京。

中非合作论坛北京峰会八项举措顺利落实。6 月，中方向刚移交援建的三所中非友谊小学。5 月，中方援刚恩古瓦比图书馆项目开工兴建。9 月，中方援刚农业技术示范中心项目开工。

经贸合作不断取得丰硕成果。2 月，由北京住宅总公司承建的刚国家广播电视中心大楼启用。3 月，由中国机械设备进出口总公司承建的吉利水处理厂二期项目启动。4 月，由北京建工集团公司承建的宪法法院办公楼启用。5 月，由山东威海国际经济技术合作股份有限公司承建的奥旺多市恩古瓦比体育场落成。5 月，中国在刚在建的最大项目英布鲁水电站配套输变电工程奠基。8 月，中国广电卫星节目在刚落地项目向刚方移交。

其他领域合作富有成效。1 月，中国向刚卫生部提供价值 200 万元人民币的抗疟药品。4 月，中国第 20 批援刚医疗队抵刚。5 ~ 6 月，刚文化艺术团应邀出席在华举办的“相约在北京”文化艺术节和第二届中国成都国际非物质文化遗产节活动。

库克群岛

(Cook Islands)

2009 年，中华人民共和国与库克群岛友好合作关系进一步发展。

8 月，国家主席胡锦涛致函库克女王代表弗里德里克·古德温，就库克宪法日致贺。同月，中国—太平洋岛国论坛对话会特使王永秋在澳大利亚凯恩斯出席太平洋岛国论坛会后对话会期间会见库克总理吉姆·马鲁雷。11 月，全国人大常委会外事委员会委员金矛率团赴库克出席太平洋岛国论坛议会大会，期间会见了库克副总理特里佩·马奥阿特和议长马普·塔伊阿。

9 月，库克主管基础建设、能源、交通和旅游事务部长汤加塔·瓦维亚来华参加在吉林召开的第五届“亚太总裁与省市长国际合作大会”及在南京召开的第三届“全球外包大会”，并在北京会见中国国家旅游局主管官员。

哥斯达黎加

(Costa Rica)

2009 年，中华人民共和国与哥斯达黎加共和国关系继续健康稳定发展，各领域互利友好合作进一步巩固。

两国政治关系稳定发展。2月，国家主席胡锦涛就哥发生6.2级地震致函哥总统奥斯卡·阿里亚斯·桑切斯表示慰问，中国政府向哥政府提供10万美元现汇紧急救灾援助。6月1日，为庆祝两国建交两周年，胡锦涛主席和阿里亚斯总统、外交部长杨洁篪和哥外长布鲁诺·斯塔诺·乌加特互致贺电。10月1日，哥总统阿里亚斯和立法大会主席弗朗西斯科·安东尼奥·帕切科在当地媒体撰文庆祝中国国庆60周年。

两国重要互访有：3月，中共中央对外联络部部长王家瑞访哥，并会见哥总统阿里亚斯。10月，北京市市长郭金龙访哥。11月，全国政协副主席阿不来提·阿不都热西提访哥，并会见哥代总统、立法大会主席帕切科。4月，哥农业部长哈维尔·弗洛雷斯·加拉尔萨访华。9月，哥外贸部长马科·比涅西奥·鲁伊斯出席在华举行的夏季达沃斯论坛。12月，哥立法大会主席帕切科访华，全国人大常委会委员长吴邦国会见。

两国经贸合作快速发展。中国已成为哥第二大贸易伙伴。双方已完成五轮自贸谈判，并就大部分问题达成一致。中国石油天然气集团公司与哥国家石油公司合资炼厂项目取得重大进展，中方援建的国家体育场工程顺利推进。

两国在文化、教育等领域的交流和合作日益密切。8月，哥斯达黎加大学孔子学院揭牌成立。11月，北京市与圣何塞市正式结为友好城市。

科特迪瓦
(Côte d'Ivoire)

2009年，中华人民共和国与科特迪瓦共和国的友好关系继续稳步发展，各领域合作进展顺利。

两国高层往来不断。10月14~20日，科特迪瓦总理纪尧姆·基格巴福里·索罗来华出席第十届中国西部国际博览会并访问北京、深圳和上海。10月16日，国务院总理温家宝在成都会见了索罗。温家宝总理表示，科特迪瓦是中国在非洲的好朋友、好伙伴，中方重视中科关系，愿意加强两国各层次、各领域的人员交流与合作，在重大国际和地区事务中保持密切沟通与配合。索罗总理感谢中方一贯支持科和平进程和经济重建，重申科政府奉行一个中国政策，积极致力于发展同中国的友好合作关系。11月，索罗总理率团赴埃及沙姆沙伊赫出席中非合作论坛第四届部长级会议。

两国经贸合作稳步推进，中非合作论坛北京峰会成果落实工作取得积极进展。1月，中国援建的两所农村学校竣工移交。4月，医院项目正式开工，抗疟疾中心在科公共卫生研究院挂牌。8月，中方派遣的三名高级农业专家赴科帮助科开展农业技术培训。两国企业在基础设施、电信、重工业、矿业等领域的互利合作进展顺利。3月，中国国际贸易促进会副会长张伟访科。12月，中国驻科特迪瓦大使魏文华与科特迪瓦外交部长优素福·巴卡约科分别代表各自政府签署了《中华人民共和国政府和科特迪瓦共和国政府经济技术合作协定》。

两国在其他领域保持友好交往。12月，科青年、体育与娱乐部长班齐奥·达戈贝来华出席在江苏常州举行的国际女子手球锦标赛。

克罗地亚
(Croatia)

2009年，中华人民共和国与克罗地亚共和国全面合作伙伴关系深入发展，各领域交流合作成果显著。

高层交往密切。6月，国家主席胡锦涛对克罗地亚进行国事访问，实现两国建交17年来中国国家主席首次访问克罗地亚。胡锦涛主席分别同克罗地亚总统斯捷潘·梅西奇、议长卢卡·贝比奇、总理伊沃·萨纳戴尔会谈、会见。双方积极评价中克关系，指出愿共同努力，巩固传统友谊，深化务实合作，密切人文交流，把中克全面合作伙伴关系推向更高水平。胡锦涛主席和梅西奇总统共同出席中克商务论坛暨企业家洽谈会并分别致辞。访问期间，双方代表签署《中华人民共和国政府和克罗地亚共和国政府经济合作协定》、《中华人民共和国政府和克罗地亚政府航班协定》和《中国卫生部和克罗地亚卫生社会福利部卫生和医学科学领域2009～2012年度执行计划》。8月，克罗地亚议长卢卡·贝比奇正式访华。全国人大常委会委员长吴邦国、全国政协主席贾庆林、全国人大常委会副委员长华建敏分别会见。

经贸、教育、科技、文化等领域合作富有成果。商务部副部长蒋耀平率领中国贸易投资促进团访问克罗地亚。中克商务论坛暨企业家洽谈会在萨格勒布成功举行。中克科技合作委员会第四次会议在北京举行。北京体育大学校长杨桦和中国作家协会代表团访问克罗地亚。第二届“汉语桥”知识竞赛、中国文化月、中国电影周活动先后在克罗地亚举办。北京交响乐团赴克罗地亚访问演出。

地方、民间交往密切。上海市市长韩正、浙江省政协副主席黄旭明、扬州市人民对外友好协会副会长丁章华分别访问克罗地亚。克中友好协会主席安德里亚·卡拉菲利波维奇访华。

古　巴
(Cuba)

2009 年，中华人民共和国与古巴共和国友好合作关系继续深入发展。

9 月底，古巴共产党中央第一书记菲德尔·卡斯特罗致电胡锦涛总书记、古巴国务委员会主席兼部长会议主席劳尔·卡斯特罗致电胡锦涛主席和国务院总理温家宝、古外长罗德里格斯致电外交部长杨洁篪，热烈祝贺新中国成立 60 周年。古政府为此还专门举行庆祝大会，菲德尔·卡斯特罗亲自撰文，盛赞新中国成立 60 年来取得的巨大成就。

两国高层互访频繁。9 月 1 ~3 日，全国人大常委会委员长吴邦国对古巴进行正式友好访问，会见了古巴国务委员会主席兼部长会议主席劳尔·卡斯特罗·鲁斯，并同古巴全国人民政权代表大会主席里卡多·阿拉尔孔·德克萨达举行会谈，就深化两国互利友好合作达成重要共识。访问期间，双方签署了 7 份两国政府间经济、贸易和金融合作协议。访问对于进一步巩固和深化中古传统友好合作关系具有重要意义。

9 月 1 ~3 日，古巴外长布鲁诺·罗德里格斯·帕里利亚访华，国家副主席习近平会见，杨洁篪外长与罗举行工作会谈。6 ~12 日，古部长会议副主席里卡多·卡布里萨斯·鲁伊斯访华，国务院副总理王岐山会见。访问期间，卡还出席了在福建省厦门市举行的第 13 届中国国际投资贸易洽谈会，与商务部部长陈德铭共同主持了中古经贸混委会第 22 次会议，双方签署了《会议纪要》。卡还与国家发改委主任张平共同签署了《关于中古进一步加强生物技术领域合作的谅解备忘录》。

中古在国际事务中互相支持。中国在第 64 届联合国大会连续第 18 次投票支持古巴提出的要求美国取消封锁的议案。古巴坚定支持中国在台湾、涉藏、涉疆、人权等问题上的立场。

两国经贸合作稳步推进。11 月 12 ~15 日，中共中央委员、山东省委书记姜异康率团访古，出席了中国山东—古巴经贸合作项目签约仪式。

两国在文教、卫生、科技、体育、军事等领域互利友好合作逐步扩大。4 月，第三家中古合资眼科医院在山西省大同市开业。6 月 6 日，开办第四家眼科医院项目在安徽省合肥市正式签约。9 月 7 ~9 日，中古生物技术合作联合工作组第五次会议在云南省昆明市顺利召开。10 月 14 ~19 日，古巴国务委员会科技顾问菲德尔·卡斯特罗·迪亚斯—巴拉尔特率团访华，国务委员刘延东，中国科学技术协会常务副主席、书记处第一书记邓楠分别会见。10 月 25 日至 11 月 2 日，国家自然科学基金委副主任孙家广访古。10 月 30 日，“北京—哈瓦那：新中国当代艺术革命”展在古巴国家美术馆开展。11 月 15～19 日，卫生部长陈竺率团参加在哈瓦那召开的全球卫生研究论坛年会并顺访古巴。16～20 日，中国人民解放军军事检察院院长李晓峰少将率团访古。30 日，哈瓦那大学孔子学院正式揭牌。

塞浦路斯

(Cyprus)

2009 年，中华人民共和国与塞浦路斯共和国双边关系继续保持良好发展势头，各领域合作进一步深化。

双方各级别交往频繁。9 月，全国人大常委会副委员长华建敏访塞，分别会见塞总统迪米特里斯·赫里斯托菲亚斯、财政部长兼代理外长哈理劳斯·斯达夫拉基斯，与议长马里奥斯·卡洛扬举行会谈。双方就进一步发展中塞友好合作关系、加强议会和政党交往以及共同关心的国际和地区问题深入交换了意见。12 月，全国政协副主席、中国人民争取和平与裁军协会副会长厉无畏访塞，会见塞浦路斯代总统、议长卡洛扬，外交部长马科斯·基普里亚努，商业、工业和旅游部长安东尼斯·帕斯哈里蒂斯，塞浦路斯劳动人民进步党总书记安德罗斯·基普里亚努等领导人。4 月，塞浦路斯外交部常秘尼科拉斯·埃米里乌访华。11 月，塞总统办公室主任瓦索斯·乔治乌访华。

两国政党和民间交往进一步加强。2 月，中共中央委员、甘肃省委书记陆浩访塞。9 月，塞劳进党总书记基普里亚努访华，国家副主席习近平、全国人大常委会副委员长陈昌智、中共中央对外联络部部长王家瑞分别会见，中共中央对外联络部副部长李进军与其会谈。

两国经贸合作保持良好势头。中国正泰电器有限公司中标塞电力局电线电缆项目，金额达 1800 万欧元。

两国旅游、卫生、文化、教育等领域交流与合作密切。5 月，塞商业、工业和旅游部长帕斯哈里蒂斯访华，两国签署《中华人民共和国国家旅游局和塞浦路斯共和国旅游组织旅游合作协议》。6～7 月间，塞卫生部长克里斯托斯·帕萨里蒂斯、教育与文化部长安德烈斯·德米特里欧先后访华。

捷克共和国

(Czech)

2009年是中华人民共和国与捷克共和国建交60周年，上半年捷克担任欧盟轮值主席国，两国关系继续发展。

两国重要政治交往不断。10月6日，在中捷建交60周年之际，国家主席胡锦涛与捷克总统瓦茨拉夫·克劳斯互致贺电。1月30日，国务院总理温家宝在布鲁塞尔会见欧盟轮值主席国捷克总理米雷克·托波拉内克。5月20日，温家宝总理出席在布拉格举行的第11次中欧领导人会晤，其间与捷克总统克劳斯、总理托波拉内克举行双边会见。两国外交部保持交往。1月7日，外交部长杨洁篪与捷克外长卡雷尔·施瓦岑贝格通电话。1月16日，杨洁篪外长在开普敦会见捷克外长施瓦岑贝格。1月19日，国务委员戴秉国会见来华出席中欧第四轮战略对话的欧盟轮值主席国捷克第一副外长托马斯·波亚尔。2月15~17日，外交部部长助理吴红波率团赴捷克进行两国副外长级政治磋商。

9月4~5日，捷克过渡政府总理扬·菲舍尔访问香港、澳门。

9月，达赖、热比亚窜访捷克，出席在布拉格举行的“亚洲和平、民主与人权”国际会议，捷克总理菲舍尔会见达赖，中方对此提出严正交涉。

双方在税务、文化、农业、军事等领域保持交流与合作。8月28日，中捷签署《中华人民共和国和捷克共和国对所得避免双重征税和防止偷漏税协定》。中国侨联副主席董中原、广电总局副局长张海涛、国家开发银行副行长郑之杰、中华海外联谊会副会长楼志豪、空军政委邓昌友上将、中国文联副主席覃志刚、全国友协副会长井顿泉、武警副司令员何映华少将、中华全国供销合作总社副主任顾国新、人力资源和社会保障部副部长王晓初、全国社保基金理事会副理事孙小系等先后率团访问捷克。此外，中国奥委会副主席张发强赴捷克出席国际龙舟联合会执委会和理事会会议。国家安全监管总局副局长王德学赴捷克出席第四届国际矿山救援大会。10月19~25日，捷克军队副总参谋长约瑟夫·贝克瓦尔少将率捷军友好参观团访华。

两国地方交往日趋活跃。黑龙江科协主席马淑洁、广西政协副主席林国强、福建省政协副主席叶家松、山东省政协副主席赵玉兰、陕西省政协主席马中平、四川省政府高级顾问王少雄、安徽省副省长汤承沛、海南省副省长陈成、天津市副市长崔津渡、重庆市副市长凌月明、厦门市对外友协会长吴凤章、广东省省委常委、宣传部长林雄等率团访问捷克。

丹　麦

(Denmark)

2009 年，中华人民共和国和丹麦王国的关系继续发展。双边关系因丹领导人会见达赖一度出现波折，年底前实现转圜。

各层次保持交往和接触。4 月 7 日，国务院总理温家宝致电丹麦首相拉尔斯·勒克·拉斯穆森，祝贺其出任丹麦首相。12 月 14 日，温家宝总理应约与拉斯穆森首相就双边关系和气候变化问题通电话。12 月 16～18 日，温家宝总理赴丹麦出席《联合国气候变化框架公约》第 15 次缔约方大会领导人会议期间，与拉斯穆森举行双边会见。2 月，国务委员刘延东会见丹麦马士基集团副总裁苏恩深，苏代表马士基集团捐款 300 万克朗，支持四川地震灾区教育事业发展。8 月，全国人大常委会就丹麦议会第一副议长、社民党前主席斯文·奥肯病逝向丹麦议会致唁电。9 月，全国人大常委会副委员长王兆国电贺丹麦社民党议员莫恩斯·吕克托夫特出任丹麦议会第一副议长。10 月、11 月，丹麦女王丈夫亨里克亲王、丹麦二王子约阿基姆夫妇及幼子分别因私来华。11 月，丹麦王储腓特烈过境北京，丹麦环境大臣特勒尔斯·隆德·保尔森赴上海参加世博会丹麦展馆预展活动。水利部部长陈雷、湖南省省委书记张春贤、北京市政协主席阳安江、吉林省副省长陈晓光等先后访丹。

经贸合作良好，科教文卫等领域的合作稳步推进。两国双边经贸额虽受国际金融危机影响出现近十年来首次下滑，但双边投资逆势增长，私人企业和中小企业成为投资主力军。中丹教育研究中心合作项目进展顺利。9 月，中国在丹麦第二家孔子学院奥尔堡大学“创新学习孔子学院”揭牌。国家食品药品监督局与丹麦药品监督局签署合作谅解备忘录。

气候变化领域的沟通与协调成为合作新亮点。2 月，全国工业商业联合会副主席沈建国赴丹出席“全球主流工商会气候变化圆桌会议”。5 月、11 月和 12 月，国家发展和改革委员会副主任解振华先后赴丹出席“气候变化世界商业峰会”、COP15 会议成果小范围磋商和部长级预备会议。6 月，全国对外友协会长陈昊苏赴丹出席“地方政府气候变化峰会”。10 月，全国人大环境与资源保护委员会主任委员汪光焘赴丹出席全球立法者气候变化论坛。

涉藏问题严重干扰中丹关系。5 月 29 日，丹麦首相拉斯穆森和外交大臣佩尔·斯蒂·默勒不顾中方多次交涉，执意会见达赖，导致中丹关系遭受严重困难和挫折。12 月 10 日，丹麦驻华使馆照会中国外交部，重申丹一个中国政策和西藏是中国不可分割的一部分的立场不变，承认中国对西藏拥有主权，反对“西藏独立”。中丹关系逐步恢复正常。

吉布提

(Djibouti)

2009年，中华人民共和国与吉布提共和国友好合作关系继续深入发展。

两国保持友好交往势头。1月，中吉庆祝建交30周年，两国国家元首和外长互致贺电。3月，中共中央候补委员、中央党校副校长陈宝生率中共代表团赴吉布提出席执政的“争取进步人民联盟”建党30周年暨吉布提总统伊斯梅尔·奥马尔·盖莱执政10周年庆祝活动，分别会见了盖莱总统和“争取进步人民联盟”总书记伊德里斯·阿尔纳乌德·阿里。12月28~30日，吉布提外交部长马哈穆德·阿里·尤素福访华。外交部长杨洁篪主持会谈，国家副主席习近平会见。

6月12日，吉布提新任驻华大使艾哈迈德·穆罕默德·哈桑向胡锦涛主席递交国书。7月28日，哈桑大使在京病逝，外交部长杨洁篪向吉布提外长尤素福致唁电。

两国贸易和务实合作不断深化。中吉贸易在国际金融危机背景下逆势而上，保持增长势头。中方提供的100万元人民币紧急粮食援助移交吉方。中方援建的两所农村小学竣工移交，三名高级农业技术专家已在吉布提工作，阿尔塔综合性医院正式开工，科研中心、外交部培训中心和人民宫会议厅修缮等在建项目进展顺利。

两国在妇女、文化、卫生等领域交流与合作进一步扩大。中华全国妇女联合会向吉布提妇女联合会提供的援助物资移交吉方。1月，中国新疆艺术团赴吉布提访问演出。3月，吉布提卫生部长阿布达拉·阿布迪拉依·米吉尔访华。

多米尼克

(Dominica)

2009年，中华人民共和国与多米尼克国关系发展顺利，两国在政治、经贸、教育等领域的交流与合作进一步深化。

双方保持政治交往。3月，中共中央委员、中共中央对外联络部部长王家瑞访多，与多总统尼古拉斯·利物浦、总理罗斯福·斯凯里特、议长博伊德—奈茨夫人等分别会见和会谈；两国联合举行一系列活动，隆重庆祝中多建交5周年。4月，多外交部常务秘书史蒂夫·法罗来华进行工作访问；工党总书记爱德华·里杰斯特和教育部长索尼娅·威廉斯联合率领工党干部考察团访华。

两国经济技术合作进展顺利。罗索—朴茨茅斯公路修复项目签署施工合同。第二期农业技术合作、医疗技术合作等项目进展顺利。9月，两国政府签署中方向多方提供优惠贷款用于多总统府和国立大学改扩建项目的框架协议。

两国人文交流继续开展。10月，中国广东省艺术团对多米尼克进行访问演出，获得圆满成功。

朝鲜民主主义人民共和国
(DPRK)

2009 年是中华人民共和国与朝鲜民主主义人民共和国建交60周年和“中朝友好年”。两国传统友好合作关系继续得到良好发展。

两国高层交往频繁，政治互信加深。10月4～6日，中共中央政治局常委、国务院总理温家宝对朝鲜进行正式友好访问。温家宝总理分别与朝鲜劳动党总书记、国防委员会委员长金正日，内阁总理金英日举行会谈，会见最高人民会议常任委员会委员长金永南。双方就中朝关系和包括推进朝鲜半岛无核化在内的国际地区问题深入交换意见，达成重要共识。温家宝总理与金正日等朝鲜领导人共同出席了“中朝友好年”闭幕式等活动。

9月16～18日，国家主席胡锦涛特使、国务委员戴秉国访问朝鲜。朝鲜劳动党总书记、国防委员会委员长金正日，最高人民会议常任委员会委员长金永南分别会见。戴秉国国务委员向金正日转交了胡锦涛主席的信函。11月22～26日，中央军委委员、国务委员兼国防部长梁光烈上将对朝鲜进行正式友好访问。朝鲜劳动党总书记、国防委员会委员长、朝鲜人民军最高司令官金正日会见，人民武装力量部部长金永春次帅与梁光烈上将会谈。11月30日至12月4日，全国人大常委会副委员长陈至立对朝鲜进行友好访问，金永南委员长会见，最高人民会议议长崔泰福与陈至立副委员长会谈。4月13～17日，全国政协副主席李金华对朝鲜进行友好访问。1月21～24日，中共中央对外联络部部长王家瑞对朝鲜进行友好访问。朝鲜劳动党总书记、国防委员会委员长金正日，朝鲜劳动党中央政治局候补委员、中央书记崔泰福分别会见。

3月17~21日，朝鲜内阁总理金英日对中国进行正式友好访问，胡锦涛主席和全国人大常委会委员长吴邦国分别会见，温家宝总理与金英日总理会谈。温家宝总理同金英日总理共同出席了“中朝友好年”开幕式。10月27~31日，朝鲜劳动党中央政治局候补委员、中央书记崔泰福率朝鲜劳动党代表团访华，胡锦涛总书记会见。12月14~19日，朝鲜祖国统一民主主义战线中央委员会书记局长金完洙访华，中共中央政治局常委、全国政协主席贾庆林、全国政协副主席李金华分别会见。12月15~19日，朝鲜国防委员会委员、人民保安相朱霜成大将率朝鲜人民保安省代表团访华，国务委员兼公安部长孟建柱与朱霜成大将举行会谈。

两国经贸关系继续发展。中国保持朝鲜最大贸易伙伴地位，向朝鲜提供力所能及的援助。温家宝总理访问朝鲜时，双方签署了经济技术合作协定等双边合作文件，并就新建中朝鸭绿江界河公路大桥达成一致，决定正式启动大桥建设相关工作。

两国人文领域交流与合作活跃。两国多个艺术团体成功互访。双方签署了《2009~2011年文化交流执行计划》。举办中朝建交60周年朝鲜图书展、图片展、美术展、书法绘画展、中朝友好科技图书展、中国电影周、友城大会等一系列丰富多彩的纪念活动，出版《中朝建交60周年》纪念画册和《朝中友谊世代相传》纪念画册。两国每年均互派一定数量的公费留学生。

刚果民主共和国

(D. R. Congo)

2009年，中华人民共和国与刚果民主共和国［简称刚果（金）］的友好合作关系继续顺利发展，各领域合作成果显著。

两国各层次往来频繁。3月，中共中央候补委员、中央党校副校长陈宝生率中国共产党友好代表团访问刚果（金），刚果（金）总理阿道夫·穆齐托、执政党争取重建与民主人民党总书记埃瓦里斯特·博沙布分别会见。同月，外交部部长助理翟隽访问刚果（金），刚果（金）总统约瑟夫·卡比拉、总理穆齐托分别会见，刚果（金）外交部副部长伊尼亚斯·嘎塔·马维塔与之会谈，双方就中刚关系及共同关心的问题交换意见。5月，商务部副部长钟山率中国政府经贸代表团访问刚果（金），穆齐托总理会见，钟山副部长与刚果（金）国际和地区合作部部长雷蒙·奇班达·通加·穆隆戈共同主持中刚经贸混委会第八届会议。7月，刚果（金）执政党争取重建与民主人民党总书记、国民议会议长博沙布访华，中共中央政治局常委、全国人大常委会委员长吴邦国会见，中联部部长王家瑞与之会谈，中央党校常务副校长李景田与刚方代表团座谈。除北京外，博沙布一行还访问了宜昌和广州。10 月，刚果（金）国防与前战斗人员部长夏尔·姆万多·恩辛巴率团访华，国务委员兼国防部长梁光烈上将与之会谈。11 月，刚果（金）总理穆齐托率团出席中非合作论坛第四届部长级会议开幕式，期间国务院总理温家宝与之会见，双方就中刚关系、中非合作论坛及共同关心的问题交换了看法。同月，外交部非洲司司长张明访问刚果（金），刚果（金）外交部长亚力克西·坦布韦·姆万巴会见，与外交部美亚大司司长洛科苏·樊尚举行磋商，双方就两国关系及共同关心的国际和地区问题交换了看法。

经贸合作进一步扩大，卫生、文教、新闻等领域交流与合作成果丰富。4 月，中国援建的抗疟中心挂牌。10 月，中国援建的三所农村小学校竣工。同月，刚果（金）“潜力报”和“联通社”记者赴华参加中国国庆60周年采访活动。

厄瓜多尔

(Ecuador)

2009 年，中华人民共和国与厄瓜多尔共和国友好合作关系取得积极进展。

双方保持高层交往。2 月 13 ~ 15 日，国务院副总理回良玉访问厄瓜多尔，会见厄总统拉斐尔·科雷亚·德尔加多，同副总统莱宁·莫雷诺·加尔塞斯举行会谈。双方签署了《中华人民共和国政府和厄瓜多尔共和国政府经济技术合作协定》等四个合作文件。8 月 9 ~ 13 日，中国政府特使、农业部长孙政才出席厄总统科雷亚就职仪式。11 月 23 ~ 25 日，全国政协主席贾庆林访厄，会见厄总统科雷亚，同厄国民代表大会主席费尔南多·科尔德罗·奎瓦举行会谈。双方签署了《中华人民共和国政府和厄瓜多尔共和国政府经济技术合作协定》等三个合作文件。

其他重要互访有：中共中央对外联络部副部长陈凤翔访厄；厄瓜多尔联合指挥部司令法维安·巴雷拉中将访华。

两国经贸合作不断扩大。10 月，中国水利水电集团与厄政府签署科卡科多—辛克雷水电站建设项目商务合同。两国在能源、电信、工程承包等领域合作稳步推进。厄已成为中国在拉美地区最大的投资对象国之一。

两国在联合国等国际和地区组织中保持良好合作。厄政府在涉台、涉藏问题上坚持一个中国立场。

埃　及

(Egypt)

2009 年是中华人民共和国与阿拉伯埃及共和国建立战略合作关系十周年，两国在政治、经贸、文化、教育、农业、旅游、科技等各领域合作继续全面发展。

两国政治关系密切，高层交往频繁。11 月，国务院总理温家宝对埃及进行正式访问，并出席中非合作论坛第四届部长级会议开幕式，会见埃及总统穆罕默德·胡斯尼·穆巴拉克，与总理艾哈迈德·马哈茂德·穆罕默德·纳齐夫会谈，双方就进一步深化两国战略合作关系，扩大各领域务实合作、加强两国在重大国际和地区问题的协调配合达成广泛共识。访问期间，双方签署了《中华人民共和国政府和阿拉伯埃及共和国政府经济技术合作协定》、《中华人民共和国政府和阿拉伯埃及共和国政府文化合作协定 2009 年至 2012 年执行计划》、《中华人民共和国政府和阿拉伯埃及共和国政府关于海关事务的行政互助与合作协定》、《中华人民共和国中非发展基金与埃及苏伊士西北经济特区总局谅解备忘录》。6 月，中共中央政治局常委、中央纪委书记贺国强访问埃及，会见埃及总统穆巴拉克，与民族民主党总书记穆罕默德·萨福瓦特·谢里夫和副总书记贾马勒·穆巴拉克会谈。10 月，全国人大常委会副委员长、全国妇联主席陈至立赴埃及出席“中非合作论坛—妇女论坛 2009”，其间分别会见埃及总统夫人苏珊·穆巴拉克和人民议会议长艾哈迈德·法塔希·苏鲁尔。同月，全国人大常委会副委员长桑国卫访问埃及，会见埃及民族民主党总书记、协商会议主席谢里夫，与人民议会副议长阿卜杜·阿齐兹·穆斯塔法会谈。4 月，外交部长杨洁篪访问埃及。11 月，杨洁篪外长和商务部长陈德铭出席在埃及沙姆沙伊赫举行的中非合作论坛第四届部长级会议。1 月，中国中东问题特使孙必干访问埃及。6 月，中东问题特使吴思科访问埃及。7 月，中国政府非洲事务特别代表、杨洁篪外长特别代表刘贵今访问埃及。12 月，埃及人民议会副议长扎伊纳卜·拉德旺率团来华出席中国全国人民代表大会与埃及人民议会定期交流机制第三次会议，全国人大常委会委员长吴邦国会见，全国人大常委会副委员长司马义·铁力瓦尔地与拉德旺共同主持会议。

埃及政府坚持一个中国立场，在台湾、西藏、新疆等问题上给予中国政府一贯支持。新疆乌鲁木齐“7·5”事件发生后，埃方理解和支持中国政府为维护社会稳定依法采取的措施。

两国经贸关系发展顺利，中资企业对埃投资不断扩大。11 月温家宝总理访埃期间，与埃及总理纳齐夫共同为苏伊士经贸合作区项目揭牌。2 月，埃及贸易与工业部长拉希德·穆罕默德·拉希德访华。9 月，埃及投资部长马哈茂德·穆希丁访华，并出席“2009 年大连夏季达沃斯年会”。

两国文化交流与合作内容丰富。8 月，埃及文化部长法鲁克·侯斯尼访华。11 月，双方签署两国文化合作协定 2009～2012 年执行计划。

两国继续保持军事交往。5 月，埃及武装部队总司令、国防和军工生产部长穆罕默德·侯赛因·坦塔维元帅访华。

中国赴埃及游客数量增长较快。据埃方统计，2009 年中国大陆地区（含港、澳）赴埃及旅游人数达 9 万人。

赤道几内亚
（Equatorial Guinea）

2009 年，中华人民共和国与赤道几内亚共和国友好合作关系继续稳步健康发展。

两国人员交往密切，政治互信进一步增强。3 月，外交部部长助理翟隽对赤几进行工作访问，与赤几总统特奥多罗·奥比昂·恩圭马·姆巴索戈，外交、国际合作和法语国家事务部长帕斯托尔·米恰·翁多·比莱分别会见、会谈。同月，赤几外长米恰来华，商务部副部长傅自应、外交部部长助理翟隽分别会见。8 月，中国军事代表团访问赤几。两国在国际事务中继续保持密切合作，赤几政府坚定奉行一个中国政策。

两国经贸等领域的合作进展顺利。中非合作论坛北京峰会成果继续得到积极落实。中国援赤几抗疟中心已设立，农村小学已开工，中国农业专家已抵达赤几，中方继续为赤几提供了各类人员的培训。两国经贸合作特殊安排框架协议稳步实施。3 月和 8 月，赤几财政和预算部部长埃斯塔尼斯劳·唐·马拉沃，矿业、工业和能源部长马塞利诺·奥沃诺·埃杜一起率团来华，与中国进出口银行商谈有关中方贷款事宜。11 月，赤几外长米恰率团出席中非合作论坛第四届部长级会议。

厄立特里亚
（Eritrea）

2009 年，中华人民共和国与厄立特里亚国友好合作关系继续健康稳定发展。

两国保持友好交往，政治互信进一步增强。5月5~6日，中共中央对外联络部部长王家瑞访问厄立特里亚，中厄双方主要就双边关系、两党关系、经贸合作、中国外交政策等问题深入交换了意见。11月30日至12月6日，厄立特里亚人民民主和正义阵线中央经济部长哈格斯·格布雷希维特访华，与商务部、中国进出口银行就两国经贸合作事宜进行商谈。

两国经贸、农业、文教领域的合作稳步推进。由中方提供优惠贷款的厄立特里亚全国电信网一期和集装箱检测设备项目分别于5月投入使用或启动。中国农业部与厄立特里亚农业部10月签署关于农业开发合作的议定书。新疆维吾尔自治区、广西壮族自治区分别派工作组到厄立特里亚实地考察开展具体农业合作项目的可行性。中方三名高级农业技术专家8月抵达厄立特里亚开展工作。中方第二批20名青年志愿者10月抵达厄立特里亚开展志愿服务工作。厄立特里亚高教委首次组团于3月23~30日访华。厄立特里亚体育委员会主任拉马丹少将、卫生部长阿明娜·努尔侯赛因7月分别访华。

爱沙尼亚

(Estonia)

2009年，中华人民共和国与爱沙尼亚共和国关系发展顺利，各领域合作深入发展。

两国高层保持交往。11月2~3日，国务院副总理张德江访问爱沙尼亚，与爱总理安德鲁斯·安西普举行会谈，会见总统托马斯·亨德里克·伊尔维斯，双方就双边关系和共同关心的国际和地区问题深入交换意见，达成广泛共识。张德江副总理还出席了中爱经贸合作论坛开幕式，并简短致辞。随访的中国企业家与爱企业家就开展经贸合作广泛接触。访问期间，外交部副部长张志军与爱外长帕依特举行对口会谈。

两国议会和政党交流进一步深化。4月，中共中央对外联络部副部长陈凤翔率中共友好代表团访爱，与爱主要政党领导人会谈。11月，全国人大农业与农村工作委员会副主任委员孙文盛率团访爱。12月，爱议会外交政策委员会主席斯文·米科萨率团访华，全国人大常委会副委员长严隽琪会见。

两国在经贸、交通、文化等领域合作续有发展。中爱港口集装箱合作项目进展顺利，中央电视台俄语频道在爱成功落地。中国与爱多次就竞选联合国组织成员相互支持。上海市政协副主席、上海世博会组委会副主席周汉民，北京市政协副主席阳安江等访爱。

埃塞俄比亚

(Ethiopia)

2009 年，中华人民共和国与埃塞俄比亚联邦民主共和国全面合作伙伴关系继续深入发展，各领域合作不断加强。

两国高层交往密切，政治互信不断加深。11 月 7 日，国务院总理温家宝在埃及沙姆沙伊赫出席中非合作论坛第四届部长级会议期间，会见埃塞俄比亚总理梅莱斯·泽纳维。双方就双边关系、务实合作和气候变化等问题交换了意见。12 月 9 日，温家宝总理在北京与梅莱斯总理就气候变化问题通电话。12 月 17 日，温家宝总理在出席哥本哈根气候变化会议期间与梅莱斯总理等发展中国家领导人举行午餐会。4 月 5～10 日，全国人大常委会副委员长乌云齐木格率团出席在埃塞俄比亚召开的各国议会联盟第 120 次大会。4 月 26～29 日，全国政协副主席、中非友好协会会长阿不来提·阿不都热西提访问埃塞俄比亚。

两国政党、政府部门交往保持良好势头。交通运输部副部长冯正霖、国家民族事务委员会副主任丹珠昂奔、河北省副省长张和、中国进出口银行行长李若谷分别访问埃塞俄比亚。9 月 26 日至 10 月 1 日，埃塞俄比亚革命民主阵线（埃革阵）全国执委、党总部负责人穆克塔尔·凯迪尔率领埃革阵代表团访华。

双边经贸合作迅速发展，双边贸易额以及中国在埃塞俄比亚的工程承包和投资额均不断攀升。5 月 10～14 日，埃塞俄比亚财经发展部长苏菲安·艾哈迈德访华。中埃工程、信贷一揽子合作稳步推进，中非合作论坛北京峰会成果在埃塞俄比亚落实工作进展顺利。埃塞俄比亚成为中非发展基金投资项目最多、投资金额最大、项目实施最快的国家。

两国其他领域交流与合作持续发展。2 月和 9 月，国家文物局局长与埃塞俄比亚文化遗产研究与保护总局局长实现互访，签署关于保护文化遗产的谅解备忘录。中国在埃塞俄比亚首家孔子学院准备工作已经启动。中埃职业教育合作成效显著，截至 2009 年底，共有 22 名中国教师在埃从事职业教育。中国第三批 10 名青年志愿者 7 月抵达埃塞俄比亚开展志愿服务工作。

斐 济

(Fiji)

2009年，中华人民共和国与斐济群岛共和国友好合作关系进一步发展。

两国保持高层交往。2月，国家副主席习近平在出访拉美途中过境斐济，分别会见斐济总统约瑟法·伊洛伊洛·乌鲁伊温达和临时政府总理乔萨亚·姆拜尼马拉马，就中斐双边关系等问题交换意见。此外，商务部副部长姜增伟，全国人大华侨委员会副主任委员于均波，文化部部长助理丁伟，广东省委常委、省委统战部部长，省海外联谊会会长周镇宏，中国记者协会代表团等分别访问斐济。6月，斐济警察总监艾萨拉·泰莱尼访华。9月，斐济初级产业部长约凯塔尼·索卡纳辛加出席农业部在江苏省无锡市举办的首次“中国—太平洋岛国农业合作论坛”。

两国经贸、人文等领域交流与合作不断加强。中国援建的纳务索桥竣工并移交通车，利用中方优惠贷款建设的电子政务网等项目稳步推进。8月，重庆杂技艺术团赴斐济访演。中国女企业家协会代表团和广东省教育代表团分别于8月和11月访问斐济。11月，公安部消防局与斐济国家消防局签署了消防合作谅解备忘录。

1月斐济发生暴雨水灾后，国务院总理温家宝向斐济总理姆拜尼马拉马致电慰问。12月斐济遭遇飓风袭击后，外交部长杨洁篪向斐济外长昆布安博拉致电慰问。中国红十字会两次分别向斐济提供3万美元人道主义援助。

芬 兰

(Finland)

2009年，中华人民共和国与芬兰共和国的友好合作关系得到进一步提升和发展。

高层交往密切，政治互信增强。6月25～27日，国务院副总理李克强对芬兰进行正式访问，分别与芬兰总统塔里娅·哈洛宁、总理马蒂·万哈宁会见、会谈，并与万哈宁总理共同出席了《中华人民共和国商务部与芬兰就业与经济部关于进一步推动中芬高技术领域合作的谅解备忘录》、《中华人民共和国商务部与芬兰就业与经济部关于生态园区合作的谅解备忘录》及总价值10亿美元的三项商业合同的签字仪式。9月6～10日，全国人大常委会副委员长华建敏访问芬兰，分别与芬兰议长绍利·尼尼斯托、万哈宁总理会谈、会见。5月19～21日，中央军委副主席郭伯雄上将访芬，分别与哈洛宁总统、芬兰国防部长于里· 海凯梅斯会见、会谈。4月18～22日，万哈宁总理正式访华并出席博鳌亚洲论坛年会。国家主席胡锦涛、国务院总理温家宝分别会见、会谈，回良玉副总理会见并宴请。双方就中芬双边关系、经贸合作、共同应对国际金融危机等议题广泛交换了意见。11月2～3日，芬兰外交部长亚历山大·斯图布访华，国家副主席习近平、外交部长杨洁篪分别与其会见、会谈。

经贸合作快速发展。7月9～10日，作为两国领导人互访的后续行动之一，商务部副部长高虎城率两国建交以来最大规模贸易投资促进团访芬，会见芬兰代总理兼外贸与发展部长帕沃·韦于吕宁，双方签署了总金额超过21亿美元的合作项目。中国继续保持芬在亚洲地区最大贸易伙伴地位。

文化、司法、教育、军事等领域务实合作取得积极进展。1月，中国木偶剧院、少林功夫表演团、北京二中舞蹈团赴芬参加“第三届中国春节庙会”活动，吸引逾三万当地民众观看。10月26～30日，芬兰司法部长图伊亚·布拉克斯访华，与司法部长吴爱英会谈并签署了《中华人民共和国司法部和芬兰共和国司法部合作与交流谅解备忘录2010～2012年执行计划》。11月10～14日，芬兰教育与科学部长汉娜·维拉库宁访华，与教育部长袁贵仁会谈并签署了《中华人民共和国教育部和芬兰共和国教育部关于建立战略对话机制的谅解备忘录》。此外，司法部副部长赵大程、国家质检总局副局长刘平均、新华社副社长崔济哲、中央军委委员、海军司令吴胜利等亦分别率团访芬或过境。芬内政部常秘莉特娃·维利亚宁、就业与经济部国秘莉娜·奈瓦麦基访华。

地方交往活跃。北京市副市长苟仲文、长春市委书记高广滨、河北省副省长孙瑞彬、武汉市政协主席叶金生等分别访芬。

9月10日，中国新任驻芬大使黄兴向哈洛宁总统递交国书。9月4日，芬兰新任驻华大使岚涛向胡锦涛主席递交国书。

法　国

(France)

2009年是中华人民共和国与法兰西共和国建交45周年。两国关系克服2008年因涉藏问题而产生的困难，不断改善发展。为庆祝两国建交45周年，1月26~29日，中国人民外交学会会长杨文昌率团访法。2月8~15日，法国前总理拉法兰率法国青年政治家代表团访华，国务院总理温家宝予以会见。经双方共同努力，4月1日，两国外交部发表联合新闻公报，法方表示拒绝支持任何形式的“西藏独立”。此后，中法关系呈现改善发展的良好势头。

两国高层交往频繁。4月1日和9月21日，国家主席胡锦涛和法国总统萨科齐分别在伦敦二十国集团金融峰会和纽约联大系列峰会期间举行双边会晤，就进一步加强和发展中法关系达成重要共识，推动中法关系回到健康稳定发展轨道。4月19~26日，法国国民议会议长阿夸耶访华，胡锦涛主席、全国人大常委会委员长吴邦国分别会见、会谈。4月28日至5月1日，法国前总统希拉克访华，胡锦涛主席、国务委员戴秉国分别会见。10月20~22日，国务委员戴秉国访问法国，分别会见法国总统萨科齐、总理菲永和外长库什内。12月20~22日，法国总理菲永正式访问中国。

双方就重大国际、地区问题保持密切沟通与协调。两国多次就全球治理改革、应对国际金融危机、气候变化、伊朗核、朝核、阿富汗等全球性重大问题和国际地区热点问题进行沟通和磋商。9月1~3日，法国总统外事顾问雷维特来华磋商，国务院副总理王岐山、国务委员戴秉国、外交部长杨洁篪分别会见、会谈。11月6~9日，法国总统朝鲜问题特使雅克·朗访华，国务委员戴秉国、外交部副部长张志军、武大伟分别会见。11月26日，国务院副总理李克强、外交部副部长张志军分别会见来华访问的法国国务部长兼生态、能源部长、总统气候问题特使博尔洛。

双边经贸合作深入发展。法国是中国在欧盟内第二大商品进口国、技术引进来源国和第四大贸易伙伴、投资国。10月28日，李克强副总理会见来华访问的法国经济、工业和就业部长拉嘉德。11月26~27日，商务部长陈德铭率贸易投资促进团访问法国。200多家企业参团，双方签署涉及核电、交通、电信、金融服务、电子商务、品牌合作等领域的多项合作协议。12月，法国总理菲永访华期间，中法共签署12项合作文件，涉及文化、科技、水利、教育、金融、核电、航空等领域。受国际金融危机影响，中法贸易在2009年出现下滑。

两国议会、政党和地方交流活跃。4月，法国国民议会议长阿夸耶访华，这是法国国民议会议长27年来首次访华，双方签署《中国全国人大与法国国民议会关于建立定期交流机制的备忘录》，对进一步促进中法议会交流与合作具有重要意义。10月，法国执政党人民运动联盟总书记格扎维埃·贝特朗访华，中共中央政治局常委、全国政协主席贾庆林，中共中央对外联络部部长王家瑞分别会见，双方签署《中国共产党与法国人民运动联盟交流与合作谅解备忘录》。11月，全国人大外事委员会主任委员李肇星率青年友好代表团访法。12月，西藏自治区人大常委会主任列确率团访法。

截至2009年底，两国间已有友好城市和省区65对。

法国总理菲永访华

应国务院总理温家宝邀请，法国总理菲永于2009年12月20～22日对中国进行正式访问。胡锦涛主席、吴邦国委员长分别会见。温家宝总理与菲永举行了会谈，并共同出席了中法两国在科技、信息、水利、文化、财政、核能、航空等领域合作文件的签字仪式。李克强副总理简短会见，并共同出席中法广东台山核电项目开工庆祝仪式。

在会见中，胡锦涛主席积极评价菲永总理此访取得的成果，并就中法关系、两国务实合作、当前重大国际热点问题等同菲永总理深入交换了意见。

胡锦涛主席说，中法建交45周年来，两国关系经历了国际风云变幻的考验，克服种种困难，不断向前发展。今年以来，两国元首在多边场合两次会晤，就进一步加强和发展中法关系达成重要共识，推动中法关系回到健康稳定发展轨道。胡锦涛主席表示，中法都是联合国安理会常任理事国，双方在许多重大国际和地区问题上有着相同或相似的看法，在国际事务中有着广泛的共同利益并肩负重要责任。双方应本着相互尊重、平等互利、合作共赢的精神，通过对话协商，妥善处理两国关系中的敏感问题，进一步增进政治互信，扩大务实合作，共同把中法全面战略伙伴关系推上更高水平。

菲永总理表示，两国元首的成功会晤为法中关系注入新的活力。法中关系是与众不同的伙伴关系，双方合作具有长远和战略意义。双方在核能、经贸、科技、教育、文化等领域合作前景广阔。希望双方共同努力，落实二十国集团匹兹堡峰会成果，致力于构建公正合理的国际经济治理机制，推动建立新型大国关系，解决当今世界面临的一系列重大挑战。

两国总理在会谈中一致同意，在相互尊重、平等相待的基础上，继续推进中法全面战略伙伴关系。

温家宝总理说，中法都是有重要影响的大国。双方要切实照顾彼此的核心利益和重大关切，加强政治互信，使两国关系朝着正确方向健康稳定向前发展。

温家宝总理表示，中方愿与法方加强各级别交往，加强战略对话与协调，推动世界多极化和可持续发展，共同为建立公正、合理的国际政治、经济新秩序作出不懈努力。温家宝总理建议，以应对国际金融危机、气候变化、能源安全等全球性挑战为契机，创新思路，深化合作，把两国经贸关系提升到新水平。一是坚持开放、共赢的原则，反对贸易保护主义，采取有效措施，促进双边贸易尽快恢复增长；二是推进核能、航空、交通运输等领域重大项目合作；三是把节能环保、新能源、绿色经济培育为新的增长点；四是扩大相互投资，支持中小企业的交流合作，使双边经贸关系更加富有活力。中方还愿同法方加强文化交流和人员往来，扩大两国友好的民意基础。

菲永总理赞同温家宝总理对双边关系的评价和关于发展两国关系的建议，表示两国人民之间的友谊源远流长。45 年前，戴高乐将军作出承认新中国的富有远见的决定；45 年来，两国关系取得长足发展，各领域合作不断增强，法国人民同中国人民的友谊日益深厚。在新形势下，两国政府应该在相互尊重、平等相待基础上，继续努力推动核能、航空、交通运输、文化等各领域合作取得新进展。

加　蓬

(Gabon)

2009 年，中华人民共和国与加蓬共和国友好合作关系继续稳步发展，各领域交流与合作进一步加强。

两国高层交往密切，政治互信不断加深。4 月，国家主席胡锦涛与加蓬总统奥马尔·邦戈·翁丁巴互致贺电庆祝中加建交 35 周年。双方一致表示，将共同努力推动两国友好合作关系不断深入发展。11 月 8 日，加蓬国民议会议长居伊·恩祖巴·恩达马赴埃及沙姆沙伊赫出席中非合作论坛第四届部长级会议开幕式，国务院总理温家宝会见，双方就深化两国合作以及中非关系等深入交换了意见，达成广泛共识。

6 月 11 日，国家主席胡锦涛、全国人大常委会委员长吴邦国分别致电加蓬代总统、参议长罗丝·芙朗辛·罗贡贝和加国民议会议长恩达马，对奥马尔·邦戈·翁丁巴总统去世表示慰问。6 月 12 日，国家副主席习近平前往加蓬驻华使馆吊唁。6 月 16 日，胡锦涛主席特使、国务院副总理张德江赴加出席邦戈总统葬礼。

两国经贸合作成果丰硕。7 月，中国援加两所小学校建成移交。9 月，两国签署中国援建四万人座体育场施工合同。11 月，两国签署《关于中华人民共和国政府向加蓬共和国政府提供优惠贷款的协定》，中方将帮助加方建设利伯维尔城市雨水排放系统。利用中方优惠出口买方信贷和优惠贷款建设的布巴拉水电站项目进展顺利。

两国军事、文化等领域的交流与合作进一步深化。6 月 21 ~ 27 日，“和平天使—2009” 中国与加蓬人道主义医疗救援联合行动军事演习在加蓬奥果韦·伊温多省举行，两国参演部队进行了模拟矿难救援等演习，并为当地民众提供免费医疗服务。5 月，中国武术代表团第三次应邀参加加蓬“武术之夜”活动。

格鲁吉亚

(Georgia)

2009 年，中华人民共和国与格鲁吉亚的友好合作关系平稳发展。

格坚持奉行一个中国政策，在涉台、涉藏、涉疆、打击“东突”等重大问题上支持中方立场。9 月，外交部长瓦沙泽就河南平顶山矿难向杨洁篪外长致慰问信。11 月，格外交部发表声明，对中国黑龙江鹤岗市矿难表示慰问。3 月 27 日，格新任驻华大使卡罗·西哈鲁利泽向中国国家主席胡锦涛递交国书。12 月，中格外交部司局级对口磋商在第比利斯举行。

两国在联合国等国际组织中保持良好沟通和协调。格支持中国竞选连任人权理事会成员国和国际海事组织 A 类理事国。

受国际金融危机影响，双边贸易额有所下降，但双方在能源、资源开采、木材加工、农业、交通设备、通信等领域的合作稳步推进。2008 ~ 2009 年，中国对格提供无偿援助共计 4000 万元人民币，其中 3000 万元用于实施火车检测系统项目。

两国文化领域保持良好交流。9 月、12 月，中方在格分别举办“中国瓷器和青铜器展”、“中国万花筒——现代生活面面观”图片展等，受到热烈欢迎。

德　国

(Germany)

2009 年，中华人民共和国与德意志联邦共和国关系发展良好。双方高层继续保持密切接触与沟通，在议会、政党、科教、文化、法律、军事等领域交流与合作不断深化。

两国高层交往频繁。3 月 12 日，国家主席胡锦涛就德国校园枪击案造成多人伤亡事件向德国总统克勒致电慰问。5 月 25 日，胡锦涛主席致电克勒总统，祝贺其再次当选连任。7 月 8 日，克勒总统致函胡锦涛主席，感谢胡锦涛主席就其连任发去贺电。10 月 25 日，胡锦涛主席在二十国集团匹兹堡峰会期间与德国总理安格拉·默克尔简短会见，双方就气候变化和哥本哈根气候变化会议交换了意见。10 月 28 日，全国人大常委会委员长吴邦国向德国联邦议院议长诺贝特·拉默特致贺电，祝贺其连任。1 月 28 ~29 日，国务院总理温家宝对德国进行正式访问。访问期间，温家宝总理与默克尔总理举行会谈，分别会见克勒总统、副总理兼外交部长弗兰克—瓦尔特·施泰因迈尔，两国总理发表关于《中德共同努力稳定世界经济形势的联合声明》并共同出席第五届中德经济技术合作论坛，温家宝总理在论坛上作题为“增强信心、深化合作、共克时艰”的演讲。6 月 25 日和 12 月 8 日，温家宝总理应约两次与默克尔总理通话，双方就朝核、“购买中国货”、气候变化问题、双边关系和哥本哈根气候变化会议交换了看法。10 月 28 日，温家宝总理向默克尔总理致贺电，祝贺其连任。12 月 17 日，温家宝总理在丹麦哥本哈根会见默克尔总理，双方就哥本哈根气候变化会议和气候变化问题交换意见。10 月 10 ~14 日，国家副主席习近平正式访问德国。访问期间，习近平副主席与默克尔总理举行会谈，分别会见克勒总统、自民党主席古多·韦斯特维勒及联邦经济和技术部部长卡尔—特奥尔多·楚·古滕贝格，并出席以中国为主宾国的第 61 届法兰克福书展开幕式。3 月 24 日，国务委员兼国务院秘书长、国家行政学院院长马凯会见德国驻华大使施明贤和德国应急管理代表团。5 月 17 ~19 日，中共中央政治局委员、中央军委副主席郭伯雄上将访德。

两国外交部保持密切沟通。3 月，外交部副部长宋涛在莫斯科出席上海合作组织阿富汗问题特别国际会议期间会见德国阿富汗与巴基斯坦事务特使贝尔德·明策博格。4 月，外交部副部长李辉会见德国外交部亚洲事务专员布罗迈尔—巴尔滕施泰因。6 月，外交部副部长李辉与德国外交部国务秘书赖因哈德·西尔伯贝格在北京共同主持中德第三轮战略对话。应外交部长杨洁篪邀请，德国 10 名青年外交官代表团于中德第三轮战略对话期间访华。中德刑事司法协助条约第三轮谈判在北京举行。10 月，杨洁篪部长向德国新任外交部长韦斯特维勒致贺电。11 月，德国外交部新任国务部长科内莉亚·皮珀尔访华，与外交部副部长张志军举行会谈，并分别拜会科技部部长万钢、教育部副部长郝平、文化部副部长赵少华。12 月，杨洁篪外长与德国副总理兼外长韦斯特维勒通话，就双边关系和气候变化问题交换意见。外交部副部长张志军赴德国政治磋商，与德国外交部国务部长维尔纳·霍伊尔举行会谈，并分别会见德国副总理兼外长韦斯特维勒，外交部国务部长皮珀尔、国务秘书沃尔夫—鲁特哈特·伯尔恩，联盟党议会党团主席福尔克·考德尔，社民党主席西格玛·加布里尔。

受国际金融危机负面影响，中德贸易额同比有所下滑。2 月，商务部长陈德铭率中国贸易投资促进团访问德国，双方签署采购合同或合作意向总金额达 100 多亿美元。12 月，德国联邦经济与技术部长莱纳·布吕德勒访华，国务院副总理王岐山、商务部长陈德铭分别与其会见、会谈。

两国议会和政党交流频繁。2 月，全国人大外事委员会副主任委员、中德友好小组主席马文普、中联部副部长张志军分别率团访德。4 月，中联部副部长张志军应社会党国际和德国社民党邀请出席在柏林召开的社会党国际裁军委员会会议。德国联邦议院联盟党议会党团主席福尔克·考德尔、德国联邦议员、青年联盟主席菲利普·米斯菲尔德分别访华。6 月，德国联邦议院人权与人道援助委员会主席赫尔塔·多伊布勒—格梅林访华。11 月，全国政协副主席、中国国际交流协会副会长王志珍率团访德。

两国科教、文化、法律、军事等领域的合作发展顺利。3 月，“中德科教年”开幕式在德国柏林自由大学举行，科技部长万钢、教育部副部长陈小娅、德国联邦教育与研究部部长安内特·沙万等出席。中国藏学研究中心宗教所所长郑堆率藏学家代表团访问德国。第八届中德安全对话研讨会召开。4 月，德国国际文化交流基金会主席冈特·铁驰访华。故宫博物院与德国德累斯顿国家博物馆共同举办的“白鹰之光——萨克森—波兰（1670－1763）宫廷文物精品展”开幕。第九届中德法治国家对话在深圳举行，国务院法制办公室主任曹康泰和德国司法部长布里吉特·居普里斯分别率本国代表团与会。5 月，德国政府资助的四川省广元市南鹰小学教学楼封顶仪式及德经济界援建的广元八一小学奠基仪式在广元市利州区举行。6 月，科技部长万钢、司法部副部长赵大程访问德国。德国联邦教育与研究部部长沙万、联邦环境、自然保护和核安全部部长西格玛·加布里尔率团访华。8 月，中央军委委员、海军司令员吴胜利上将访问德国。9 月，中国人民解放军副总参谋长马晓天上将率团赴慕尼黑进行中德第四轮防务战略磋商。10 月，中国作家协会主席铁凝率中国作家代表团出席第 61 届法兰克福书展中国主宾国相关活动。德国北威州州长于尔根·吕特格斯访华，国务院副总理张德江、科技部长万钢分别会见。11 月，科技部副部长杜占元访德。

截至 2009 年底，两国已建立 61 对友好省州（市）关系。

加　纳

(Ghana)

2009 年，中华人民共和国与加纳共和国关系继续顺利发展。

两国各层次人员交往密切，政治互信不断加强。1 月 3 日，国家主席胡锦涛致电祝贺加纳总统约翰·埃文斯·阿塔·米尔斯当选。11 月 8 日，国务院总理温家宝出席中非合作论坛第四届部长级会议开幕式期间在埃及沙姆沙伊赫与加纳副总统约翰·德拉马尼·马哈马举行会谈，双方就双边关系和共同关心的问题交换了意见。5 月，中共中央对外联络部部长王家瑞访问加纳，与加纳全国民主大会党副主席哈吉·胡杜·亚哈亚举行会谈，并会见加纳代总统马哈马。5 月，加纳道路部长乔·吉迪苏访华。8 月和 9 月，加纳第二副议长迈克·艾伦·欧奎耶先后赴长春和南京出席亚太总裁与省市长国际合作大会和全球外包会议。9 月，加纳贸易与工业部长汉娜·特塔赫来华出席 2009 年夏季达沃斯论坛。

两国经贸合作进展顺利。中非合作论坛北京峰会成果在加纳得到积极落实，中方援建的三所农村小学相继完工并顺利交接，抗疟中心正式挂牌，10 名志愿者和三名农业技术专家也已陆续抵加纳工作，第三批抗疟药品已交付加方使用。中方公司承建的加纳布维水电站已成功完成截流。中非发展基金与深圳能源集团共同投资的深能安所固（加纳）电厂一期工程已基本完工。

希　腊

(Greece)

2009 年，中华人民共和国与希腊共和国双边关系继续稳定发展，各领域互利合作成果丰富。

双方高层交往频繁，政治互信牢固。6 月，中共中央政治局常委、中央纪委书记贺国强过境希腊，分别会见希总统卡洛罗斯·帕普利亚斯、总理科斯塔斯·卡拉曼利斯，并出席雅典新卫城博物馆开馆仪式。两国领导人一致认为，双方应密切配合，深化合作，共促发展，推动中希全面战略伙伴关系迈上新台阶。4 月，全国人大常委会副委员长乌云其木格率团访希，会见希议长迪米特里斯·修法斯，与副议长乔治·苏尔拉斯举行会谈，双方就双边关系，两国议会交往及其他共同关心的国际和地区问题交换了看法。

两国外交部交流密切。2 月，外交部部长助理吴红波赴希磋商，与希副外长塞奥德罗斯·卡西米斯会谈，就双边关系及共同关心的国际和地区问题深入交换了意见。

两国务实合作保持良好势头。6 月，中希经贸混委会第 10 次会议在雅典召开。10 月，中远集团正式接管比雷埃夫斯港口集装箱码头。

两国社会、文化、教育、军事领域交流与合作持续发展。人力资源与社会保障部长尹蔚民访问希腊。首所孔子学院在雅典成功挂牌，中国国际广播电台开通希腊语网站。希腊陆军总参谋长弗拉戈库利斯·弗拉戈科斯中将访华。

格林纳达

(Grenada)

2009 年，中华人民共和国与格林纳达友好合作关系继续向前发展。两国政治、经贸、人文等领域的交流与合作不断深化，在国际事务中相互支持、密切配合。

两国高层交往不断。6 月，格林纳达总理蒂尔曼·托马斯对华进行正式访问。全国人大常委会委员长吴邦国会见，国务院总理温家宝与托举行会谈。12 月，在哥本哈根召开的《联合国气候变化框架公约》第 15 次缔约方会议暨《京都议定书》第五次缔约方会议期间，温家宝总理与托马斯总理及有关国家领导人集体会见并共进午餐。3 月，中共中央对外联络部部长王家瑞率中国共产党代表团访问格林纳达，会见了格总督卡莱尔·格林、总理兼民族民主大会党领袖托马斯和参议长琼·珀塞尔，与格外交和旅游部长、民族民主大会党总书记彼得·戴维举行会谈。

两国经济技术合作进展顺利。第二期中国援助格林纳达农业技术合作项目完成，第三期农业技术合作项目也已开始。10 月，该项目向格政府捐赠一批小型农机设备。中国援格医疗合作项目进展顺利。12 月，广东省农业代表团访问格林纳达。

艺术、教育等人文领域交流活跃。3 月，格中人民友好协会在格首都圣乔治成立。9 月，广东省艺术团访格，反响良好。

几内亚

(Guinea)

2009年是中华人民共和国与几内亚共和国建交50周年，两国传统友好合作关系续有发展，各领域合作稳步推进。

9月，外交部长杨洁篪与几内亚外交和侨务部长洛瓦互致贺电庆祝中几建交50周年。

中非合作论坛北京峰会成果得到积极落实。中方援建三所农村小学于1月竣工，援几抗疟疾中心于10月挂牌成立，援建医院项目进展顺利。

两国在文化领域保持友好交往。5月，几内亚国家歌舞团来华访问演出。10月，中国艺术团赴几访问演出。

几内亚比绍

(Guinea-Bissau)

2009年，中华人民共和国与几内亚比绍共和国友好合作关系发展顺利。

两国政治关系顺利发展。8月3日，国家主席胡锦涛致电几比总统马拉姆巴卡伊·萨尼亚，祝贺其当选几比总统。

3月6日，全国人大常委会副委员长陈昌智前往几比驻华使馆，代表中国政府吊唁不幸遇害身亡的几比总统若奥·贝尔纳多·维埃拉。

9月20~21日，外交部部长助理翟隽对几比进行工作访问，分别会见了几比总统萨尼亚、全国人民议会代议长、第一副议长曼努埃尔·塞里夫·纳马多，与代外长、国防部长阿图尔·席尔瓦举行会谈。几比领导人高度评价两国关系，重申将坚定奉行一个中国政策，感谢中国长期以来给予几比的援助，希望加强双方在基础设施建设、农业和卫生等领域的合作。双方签署了《中华人民共和国政府和几内亚比绍共和国政府经济技术合作协定》等合作文件。

11月，几比新任外长阿德利诺·马诺·克塔率几比政府代表团出席了在埃及沙姆沙伊赫举行的中非合作论坛第四届部长级会议。

两国在经贸、农业和卫生等领域合作进展顺利。5月，中国驻几内亚比绍大使严邦华和几比外交、国际合作和侨务部长阿迪娅图·贾洛·南迪格纳（女）分别代表各自政府签署了《中华人民共和国政府和几内亚比绍共和国政府贸易、经济和技术合作协定》。4 月，中国援建的几比农村学校正式移交。5 月和 9 月，中国政府向几比政府提供两笔紧急粮食援助，帮助几比抗击蝗灾等疫情。7 月，中国政府向几比提供两批抗疟疾药品。8 月，中国派遣的三名高级农业技术专家抵达几比开始工作。

圭亚那
(Guyana)

2009 年，中华人民共和国与圭亚那合作共和国友好合作关系顺利发展。两国在政治、经贸、投资、教育、医疗、军事等领域合作取得积极进展，在国际和地区事务中保持协调与配合。

两国继续保持多层次交往。11 月，圭亚那农业部长罗伯特·帕索德访华。8 月和 11 月，重庆市市长王鸿举和国防部外办副主任关友飞分别访圭。

两国经贸投资合作取得积极进展。中国政府援建的圭亚那斯凯尔顿糖厂项目顺利完工并移交圭方。

两国技术与人力资源合作进展顺利。8 月，第二批中国援圭青年志愿者 14 人抵达圭亚那，在经济、教育、医疗、体育、地矿和农业等领域开展为期一年的志愿服务。2009 年圭共有 18 名学员来华参加各种研修和培训项目。

圭亚那坚持一个中国原则，对中国政府采取妥善措施处理“7·5”事件表示理解和支持。

匈牙利
(Hungary)

2009 年是中华人民共和国与匈牙利共和国建交 60 周年，两国友好合作伙伴关系取得新发展。

两国高层交往频繁。10 月 5 日，国家主席胡锦涛与匈牙利总统寿尤姆·拉斯洛就两国建交 60 周年互致贺电，双方在贺电中高度评价 60 年来两国关系的发展。10 月 15 ~ 18 日，国家副主席习近平对匈牙利进行正式访问。访问期间，习近平副主席同寿尤姆总统会谈，与总理鲍伊瑙伊·戈尔登会见，参观了匈中双语学校，并出席中匈企业家座谈会。双方签署了《中华人民共和国商务部与匈牙利国家发展与经济部关于经济合作的谅解备忘录》、《中华人民共和国文化部和匈牙利共和国教育文化部 2010～2012 年文化合作计划》、《中华人民共和国教育部和匈牙利共和国教育文化部 2010～2012 年教育合作计划》、《中华人民共和国国家质量监督检验检疫总局和匈牙利共和国农业及乡村发展部关于中国从匈牙利进口猪肉的检疫和兽医卫生条件议定书》和《中华人民共和国国家质量监督检验检疫总局和匈牙利共和国农业及乡村发展部关于中国从匈牙利输入雏鸭、雏鹅及种蛋的检疫和卫生要求议定书》。随行企业家与匈方企业签订总额达 16 亿美元的经贸合作协议。7 月 8～9 日，中共中央政治局委员、全国政协副主席、中国经济社会理事会主席王刚赴匈牙利出席经社理事会和类似组织国际协会第 11 次全体会议，并与匈牙利总理鲍伊瑙伊会见。10 月 12 日，全国政协副主席白立忱出席全国对外友协和匈牙利驻华使馆共同举办的庆祝中匈建交 60 周年招待会。5 月 10～14 日，匈牙利前总理麦杰希访华，中共中央政治局委员、中央书记处书记、中央组织部部长李源潮会见。

两国议会、党际交往日益扩大。11 月 3～6 日，全国人大常委会副委员长、中国科学院院长路甬祥赴匈牙利出席第四届世界科学论坛，并会见匈牙利国会副主席曼杜尔·拉斯洛。全国人大法律委员会主任委员胡康生、全国人大常委会法制工作委员会副主任安建、全国人大环境与资源保护委员会副主任委员曹伯纯先后访匈。匈牙利国会监察专员署人权监察专员马德·萨博访华。12 月 2～6 日，中共中央外宣办副主任钱小芊率中共友好代表团访问匈牙利。12 月 1～3 日，匈牙利最大在野党青年民主联盟主席、前总理欧尔班·维克多访华，中共中央政治局常委、国家副主席习近平、中共中央对外联络部部长王家瑞及外交部、商务部、铁道部、财政部领导分别会见。此访标志着中共与匈牙利青民盟正式建立党际关系。

两国外交部保持密切磋商与对话。7 月 2～5 日，匈牙利外长鲍拉日·拉斯洛访华。国家副主席习近平、外交部长杨洁篪分别会见、会谈。2 月，外交部部长助理吴红波赴匈牙利进行政治磋商。4 月，匈牙利外交部国务秘书法莱尔·耶诺来华与外交部副部长李辉就双边关系及国际问题举行磋商。5 月，匈牙利政府匈中关系专员胡斯蒂·安德拉什作为总理特使访华，李辉副部长会见。

两国经贸合作稳步发展，成果丰硕。3 月，商务部副部长蒋耀平率中国经贸投资促进团访问匈牙利，出席中匈经贸投资论坛暨企业家洽谈会。9 月，中国作为主宾国参加第 113 届布达佩斯国际博览会并举办“中国商品展”，共有 82 家中国名牌企业参展。11 月，匈牙利前总理久尔查尼·费兰茨来华出席第 11 届中国高新技术成果交易会。12 月，中国厦门金龙汽车公司中标匈牙利沃兰长途汽车公司购买 60 辆客车项目，总金额

986.6 万欧元。此外，第 11 届高交会高新技术项目洽谈会、中国（佛山）—匈牙利投资贸易合作交流会先后在匈牙利举行，分别有数百名中匈企业家参加。

两国文化、教育、农业、质检、军事、金融、妇女等领域的交流与合作持续发展。10 月，为庆祝中匈建交 60 周年，文化部在匈举办“中国文化节”，中国教育部在匈牙利举办中匈大学校长论坛暨中国高等教育展览。中纪委副书记张毅、统战部副部长楼志豪、中国侨联副主席董中原、中央文献研究室副主任李捷、全国总工会副主席孙春兰、中央军委委员、总政治部主任李继耐上将、空军政委邓昌永上将、军事科学院院长刘成军中将、国防大学副校长赵刚中将、武警部队副政委李清印中将、广州军区政委张阳中将、国家广电总局副局长赵实、文化部副部长王文章、国家质检总局副局长魏传忠、民政部副部长罗平飞、全国妇联副主席洪天慧、中国银监会副主席蔡鄂生、中国电影管理局副局长毛羽等先后访问匈牙利。匈牙利农业部国务秘书格戈什·佐尔坦和国务秘书希尔蒙·费兰茨、环境和水利部国务秘书欧拉赫·劳约什和国务秘书柯道伊·拉斯洛等先后访华。此外，中方出版了《中匈建交 60 周年》纪念画册，两国邮政部门分别发行建交 60 周年纪念封，两国驻对方使馆分别举行大型庆祝招待会、图片展、电影周等活动。

冰　岛

(Iceland)

2009 年，中华人民共和国与冰岛共和国关系发展顺利。

两国政治关系发展保持良好势头。5 月 12 日，冰岛新政府成立。全国人大常委会委员长吴邦国、国务院总理温家宝、外交部长杨洁篪分别向冰岛议长奥斯塔·约翰尼斯多蒂尔、总理约翰娜·西于尔扎多蒂和外长奥叙尔·斯卡费丁松发贺电。5 月 13～14 日，铁道部长刘志军率团访冰，与冰外交部长斯卡费丁松、交通部长克里斯蒂安·默勒举行会谈。10 月 8～11 日，青海省长宋秀岩率团访冰，与冰工业部长卡特琳·尤利于斯多蒂尔就互利合作交换意见。

两国在经贸、金融和投资等领域合作总体顺利。国际金融危机爆发后，两国中央银行就开展金融合作交换意见，并初步建立交流渠道。

两国在人文及教育等领域的交流与合作持续发展。前全国政协副主席、中国人权研究会会长罗豪才，中国人民对外友好协会副会长李建平等先后率团访冰。

9 月 17 日，中国新任驻冰大使苏格向冰岛总统格里姆松递交了国书。11 月 24 日，冰岛驻上海总领事馆正式开馆。

印 度
(India)

2009 年，中华人民共和国与印度共和国面向和平与繁荣的战略合作伙伴关系保持全面发展的良好势头，各领域友好交流与合作进一步扩大。

两国高层交往密切，政治互信不断加深。6 月 15 日，国家主席胡锦涛在叶卡捷琳堡出席上海合作组织峰会和首次“金砖四国”领导人会晤期间会见印度总理曼莫汉·辛格。10 月 24 日和 12 月 18 日，国务院总理温家宝在出席华欣东亚领导人系列会议和哥本哈根联合国气候变化大会期间两次会见辛格总理。

中国领导人表示，印度是中国的重要邻国，也是快速发展的新兴大国。中印是合作伙伴，不是竞争对手。在当前国际地区形势深刻调整变化的背景下，睦邻友好、互利合作、共同发展，符合两国的根本利益和两国人民的共同愿望，也有利于亚洲乃至世界的和平、稳定与繁荣。印度领导人表示，印中关系不断加深，已超出双边关系范畴，具有重要的全球意义。印度政府将把印中关系置于最优先地位，致力于在过去取得进展的基础上推进双方各领域合作，继续推进两国战略合作伙伴关系。

两国间重要交往有：1 月，印度人民院议员皮洛特率印中议员论坛代表团访华。第三次中印财金对话在印度举行。4 月，国务委员戴秉国在莫斯科出席“金砖四国”安全事务高级代表会议期间会见印度国家安全顾问纳拉亚南。8 月，中印边界问题中方特别代表、国务委员戴秉国赴印度举行中印边界问题特别代表第 13 次会晤，印度总理辛格、国大党主席索尼娅·甘地分别会见。9 月，印度卡纳塔克邦首席部长叶迪约拉帕率团访华。11 月，中共中央委员、四川省委书记刘奇葆率团访问印度。

两国外交部门继续保持密切沟通与协调。1 月，中国政府特使、外交部副部长何亚非访问印度，会见了印度外长慕克吉、国家安全顾问纳拉亚南和计划委员会副主任阿鲁瓦利并与外秘梅农举行会谈。2 月，外交部部长助理胡正跃过境印度，会见印度外交部秘书卡特久。7 月，外交部长杨洁篪在泰国普吉出席东盟地区论坛系列外长会议期间会见印度外长克里希纳。10 月，外交部长杨洁篪在印度班加罗尔出席中俄印三国外长会期间会见印度外长克里希纳。12 月，外交部长杨洁篪与印度外长克里希纳通电话，就中印关系和气候变化问题交换意见。

双边经贸合作总体保持较好发展势头。印度是中国重要的海外工程承包市场，截至 2009 年底，中国在印度累计签订承包工程与劳务合同额 314 亿美元。3 月，商务部副部长钟山率中国政府经贸代表团访问印度。9 月，商务部长陈德铭率团赴印度新德里出席世界贸易组织小型部长会议，会见印度商工部长夏尔马。

防务交流日益密切。4 月，印度海军参谋长梅赫塔率印度海军舰艇赴青岛参加中国海军建军 60 周年庆祝活动。8 月，中国“深圳”号导弹驱逐舰在完成亚丁湾和索马里海域护航任务后，返航途中访问印度科钦港。9 月，印度陆军东部军区司令辛格中将率团访华。12 月，中国人民解放军副总参谋长葛振峰上将和西藏军区司令舒玉泰中将成功访问印度。

合力应对气候变化问题成为两国合作的新亮点。8 月，印度环境和林业国务部长拉梅什访华。10 月，国家发展改革委副主任解振华访问印度，两国签署了《中国政府和印度政府关于应对气候变化合作的协定》，建立应对气候变化伙伴关系。11 月，印度环境和林业国务部长拉梅什应邀来华出席中国、印度、巴西、南非“基础四国”气候变化部长级协调会。12 月，哥本哈根联合国气候大会前，国务院总理温家宝与印度总理辛格就气候变化问题通电话。

两国人文领域的交流与合作不断扩大。3 月，故宫博物院院长郑欣淼访问印度。4 月，文化部副部长赵少华同印度驻华大使拉奥琪签署《中华人民共和国政府和印度共和国政府关于在 2010 年举办“中国节”、“印度节”活动的谅解备忘录》。6 月，印度青年事务和体育部国务部长阿伦·亚达夫率百名青年代表团访华。11 月，共青团中央书记处书记、中华全国青年联合会副主席贺军科率百名青年代表团访问印度。12 月，文化部与印度文化关系委员会签署《中华人民共和国政府和印度共和国政府就 2010 年互办“中国节”、“印度节”的实施协议》。

两国在重大国际和地区事务中有着广泛的共识，保持良好的合作。在中印俄三方合作、“金砖四国”、八国集团与发展中国家领导人对话会、二十国集团峰会、亚欧会议、多哈回合谈判中，两国保持密切沟通与配合，就国际金融危机、气候变化、能源和粮食安全等重大问题协调立场，共同维护发展中国家的合法权益。

印度尼西亚

(Indonesia)

2009 年，中华人民共和国与印度尼西亚共和国战略伙伴关系发展顺利。两国各领域务实合作不断扩大，在国际和地区事务中进行了良好的协调和配合。

两国高层交往频繁。7 月，印尼外长哈桑访华，李克强副总理会见，杨洁篪外长与哈桑举行会谈并签署了《中华人民共和国和印度尼西亚共和国引渡条约》。11 月，中共中央政治局委员、北京市委书记刘淇访问印尼，会见了印尼总统苏希洛·班邦·尤多约诺、国会议长马尔祖基·阿里。12 月，印尼人协主席陶菲克访华，全国人大常委会委员长吴邦国和全国政协主席贾庆林分别会见。

两国经贸合作成效显著。受国际金融危机影响，双边贸易额上半年下滑较快，之后迅速恢复增长。2009 年 3 月，两国央行签署总金额达 1000 亿元人民币的双边货币互换协议。6 月，由中国政府提供优买贷款、中国路桥和中国港湾建设公司联营体承建的印尼泗水—马都拉大桥正式建成通车，印尼总统苏希洛出席了通车仪式。中国企业中标建设的多个印尼燃煤电站项目，进展良好。

两国在司法、军事、海上合作等领域的交流更趋活跃。6 月，最高人民检察院副总检察长王振川应邀访问印尼。10 月，印尼国防部秘书长沙夫里中将访华，与副总参谋长马晓天空军上将共同主持第三届中印尼国防部防务安全磋商。12 月，两国举行了海上合作技术委员会第四次会议。

伊　朗
(Iran)

2009 年，中华人民共和国与伊朗伊斯兰共和国在政治、经济、文化等各领域友好合作关系稳步发展。

两国领导人频繁接触。6 月 16 日，国家主席胡锦涛在上海合作组织叶卡捷琳堡峰会期间会见伊朗总统马哈茂德·艾哈迈迪－内贾德。胡锦涛主席积极评价中伊双边关系现状，并提出了进一步加强两国各领域互利合作的四点建议：一是保持高层接触，增进相互了解，扩大双方共识。二是继续推进经贸合作。三是就应对国际金融危机保持沟通，维护发展中国家共同利益。四是扩大人文领域交流，弘扬两国在长期交往中结下的深厚友谊。艾哈迈迪内贾德总统完全同意胡锦涛主席的建议，表示伊中两国有着广泛共同利益，双边合作空间巨大。伊中关系发展不仅有利于双方，也有利于地区和世界。希望双方着眼长远，用战略眼光看待两国经贸合作，落实两国达成的共识，加强往来和交流，不断提高伊中经贸合作水平。4 月 17 日，国务院总理温家宝在海南省三亚会见了出席博鳌亚洲论坛 2009 年年会的伊朗第一副总统帕尔维兹·达乌迪。10 月 15 日，国务院总理温家宝在人民大会堂会见了来华出席上海合作组织成员国总理第八次会议的伊朗第一副总统穆罕默德·礼萨·拉希米。

两国外交部交流密切。外交部长杨洁篪与伊朗外长马努切赫尔·穆塔基保持电话和信函往来。6 月 1～6 日，伊朗外交部发言人兼外长特别助理哈桑·加什加维率伊朗新闻团访华。8 月 1～2 日，中国外长杨洁篪特别代表、中国中东问题特使吴思科访问伊朗。10 月 22 日，中伊外交部第四次领事磋商在京举行。11 月 21～23 日，外交部部长助理翟隽赴伊朗举行两国第八轮政治磋商。

中伊经贸合作不断深化。2009 年 5 月 10 日，商务部副部长陈健率团出席在德黑兰举行的中伊经贸洽谈会。5 月 23 日，贸促会副会长张伟率团访问伊朗。两国企业签署了多项商品采购合同以及承建铁路、水利枢纽等基础设施合作项目的框架协议。

中伊教育、体育、文化等领域合作成果丰硕。1 月 12 日，由中国云南大学和伊朗德黑兰大学共同创办的伊朗第一所孔子学院在德黑兰正式成立。5 月 3～5 日，国家体育总局局长、中国奥委会主席刘鹏率团访问伊朗，会见伊朗副总统穆罕默德·阿里阿巴迪，并出席在伊朗德黑兰举行的第二届亚洲体育部长会议。

两国地方和民间交往日益密切。内蒙古自治区党委书记、自治区人大常委会主任储波，中共中央委员、四川省委书记刘奇葆，中共中央候补委员、甘肃省委副书记刘伟平，长春市人大常委会主任祝业精等率团访问伊朗。伊朗亚兹德省省长穆罕默·礼萨·法拉扎德、胡泽斯坦省省长萨义德·贾法尔·海贾兹率团访华。

伊拉克
(Iraq)

2009 年，中华人民共和国与伊拉克共和国的友好合作关系保持平稳发展。

两国政治关系巩固。8 月 19 日，伊拉克外交部、财政部遭炸弹袭击造成重大人员伤亡，外交部长杨洁篪致电伊拉克外长霍希亚尔·兹巴里表示慰问。8 月和 9 月，伊拉克通讯部长、电力部副部长分别率团访华。

中国继续支持伊拉克经济重建，两国经贸、能源合作进一步深化。3 月，绿洲公司承接的伊拉克艾哈代布油田项目正式动工；7 月，中国石油天然气集团公司联手英国 BP 公司中标伊拉克鲁迈拉油田开发项目；12

月，中国石油天然气集团公司与法国道达尔公司和马来西亚国家石油公司组成的投标联合体中标伊拉克哈法亚油田作业权项目。中国企业承建的伊拉克瓦西特电站项目、苏莱曼尼亚水泥厂等项目陆续上马。此外，中方企业与伊拉克政府就减免伊拉克欠中方企业债务的友好谈判取得重要进展。11 月，中方企业债权人委员会与伊拉克财政部草签了有关减债协议。

双方在教育、文化、新闻等领域合作持续发展。2009 年，中国政府和企业为近百名伊拉克人员提供了各类专业培训，并增加了伊拉克来华留学生的政府奖学金名额，2009 年新招收伊拉克来华留学生 28 人。10 月，伊拉克文化部副部长法兹·阿齐兹率国家民间歌舞团赴华演出，取得良好效果。

爱尔兰

(Ireland)

2009 年，中华人民共和国与爱尔兰关系平稳发展，各领域互利合作成果显著。

高层保持交往，政治互信增强。为庆祝中爱建交 30 周年，国家主席胡锦涛、国务院总理温家宝和外交部长杨洁篪分别同爱尔兰总统玛丽·麦卡利斯、总理布赖恩·科恩和外长迈克尔·马丁互致贺电。7 月，全国政协副主席、统战部部长杜青林率团访爱。6 月，全国政协副主席王志珍和全国人大法律委员会副主任委员张柏林分别率团访爱。6 月，中爱两国外交部司局级政治磋商成功举行。

经贸合作遭遇挑战，但仍有亮点。受全球金融危机影响，2009 年 1 ~ 11 月，中爱双边贸易额为 47.2 亿美元，同比下降 28.3%，但爱对华出口仍保持 14.6% 的增幅，多年来首次出现顺差，是少数对华出口保持增长的欧盟国家之一。10 月，爱企业、贸易和就业国务部长比利·凯莱赫率团访华。12 月，商务部仇鸿部长助理率大型贸易投资促进团访爱，出席中爱经贸合作论坛，双方商定加强食品安全、服务贸易、中小企业合作和推动贸易便利化，并建立两国贸易投资促进机制。

各领域交流活跃，合作成果丰硕。年初，爱尔兰文化瑰宝“大河之舞”作为唯一外国节目登上中国春节联欢晚会舞台。中爱双方还以建交 30 周年为契机，举办了一系列庆祝活动：双方使馆举办建交招待会，互派艺术团体巡演，媒体刊登、播放介绍对方国家情况的文章和节目，发行纪念邮票和纪念封等。

以色列

(Israel)

中华人民共和国与以色列国自1992年建交以来，各领域合作发展迅速。2009年，两国关系继续保持稳定发展。

双方政治往来频繁。4月23～24日，外交部长杨洁篪访问以色列，以色列总统西蒙·佩雷斯、总理本雅明·内塔尼亚胡和副总理兼外交部长阿维格多·利伯曼等分别会见、会谈。10月25～28日，以中共中央委员、宁夏回族自治区党委书记陈建国为团长的中国共产党代表团访问以色列。10月20～21日，国务院新闻办公室主任王晨出席以色列第二届“面向明天”总统会议。8月8～15日，以色列前总理埃胡德·奥尔默特访华，中共中央政治局委员、中央书记处书记、中央组织部部长李源潮，中共中央政治局委员、北京市委书记刘淇等分别会见。10月20～27日，以色列议会外交与国防事务委员会主席查希·哈内戈比访华，全国人大常委会副委员长陈昌智会见。11月17～19日，以色列外交部总司长约西·盖尔访华。

两国在经贸、科技等领域合作顺利。7月，由中国企业承建的以色列卡迈尔隧道工程竣工。11月，水利部副部长刘宁出席在以色列举行的国际水技术、可再生能源与环境技术展览会和国际农业技术展览会。以色列科技部长丹尼尔·赫希科维茨来华出席第11届中国国际高新技术成果交易会部长论坛并会见科技部长万钢。

两国文化交流收效良好。10月12～30日，国务院新闻办公室和以色列外交部在以色列共同主办“感知中国·以色列行”大型文化交流活动，活动内容包括中国残疾人艺术团的综艺节目《我的梦》、中以关系图片展、中国电影、电视周等，受到以色列观众的热烈欢迎。

两国地方省市交往活跃，中方陕西、浙江、安徽、辽宁、北京、南京、武汉等省市代表团赴以色列考察访问。

意大利

(Italy)

2009年，中华人民共和国与意大利共和国双边关系继续健康、快速发展。双方政治互信进一步加深，经贸、科技、文化、教育等领域务实合作取得丰硕成果，在联合国等多边机构内保持良好沟通与协调。

两国高层接触频繁，政治基础不断巩固。7月，国家主席胡锦涛对意进行国事访问，与意总统乔尔乔·纳波利塔诺会谈，分别会见总理西尔维奥·贝卢斯科尼、参议长雷纳托·斯基法尼、众议长詹弗兰科·菲尼。两国领导人一致同意以明年两国建交40周年和中国在意大利举办“中国文化年”为契机，加强高层交往，增强政治互信，扩大务实合作，推动中意全面战略伙伴关系迈上新台阶。5月，全国人大常委会委员长吴邦国访意，与意参议长斯基法尼举行会谈，分别会见总统纳波利塔诺、总理贝卢斯科尼、众议长菲尼。双方就两国关系、议会交往和共同关心的重大国际和地区问题深入交换意见，达成广泛共识，并签署《中华人民共和国全国人民代表大会与意大利共和国参议院建立定期交流机制的协议》。

中国领导人多次出席在意举行的国际会议。7月，国务委员戴秉国作为胡锦涛主席特别代表出席拉奎拉八国集团同发展中国家领导人对话会并发表讲话。9月，全国人大常委会副委员长华建敏赴意出席八国集团同发展中国家议长峰会。11月，国务院副总理回良玉出席在罗马举行的世界粮食安全峰会。

两国外交部积极开展磋商对话，推进双方在各领域的交流合作。7月，陪同胡锦涛主席访意的外交部长杨洁篪会见意外长佛朗哥·弗拉蒂尼。2月，外交部部长助理刘结一赴意出席八国集团同发展中国家领导人对话会协调人会议。6月，外交部副部长宋涛赴意出席八国集团外长级扩大会议并会见意外长弗拉蒂尼。

两国经贸、科技、环保交流与合作不断深化。7月，中国贸易投资促进团赴意，双方企业共签署30多份合作协议。6月和11月，意大利经济发展部副部长阿道夫·乌尔索和意经济财政部长特莱蒙蒂相继访华。11月，第13次中意科技混委会在罗马召开。

两国文化、教育、旅游合作继续扩大。4月，北京交响乐团在意巡演。10月，中国残疾人艺术团在都灵演出大型节目“我的梦”。2009年，中国在意注册留学人员超过7000人，公派留学生项目达13个，中方在意增设五所孔子学院，两所孔子课堂。7月，国家旅游局局长邵琪伟访意，两国签署《中华人民共和国国家旅游局与意大利旅游部旅游合作谅解备忘录》。11月，意旅游部长米凯拉·维多利亚·布兰比拉访华。双方互设旅游办事处。

两国在医疗卫生、农业、抗震救灾等领域保持良好合作。4月，意中部阿布鲁佐大区发生地震灾害，中国红十字会向意方提供三万美元援助款。

两军关系继续稳步发展。5月，中国人民武装警察部队参谋长王建平中将访意。11月，海军参谋长苏士亮中将访意。11月，意空军参谋长达尼埃莱·泰伊中将来华参加中国空军建军 60 周年活动。

牙买加
(Jamaica)

2009 年，中华人民共和国与牙买加“共同发展的友好伙伴关系”进一步巩固。

中牙高层交往密切。2 月，国家副主席习近平对牙买加进行正式访问，与牙买加总理布鲁斯·戈尔丁举行会谈，并会见牙买加总督肯尼思·霍尔、参议长奥斯瓦尔德·哈丁、众议长德尔罗伊·卓等。

中牙经贸关系稳步发展，人力资源合作进展顺利。牙企业家积极参加中国广交会等贸易洽谈会。2009 年共有 61 名牙买加学员来华参加各类培训项目。

双方在政党、议会、旅游、文体、教育等领域交流活跃。2 月，牙买加西印度大学莫纳分校孔子学院举行授牌仪式，这是英语加勒比地区首家孔子学院。3 月，牙买加政府内阁秘书道格拉斯·桑德斯率矿业合作代表团访华。5 月底至 6 月初，牙买加交通和工程部长迈克尔·亨利访华。11 月，牙买加旅游部长埃德蒙·巴特利特来华出席第 11 届中国国际旅游交易会。同月，牙买加矿业和能源部长詹姆斯·罗伯逊访华。11～12 月，牙买加前总理、人民民族党领袖波西娅·辛普森—米勒访华。

牙买加重申坚持一个中国政策。中牙两国在国际事务中相互支持与配合。

日　本
(Japan)

日本国是中华人民共和国的重要邻邦，中日关系对双方而言都是最重要的双边关系之一。2009 年，两国关系总体呈现良好发展势头，双方正在全面构筑战略互惠关系。日本民主党执政后，两国领导人接连举行成功会晤，达成广泛共识，一致同意要不断深化中日战略互惠关系，两国关系迅速实现良好开局。中国政府高度重视中日关系，愿与日方共同努力，加强各领域交流与合作，妥善处理有关问题，推动中日关系取得新发展。

政治层面保持密切交往和接触

4 月 2 日，国家主席胡锦涛在伦敦出席二十国集团领导人第二次金融峰会期间会见日本首相麻生太郎。4 月 29 ~ 30 日，胡锦涛主席、国务院总理温家宝分别会见来华访问的日本首相麻生太郎。9 月 21 日，胡锦涛主席在联大期间与日本新任首相鸠山由纪夫举行首次会晤。10 月 10 日，胡锦涛主席、温家宝总理在中日韩领导人会议期间分别会见日本首相鸠山由纪夫。

3 月 21 日，全国人大常委会委员长吴邦国会见来华访问的日本防卫大臣滨田靖一。

3 月 1 日，温家宝总理、国务委员戴秉国分别会见来华访问的日本外相中曾根弘文。4 月 11 日，温家宝总理在泰国出席东亚领导人系列会议期间会见日本首相麻生太郎。12 月 17 日，温家宝总理在哥本哈根出席联合国气候变化框架公约第 15 次缔约方会议期间会见日本首相鸠山由纪夫。

3 月 29 日至 4 月 4 日，中共中央政治局常委李长春访日，会见日本首相麻生太郎。

12 月 14 ~ 16 日，国家副主席习近平访日，会见日本天皇明仁、首相鸠山由纪夫。

6 月 7 日，第二次中日经济高层对话在东京举行。国务院副总理王岐山和日本外相中曾根弘文共同主持。

10 月 9 日，戴秉国国务委员、外交部长杨洁篪分别会见陪同鸠山首相来华出席第二次中日韩领导人会议的日本外相冈田克也。

2 月 28 日，杨洁篪外长与来华访问的日本外相中曾根弘文举行会谈。9 月 29 日，杨洁篪外长在上海会见了出席第三次中日韩外长会议的日本外相冈田克也。11 月 19 ~ 22 日，杨洁篪外长访问日本，会见日本首相鸠山由纪夫，与冈田外相举行会谈。

1 月 9 日、6 月 24 日，外交部副部长王光亚与日本外务省次官薮中三十二举行第九、第十次中日战略对话。

经贸等务实合作稳步推进

受国际金融危机影响，2009 年双边贸易额 2288.5 亿美元，同比下降 14.2%。中国出口额 979.1 亿美元，同比下降 15.7%，进口额 1309.4 亿美元，同比下降 13.1%，中方逆差 330.3 亿美元。据日方统计，2008 年 7 月，中国首次超过美国，成为日本最大出口对象国。2009 年，日本对华投资项目数 1275 个，同比下降 11.3%，实际到位金额 41.1 亿美元，同比增长 12.4%。截至 2010 年 1 月，日本对华投资项目累计 42516 个，实际到位金额 698.85 亿美元。

两国在能源、环境、高新技术、金融等重点领域的合作进展顺利。11 月 8 日，第四届中日节能环保论坛成功召开，此次论坛签署 42 个节能环保项目合作协议，数量超过前三届总和。

各领域交流蓬勃开展

双方继续推动议会交流。3 月 25～30 日，全国人大与日本参议院交流机制第三次会议在东京举行。12 月 15 日，全国人大与日本众议院交流机制第五次会议在北京举行。

防务交流取得重要进展。3 月，日本防卫大臣滨田靖一访华。7 月，日本海上自卫队参谋长赤星庆治访华。11 月 5～9 日，中国海军训练舰“郑和”号访日。11 月 26 日至 12 月 1 日，中国国防部长梁光烈上将访日。

人文交流取得重要成果。2009 年双方通过政府渠道实现总人数 4000 人规模的青少年互访。4 月，两国领导人就建立“中日青年经济领袖对话机制”达成共识，11 月 23 日，该机制首次会议在北京召开。11 月，双方完成中日友好 21 世纪委员会换届工作。9～12 月，“中国文化节”在日本举办。12 月 14 日，中国文化中心在东京成立，习近平副主席和日本众议院议长横路孝弘出席中心揭牌仪式。

约 旦

(Jordan)

2009 年，中华人民共和国与约旦哈希姆王国关系发展顺利，政治、经济、文化等领域的友好合作关系取得新的进展。

两国高层交往密切，政治互信加深。6 月 21～24 日，中共中央政治局常委、中央纪委书记贺国强访问约旦，会见约旦代国王阿里亲王，与首相宰哈比会谈，并分别会见了约旦投资委员会首席执行官恩索尔、计划与国际合作大臣苏海尔，双方签署了《中华人民共和国政府和约旦哈希姆王国政府经济技术合作协定》等。10 月 12～14 日，全国人大常委会副委员长、全国妇联主席陈至立率中国妇女代表团访问约旦。拉尼娅王后、巴斯玛公主及参、众两院议长分别会见、会谈。5 月 21～24 日，国务委员兼公安部长孟建柱访问约旦，与约旦首相宰哈比、内政大臣纳伊夫会见、会谈。8 月 10～11 日，外交部长杨洁篪访问约旦，分别会见约旦代国王费萨尔亲王、首相宰哈比，与外交大臣朱达举行会谈。6 月 26～28 日，中国中东问题特使吴思科访问约旦。5 月 11～18 日，约旦城镇事务大臣谢哈达·阿布·哈迪布访华。

中约在经贸等领域的合作继续稳步发展。双边经贸额持续增长，劳务承包合作取得新进展。由中国援建的巴卡医院、安曼公共安全指挥中心项目实施进展顺利。水网改造、贫困家庭住宅、军官住宅项目即将开工。3

月 22～25 日，商务部副部长傅自应率中国政府经贸代表团访问约旦，出席第五届中约经贸联委会。6 月 1～3 日，河北省副省长张和率河北省农业经济合作代表团访问约旦。

双方在文化、教育、民间等领域的友好往来与合作不断加强。4 月 1 日，约旦“孔子学院”正式挂牌成立。9 月，约旦大学中文本科班正式授课。4 月 9～11 日，国家体育总局局长、中国奥委会主席刘鹏率团访问约旦。7 月，四川歌舞团访问约旦，参加首届约旦艺术节。9 月，中国吉林民乐团访约演出。12 月，中国人民解放军副总参谋长葛振峰上将率中国人民解放军军事代表团访问约旦。

哈萨克斯坦
(Kazakhstan)

2009 年，中华人民共和国与哈萨克斯坦共和国战略伙伴关系继续深入发展，各领域合作不断扩大。

两国高层交往密切，政治互信不断增强。12 月 12～13 日，国家主席胡锦涛对哈萨克斯坦进行工作访问，同哈总统努尔苏丹·纳扎尔巴耶夫举行会谈。双方就中哈战略伙伴关系发展、双边各领域务实合作深入交换意见并达成广泛共识。双方签署两国金融、可再生能源等领域合作文件。访问期间，胡锦涛主席同纳扎尔巴耶夫总统共同出席中哈天然气管道通气仪式。4 月 15～17 日，哈萨克斯坦总统纳扎尔巴耶夫来华进行国事访问并出席博鳌亚洲论坛年会。胡锦涛主席、全国人大常委会委员长吴邦国、国务院总理温家宝分别与其会谈、会见。双方签署《中华人民共和国和哈萨克斯坦共和国联合声明》等一系列双边文件。10 月 15 日，国务院总理温家宝同来华出席上海合作组织成员国政府首脑（总理）理事会会议的哈总理卡里姆·马西莫夫举行双边会见。12 月 4 日，中国和哈萨克斯坦合作委员会第五次会议在北京举行，委员会双方主席国务院副总理王岐山和哈第一副总理乌米尔扎克·舒克耶夫共同主持会议。同日，吴邦国委员长同哈第一副总理舒克耶夫举行会见。

3 月 29～30 日，哈外长马拉特·塔仁来华进行正式访问，国家副主席习近平、外交部长杨洁篪分别同其举行会见、会谈。9 月和 12 月，杨洁篪外长陪同胡锦涛主席出席第 64 届联大、对哈萨克斯坦进行工作访问期间，分别同哈国务秘书兼外长卡纳特·萨乌达巴耶夫举行会见。11 月 19 日，外交部副部长王光亚同哈副外长努尔兰·叶尔梅克巴耶夫在北京共同主持召开中哈合作委员会安全合作分委会第五次会议。

两国务实合作深入发展。交通运输部副部长冯正霖、商务部部长助理仇鸿、农业部副部长牛盾、中国人民银行副行长马德伦访哈；哈交通通讯部副部长阿扎特·别克杜洛夫、财政部海关监管委员会主席卡扎—卡尔佩什·卡尔布佐夫、能源矿产资源部秘书长卡纳特别克·萨菲诺夫、“卡森纳—萨姆鲁克”国家基金董事长凯伊拉特·克利姆别托夫访华。

政党、议会、人文、地方交流日益密切。中共中央政治局委员、上海市委书记俞正声访哈并出席在哈举行的第五届亚洲政党国际会议。中纪委副书记干以胜、中央统战部副部长全哲洙、中联部副部长陈凤翔、全国人大法律委员会副主任委员张柏林相继访哈。中国道教协会会长任法融、国家宗教局副局长王作安率团赴哈出席第三届世界与传统宗教领袖大会。陕西省省长袁纯清、新疆维吾尔自治区政协主席艾斯海提·克里木拜、新疆维吾尔自治区副主席胡伟访哈。哈文化和信息部副部长阿斯卡尔·布里巴耶夫访华。

肯尼亚
(Kenya)

2009 年，中华人民共和国与肯尼亚共和国长期稳定、互利互惠的友好合作关系继续深入发展。

两国高层往来频繁。11 月 9 ~ 12 日，中共中央政治局委员、全国人大常委会副委员长王兆国对肯尼亚进行正式友好访问，会见了肯尼亚总统姆瓦伊·齐贝吉、总理拉伊拉·阿莫洛·奥廷加，并与国民议会议长肯尼斯·马伦德举行会谈。4 月 30 日至 5 月 4 日，全国政协副主席、中非友协会长阿不来提·阿不都热西提访问肯尼亚，会见了肯尼亚副总统斯蒂芬·卡隆佐·穆西约卡和马伦德议长，并与副议长法拉赫·马亚利姆举行会谈。10 月 12 日，肯尼亚总理奥廷加率包括贸易部长阿莫斯·基蒙亚等多位部长在内的代表团出席在成都举行的第十届中国西部国际博览会，国务院总理温家宝会见。10 月 21 ~ 26 日，肯尼亚国民议会议长马伦德访华，全国人大常委会委员长吴邦国、副委员长王兆国分别会见。

2 月和 12 月，两国外交部分别在北京和内罗毕举行了两次领事磋商。

两国各部门、各地方交往持续发展。全国人大民族委员会、环境与资源保护委员会代表团分别访肯。商务部长陈德铭、中共中央对外联络部部长王家瑞、科技部长万钢、中国人民解放军副总参谋长孙建国海军中将、建设部副部长齐骥、交通部副部长冯正霖、文化部长特别助理李洪峰、中国城市规划协会会长赵宝江、新华社副社长鲁炜等先后访问肯尼亚。内蒙古、宁夏、山西、福建、山东、甘肃、陕西、云南、上海等省市区代表团访问肯尼亚。肯尼亚国防国务部长优素福·哈吉、三大执政党民族团结党、橙色民主运动党、橙色民主运动—肯尼亚党代表团访华。

两国在经贸、文化、教育、卫生等领域的交流与合作进一步扩大。中方在中非合作论坛框架下为肯尼亚新建医院和两所农村小学项目已分别于6月和9月开工，中方向肯尼亚提供优惠贷款实施的输变电网改造、电子政务网项目已完工。中方还向肯尼亚西卡公路、奥卡瑞四号地热区钻井项目提供了优惠贷款。中国和肯尼亚于3月20日签署《中国政府和肯尼亚政府文化合作协定2009～2011年执行计划》。5月11～18日，中国国家广电总局和肯尼亚电影协会联合举办“2009中国电影展”，国家广电总局副局长赵实出席了影展开幕式。中方向肯尼亚派遣了五名青年志愿者。中方还向肯方提供了价值300万元人民币的抗疟药品。

科威特
(Kuwait)

2009年，中华人民共和国与科威特国关系发展顺利，各领域友好合作取得积极成果。

两国政治关系发展顺利。5月10～12日，科威特国埃米尔萨巴赫·艾哈迈德·贾比尔·萨巴赫对中国进行国事访问。国家主席胡锦涛、国务院总理温家宝分别与萨巴赫举行会谈、会见，两国领导人就双边关系及共同关心的国际和地区问题深入交换意见，达成广泛共识。双方签署了能源、教育、体育、财政、基础设施等领域六项合作文件。4月27日至5月1日，科威特石油大臣艾哈迈德·阿卜杜拉·艾哈迈德·萨巴赫亲王访华，国务院副总理李克强、广东省委书记汪洋、国家发展改革委主任张平分别予以会见，双方就加强两国能源合作交换了意见。11月12日，科威特经济事务副首相兼发展事务国务大臣兼住房事务国务大臣、亚奥理事会主席谢赫艾哈迈德·法赫德·萨巴赫赴广州出席第16届广州亚运会倒计时一周年仪式。

两国在经贸、能源领域合作取得新进展。双方就中科广东炼化一体化项目由广东南沙移址至湛江达成一致。中国石化国际石油工程公司获科威特五台钻机服务合同，总金额3.5亿美元。

两国在文教、体育、卫生等领域合作不断加强。2009年，中国在科威特举办中国文化展，两国续签了中国医疗队在科威特工作议定书。此外，科威特埃米尔访华期间，双方签订了《中华人民共和国政府和科威特国政府高等教育合作协定》、《中华人民共和国政府和科威特国政府 2009 ~2010 年体育交流执行计划》。

吉尔吉斯斯坦

(Kyrgyzstan)

2009 年，中华人民共和国与吉尔吉斯共和国睦邻友好合作关系健康稳步发展。

两国高层交往密切。6 月 15 日，国家主席胡锦涛在出席上海合作组织叶卡捷琳堡峰会期间与吉尔吉斯斯坦总统库尔曼别克·巴基耶夫举行双边会见，双方就双边关系、上海合作组织、地区形势等共同关心的问题交换了意见。10 月 13 ~15 日，吉总理伊戈尔·丘季诺夫来华出席上海合作组织成员国第八次总理会议并对中国进行正式访问。胡锦涛主席、全国人大常委会委员长吴邦国、国务院总理温家宝、国务院副总理李克强分别与其举行会见、会谈。双方高度评价两国关系发展成果，表示将不断巩固政治互信，坚定相互支持，扩大各领域务实合作，造福两国人民。双方签署了《中华人民共和国政府和吉尔吉斯共和国政府联合公报》等一系列合作文件。4 月 5 ~7 日，吉外交部长卡德尔别克·萨尔巴耶夫来华访问，国家副主席习近平、外交部部长杨洁篪分别与其举行会见、会谈。5 月 17 日，国务委员孟建柱在出席上海合作组织安全会议秘书叶卡捷琳堡会议期间与吉安全会议秘书阿·马杜马罗夫举行双边会见。5 月 24 日，全国政协副主席张梅颖率团访吉，吉议会议长艾提巴伊·塔加耶夫、外长萨尔巴耶夫等官员分别与其举行会谈、会见。8 月 28 日，吉新任驻华大使库鲁巴耶夫向胡锦涛主席递交国书。

双方地方及部门间合作继续发展。2 月 10 ~14 日，吉比什凯克市市长久列耶夫率团对北京进行友好访问，北京市市长郭金龙等市领导与其举行会谈、会见。9 月 25 日，中国中央电视台俄语频道落地开播仪式在吉首都比什凯克市举行。

老　挝

(Laos)

2009 年，中华人民共和国与老挝人民民主共和国双边关系稳步发展，双方决定在“长期稳定、睦邻友好、彼此信赖、全面合作”方针指引下建立全面战略合作伙伴关系。

两国高层互访频繁。8 月，老挝党总书记、国家主席朱马里·赛雅颂来华工作访问，中共中央总书记、国家主席胡锦涛，国务院总理温家宝，国家副主席习近平分别同其会谈、会见。1 月，全国人大常委会副委员长周铁农访老并出席在万象举行的亚太议会论坛第 17 届年会。4 月，老挝政府副总理宋沙瓦·凌沙瓦访华。6 月，中共中央政治局委员、中央书记处书记、中组部部长李源潮访老。8 月，中共中央书记处书记、中央纪委副书记何勇访老。9 月，老挝建国阵线中央主席西沙瓦·乔本潘访华。10 月，老挝政府总理波松·布帕万出席第六届中国—东盟博览会，国会主席通邢·塔玛冯访华。11 月，最高人民检察院检察长曹建明访老。12 月，老挝国会副主席赛宋蓬·丰威汉访华。

中老经贸合作发展势头良好。双方举行经贸技术合委会第四次会议，加强双边经贸合作规划和指导。贸易额保持较快增长，老挝对华贸易逆差逐步缩小。中国在对老挝投资的国家和地区中居第二位。中国政府继续向老挝提供经济技术援助。

中老其他领域友好合作取得新进展。双方继续加强人力资源培训合作，在跨境禁毒、执法方面密切配合，成立跨境打拐联络官办公室，建立边境检察机关会晤机制。两国卫生部门加强医疗卫生交流合作。双方举行第五轮领事磋商。老挝在广西设总领事馆。

拉脱维亚

(Latvia)

2009 年，中华人民共和国与拉脱维亚共和国关系继续保持良好发展势头。

两国高层保持交往。9 月 9 ~12 日，拉脱维亚总统瓦尔蒂斯·扎特列尔斯来华出席世界经济论坛 2009 新领军者年会，国务院总理温家宝会见，双方就进一步发展双边关系和加强两国经贸合作等议题交换了意见。8 月 31 日至 9 月 2 日，国务院副总理回良玉访拉，会见了拉总统扎特列尔斯和议长古达尔斯·达乌泽，与拉总理瓦尔蒂斯·托姆布洛夫斯基斯会谈，出席中拉经贸论坛开幕式并简短致辞。双方签署了《中华人民共和国农业部与拉脱维亚共和国农业部农业合作协议》等合作文件，随访的企业家与拉企业家签署价值 1030 万美元合同。

两国政党、议会保持交往。4 月，中联部副部长陈凤翔率中共友好代表团访拉，会见了前总理伊瓦尔斯·戈德马尼斯及拉议员“和谐中心联盟”主席等。10 月，拉“和谐中心联盟”代表团访华，全国人大常委会副委员长周铁农会见。

经贸、交通、文化、地方合作进展顺利。3 月，拉内阁任命投资发展署署长安德烈斯·奥佐斯为上海世博会展区总代表。9 月 23 日上海世博会第四次参展方会议召开期间，拉方与上海世博会组织者签署了参展合同。10 月，在立陶宛举行的亚欧交通部长会议期间，交通部长李盛霖会见拉交通部长杰尔哈兹。11 月，中拉政府间经贸合作委员会第七次会议在里加举行。同月，拉文化部长因茨·达尔德里斯访华，文化部长蔡武会见。

黎巴嫩
(Lebanon)

2009 年，中华人民共和国与黎巴嫩共和国在政治、经贸、文化等领域的友好合作继续平稳发展。

双方保持友好的政治往来。11 月，国务院总理温家宝和外交部长杨洁篪分别致电萨阿德·哈里里和阿里·沙米，祝贺其就任黎巴嫩总理和外长。7 月，中国中东问题特使吴思科访问黎巴嫩，会见苏莱曼总统、西尼乌拉总理、贝里议长和萨鲁赫外长。国务院新闻办公室副主任钱小芊、中共广东省委常委朱明国率领的中共友好代表团等团组也先后访黎。中黎两国在共同关心的国际和地区问题上保持着良好的沟通与合作。中方支持黎巴嫩维护国家主权和领土完整、促进民族和解、发展睦邻关系的努力；黎方坚持一个中国原则，在台湾、西藏、新疆等问题上支持中国政府立场。

两国在其他领域合作顺利发展。双边贸易未受国际金融危机影响，取得新的增长。中国银联与黎巴嫩信用卡服务公司（CSC）达成协议，开通了银联卡在黎巴嫩等国的取款和支付业务。中国中港公司承建的黎巴嫩的黎波里港口扩建项目恢复施工。中方积极参与联合国在黎巴嫩南部的维和与扫雷行动，9 月 30 日，中国第五批赴黎巴嫩维和官兵荣获联合国维和勋章。

莱索托
(Lesotho)

2009 年，中华人民共和国与莱索托王国的友好合作关系顺利发展。

两国高层往来较密切，政治互信不断增强。6 月 3 ~ 9 日，莱索托外交大臣莫拉比·采科阿正式访华。国家副主席习近平、中共中央对外联络部部长王家瑞与其会见，外交部长杨洁篪与其会谈并共同签署《中华人民共和国政府和莱索托王国政府经济技术合作协定》。

9 月 18 ~ 20 日，外交部部长助理翟隽访问莱索托，会见了莱索托首相帕卡利塔·莫西西利，并与莱索托外交大臣采科阿举行会谈。

两国经贸合作平稳推进，双边各个合作项目进展良好。中非合作论坛北京峰会涉莱项目已全面落实。中方援莱的两所农村学校已交付使用，援莱两名农业专家已抵莱并开展工作。

两国在其他领域合作成果丰硕。9 月 6 ~ 12 日，莱索托旅游、环境与文化大臣莱博杭·恩齐尼访华期间，两国签署了《中莱文化合作协定 2009 ~ 2012 年执行计划》。全年莱共有 48 名人员来华接受培训。中国第七批援莱医疗队 15 人抵莱并顺利开展工作。

利比里亚
(Liberia)

2009 年，中华人民共和国与利比里亚共和国友好合作关系稳步发展。

两国高层交往频繁，政治互信不断加深。11 月 7 日，国务院总理温家宝在埃及沙姆沙伊赫会见出席中非合作论坛第四届部长会议的利比里亚总统埃伦·约翰逊·瑟利夫。

7 月 5 ~ 11 日，利比里亚副总统约瑟夫·尼乌马·博阿凯对中国进行正式访问。全国人大常委会委员长吴邦国会见，国家副主席习近平主持会谈。中国领导人积极评价中利关系，赞赏利政府坚持一个中国原则，表示中方愿与利方进一步密切友好往来，深化经贸合作，扩大人文交流，加强多边合作，推动两国关系不断发展。博阿凯副总统感谢中方为改善利人民生活所提供的帮助，表示中国通过实际行动表明是利真诚的朋友，重申利政府将坚定支持一个中国政策。双方签署了《中华人民共和国政府和利比里亚共和国政府经济技术合作协定》等合作文件。

中非合作论坛北京峰会后续行动在利落实良好。3月，中方援建的医院项目正式开工。5月，中方援建的三所农村学校竣工并正式移交利方。6月，中方援建的农业技术示范中心正式开工；中国青年志愿者抵利工作。此外，4月，中方援建的大型兵营完工并交付利方。中方继续扩大向利提供奖学金留学生名额和人力资源培训名额。

两国在妇女、军事、政党、司法、地方等领域交流与合作续有发展。3月，全国妇联副主席孟晓驷率中国妇女代表团访利并出席国际妇女问题会议。6月，利国防部长布朗尼·萨穆凯访华；利团结党总书记亨利·范布雷访华；最高人民法院副院长苏泽林访利。6月和11月，利内政部长安布莱·约翰逊率全国15个州州长分两批访华。

利比亚
(Libya)

2009年，中华人民共和国与大阿拉伯利比亚人民社会主义民众国友好合作关系继续发展。

两国各领域交往频繁。1月，外交部部长助理翟隽在埃塞俄比亚出席第十二届非盟首脑会议期间会见了利比亚对外联络与国际合作总人民委员会非盟事务秘书（副外长）阿里·阿卜杜·萨拉姆·图莱基。3月，湖南省副省长甘霖、中共中央对外联络部副部长李进军分别访问利比亚。7月，外交部部长助理翟隽在利比亚出席第13届非盟首脑会议期间会见了利比亚对外联络与国际合作总人民委员会秘书（外长）穆萨·穆罕默德·库萨。外交部副部长何亚非在埃及沙姆沙伊赫出席第15次不结盟运动首脑会议期间会见了利比亚对外联络与国际合作总人民委员会秘书（外长）库萨。9月，国家主席胡锦涛特使、住房和城乡建设部部长姜伟新出席利比亚“九·一”革命40周年庆祝活动，会见了利比亚领导人穆阿迈尔·卡扎菲。11月，全国人大财经委员会主任委员石秀诗访问利比亚。

中利两国在国际和地区事务上保持着沟通和协调。利方坚持一个中国立场，并在涉藏、涉疆等问题上给予中方支持。

两国经贸关系顺利发展，贸易额继续保持增长。双方在石油、通信、基础设施建设等领域的合作富有成效。

11月13日，利比亚新任驻华大使塔希尔·哈迪·贾西米到任。

列支敦士登
(Liechtenstein)

2009 年，中华人民共和国与列支敦士登公国的友好合作关系进一步发展。

3 月 25 日，国务院总理温家宝致电列支敦士登首相克劳斯·屈策尔，祝贺其就职。5 月 11 日，列支敦士登首相屈策尔函告温家宝总理，列正式确认参加上海世博会。6 月 25 日，列支敦士登政府秘书诺伯特·海姆勒代表列政府在瓦杜兹签署了列参加上海世博会参展合同。9 月 5 ~7 日，列支敦士登国家元首汉斯—亚当二世公爵赴华出席中国杂交水稻技术对外合作部长级论坛。6 月 26 日，驻苏黎世总领事馆、列支敦士登中国人协会和厄森镇联合举办的《中国北纬 30 度》图片展在列开幕。

立陶宛
(Lithuania)

2009 年，中华人民共和国与立陶宛共和国关系稳步发展，各领域合作富有成果。

两国高层保持交往。8 月 29 ~ 31 日，国务院副总理回良玉访问立陶宛，与立总理安德留斯·库比留斯举行会谈，并会见总统达里娅·格里鲍斯凯婕，双方就发展两国关系深入交换意见，达成广泛共识。回良玉副总理出席中立经贸论坛开幕式并简短致辞，随同访问的中国企业家与立企业签署总额达 1. 85 亿美元的合同。

两国议会和政党交流进一步深化。4 月 12 ~ 14 日，中联部副部长陈凤翔率中共友好代表团访立，会见立外长维高达斯·乌沙茨卡斯，与劳动党主席维克多·乌斯帕斯基赫等立主要政党领袖会谈。

两国外交部合作密切。11 月 11 日，外交部副部长张志军在北京与立外交部副部长沙鲁纳斯·阿多马维丘斯进行外交部政治磋商。

两国在经贸、交通等领域合作持续发展。3 月，立交通部长埃利吉尤斯·马修利斯来华出席首届亚欧交通部长会议第二次预备会议。5 月，立陶宛—中国论坛正式建立。10 月，中立共同倡议的首届亚欧交通部长会议在立举行，交通部长李盛霖率团出席，会议发表《维尔纽斯宣言》，中立签署《中华人民共和国交通部与立陶宛共和国交通和运输部关于建立双边磋商机制的谅解备忘录》和《立陶宛共和国交通和运输部、白俄罗斯共和国交通与通讯部和中华人民共和国交通运输部联合宣言》。11 月，立经济部副部长阿尔诺尔达斯·布尔科夫斯基斯访华。中立政府间经贸合作委员会第十次例会在立举行。中国国际友好联络会副会长沈卫平、人力资源和社会保障部副部长杨志明等先后访立。

卢森堡
(Luxembourg)

2009 年，中华人民共和国与卢森堡大公国关系稳步发展，各领域合作和交流活跃。

中卢高层交往保持良好势头。8 月，国务院总理温家宝向卢森堡首相容克致电祝贺其连任。同月，卢新任议长罗兰·莫萨致函全国人大常委会委员长吴邦国，表示卢议会愿同中国全国人大继续发展友好关系。10 月，卢财政大臣弗里登率团访华，与财政部长谢旭人会谈。11 月，容克首相就黑龙江矿难向温家宝总理致函慰问。同月，容克首相以欧元集团主席身份访华并出席欧元集团“三驾马车”与温总理的会晤。

两国经贸合作不断发展。卢钢铁等领域企业积极在华拓展业务，不断加大对华投资。在卢中资企业除金融、物流等传统领域外，积极开拓电信合作。中卢双边贸易额受国际金融危机影响有所下降。

两国文化、卫生等领域交流合作活跃。新中国建国 60 年成就展、民间手工艺展、书画名家作品展等一系列展览先后在卢举行。北京中医药大学与卢卫生研究中心开展中西医结合治疗疑难杂症交流，系两国卫生医疗合作的首次尝试。

马其顿
(Macedonia)

2009 年，中华人民共和国与马其顿共和国友好合作关系稳步发展，各领域互利合作取得新进展。

政治交往增多。4 月 8 日，国家主席胡锦涛致电祝贺马其顿新任总统格奥尔盖·伊万诺夫。9 月，马其顿总理尼科拉·格鲁埃夫斯基来华出席在大连举行的第三届夏季达沃斯论坛，国务院总理温家宝会见。2 月，全国人大外事委员会副主任委员南振中访马。11 月，马其顿外交部副部长佐兰·佩特罗夫来华进行两国外交部政治磋商。

经贸合作良好。两国经济合作项目进展顺利。6 月，商务部副部长姜增伟访马。其间，中马商务论坛暨企业家洽谈会在斯科普里举行。9 月，马其顿副总理弗拉迪米尔·佩舍夫斯基出席在厦门举行的第 13 届中国国际投资贸易洽谈会。

两国在农业、科技、文化、旅游、军事等领域合作逐步加深，地方交往日益活跃。2 月，斯科普里市市长特里丰·科斯托夫斯基访问南昌。5 月，中马农业合作论坛在斯科普里举行。6 月，中马科技合作委员会第二届会议在斯科普里召开。9 月，中国文化展在斯科普里举办。11 月，马其顿经济部副部长梅托迪伊·哈吉—瓦斯科夫来华签署上海世博会参展合同。马其顿军队总参谋长米罗斯拉夫·斯托亚诺夫斯基中将访华。

马达加斯加
(Madagascar)

2009 年，中华人民共和国与马达加斯加共和国关系继续发展。

11 月，马达加斯加驻华大使维克托·希科尼纳率团出席在埃及沙姆沙伊赫举行的中非合作论坛第四届部长级会议。

两国务实合作续有成果。中方在中非合作论坛框架下援建的塔那那利佛小学已建成移交，其余两所小学、抗疟中心、杂交水稻开发示范中心项目实施顺利，4 名高级农业技术专家赴马达加斯加开展工作。

两国在教育、卫生等领域合作继续进行。截至 2009 年底，马达加斯加有 63 名留学生在华学习。中方派出的第 17 批 30 名医疗队员已在马达加斯加工作。

9 月，中方为马达加斯加 2008 年飓风灾后重建提供的 300 万元人民币物资援助运抵马达加斯加。

马拉维
(Malawi)

2009 年，中华人民共和国与马拉维共和国的关系继续巩固并顺利发展。

双方保持密切政治交往。1 月，外交部长杨洁篪对马拉维进行正式访问，会见马拉维总统宾古·瓦·穆塔里卡，并同外交和国际合作部长乔伊丝·班达举行会谈。双方签署了两国政府经济技术合作协定、两国外交部建立政治磋商机制的协议等文件。4 月，马拉维外交部常秘安东尼·利乌扎访华，正式启动两国外交部政治磋商机制。4 月和 7 月，马拉维执政党民主进步党派员参加了在华举办的政党干部研修班。9 月，中共中央对外联络部交流小组访马。12 月，马拉维国民议会议长亨利·奇蒙图·班达访问广东、江苏。

两国经贸合作扎实推进。双方商定的优先合作项目有序进行，其中卡隆加—奇提帕公路部分路段完工，议会大厦项目进展顺利，利隆圭国际会议中心和配套商务酒店项目于 2009 年底开工建设。双边贸易快速增长，中国企业首次组团参加了 6 月在马拉维举行的国际商品展。中国企业对马拉维投资进一步扩大，由中非发展基金和中国彩棉集团、青岛瑞昌棉业共同投资的马拉维巴拉卡棉花种植和加工项目顺利实施，成为目前中非发展基金在非洲投资的最大农业项目。

两国卫生、新闻、司法、文化、军事等领域合作广泛开展。3 月，中国援马医疗队 12 名新队员抵达马拉维开展工作。4 月，由马拉维国家电视台、电台、报社等媒体组成的马拉维新闻团访华。6 月，马拉维最高上诉法院首席大法官拉夫莫尔·格林·蒙洛访华；中国武术团赴马拉维访问演出。8 月，国防部外办主任钱利华少将访问马拉维。10 月，马拉维国防部长穆罕默德·西迪克·米亚访华。11 月，中国共青团中央向马拉维派出 20 名青年志愿者。12 月，中国驻马拉维使馆组织使馆工作人员、中国援马医疗队、中资企业和旅马华侨向马拉维北部卡隆加地震灾区捐献 3.46 万美元救灾物资。

马来西亚
(Malaysia)

2009 年是中华人民共和国与马来西亚建交 35 周年，两国传统友好关系进一步巩固，战略性合作全面深化。

两国高层互访频繁。11 月，国家主席胡锦涛对马来西亚进行国事访问，两国领导人就新形势下全面加强中马战略性合作达成广泛共识，双方签署有关银行监管、高等教育、基础设施建设等多份合作文件。3 月，全国人大常委会副委员长李建国访问马来西亚。6 月，纳吉布总理正式访华，双方签署《战略性合作共同行动计划》。12 月，中共中央政治局委员、北京市委书记刘淇访问马来西亚。

两国在经贸、金融领域的合作取得显著成果。马来西亚是中国在东盟国家中最大的贸易伙伴。中马合作建设的马来西亚槟城二桥项目继续推进。2月，中国人民银行和马来西亚国家银行签署了800亿元人民币的双边货币互换协议。11月，马来西亚国家银行向中国工商银行颁发营业执照。

两国防务、文教等领域合作继续拓展。7月，马来西亚武装部队司令阿齐兹上将访华。同月，中马签署协议，决定在马来西亚建立第一所孔子学院。

马尔代夫

(Maldives)

2009年，中华人民共和国与马尔代夫共和国睦邻友好关系继续健康、稳定发展。

双方保持高层接触。6月，全国人大常委会委员长吴邦国向马尔代夫人民议会新任议长阿卜杜拉·沙希德致贺电。12月17日，国务院总理温家宝在哥本哈根气候变化会议期间集体会见马尔代夫总统纳希德等发展中国家领导人。12月27日，外交部部长助理胡正跃在马累与马外交国务部长纳西姆举行中马第四轮外交磋商，并会见马总统纳希德、外长沙希德、马民主党代理领袖扎基和马人民党领袖加尧姆。

党际交往继续开展。9月5～7日，中共中央政治局委员、天津市委书记张高丽率中国共产党代表团访马，分别会见马总统纳希德、马民主党代理领袖扎基和马人民党领袖加尧姆。10月13～17日，以马尔代夫总统政治顾问哈桑为团长的马民主党代表团访华，中共中央政治局委员、全国政协副主席王刚和中共中央政治局委员、天津市委书记张高丽分别会见。

两国防务、广电、文化等领域交流与合作取得积极进展。2月18～22日，马国防与国家安全部长费萨尔访华，国务委员兼国防部长梁光烈上将与其举行会谈，就共同关心的地区和国际安全问题进行了交流。10月21日，国家广播电影电视总局局长王太华访马，出席中央电视台中、英文国际频道在马旅游岛开播仪式。10月21～23日，文化部部长蔡武率中国政府文化代表团访马，分别会见了马副总统马尼克，旅游、艺术与文化部长沙瓦德、副外长迪迪。

经贸合作不断推进。中国继续在力所能及的范围内向马尔代夫提供援助。中方援建的马国家博物馆项目进展顺利。3月24～26日，商务部副部长钟山率中国政府经贸代表团访马，分别会见马外交部长艾哈迈德·沙希德、经济发展部长拉希德、住房与交通环境部长阿斯拉姆，签署双边经济技术合作协定。

马　里

(Mali)

2009 年，中华人民共和国与马里共和国的传统友谊进一步深化，各领域务实合作不断取得积极进展。

两国各层次友好交往频繁。2 月 12～13 日，国家主席胡锦涛对马里进行国事访问，同马总统阿马杜·图马尼·杜尔举行会谈，并会见国民议会议长迪翁昆达·特拉奥雷。胡锦涛主席积极评价中马关系，并就进一步深化双边关系发展提出四点建议：密切友好交往，深化传统友谊；加强务实合作，促进共同发展；扩大人文交流，丰富合作内涵；加强协调配合，维护共同利益。杜尔总统强调，马中友谊是真诚、持续、永恒的。马方感谢中方长期为马经济社会发展提供无私援助，将继续坚持马中团结，加强同中国的友好合作。马方始终坚持一个中国政策，永远不会动摇。

8 月，马里外交和国际合作部长莫克塔·瓦内访华，国务院副总理李克强会见，外交部长杨洁篪与其会谈，双方就双边关系和共同关心的其他问题深入交换了意见。

年内，马里领土管理和地方机构部长卡富古纳·科内将军、通讯和新技术部长迪亚拉·玛丽亚姆·弗朗蒂耶·迪亚洛、卫生部长奥马尔·易卜拉希马·杜尔等先后访华。

两国经贸合作稳步推进，中非合作论坛北京峰会成果落实工作基本完成。瓦内外长访华期间，商务部副部长傅自应与其会见，双方并签署了《中华人民共和国政府和马里共和国政府经济技术合作协定》。9 月，马里农业部长阿加塔内·阿格·阿拉萨内来华出席在厦门举行的第 13 届中国国际投资贸易洽谈会和在长沙举行的“中国杂交水稻技术对外合作部长级论坛”。

两国在文化、教育、地方等领域不断加强友好交流与合作。1 月，中国驻马里大使张国庆和马里手工业和旅游部长恩迪亚耶·巴分别代表两国旅游主管部门签署了《关于中国旅游团队赴马里旅游实施方案的谅解备忘录》。2 月，中马合作在马里阿斯基亚中学开设的孔子课堂正式启用。5 月，中国国家旅游局副局长杜江率团赴马参加世界旅游组织第 85 届执委会会议。10 月，中国艺术团赴马里访问演出。12 月，中国人民对外友好协会会长陈昊苏率团访马，并出席中非友好城市暨中国—马里地方政府合作研讨会。

马耳他

(Malta)

2009 年，中华人民共和国与马耳他共和国传统友好合作关系继续深入发展。

高层交往持续，政治关系不断深化。2 月，国家副主席习近平对马进行正式访问，同马总理劳伦斯·冈奇举行会谈，分别会见代总统乔治·希兹勒、议长路易斯·加利亚、反对党工党领袖约瑟夫·穆斯卡特，并签署了刑事司法协助、合作打击跨国犯罪、投资保护、中方向马方提供 500 万元人民币无偿援助、文化交流计划及中方在马设立孔子学院共 6 项双边合作文件。访问加深了两国友谊，将中马关系推向一个新的高度。

经贸关系平稳发展，合作范围得到扩大。6 月，为深化双边经贸关系，探讨双边经贸合作的新途径，中马经贸混委会第八次会议在马举行。两国在替代能源领域的合作取得新进展，有关可行性研究已经完成。

其他领域交流活跃，合作不断深入。文化部长蔡武、国家广电总局副局长胡占凡、全国青联主席助理倪健相继访马，马基础设施和交通部长奥斯汀·盖特、议会外委会主席迈克尔·弗南多、武装部队司令卡梅尔·瓦萨洛准将等分别访华。上述访问增进了双方在相关领域的了解与合作。中国证监会和中国银监会已分别同马金融服务局就签署证券期货监管和银行监管合作两项谅解备忘录达成一致。马耳他中国文化中心和地中海地区中医中心继续通过举办春节庆祝、文化展演、讲座等形式，不断满足和促进当地民众对中华文化的了解和热爱。

毛里塔尼亚

(Mauritania)

2009 年，中华人民共和国与毛里塔尼亚伊斯兰共和国友好关系继续稳步发展。

两国保持各层次友好往来。7 月，国家主席胡锦涛致电祝贺穆罕默德·乌尔德·阿卜杜勒·阿齐兹当选毛里塔尼亚总统。9 月，外交部部长助理翟隽访问毛里塔尼亚，会见了毛里塔尼亚总统阿齐兹、总理穆莱耶·乌尔德·穆罕默德·拉格达夫，与代理外交合作部长穆罕默德·阿卜达拉希·乌尔德·乌达会谈。翟隽部长助理与阿齐兹总统共同出席了由中方提供优惠贷款的友谊港扩建项目的开工仪式，为项目开工奠基，并出席了两国经济技术合作协议、中方向毛里塔尼亚提供抗疟药品换文的签字仪式。11月，杨洁篪外长在埃及出席中非合作论坛第四届部长级会议期间，会见了毛里塔尼亚外交合作部长娜哈·曼特·乌尔德·穆克纳斯，双方就进一步发展双边关系交换了看法。同月，外交部部长助理翟隽在钓鱼台国宾馆会见了来华出席“发展中国家新闻官员与记者研修班”的毛里塔尼亚新闻与议会关系部秘书长穆罕默德·拉明·宰因。

2009 年，两国经贸合作进一步发展。双方在渔业、基础设施建设、通信、矿业等领域的互利合作得到拓展，在医疗卫生和文教等方面的合作与交流继续深化。中国在毛里塔尼亚努瓦克肖特大学建成中文多媒体教室并援助教学设备和中文图书馆。

毛里求斯

(Mauritius)

2009 年，中华人民共和国与毛里求斯共和国的友好合作关系深入发展。

两国高层交往密切。2 月 16～17 日，国家主席胡锦涛对毛里求斯进行国事访问，同毛里求斯总理纳文钱德拉·拉姆古兰举行会谈，会见了毛里求斯总统阿内罗德·贾格纳特和反对党领袖保罗·贝朗热。胡锦涛主席表示，中毛建交 37 年来，两国始终相互尊重、平等相待，友好合作关系不断巩固和发展。中方重视同毛里求斯的传统友谊，愿同毛方一道努力，把中毛关系推向更高水平。拉姆古兰总理感谢中国在各领域向毛里求斯提供了无私帮助，表示毛中关系发展顺利，堪称南南合作的典范，重申毛里求斯政府将继续坚持一个中国政策。

11 月 6～9 日，中共中央政治局委员、全国人大常委会副委员长王兆国访问毛里求斯，同毛里求斯国民议会议长拉杰克斯瓦尔·普利亚格会谈，并会见了毛里求斯总统贾格纳特和总理拉姆古兰。9 月 7～14 日，毛里求斯副总理兼财政和经济发展部长拉马·克里希纳·西塔南率团访华，与商务部副部长傅自应共同主持召开了中毛经贸混委会第八次会议，并先后赴厦门和大连出席了第 14 届中国国际投资贸易洽谈会和世界经济论坛第三届新领军者年会（夏季达沃斯论坛）。

5 月 7 日，中国新任驻毛里求斯大使边燕花向毛里求斯总统贾格纳特递交国书。

两国经贸合作成果丰硕。晋非经贸合作区举行开工仪式，为毛里求斯援建的两所农村小学交付使用，广电大楼、城市安全监控系统和无线电通信指挥系统等项目进展顺利。

两国人文领域交流与合作活跃。文化部部长蔡武、民政部副部长姜力、国家宗教事务局局长叶小文、国家体育总局副局长肖天分别访问毛里求斯。毛里求斯妇女权利、儿童发展和家庭福利部长因德拉妮·西本访华。双方签署了《中毛在老年福利和老龄服务领域的合作谅解备忘录》和《中华全国妇女联合会和毛里求斯全国妇女理事会谅解备忘录》。新疆艺术团、老舍茶馆艺术小组、四川电视台代表团相继赴毛里求斯访问演出。

两国地方、政党等领域交往频繁。山西省常务副省长申联彬、副省长李小鹏，中共中央委员、宁夏回族自治区党委书记陈建国，北京市委宣传部副部长陈启刚等分别访问毛里求斯。

墨西哥
(Mexico)

2009 年，中华人民共和国与墨西哥合众国各领域交流合作取得新进展。

两国高层交往密切，政治互信不断加深。2 月 9 ~ 11 日，国家副主席习近平对墨西哥进行正式访问，同墨总统费利佩·卡尔德龙·伊诺霍萨举行会谈，并分别会见墨参议长古斯塔沃·恩里克·马德罗·穆尼奥斯、众议长塞萨尔·杜阿尔特·雅克。双方签署矿业、传统医药、文化、金融等领域 9 项合作协议。

两国领导人在多边场合多次会面。4 月，国家主席胡锦涛同卡尔德龙总统在二十国集团领导人伦敦金融峰会期间会面，9 月在二十国集团领导人匹兹堡金融峰会期间寒暄。7 月，胡锦涛主席代表、国务委员戴秉国同卡尔德龙总统在参加八国集团同发展中国家对话会议期间进行友好交谈。9 月，外交部长杨洁篪在联大系列峰会期间与墨外长埃斯皮诺萨举行会晤。

4 月，墨西哥爆发甲型 H1N1 流感疫情后，胡锦涛主席、杨洁篪外长分别向卡尔德龙总统、埃斯皮诺萨外长致电慰问，中国政府向墨政府提供 500 万美元人道主义紧急援助。中国红十字会总会还向墨红十字会提供了 5 万美元捐款。

9 月，胡锦涛主席和杨洁篪外长分别致电卡尔德龙总统和埃斯皮诺萨外长，祝贺墨国庆。

根据两国领导人达成的共识，中墨战略对话机制年内正式启动。8 月 16 ~ 19 日，外交部副部长李金章访墨并与墨副外长玛丽亚·德洛德斯·

阿兰达·贝萨乌利共同主持中墨首次战略对话。

中墨在多边领域继续保持沟通与合作。双方在应对国际金融危机、联合国改革、气候变化等重大国际问题上保持密切沟通，在国际和地区组织中的协调富有成效。在台湾和涉藏问题上，墨西哥政府坚持一个中国原则。

两国经贸合作稳步推进，投资与金融合作取得积极进展。中国联想集团和河南金龙集团在墨投资项目顺利投产。中国石油天然气集团公司子公司中标墨国家石油公司地质勘探项目，合同金额1.4亿美元。中国石油化工集团公司国际石油工程公司与美国公司合作，与墨国家石油公司就开发废弃油田试验达成协议。中国国家开发银行与墨西哥美洲移动公司10亿美元出口信贷合同执行顺利。中国是墨西哥第二大贸易伙伴，墨西哥是中国在拉美第二大贸易伙伴。

两国文化、教育、卫生、旅游等领域交流合作取得新进展。天津市歌舞团、浙江曲艺杂技团先后赴墨演出并参加了墨塞万提斯艺术节。中方34名公派留学生赴墨学习，墨方24名公费留学生来华进修。5月，卫生部长陈竺与墨卫生部长科尔多瓦在第62届世界卫生大会期间举行会晤，就流感疫情及防控措施交换意见。7月，陈竺部长赴墨出席世界甲型H1N1流感高级别会议。8月，科尔多瓦部长来华出席甲型H1N1流感应对与准备国际科学研讨会。10月和11月，北京市市长郭金龙、山东省委书记姜异康先后访墨，北京市与墨西哥城正式结为友好城市。

密克罗尼西亚联邦
(Micronesia, F. S.)

2009年，中华人民共和国与密克罗尼西亚联邦关系发展顺利。

两国高层交往密切。7月，密副总统阿利克来华进行正式访问，全国政协主席贾庆林、国家副主席习近平分别会见、会谈。8月，密总统伊曼纽尔·莫里在澳大利亚凯恩斯出席第21届太平洋岛国论坛会后对话会期间会见中国—太平洋岛国论坛对话会特使王永秋。11月，密副总统阿利克来华出席密驻华使馆举办的庆祝密中建交20周年招待会等有关活动。

两国在经贸、教育、旅游等领域的合作富有成效。中国援建的密波纳佩州政府办公楼项目和科斯雷州中学项目进展顺利，中国首批援密医疗队赴密工作。中国政府继续向密来华留学生提供奖学金名额。11月，密交通、通讯与基础设施部长伊迪梅访华。同月，密资源发展部长克里斯琴访华，就申请使用中国政府优惠贷款推进密“渔业复兴项目”与商务部、中国进出口银行接触。

9月，国家主席胡锦涛、外交部长杨洁篪与莫里总统和罗伯特外长互致贺电，热烈庆祝两国建交20周年。

摩尔多瓦

(Moldova)

2009年，中华人民共和国与摩尔多瓦共和国关系稳步发展。

两国政治关系保持发展势头。9月，全国人大法律委员会主任委员胡康生访摩，分别与摩总统弗拉迪米尔·沃罗宁、总理齐乃达·格雷恰内会见，宪法法院院长德米特鲁·布尔别列会谈。9月，摩尔多瓦军队总参谋长扬·科罗普切安访华，国务委员兼国防部长梁光烈上将，中央军委委员、总参谋长陈炳德上将分别会见、会谈。12月，中摩外交部司局级对口磋商在摩举行。

中摩在涉及彼此核心利益的重大问题上相互支持，在联合国等多边场合保持沟通与磋商。摩尔多瓦在涉台、涉藏、涉疆等问题上坚定支持中方立场。乌鲁木齐“7·5”事件后，摩方明确表示理解和支持中国政府为维护国家统一、社会稳定所采取的措施。

中摩经贸合作发展顺利，两国企业在基础设施建设、电信、高科技等领域开展积极合作。中方向摩提供的无偿援助取得良好效果。两国人文合作继续加强。2月，中国西北师范大学与摩尔多瓦自由国际大学联办的首家孔子学院在摩正式挂牌。12月，摩两名记者随欧亚地区联合新闻团访华。

摩纳哥

(Monaco)

2009年，中华人民共和国与摩纳哥公国关系继续稳步发展。

双方保持政治交往。9月23日，中国驻摩纳哥大使孔泉在摩纳哥举办中华人民共和国成立60周年国庆招待会，摩纳哥国务大臣让—保罗·普鲁斯特及多名政要出席。10月6日，摩纳哥提名马可·彼希尼尼为新任摩纳哥驻中华人民共和国大使（非常驻）。

两国经贸合作进展顺利，全年双边经贸额达2013.5万美元，同比下降24.7%，中方出口额914.5万美元，进口额1099万美元。

双方在教育、文化、环保等各领域合作进一步推进。中文在摩纳哥日益受到青睐，不少高校开设了中文班，中、小学生学习汉语达 80 余人（摩纳哥总人口三万人）。

两国在国际事务中继续保持良好合作。摩纳哥在支持中方候选人竞选连任禁止酷刑委员会委员问题上表态积极，与中方就竞选联合国教科文组织执行局委员达成交换支持。

摩纳哥积极筹备参展 2010 年上海世博会，政府拨款 1400 万欧元用于国家馆建设，并任命展区总代表。这将加深双方相互了解，开拓两国合作新渠道。

蒙　古
（Mongolia）

2009 年是中华人民共和国与蒙古国建交 60 周年，也是两国签署《中蒙友好合作关系条约》15 周年。中蒙睦邻互信伙伴关系进一步向前发展。

双方保持高层交往势头。6 月 25～27 日，中共中央政治局常委、中央纪委书记贺国强率中共代表团访蒙，蒙古总统额勒贝格道尔吉、国家大呼拉尔主席（议长）登贝尔勒分别会见，总理巴雅尔与贺国强举行会谈。6 月 17 日，国家主席胡锦涛特使、全国人大常委会副委员长蒋树声率团参加额勒贝格道尔吉总统就职仪式。10 月 12～15 日，全国人大常委会副委员长桑国卫访蒙，额勒贝格道尔吉总统、登贝尔勒议长分别会见，巴特呼副议长与桑国卫副委员长举行会谈。6 月 2～4 日，中国社会科学院副院长王伟光访蒙。6 月 24～28 日，中国人民对外友好协会会长陈昊苏访蒙。7 月 20～25 日，铁道部副部长陆东福访蒙。

4 月 14～21 日，蒙古总理巴雅尔来华出席博鳌亚洲论坛 2009 年年会并访华，国务院总理温家宝、国家副主席习近平分别会见。10 月 26 日，蒙古副议长巴特呼率团访华，全国人大常委会委员长吴邦国、副委员长蒋树声分别会见。4 月 20～24 日，蒙古紧急状况总局局长阿木格楞巴亚尔访华。5 月 26～28 日，蒙古交通运输建筑与城市建设部部长巴特图勒嘎访华。10 月 11～16 日，蒙古对外关系与贸易部部长巴特包勒德访华，并代表蒙古总理巴雅尔出席上海合作组织成员国政府首脑理事会例行会议。12 月 7～11 日，蒙古矿产能源部部长卓里格特访华。

两国经贸合作继续发展。虽受全球金融危机影响，中蒙双边贸易额同比有所下降，但中国仍然保持蒙古最大贸易伙伴和投资国地位。4 月 7～9

日，中蒙政府间经济、贸易、科技合作委员会会议在北京举行。

两国军事领域合作取得进展。6 月 28 日至 7 月 5 日，中蒙在中国首次举行“维和使命—2009”联合训练。9 月 23 ~ 27 日，蒙古国防部部长包勒德访华。

两国文化、教育等领域保持良好交流与合作。双方举行一系列交流活动，庆祝建交 60 周年。4 月 20 ~ 26 日，蒙古 60 人青年代表团访华。7 月 30 日至 8 月 6 日，四川地震灾区 60 名中学生赴蒙古休假。9 月 16 日至 10 月 16 日，“蒙中友好月”在乌兰巴托举行。10 月 19 ~ 25 日，蒙古文化周在呼和浩特市举行。

黑　山

(Montenegro)

2009 年，中华人民共和国与黑山友好合作关系继续稳步发展，各领域交流合作不断加深。

两国高层保持接触。5 月，全国政协副主席张梅颖访问黑山。其间，黑山总统菲利普·武亚诺维奇、议长兰科·克里沃卡皮奇、总理米洛·久卡诺维奇、外交部长米兰·罗钦分别会见。双方积极评价中黑关系，表示愿共同努力继续推动各领域互利合作。

经贸、文化合作富有成果，地方交往逐步展开。4 月，黑山文化、体育和媒体部部长布拉尼斯拉夫·米丘诺维奇访华。文化部长蔡武同米丘诺维奇部长举行会谈，并签署《中华人民共和国政府和黑山政府文化、教育、社会科学和体育领域合作协定》。9 月，波德戈里察市市长米奥米尔·穆戈沙访问北京。11 月，中国政府和黑山政府间经贸混委会第二次会议在波德戈里察举行。

两国外交部合作良好。1 月，黑山外交部部长助理德拉甘·久罗维奇来华进行两国外交部首次领事磋商。3 月，外交部欧洲司司长李瑞宇赴黑山磋商。

摩洛哥

(Morocco)

2009 年，中华人民共和国与摩洛哥王国友好关系稳步、健康发展。

两国政治交往密切。4 月，摩洛哥穆罕默德六世国王特使、进步与社会主义党总书记穆莱·伊斯梅尔·阿拉维访华。5月，全国政协副主席白立忱访摩，会见摩首相、众议长等领导人。同月，摩洛哥国务大臣穆罕默德·亚兹里访华，出席中国共产党与社会党国际共同举办的“可持续发展研讨会”。7月，中国外长特别代表、中国政府非洲事务特别代表刘贵今访摩。10月，中国全国人大民族委员会主任委员马启智访摩。11月，摩洛哥外交与合作部国务秘书穆罕默德·乌兹尼和工业、贸易与新技术大臣艾哈迈德·沙米联合率团出席在埃及沙姆沙伊赫召开的中非合作论坛第四届部长级会议。同月，中国外交学会名誉会长、全国人大外事委员会主任委员李肇星赴摩出席第二届“地中海南方发展论坛”。中摩在国际和地区问题上保持了良好的磋商与合作。摩方继续在台湾、涉藏、涉疆等问题上给予中方宝贵支持。

中摩经贸合作继续发展。两国在渔业、通信、旅游、工程承包等领域的互利合作成果显著。3月，商务部副部长傅自应访摩。10月，摩洛哥外贸大臣阿卜杜勒—拉提夫·马阿祖兹访华。11月，中国国际贸促会会长万季飞访摩。12月，全国人大财经委员会主任委员石秀诗访摩。

两国在人力资源、地方、卫生、文化、体育、教育等领域的交流与合作也取得进展。中国人力资源和社会保障部副部长杨志明先后访摩。10月，中共北京市委副书记王安顺访摩，探讨两国首都开展合作事宜。10月，摩卫生大臣亚斯米娜·巴杜来华商谈卫生合作。11月，河南省艺术团赴摩演出，取得积极反响。12月，摩洛哥青年与体育大臣蒙塞夫·贝尔卡亚特访华。同月，摩洛哥首个孔子学院揭牌仪式在穆罕默德五世大学举行。

2009年1月，摩洛哥新任驻华大使贾法尔·阿尔热·哈基姆向胡锦涛主席递交国书。7月，中国新任驻摩洛哥大使许镜湖向摩洛哥国王穆罕默德六世递交国书。

莫桑比克

(Mozambique)

2009年，中华人民共和国与莫桑比克共和国的友好关系稳步发展，各领域合作进展顺利。

两国保持高层接触。11月13日，国家主席胡锦涛致函祝贺莫桑比克总统阿曼多·埃米利奥·格布扎再次当选。11月9日，外交部部长助理翟隽在埃及沙姆沙伊赫会见出席中非合作论坛第四届部长级会议的莫桑比克外交与合作部副部长爱德华多·科洛马。

两国经贸合作不断深化。3 月 24 ~26 日，商务部副部长姜增伟率中国商务部及企业家代表团，联合澳门特别行政区政府及企业家代表团、中国—葡语国家经贸合作论坛（澳门）常设秘书处代表团共同访问莫桑比克，会见了格布扎总统和总理路易莎·迪奥戈，与莫桑比克计划与发展部副部长维克多·贝尔纳多进行了工作会谈，双方签署了《中华人民共和国政府和莫桑比克共和国政府经济技术合作协定》。中非合作论坛北京峰会和胡锦涛主席 2007 年访问莫桑比克成果稳步落实，中国援建的莫桑比克国家体育场、检察院大楼、马普托机场改扩建、农业技术示范中心等项目均已开工，农村学校已竣工验收，抗疟中心已经挂牌并交付莫方。

两国其他领域的交流与合作进一步加强。湖北省副省长田承忠，中国人民解放军副总参谋长刘镇武上将，辽宁省人大常委会副主任闫丰，中共中央候补委员、中央党校副校长陈宝生先后访问莫桑比克。莫桑比克国防部长菲利佩·纽西、莫桑比克解放阵线党中央党校校长阿林多·希隆多来华访问，国防军总参谋长保利诺·马卡林戈上将来华进修。

中国辽宁省与莫桑比克索法拉省签署了建立友好合作伙伴关系意向书。

缅　甸

(Myanmar)

2009 年，中华人民共和国与缅甸联邦睦邻友好合作关系稳步发展。各领域交流与合作不断深化。

两国高层保持密切交往。3 月，中共中央政治局常委李长春访问缅甸，会见缅甸国家和平与发展委员会（以下简称“和发委”）主席丹瑞、总理登盛，与缅甸“和发委”第一秘书长丁昂敏乌举行会谈。4 月，缅甸总理登盛来华出席博鳌亚洲论坛 2009 年年会。6 月，缅甸“和发委”副主席貌埃访华。10 月，两国总理在东亚领导人系列会议期间举行会晤。缅甸“和发委”第一秘书长丁昂敏乌来华出席第六届中国—东盟博览会。12 月，国家副主席习近平访问缅甸，会见缅甸“和发委”主席丹瑞，与缅甸“和发委”副主席貌埃举行会谈。

2 月 3 日，中国新任驻缅甸大使叶大波向缅甸“和发委”主席丹瑞递交国书。

两国经贸合作保持良好发展势头。2009 年中缅双边贸易额继续保持增长势头，中国对缅甸投资规模不断扩大。

两国其他领域合作发展顺利。11 月，中国公安部与缅甸内政部签署两国政府关于加强打击拐卖人口犯罪合作文件。两国在军事、文化、教育、宗教等领域的交流与合作不断深化，两国地方政府交往增多，合作领域拓宽。

纳米比亚

(Namibia)

2009 年，中华人民共和国与纳米比亚共和国友好合作关系得到进一步巩固和发展。

两国保持高层接触和交往。2 月 27 日和 11 月 24 日，纳米比亚总统波汉巴分别就山西省煤矿爆炸事故和黑龙江省煤矿爆炸事故致信国家主席胡锦涛表示慰问。3 月 19 日，胡锦涛主席就纳米比亚北部地区发生洪涝灾害致电纳总统波汉巴表示慰问。8 月 9 ~ 15 日，各国议会联盟主席、纳米比亚国民议会议长古里拉布访华，全国人大常委会委员长吴邦国和国务院总理温家宝分别会见。9 月 30 日至 10 月 8 日，纳开国总统努乔马来华出席中国建国 60 周年庆祝活动并访问江苏省和上海市，中共中央政治局常委李长春会见。11 月 9 日，外交部长杨洁篪在埃及出席中非合作论坛第四届部长级会议期间会见了纳外长豪西库。

双边经贸合作取得新进展。5 月 26 ~ 27 日，商务部副部长蒋耀平率中国政府经贸代表团访纳，与纳方签署《中华人民共和国政府和纳米比亚共和国政府经济技术合作协定》。此外，中纳双方还先后于 1 月 9 日和 11 月 26 日两次签署《中华人民共和国政府和纳米比亚共和国政府经济技术合作协定》。中非合作论坛北京峰会涉纳项目顺利落实，中方援纳三所农村小学均完工并移交纳方，医院项目正在施工，中国农业专家已抵纳工作。

双方其他各领域的交往与合作也进一步加强。司法部副部长陈训秋、文化部部长特别助理李洪峰率中国政府文化代表团、中国人民解放军副总参谋长孙建国海军中将率中国军事代表团、中国政府非洲事务特别代表刘贵今大使等先后访纳；纳国防军司令沙利中将等访华。年内，中国甘肃省与纳米比亚奥西科托省建立友好省关系，中国甘肃省兰州市与纳米比亚楚梅布市建立友好城市关系。4 月，中国政府向纳米比亚政府提供 10 万美元紧急现汇援助，用于帮助纳应对北部洪涝灾害。中方 2009 年共为纳方培训 91 名技术和管理等各类人员。

尼泊尔

(Nepal)

2009年，中华人民共和国与尼泊尔联邦民主共和国关系继续健康、稳定向前发展，两国决定在和平共处五项原则基础上建立和发展世代友好的全面合作伙伴关系。

两国保持高层交往势头。12月26～31日，尼泊尔总理马达夫·库马尔·尼帕尔正式访华，国家主席胡锦涛、全国人大常委会委员长吴邦国分别会见。国务院总理温家宝同尼帕尔举行会谈。访问期间，双方发表《中尼联合声明》，宣布将两国关系从世代友好的睦邻伙伴关系提升至世代友好的全面合作伙伴关系。

两国外交部保持密切交流合作。2月25～27日，中国政府特使、外交部部长助理胡正跃访问尼泊尔，会见尼泊尔总理普拉昌达、国防部长拉姆·巴哈杜尔·塔帕。2月16～22日，尼外秘阿查里雅来华举行第八轮中尼外交磋商。外交部长杨洁篪、外交部副部长何亚非分别会见，胡正跃部长助理同阿查里雅会谈。4月4～10日，尼外长乌彭德拉·亚达夫访华。国家副主席习近平会见，杨洁篪外长同亚达夫举行会谈。9月8～13日，尼外长苏加塔·柯伊拉腊访华。国务院副总理李克强、国务委员兼公安部长孟建柱分别会见，杨洁篪外长同苏加塔举行会谈。

中国共产党同尼泊尔主要政党保持党际交往。4月18～23日，尼泊尔共产党（联合马列）主席贾拉·纳特·卡奈尔访华，中共中央政治局常委李长春，中共中央政治局委员、天津市委书记张高丽，中共中央对外联络部部长王家瑞分别会见。10月11～19日，联合尼泊尔共产党（毛主义）主席普拉昌达访华，全国政协主席贾庆林、中共中央对外联络部部长王家瑞分别会见。8月31日至9月4日，中共中央政治局委员、天津市委书记张高丽访问尼泊尔，拜会尼总统拉姆·巴兰·亚达夫和总理马达夫·库马尔·尼帕尔，会见联合尼共（毛主义）主席普拉昌达、大会党主席柯伊拉腊和尼共（联合马列）主席卡奈尔。

两国经贸合作进一步深化。中国政府继续向尼经济社会发展提供力所能及的帮助。7月，第十届中尼民间合作论坛在成都举行。9月，苏加塔外长访华期间，双方签署塔托帕尼边检站、加德满都内环路改造、援尼清洁车辆和设备换文。12月，尼帕尔总理访华期间，双方签署关于中国向尼泊尔提供无偿援助的《中华人民共和国政府与尼泊尔联邦民主共和国政府经济技术合作协定》。

两国人文交流迈上新台阶。12月，尼帕尔总理访华期间，双方签署

《中华人民共和国政府和尼泊尔政府关于加强中尼青年交流的谅解备忘录》。

中国西藏自治区同尼泊尔友好交流与合作进一步发展。9 月，第 12 届藏尼经贸洽谈会在西藏日喀则举行。11 月 24～28 日，中国西藏自治区副主席郝鹏访尼，拜会尼总理尼帕尔和副总理兼外长苏加塔 柯伊拉腊。

尼泊尔在台湾、涉藏等问题上继续给予中国坚定支持，承诺不允许任何势力利用尼领土从事任何反华活动。两国在国际和地区事务中保持密切沟通和配合。

荷　兰

(Netherlands)

2009 年，中华人民共和国与荷兰王国关系稳步发展，各领域合作与交流不断深化。

荷兰重视发展对华关系，强调中国是其对外关系的优先和重点，重视与中国加强在重大国际问题上的沟通和协调。两国各级别交往持续不断。9 月和 11 月，荷兰经济大臣玛丽亚·范德胡芬和外贸大臣弗兰克·亨斯科克分别访华，与商务部长陈德铭会见，并签署中荷能源合作备忘录。12 月，荷兰内政和王国关系大臣古斯·特霍斯特访华，与国务委员兼公安部长孟建柱举行会谈，并签署《中华人民共和国政府与荷兰王国政府关于联合打击犯罪的谅解备忘录》。两国外交部保持良好的合作与沟通，先后于 1 月和 4 月举行中荷第七次人权磋商和年度政治磋商。荷方坚持一个中国政策。6 月，达赖喇嘛窜访荷兰期间，王室成员及首相扬·彼特·鲍肯内德等主要领导人均未予会见。

两国经贸合作稳步发展。荷兰已连续六年保持中国在欧盟第二大贸易伙伴地位。受金融危机影响，中荷贸易受到较大冲击。经双方努力，双边贸易下降趋势已明显减缓。 国经贸互动增多，联系更为紧密。继荷经济和外贸大臣访华后，商务部部长助理仇鸿于 12 月率中国政府贸易投资促进团访荷，与荷经济大臣范德胡芬举行会谈，出席中国—荷兰贸易投资论坛，双方并签署多项投资协议和贸易合同。

两国在教育、科技、文化、军事等领域的交流与合作日益深化。荷兰高校纷纷建立中国小组，协调对华教育交流。“汉语热”持续升温，海牙孔子学院已形成一定影响力。中国“春节文化品牌”日益深入人心。“中国电影周”和“中国文化节”等活动取得良好效果。双方在环境、能源、生物、海洋、交通、农业、水利等领域的合作亦不断扩大。两国在亚丁湾海域护航行动中保持接触。

新西兰

(New Zealand)

2009 年，中华人民共和国与新西兰的全面合作关系继续保持良好发展势头。双方高层交往频繁，经贸、教育、科技、旅游、文化等各领域合作不断深化。

两国高层交往频繁。11 月，国家主席胡锦涛在新加坡出席亚太经合组织领导人非正式会议期间与新西兰总理约翰·基简短寒暄。10 月，国务院总理温家宝在泰国华欣出席第四次东亚峰会期间与约翰·基总理举行会晤。11 月，国务院副总理李克强访问新西兰，分别与约翰·基总理、英格利希副总理会见、会谈。5 月，全国人大常委会副委员长陈至立访问新西兰。10 月，外交部长杨洁篪在泰国华欣东亚峰会期间会见新西兰外交部长麦卡利。1 月，麦卡利外长致函感谢杨洁篪外长祝贺其就任。4 月，约翰·基总理对中国进行正式访问并出席博鳌亚洲论坛 2009 年年会，胡锦涛主席和温家宝总理分别与其会见、会谈。11 月，英格利希副总理致信李克强副总理，积极评价李克强副总理对新西兰的成功访问。

其他重要双边交往有：2 月，中共中央对外联络部部长王家瑞访问新西兰。同月，科技部副部长曹健林访问新西兰。6 月，国家质检总局副局长支树平访问新西兰。7 月，商务部长陈德铭在新加坡出席亚太经合组织贸易部长会议期间会见新西兰贸易部长格罗泽。10 月，新西兰食品安全部长凯特·威尔金森访华。

经贸合作成果丰硕。中新自由贸易协定自 2008 年 10 月实施以来总体情况良好，中国首次成为新西兰第二大贸易伙伴、第二大进口来源地和第三大出口市场。8 月，中国—新西兰自贸区第一次联合委员会会议在新西兰举行。5 月，中国海尔集团收购新西兰最大的家电企业斐雪派克公司 20% 的股份。9 月，中国北车集团公司与新西兰铁路公司签署了中国向新西兰出口 20 辆内燃机车的项目合同，开创了内燃机车向发达国家出口的先河。10 月，中国华奥物种集团有限公司收购新西兰规模最大的农业服务公司 PGG Wrightson 13% 的股权。

教育、旅游、科技、文化等领域的合作不断扩大。在教育领域，中国是新西兰最大的留学生来源国，新西兰是中国公民出国留学第五大目的国，2008 年，中国在新西兰各类留学人员约 3.5 万人。11 月，李克强副总理访问新西兰期间为坎特伯雷大学孔子学院揭牌，这是两国大学联合在新西兰设立的第二所孔子学院。在旅游领域，2008年，中国公民赴新西兰旅游达12.1万人次，新西兰公民来华旅游达10.5万人次。4月，两国签署《双边旅游事务对话与合作安排》。在科技领域，2月，中新科技合作联委会第二次会议在新西兰举行，启动两国青年科学家交流计划。在文化领域，4月，新西兰总理约翰·基访华期间为上海“新西兰之窗”揭幕。同月，新西兰当代中国研究中心在新西兰维多利亚大学成立。中国国家博物馆代表团、新疆歌舞团等文化艺术团体先后访问新西兰，新西兰毛利演出团、皇家芭蕾团等分别访华。

两军保持密切交往。3月，中国人民解放军副总参谋长马晓天中将访问新西兰，双方举行第二次中新两军战略磋商。4月，新西兰海军司令托尼·帕尔少将率舰队访华，参加中国人民解放军海军成立60周年活动。9月，新西兰国防部长韦恩·马普访华。11月，新西兰空军司令格雷厄姆·林托特少将访华，参加中国人民解放军空军成立60周年活动。

尼日尔

(Niger)

2009年，中华人民共和国与尼日尔共和国友好合作关系继续稳步发展，各领域合作进展顺利。

两国各层次交往不断。8月23～30日，尼经济、社会和文化理事会主席阿马杜·谢富访华，中共中央政治局委员、全国政协副主席、中国经济社会理事会主席王刚与其会见。双方积极评价中尼关系，就进一步推进两国和两机构间友好合作关系深入交换了意见。4月11～19日，应全国友协邀请，尼总统夫人拉哈芭·坦贾率团访华，全国人大常委会副委员长陈至立会见。

11月20日，中国新任驻尼日尔大使夏煌向尼日尔总统坦贾递交国书。

双边经贸合作富有成效。3月，商务部副部长傅自应率团赴尼出席两国经贸混委会第四次会议，双方签署了《中华人民共和国政府和尼日尔共和国政府经济技术合作协定》和中方向尼铀矿开发项目提供优惠贷款的政府间框架协议。尼日尔河二桥、津德尔炼油厂等项目稳步推进。中非合作论坛北京峰会成果在尼得到积极落实，中方援建的两所农村学校移交尼方，三名农业专家和15名青年志愿者抵尼工作。

10月，中国红十字会向尼提供五万美元现汇援助，用于帮助其应对北部地区严重洪灾。

尼日利亚

(Nigeria)

2009 年，中华人民共和国与尼日利亚联邦共和国关系继续稳步发展。

两国政治交往密切，互信进一步加深。6 月 12 日，国家主席胡锦涛在人民大会堂接受尼日利亚新任驻华大使阿米努·巴希尔·瓦利递交国书。6 月 30 日至 7 月 2 日，浙江省省长吕祖善访问尼日利亚。8 月，中国政府非洲事务特别代表刘贵今大使访问尼日利亚。9 月，尼日利亚外交部常秘乔·凯希访华，与外交部部长助理翟隽共同主持中尼首次战略对话。年内多名尼日利亚州长和部长访华。11 月，尼日利亚外交国务部长巴古杜·希尔塞率团出席中非合作论坛第四届部长级会议。

两国经贸合作进展顺利。6 月，两国经贸联委会第五次会议在北京举行，商务部副部长陈健和尼日利亚外交国务部长贾布里勒·迈加里共同主持会议。中非合作论坛北京峰会成果在尼日利亚稳步落实，中方援建的医院、学校项目已开工，抗疟中心已挂牌并完成第一次巡诊。中国援尼日利亚打井供水项目顺利完成。两国政府与联合国粮农组织第二期“粮食安全特别计划三方协议”项目顺利开展，中方第一批 26 名农业专家和技术人员陆续抵尼。两国能源合作稳步推进，中国石油公司参与投资的石油区块 6 月正式投产。

两国在文教等领域的交流与合作不断加强。3 月，尼日利亚文化旅游部长贝洛·加达访华。4 月，国家宗教事务局局长叶小文访问尼日利亚。10 月，“2009 中国文化聚焦非洲”艺术团赴尼日利亚访问演出。

纽　埃

(Niue)

2009 年，中华人民共和国与纽埃两国友好合作关系继续稳步发展。

10 月，国务院总理温家宝致函纽埃总理托克·塔拉吉，对纽埃宪法日表示祝贺。8 月，中国—太平洋岛国论坛对话会特使王永秋在澳大利亚凯恩斯出席太平洋岛国论坛会后对话会期间会见塔拉吉总理。6 月，纽埃立法会议案委员会主席比利·塔拉吉率团参加太平洋岛国议会代表团访华，并参加该团与全国人大常委会委员长吴邦国、国务院总理温家宝、全国人大常委会副委员长严隽琪的会见、会谈。

挪　威

(Norway)

2008 年，中华人民共和国与挪威王国关系平稳发展。

双边高层交往不断。10 月，挪威新一届议会和政府成立后，全国人大常委会委员长吴邦国、国务院总理温家宝、外交部长杨洁篪分别致电挪威新任议长达格·安德森、首相延斯·斯托尔滕贝格、外交大臣约纳斯·加尔·斯特勒表示祝贺。7 月，全国政协副主席、中共中央统战部部长杜青林访挪，与挪文化与宗教大臣特隆德·吉斯克会见。

立法机构、政党之间保持交往。4 月，全国人大常委会外事委员会副主任委员郑斯林访挪。5 月，中共中央对外联络部部长王家瑞访挪，与挪议会副议长卡尔·哈根、外交大臣斯特勒、财政大臣克里斯汀·哈尔沃森等会见。11 月，全国人大常委会环境与资源保护委员会副主任委员曹伯纯访挪。

经贸合作续有发展。中国继续保持挪亚洲最大贸易伙伴地位。尽管受到金融危机影响，双边贸易额仍稳步上升，挪对华出口保持快速增长势头。12 月，中挪自贸协定第六轮谈判在挪举行。

外交部间沟通与交流密切。6 月，外交部部长助理胡正跃赴挪参加“北极研究之旅”，中挪在京举办首轮北极事务双边对话。12 月，外交部副部长张志军赴挪举行双边政治磋商，中挪第 12 次人权与司法圆桌会议在挪举行。挪外交部国务秘书哈康·古尔布朗森、外交部秘书长比约·格吕德兰分别访华。

两国在水利、交通、文化、体育、卫生、军事等各领域交往频繁。水利部部长陈雷，铁道部部长刘志军，国家体育总局局长刘鹏，中央军委委员、海军司令员吴胜利上将，新华社社长李从军，文化部副部长陈晓光，财政部副部长王军等分别访挪。挪卫生与护理大臣比亚纳·汉森、环保与国际发展大臣埃里克·苏尔海姆、财政部国务秘书罗格·谢尔瓦、行政与改革部国务秘书文琦·林霍尔姆等访华。两国续签《中华人民共和国与挪威王国政府间文化合作谅解备忘录》和《中华人民共和国体育总局与挪威文化与宗教事务部关于双边体育合作的谅解备忘录》。

地方、民间等交往活跃。河北省副省长宋恩华、湖北省副省长张岱梨、海南省副省长符跃兰等访挪。8 月，挪前首相谢尔·邦德维克访华。9 月，湖北省在挪泰勒马克郡举办“2009 年挪威—湖北周”。

9 月 17 日，中国新任驻挪威大使唐国强向挪国王哈拉尔五世递交国书。

阿　曼

(Oman)

2009年，中华人民共和国与阿曼苏丹国友好合作关系继续稳步发展。

双边重要互访不断。11月，全国人大常委会副委员长王兆国过境阿曼，会见了阿曼国家委员会副主席萨伊德·布赛义迪。1月，外交部长杨洁篪过境阿曼，会见阿外交事务主管大臣尤素福·本·阿拉维。2月，国务院法治办副主任张穹访问阿曼，与阿方就能源立法问题进行交流。同月，水利部副部长胡泗一访问阿曼，参加在阿曼举行的七十七国集团水资源部长级论坛。11月，阿曼外交部秘书长巴德尔·本·哈马德访华，与外交部部长助理翟隽共同主持两国外交部第四轮战略磋商。7月，阿曼国民经济大臣艾哈迈德·本·阿卜杜纳比·马基访问上海。

两国贸易受国际金融危机影响有所下降，但双方工程承包领域合作呈良好发展势头，两国企业在电站、公路、水处理、港口建设、造船等方面签署多项新的合作协议。

中国四川汶川特大地震灾害发生后，阿曼政府决定在四川广元地区援建350户居民住宅以及教育、医疗等配套设施。5月该项目举行奠基仪式，截至2009年底，项目进展顺利，工程施工已经过半。

两国在人文领域合作取得新进展。浙江省手工艺代表团访问阿曼，卡布斯苏丹捐资修建的泉州清净寺礼拜堂竣工。阿曼政府在其海港城市萨拉拉选定修建郑和纪念碑碑址。

巴基斯坦

(Pakistan)

中华人民共和国与巴基斯坦伊斯兰共和国是亲密友好邻邦和战略合作伙伴。2009年，双方在各自关切问题上相互尊重、相互信任、相互支持、相互帮助，各领域互利合作不断深化，两国关系稳步向前发展。

密切高层交往，加深政治互信。巴基斯坦总统阿西夫·阿里·扎尔达里先后三次来华，分别赴湖北、上海和浙江、广东访问，并出席博鳌亚洲论坛年会。国家主席胡锦涛同在上海访问的扎尔达里总统通了电话，国务院总理温家宝在三亚会见了扎尔达里总统，国务委员戴秉国代表中国政府在武汉会见了扎尔达里总统。巴基斯坦总理赛义德·优素福·拉扎·吉拉尼结合出席上海合作组织第八次总理会成功访华，国家主席胡锦涛、国务院总理温家宝、政协主席贾庆林分别予以会见。上述访问巩固了中巴全天候友谊，深化了两国全方位合作，为提升中巴战略合作伙伴关系发挥了积极作用。此外，参议院主席法鲁克·哈米德·奈克、国民议会议长法赫米达·米尔扎、内政部长拉赫曼· 利克、铁道部长古拉姆·艾哈迈德·比鲁尔等接连访华。审计署审计长刘家义、中共中央对外联络部副部长刘洪才、全国人大外事委员会主任委员李肇星等先后访巴。一年来，两国副部级以上互访近 40 次。

完善经贸机制，推动战略合作。双方签署《中华人民共和国政府和巴基斯坦伊斯兰共和国政府自由贸易区服务贸易协定》，为两国经贸合作开辟了更为广阔的前景。双方在基础设施、农业、水利等领域开展多项务实合作，并取得积极进展。

加强防务合作，维护地区稳定。巴基斯坦国防部长乔杜里·艾哈迈德·穆赫塔尔、海军参谋长诺曼·巴希尔上将、空军参谋长劳·卡玛尔·苏莱曼上将等访华。巴基斯坦海军舰艇参加在青岛举行的中国海军成立 60 周年多国海军活动。中国空军司令员许其亮上将访巴。中国海军军舰参加在巴基斯坦举行的“和平—2009”多国海上联合军演并顺访。

扩大人文交流，增进传统友谊。两国签署《中华人民共和国政府和巴基斯坦伊斯兰共和国政府文化协定 2010 年至 2012 年执行计划》。巴基斯坦青年百人团连续第三年访华，200 多名巴基斯坦政府官员来华参加人力资源开发与培训项目。

保持密切协作，理解核心关切。巴基斯坦在台湾、涉藏、涉疆、人权等问题上坚定支持中方立场。中国理解和支持巴基斯坦政府根据国家利益以及自身国情，制定与实施安全和发展战略。

巴勒斯坦

(Palestine)

中华人民共和国是最早支持巴勒斯坦解放组织和巴勒斯坦国的国家之一。2009 年，两国友好合作关系继续平稳发展。

两国政治交往密切。4 月，外交部长杨洁篪访问巴勒斯坦，分别会见巴勒斯坦民族权力机构主席阿巴斯和总理法耶兹，并与马立基外长举行会谈。6 月，中国中东问题特使吴思科访问巴勒斯坦，会晤阿巴斯主席。8 月，中共中央对外联络部代表团应邀出席巴勒斯坦民族解放运动（法塔赫）第六次全国代表大会，受到阿巴斯主席接见。11 月，法塔赫中央委员、对外关系部长阿巴斯·扎奇率干部考察团访华。

中方继续向巴方提供力所能及的援助。中国援建的巴勒斯坦外交部大楼项目正式启动，中方向巴方捐赠办公设备，同意提供价值 2000 万元人民币的活动板房。中方还接待了巴方 6 个培训班来华培训。

2008 年底至 2009 年初，以色列对加沙地带发动代号为“铸铅”的军事行动。中国政府在不同场合多次呼吁停火，并向巴勒斯坦政府提供 100 万美元的紧急现汇援助。3 月，在埃及召开的加沙重建捐助国会议上，中国中东问题特使孙必干代表中国政府宣布向巴勒斯坦民族权力机构提供 1500 万元人民币无偿援助。4 月，杨洁篪外长访问巴勒斯坦期间，再次向巴方提供 1500 万元人民币无偿援助。

巴布亚新几内亚
(Papua New Guinea)

2009 年，中华人民共和国与巴布亚新几内亚独立国关系继续保持良好发展势头。

两国高层交往密切。11 月，国务院副总理李克强访问巴新，分别与巴新总督保莱阿斯·马塔内、总理迈克尔·索马雷及副总理普卡·坦穆会见、会谈。中巴新签订五项经济技术合作协议。10 月，中国人民解放军总参谋长陈炳德上将访问巴新，分别与索马雷总理，国防部长鲍勃·达达埃，外交、贸易与移民部长塞缪·阿巴尔及国防军司令彼得·伊劳会见、会谈。4 月，巴新总理索马雷访华并出席亚洲博鳌论坛 2009 年年会开幕式，国家主席胡锦涛、国务院总理温家宝分别会见、会谈。中巴新签订六项经济技术合作协议。8 月，索马雷总理在澳大利亚出席第 21 届太平洋岛国论坛会后对话会期间会见中国—太平洋岛国论坛对话会特使王永秋。9 月，索马雷总理致函国务院总理温家宝，祝贺中华人民共和国成立 60 周年。4 月，巴新外交、贸易与移民部长阿巴尔访华，外交部长杨洁篪、外交部副部长何亚非、国家发展和改革委员会副主任兼国家能源局局长张国宝分别会见、会谈。同月，巴新卫生与艾滋病防控部长萨萨·齐贝访华，并出席在北京举行的联合国经社理事会“卫生知识普及”亚太区域年度部长级会议。6 月，巴新国防军司令伊劳访华，国务委员兼国防部长梁光烈上将和总参谋长陈炳德上将分别会见、会谈。8 月，巴新总理特使、巴新国企部长阿瑟·索马雷访华，国家发展改革委员会主任张平与其会谈。

两国经贸、农业合作富有成效，民间交往继续扩大。巴新继续保持中国在太平洋岛国地区最大贸易伙伴和投资对象国地位。中国冶金集团与巴新方合作开发的拉姆镍矿项目总体进展顺利。中国石油化工集团公司与巴新液化天然气项目签署长期液化天然气购销协议。中国海洋石油总公司与巴新方签署液化天然气合作原则协议。中国援建的威瓦克体育场项目顺利实施。中国政府向巴新提供体育健身设施并小额现汇用于巴新方自行修建乡村诊所。中国政府派遣的农业专家抵达巴新实施哈根农业技术合作项目。巴新政府为中国四川地震灾区重建提供53.13万美元援助。

秘　鲁
(Peru)

2009年，中华人民共和国与秘鲁共和国战略伙伴关系深入发展，各领域合作富有成效。

双方高层交往密切，政治互信增强。11月13日，国家主席胡锦涛与秘鲁总统阿兰·加西亚在新加坡亚太经合组织第17次领导人非正式会议期间举行双边会晤。两国领导人就双边关系及共同关心的国际和地区问题交换了意见。胡锦涛主席积极评价中秘关系，表示中方愿与秘方一道努力，增强政治互信，深化务实合作，巩固中秘友好的社会基础，推动两国战略伙伴关系不断深入发展。加西亚总统表示，秘政府高度重视发展对华关系，希同中方加强在矿业、基础设施等领域的合作。11月22～23日，全国政协主席贾庆林对秘鲁进行正式友好访问。其间，贾庆林主席会见加西亚总统并共同出席《中华人民共和国政府和秘鲁共和国政府经济技术合作协定》签字仪式，与秘鲁国会主席路易斯·阿尔瓦·卡斯特罗举行会谈。贾庆林主席还出席中国秘鲁经贸合作论坛开幕式并致辞。

4月27日至5月2日，秘鲁第一副总统路易斯·詹彼得里·罗哈斯对中国进行工作访问。国家副主席习近平与其举行会谈。双方就加强中秘战略伙伴关系、深化务实合作达成重要共识。会谈后，双方共同出席了《中国—秘鲁自由贸易协定》签字仪式，该协定是中国同拉美国家签署的第一个一揽子自贸协定。

两国议会和党际交往密切。7月，中共中央政治局委员、中央书记处书记、中共中央宣传部部长刘云山率中国共产党代表团对秘鲁进行正式友好访问。其间，加西亚总统、国会主席哈维尔·贝拉斯克斯分别会见，与阿普拉党总书记毛里西奥·穆德尔举行工作会谈。4月，全国人大外事委员会副主任委员南振中率团访秘。9月，秘前部长会议主席豪尔赫·德尔卡斯蒂略率秘国会秘中友好小组代表团访华。11月，秘前部长会议主席耶胡德·西蒙率秘人道主义党代表团访华。

两国经贸合作不断深化。中国已成为秘鲁第二大贸易伙伴，秘鲁是中国在拉美第七大贸易伙伴。6 月，商务部部长助理鲁建华访秘。10 月，工商银行行长杨凯生访秘。

两军保持密切交往。3 月，总装备部副部长张建启中将访秘。12 月，由“石家庄”号导弹驱逐舰和“洪泽湖”号远洋综合补给舰组成的中国海军舰艇编队访问秘鲁。加西亚总统会见了中国海军舰艇编队总指挥、海军北海舰队副司令员王福山少将并登舰参观。

两国在科技、人文、司法等领域的友好合作深入发展。国务院扶贫办主任范小建、国土资源部副部长江民、民航总局副局长杨国庆、审计署审计长令狐安、最高法院副院长熊选国、中央编制办公室副主任黄文平相继访秘。秘鲁政府为“华人抵秘 160 周年”举行系列纪念活动。秘交通和通信部副部长豪尔赫·路易斯·库巴访华。

菲律宾

(The Philippines)

2009 年，中华人民共和国与菲律宾共和国面向和平与发展的战略性合作关系继续稳步发展，各领域交流与合作不断深化。

两国高层交往密切。4 月，菲律宾副总统诺利·德卡斯特罗到安徽出席中国中部投资贸易博览会。7 月，中共中央政治局委员、北京市委书记刘淇访菲。9 月，中共中央政治局委员、天津市委书记张高丽访菲。同月，菲副总统德卡斯特罗到吉林参加第五届东北亚投资贸易博览会。10 月，菲众议长普洛斯佩罗·诺格拉雷斯到南宁出席第六届中国—东盟博览会并访问北京和天津，全国人大常委会委员长吴邦国在京会见。同月，外交部长杨洁篪对菲进行正式访问。访问期间，杨洁篪外长和菲外长阿尔韦托·罗慕洛共同签署《中华人民共和国政府与菲律宾共和国政府关于战略性合作共同行动计划》和《中华人民共和国和菲律宾共和国领事协定》。11 月，全国政协主席贾庆林在菲出席第十届华商大会并对菲进行正式友好访问。访问期间，双方签署《中华人民共和国政府和菲律宾共和国政府关于相互承认高等教育学历和学位的协议》。

双方各领域交流与合作进一步深化。1 月，四川汶川地震灾区 100 名中学生访问菲律宾，菲总统阿罗约会见。9 月，菲律宾遭受特大水灾，中国政府累计提供 31 万美元救灾援助。11 月，广西壮族自治区主席马飚访菲。12 月，菲律宾武装部队总参谋长维克托·依布拉多中将访华。

波　兰
(Poland)

2009 年是中华人民共和国与波兰共和国建交 60 周年，中波双方总结过去、展望未来，两国关系总体发展顺利。

两国政治关系发展良好。10 月 6 日，国家主席胡锦涛、全国人大常委会委员长吴邦国、国务院总理温家宝和外交部长杨洁篪分别同波兰总统莱赫·卡钦斯基、众议院议长博罗尼斯瓦夫·科莫罗夫斯基、总理多纳德·图斯克、外长拉多斯瓦夫·西科尔斯基分别就两国建交 60 周年互致贺电。双方积极评价中波传统友好关系，强调要以建交 60 周年为契机，全面推进中波友好合作伙伴关系。全国政协副主席李兆焯出席中国人民对外友好协会与波兰驻华使馆共同举办的庆祝两国建交 60 周年招待会，波兰外长拉多斯瓦夫·西科尔斯基出席了波兰外交部在华沙举办的庆祝两国建交招待会。3 月，波兰总理特使、总理府国务秘书斯瓦沃米尔·诺瓦克来华，外交部部长助理吴红波会见。

两国外交部保持交往。5 月，杨洁篪外长在越南河内亚欧外长会议期间会见波兰外长西科尔斯基。同月，吴红波部长助理会见来访的波外交部总司长拉法乌·维希涅夫斯基。11 月，张志军副部长会见来访的波外交部副部长安杰伊·克莱梅尔。

双边经贸合作稳步发展。尽管受国际金融危机影响，中波贸易额有所下滑，波仍为中国在中东欧地区最大贸易伙伴。两国企业界互访频繁，相互投资有所增加。

两军关系取得进展，双方军队高级将领保持经常性往来。8 月，中央军委委员、解放军总政治部主任李继耐上将访波。12 月，波兰国防部长博格丹·克利赫访华，访问期间，双方签署了两国国防部防务合作协议。

中波基础设施建设合作继续加强。6 月，波兰基础设施部长采扎雷·格拉巴尔赤克访华，就深化中波基础设施建设领域合作、邀请中国企业参与波交通基础设施建设项目与中方交换意见。

中波文化、教育、科技、农业、能源、环保等领域合作不断深化，地方交往日趋活跃。9 月，中国文化节在波兰举行。克拉科夫雅盖隆大学孔子学院、波兹南密茨凯维奇大学孔子学院、奥波莱理工大学孔子学院、弗罗茨瓦夫大学孔子学院运转正常，革但斯克大学孔子学院筹建顺利。两国已缔结 15 对友好省市，人员往来日益频繁，合作内容不断充实。

葡萄牙
(Portugal)

2009年，中华人民共和国与葡萄牙共和国全面战略伙伴关系进一步深化，各领域务实合作取得丰硕成果。

双方政治互信不断加深。2009年是中葡建交30周年。两国元首、总理和外长互致贺电，两国外交部互办中葡建交史料展，中国人民对外友好协会举办庆祝招待会。双方还举办了一系列庆祝活动。1月，外交部长杨洁篪访葡，分别会见葡总统卡瓦科·席尔瓦、议长雅伊梅·伽马、总理若泽·索克拉特斯，并同葡外长路易斯·阿马多举行会谈。双方高度评价中葡关系，表示愿以庆祝建交30周年为契机，推动两国全面战略伙伴关系向前发展。9月，葡外交部对外政策总司长努诺·布里托来华磋商。两国在国际组织中相互协调和配合。

两国立法部门交往密切。5月，伽马议长访华，全国人大常委会委员长吴邦国和全国政协主席贾庆林分别会见。两国领导人积极评价双边关系，表示愿通过此访，推动两国和两国议会关系深入发展。

两国经贸合作良好。7月，商务部长陈德铭率中国投资贸易促进团赴葡，同葡方举办“中葡经贸合作论坛暨企业洽谈会”，签署10个政府和企业合作协议，涉及机电、农产品、可再生能源、物流等领域。

两国在文化、教育、司法等领域的合作进展顺利。中国在葡举办《中国万花筒》、《澳门风情》等展览，在葡国家电视台（RTP）播放《和谐中国》等五部电视片。天津外国语学院与里斯本大学建立校际合作关系，互派留学生和教师。举办“汉语桥”中文比赛预赛。最高人民法院大法官张建南和最高人民检察院副检察长张耕先后访葡，葡司法部长阿尔贝托·科斯塔访华。中葡刑事司法协助条约、引渡条约和被判刑人移管条约均已生效。

两国军事交流与合作日益密切。中国空军政委邓昌友上将率团访葡；葡海军参谋长费尔南多·戈麦斯上将、空军参谋长路易斯·阿劳若上将分别率团出席中国海、空军成立60周年系列活动。

卡塔尔
(Qatar)

2009年，中卡关系保持良好发展势头，两国政治互信进一步加强，各领域合作全面展开。

中卡政治关系发展良好。4月21～23日，全国政协副主席李金华顺访卡塔尔，会见卡塔尔协商议会副议长库瓦里。2月6日，吉林省委副书记王儒林率团访问卡塔尔。6月9～10日，宁夏回族自治区人民政府副主席赵小平率团访问卡塔尔。7月25～26日，中国外交部长杨洁篪的特别代表、中国中东问题特使吴思科访问卡塔尔。11月10～13日，卡塔尔副首相兼能源和工业大臣阿提亚率团访华，国务院副总理王岐山，国家发展与改革委员会副主任、国家能源局局长张国宝分别会见。

经贸和能源合作成果丰硕。8月31日，中国海洋石油总公司与卡塔尔石油公司签署价值1亿美元的卡塔尔海上区块勘探与产品分成协议。10月19日，卡塔尔向中国出口的第一船液化天然气运抵广东大鹏。11月，卡塔尔副首相兼能源和工业大臣阿提亚访华期间，中国海洋石油总公司、中国石油天然气集团公司与卡塔尔天然气公司就中国企业增加购买卡塔尔液化天然气事宜签署有关文件。

双方民间交往密切。8月7日，卡塔尔红新月会与中国红十字会签署关于四川地震灾区重建项目的协议书，为四川省广元市青川县大院回族自治乡锁家村和花果村援建384所民房，涉及金额587.52万元人民币。

大韩民国

(ROK)

2009年，中华人民共和国与大韩民国的战略合作伙伴关系进一步得到巩固与发展。

两国高层交往频繁，政治互信加强。4月4～7日，中共中央政治局常委李长春对韩国进行正式友好访问，韩国总统李明博、国会议长金炯旿、国务总理韩升洙分别会见。12月16～19日，国家副主席习近平对韩国进行正式访问，李明博总统、金炯旿议长分别会见，郑云灿总理与习近平副主席举行会谈，双方就中韩关系及共同关心的国际和地区问题交换意见，达成重要共识。8月20～24日，中共中央书记处书记、中央纪委副书记何勇率中国共产党代表团访韩，分别会见金炯旿议长和韩升洙总理。11月1～3日，中共中央政治局委员、广东省委书记汪洋访韩，李明博总统会见。5月17日，李明博总统夫妇会见中国人民对外友好协会副会长李小林率领的汶川地震灾区青少年友好交流团一行。

11月18～22日，韩国国会议长金炯旿访华，国家主席胡锦涛、全国人大常委会委员长吴邦国分别会见。7月13～15日，韩国国会副议长李允盛访华，同中方举行中韩议会定期交流机制第四次会议，吴邦国委员长会见。8 月 24 ~25 日，韩国前国会副议长李相得访华，全国政协主席贾庆林、国务委员戴秉国分别会见。

双方在国际多边场合保持接触势头。4 月 2 日，胡锦涛主席出席伦敦二十国集团领导人第二次金融峰会期间与李明博总统举行会晤。9 月 23 日，胡锦涛主席出席纽约联合国系列会议期间与李明博总统举行会晤。10 月 10 日，胡锦涛主席、国务院总理温家宝分别会见来华出席第二次中日韩领导人会议的李明博总统。4 月 11 日，温家宝总理在泰国帕塔亚出席东亚领导人系列会议期间会见李明博总统。7 月 22 日，外交部长杨洁篪与韩国外交通商部长官柳明桓在泰国普吉东盟外长会期间举行会晤。9 月 28 日，杨洁篪外长与柳明桓外长在上海中日韩外长会期间举行会晤。

两国经贸合作势头良好。在共同应对国际金融危机挑战过程中，中韩经贸合作水平持续提升，领域不断扩展，内涵进一步充实。中国继续保持韩国最大贸易伙伴、最大出口市场、最大进口来源国和最大海外投资对象国地位。韩国是中国第三大贸易伙伴国和第四大外商直接投资来源地。双方正式签署《中韩经贸合作中长期发展规划报告》，提出到 2015 年双边贸易额达 3000 亿美元的新目标。

两国人文领域交流进一步加强。2009 年双方各类团组交流互访频繁。韩国新增孔子学院 4 家，在韩孔子学院总数达 16 家，另有 1 家孔子课堂。韩国在华留学生约 6.5 万名，中国在韩留学生约 6 万名，均居对方国家外国留学生人数之首。参加汉语水平考试的韩国考生突破 5 万，占全球考生人数的一半。双方签署《青少年交流协定》，进一步扩大青少年交流规模。

罗马尼亚

(Romania)

2009 年是中华人民共和国与罗马尼亚建交 60 周年，两国关系进一步向前发展。

高层交往频繁，政治互信日益增强。10 月 4 日，国家主席胡锦涛同罗马尼亚总统特拉扬·伯塞斯库就两国建交 60 周年互致贺电，双方在贺电中高度评价 60 年来两国关系的发展。10 月 18 ~20 日，国家副主席习近平对罗马尼亚进行正式访问，同罗马尼亚总统特拉扬·伯塞斯库会谈，分别会见了罗马尼亚参议长米尔恰·杰瓦纳、众议长罗伯塔·阿纳斯塔塞、总理埃米尔·博克以及对华友好人士，出席了中罗建交 60 周年研讨会和中罗经贸论坛暨企业家洽谈会并分别致辞。两国领导人共同回顾总结了60年来中罗关系发展历程，就进一步加强双边关系达成了广泛共识，一致认为60年传统友谊是中罗两国人民共同的宝贵财富，也是扩大双方各领域互利合作的坚实基础。访问期间，双方签署了《中华人民共和国政府和罗马尼亚政府关于互设文化中心的谅解备忘录》、《中华人民共和国政府和罗马尼亚政府经济技术合作协定》、《中华人民共和国商务部和罗马尼亚中小企业、贸易和商业环境部关于在中小企业领域加强交流与合作的谅解备忘录》、《中华人民共和国农业部与罗马尼亚农业、林业及乡村发展部农业合作协议》4项政府协议及7项商务文件。

6月29日至7月2日，中共中央政治局委员、全国政协副主席王刚访问罗马尼亚，分别会见罗马尼亚总统伯塞斯库、参议长杰瓦讷、总理博克。10月14日，王刚副主席应邀出席了全国对外友协和罗马尼亚驻华使馆共同举办的中罗建交60周年招待会。6月22～26日，罗马尼亚参议长杰瓦讷访华，全国人大常委会委员长吴邦国、全国政协主席贾庆林、副主席王刚分别会见。9月7～10日，罗马尼亚外长克里斯蒂安·迪亚科内斯库访华，习近平副主席会见，外交部长杨洁篪主持工作会谈。

各部门交往密切，务实合作富有成效。外交部部长助理吴红波、中央纪委驻海关总署纪检组组长胡玉敏、团中央书记处书记罗梅、国家民委副主任杨健强、社会科学院副院长王伟光、商务部副部长马秀红、全国人大外委会副主任委员卢钟鹤、全国人大财经委副主任委员闻世震、中国人民解放军总政治部主任李继耐上将、武警部队副政委李清印中将、国家粮食局局长聂振邦、对外友协副会长李小林、文化部副部长欧阳坚、商务部部长助理崇泉、全国政协外委会委员兼外交学会理事刘古昌、国务院侨办副主任任启亮先后访问罗马尼亚。外交部副部长武大伟同罗马尼亚外长迪亚科内斯库在海牙举行双边会晤。罗马尼亚中小企业、贸易和经营环境部长康斯坦丁·尼策，外交部副国务秘书、世博会政府总代表费尔迪南德·纳吉，众议院经济政策、改革和私有化委员会主席米哈伊·图多塞，罗中友协主席弗洛雷亚·杜米特雷斯库，中小企业部国务秘书格奥尔基·马林，众议院人权、宗教和少数民族委员会副主席马留斯·克里斯蒂内尔·杜古雷斯库分别访华。

人文交流丰富多彩，相互了解不断加深。结合两国建交60周年，中罗双方共同举办了系列庆祝活动，在两国引起积极反响。中方出版了《中罗建交60周年》纪念画册，发行了中罗建交60周年纪念首日封，并在罗马尼亚举办了“中国文化节”。河南省郑州市同其罗马尼亚友城克鲁日·纳波卡市举行两市市长和网民在线对话活动。罗方在华举行了画展、文艺演出、专题酒会等系列活动，在罗马尼亚发行了罗中建交60周年纪念邮票。

俄罗斯
(Russia)

2009年是中华人民共和国与俄罗斯联邦建交60周年。在这一大背景下，中俄战略协作伙伴关系继续快速发展，两国政治互信、务实合作、人文往来、战略协作均达到全新水平。

高层交往更加密切。国家主席胡锦涛成功对俄罗斯进行国事访问，同俄总统梅德韦杰夫举行会谈，就双边关系及共同关心的国际和地区问题深入交换了意见，达成广泛共识。两国元首还在二十国集团英国伦敦峰会、纽约第64届联合国代表大会一般性辩论、新加坡亚太经合组织第17次领导人非正式会议期间三次会晤；共同出席了上海合作组织成员国元首理事会第九次会议和“金砖四国”领导人会晤。全国人大常委会委员长吴邦国对俄罗斯进行正式访问，同俄联邦委员会主席米罗诺夫、国家杜马主席格雷兹洛夫分别举行全国人大同俄联邦委员会合作委员会第三次会议和全国人大同俄国家杜马合作委员会第三次会议。俄罗斯总理普京访华，同国务院总理温家宝举行中俄总理第14次定期会晤，共同出席中俄建交60周年庆祝大会暨中国“俄语年”闭幕式。国务委员、公安部长孟建柱、中央军委副主席郭伯雄、外交部长杨洁篪等访俄。俄副总理谢钦先后三次访华，同国务院副总理王岐山举行三次中俄能源谈判代表会晤。俄副总理茹科夫访华，分别同王岐山副总理和国务委员刘延东主持召开中俄总理定期会晤委员会第13次会议、中俄人文合作委员会第十次会议。俄安全会议秘书帕特鲁舍夫访华，同国务委员戴秉国举行第四轮中俄战略安全磋商。两国外长还在国际场合多次会晤，相互通话和互致函电，就重大国际和地区问题保持密切沟通，协调立场。

在事关国家主权、安全和领土完整等重大核心利益问题上相互支持的力度进一步加大。中方支持俄政府打击恐怖主义，维护国家主权和安全。俄方重申在台湾问题上坚定支持中方的立场。在涉藏问题上明确表示不允许达赖以任何身份进入俄罗斯境内。新疆“7·5”事件发生后，俄方坚决支持中国政府为维护国家主权和社会秩序安定所采取的正当措施，强调新疆是中国领土不可分割的一部分，“7·5”事件纯属中国内政，相信中国政府依法采取的行动将使该地区局势尽快正常化。中俄坚定地相互支持，有力地维护了两国的战略、安全和发展利益。

务实合作取得重大进展。经贸领域，双方携手合作，共同克服国际金融危机的影响，两国贸易总量保持大体平衡，但由于国际原材料等商品价格大幅下降，导致双边贸易额出现十年来首次负增长。2009 年双边贸易额为 388 亿美元，同比下降 31.8%。机电产品贸易有所增长，贸易结构进一步改善。目前中国为俄第三大贸易伙伴，俄罗斯为中国第 11 大贸易伙伴。投资领域，两国元首批准了《中俄投资合作整体规划》，双方举办了第五届中俄投资促进会议。截至 2009 年，中国对俄累计非金融类直接投资 20.2 亿美元。中俄总理第 14 次定期会晤期间，双方举办了第四届中俄经济工商界高峰论坛，签署了总额 42 亿美元的合作协议。能源领域，双方签署中俄石油领域合作政府间协议，中俄原油管道建设和运营合同、原油购销合同和贷款一揽子协议正式生效，中俄原油管道建设顺利启动并快速推进。两国还签署天然气、石油上下游合作一体化、核能、示范快堆等一系列合作协议，中俄能源合作实现历史性突破。地方领域，两国元首批准《中国东北地区与俄罗斯远东及东西伯利亚地区合作规划纲要》，对中俄地方合作作出整体布局，明确了合作的方向，并确定了 205 个重点合作项目。双方在木材深加工、资源开发、基础设施建设、高科技等领域的合作项目也有所增加，中俄战略协作伙伴关系的物质基础全面巩固。

军事军技合作持续发展。双方签署了《中华人民共和国政府和俄罗斯联邦政府关于相互通报发射弹道导弹和航天运载火箭的协定》，成功举行了“和平使命—2009”联合反恐军事演习，中俄在军事领域的战略互信与协作水平达到新的高度。中俄政府间军事技术合作委员会第 14 次会议在莫斯科举行，双方就两国关系、军技合作等问题坦诚交换了意见，签署了会谈纪要。

人文合作掀起新高潮。两国隆重庆祝了建交 60 周年，举办了一系列大型庆祝活动。中国“俄语年”活动圆满结束。双方在中国 22 个省（直辖市、自治区）、26 个城市，举办了 260 多场丰富多彩的“俄语年”活动，包括“中国人唱俄语歌大赛”、“2009 中国俄语年全国高校俄语大赛”、“全国高校俄语教师教学比赛”、“中俄大学校长论坛”、“俄语中心”，等等。双方签署了中俄互设文化中心的政府间协定，文化领域的合作迈上新台阶。教育、体育、旅游、媒体、电影和档案领域的合作不断深化。第二批 500 多名中国地震灾区中小学生在俄罗斯符拉迪沃斯托克市“海洋”全俄儿童中心疗养，受到俄方高规格的热情接待，两国青少年的相互了解和传统友谊进一步加深。两国民间和地方往来不断扩大，中俄友好、和平与发展委员会第八次会议在北京举行。中俄“世代友好”的和平理念更加深入人心，中俄战略协作伙伴关系的社会和民意基础得到全面巩固。

战略协作卓有成效。中俄在联合国改革、国际金融体系改革、打击恐怖主义、打击海盗、气候变化等一系列全球重大问题上密切沟通协作，在朝鲜核问题、伊朗核问题、阿富汗、巴基斯坦等一系列热点问题上相互配合、协调立场，为维护两国的共同利益，促进世界和地区的和平与稳定，推动建立公正合理的国际政治经济新秩序作出了重要贡献。

卢旺达
(Rwanda)

2009 年，中华人民共和国与卢旺达共和国友好关系继续发展。

两国政治互信进一步增强。1 月，外交部长杨洁篪对卢旺达进行正式访问，会见了卢旺达总统保罗·卡加梅，同卢旺达外交合作部长罗斯玛丽·穆塞米纳利举行会谈，就双边关系和共同关心的问题深入交换了意见，双方还签署了《中华人民共和国政府与卢旺达共和国政府经济技术合作协定》。11 月，保罗·卡加梅总统赴埃及沙姆沙伊赫出席中非合作论坛第四届部长级会议开幕式，温家宝总理与之会见，就双边关系和地区局势交换了看法。

两国各领域合作不断加强。5 月，卢旺达卫生部长理查德·塞兹贝拉访华，卫生部副部长黄洁夫会见了代表团一行。9 月，卢旺达众议院副议长让·达马塞恩·恩塔武库里亚约访华，全国人大常委会副委员长严隽琪会见了恩一行。11 月，卢旺达全国团结与和解委员会主席兼执行秘书让·巴迪斯特·阿比雅黑玛纳访华。

5 月，文化部部长特别助理李洪峰访问卢旺达，会见了卢体育和文化部长约瑟夫·哈比内扎。6 月，在卢设立的孔子学院正式挂牌。

7 月，中卢经济、技术、贸易合作混合委员会第六次会议在北京举行。年内，中国援建的两所农村小学竣工移交。

萨摩亚
(Samoa)

2009 年，中华人民共和国与萨摩亚独立国关系继续取得新进展。

双方保持高层交往势头。1 月，商务部副部长傅自应率中国政府经贸代表团访问萨摩亚。8 月，萨总理兼外交贸易部长图伊拉埃帕·卢佩索里艾·萨伊莱莱·马利埃莱额奥伊赴澳大利亚凯恩斯出席第 21 届太平洋岛国论坛会后对话会期间会见中国—太平洋岛国论坛对话会特使王永秋。9

月，萨副总理兼工商劳工部长米萨·特莱福尼·雷茨拉夫分别赴厦门出席第13届中国国际投资贸易洽谈会；11月，米萨赴昆明出席第11届中国国际旅游交易会。此外，6月，萨摩亚自然资源、环境与气象部长兼体育设施局局长福穆伊纳·蒂亚蒂亚·利厄加访华。9月，妇女、社区与社会发展部长菲娅梅·纳奥米·马塔阿法、通讯与信息技术部长萨富内图加·帕加·内里和卫生部长加托洛艾法阿娜·阿马塔加·阿莱萨娜·吉德洛联合率萨妇女代表团访华。同月，首席大法官帕图·蒂阿瓦阿苏伊·法莱法图·萨波鲁访华。11月，萨工程、交通与基础设施部长图伊苏加莱塔瓦·索法哈·阿沃访问江苏。

6月，萨摩亚在华设立使馆。8月，萨首任驻华大使塔普萨拉伊·特里·托欧玛塔向国家主席胡锦涛递交国书。

9月，萨摩亚遭受严重地震海啸灾害，外交部长杨洁篪向萨总理兼外交贸易部长图伊拉埃帕致电慰问，中国政府向萨摩亚政府提供紧急救灾援助，中国红十字会向萨提供三万美元人道主义援助。

两国在经贸、农业、体育、旅游、医疗等领域合作良好。中国援建的萨摩亚青年妇女活动中心维修扩建和瓦伊特莱小学维修项目进展顺利，马塔乌图小学项目正式开工。中国与萨摩亚合作在萨建立地震监测站项目顺利启动。萨摩亚38名官员到中国参加研修班和技术培训班学习。中国向萨派遣第12期援萨医疗队。

圣马力诺

(San Marino)

2009年，中华人民共和国与圣马力诺共和国的关系发展良好。

9月，中国人民对外友好协会副会长李建平访圣，出席圣马力诺中国友好协会举行的庆祝中华人民共和国成立60周年活动。10月，圣中友协主席、圣前执政官詹弗兰哥·泰伦齐来华出席庆祝新中国成立60周年庆典活动。

沙特阿拉伯

(Saudi Arabia)

2009年，中华人民共和国与沙特阿拉伯王国战略性友好关系持续深入发展，两国各领域合作富有成果。

中沙高层互访不断，政治互信牢固。2 月 10 ~ 12 日，国家主席胡锦涛对沙特进行国事访问，同沙特国王阿卜杜拉·本·阿卜杜勒阿齐兹·阿勒沙特举行会谈，就中沙关系及共同关心的国际和地区问题进行了深入探讨。两国元首表示将全面深化中沙战略性友好关系，加强在国际和地区事务中的沟通和协调，共同应对国际金融危机。两国有关部门签署了涉及能源、卫生、检疫、基础设施、教育等领域的 5 项合作文件。3 月，中国铁道部副部长卢春房访沙。5 月，唐家璇同志出席在沙特举行的国际行动理事会第 27 届年会，并就国际形势、能源安全、树立新安全观等发言。11 月，全国人大常委会副委员长王兆国访问非洲期间过境沙特。同月，民政部副部长姜力访沙。

中沙能源和经贸合作富有成果。沙特继续成为中国全球第一大原油供应国和西亚非洲地区第一大贸易伙伴。2 月，胡锦涛主席访沙期间，两国签署《中沙政府关于石油、天然气、矿产领域开展合作的议定书的补充谅解备忘录》。11 月，沙特石油和矿产资源大臣阿里·易卜拉欣·纳伊米访华，出席中沙福建炼化一体化项目投入商业运营仪式，这是中国第一个炼油、化工及成品油营销一体化合资项目。中沙在工程承包、基础设施建设等领域合作发展迅速，沙特已成为中国对外承包工程第五大市场。截至 2009 年 9 月底，中国企业在沙累计完成承包工程和劳务合作营业额 79.5 亿美元，在沙中资公司共 82 家，中资人员 1.9 万。2009 年，双方新签麦加轻轨铁路、拉比格电站项目等 35 个项目，合同总额 62.7 亿美元。

双方在文化、教育、体育、宗教等领域的交流与合作顺利开展。4 月，国家体育总局局长刘鹏访问沙特，同沙方就加强体育合作交换意见，此后，双方通过换文方式签署《中国奥林匹克委员会和沙特奥林匹克委员会合作谅解备忘录》。6 月，沙特高教大臣哈立德·本·穆罕默德·安卡利访华，同教育部长周济就加强两国教育合作进行商谈，两国有关大学共签署 15 项教育和科研合作协议。12 月，中国在沙特举办“中国刺绣精品展”。2009 年中国有组织赴沙特朝觐穆斯林近 1.3 万人。

塞内加尔

(Senegal)

2009 年，中华人民共和国与塞内加尔共和国友好关系进一步深化，各领域合作取得积极进展。

两国友好交往密切。2 月 13 ~ 14 日，国家主席胡锦涛对塞内加尔进行国事访问，同塞总统阿卜杜拉耶·瓦德举行会谈，并会见了参议长帕普·迪奥普和国民议会议长马马杜·塞克。胡锦涛主席积极评价中塞关系，对塞方坚持一个中国政策表示赞赏，并就进一步发展两国关系提出四点建议：继续保持高层交往，增强政治互信；扎实推进经贸合作，实现优势互补；大力加强人文交流，深化中塞友好；密切多边事务合作，维护共同利益。瓦德总统对塞中合作感到十分满意，并对中国为促进非洲经济社会发展作出的贡献表示感谢。双方签署了《中华人民共和国政府和塞内加尔共和国政府经济技术合作协定》等合作文件。

11 月 9 日，外交部长杨洁篪在埃及沙姆沙伊赫会见了率团出席中非合作论坛第四届部长级会议的塞新任外交国务部长马迪克·尼昂。双方就进一步加强在各领域全面合作等问题深入交换了意见。

7 月，中国政府非洲事务特别代表刘贵今作为杨洁篪外长特别代表访塞，瓦德总统和塞外交国务部长谢赫蒂迪亚内·加迪奥分别予以会见。

11 月 17 日，中国新任驻塞大使龚元兴向瓦德总统递交国书。

中塞经贸合作成果显著，双方在基础设施建设、交通、通信等领域合作取得积极进展。中非合作论坛北京峰会成果落实工作基本完成，学校和幼儿园项目分别于 3 月和 6 月竣工交接，医院项目于 10 月奠基。9 月，塞内加尔贸易部长阿马杜·尼昂来华出席在厦门举行的第 13 届中国国际投资贸易洽谈会。12 月，中国驻塞内加尔大使龚元兴和塞内加尔国际合作、领土整治、空中交通和基础设施国务部长卡里姆·瓦德分别代表两国政府签署了《中华人民共和国政府和塞内加尔共和国政府经济技术合作协定》。

两国文化、新闻、军事等领域交流活跃。塞青年、体育和娱乐部长马马杜·拉明·凯塔，新闻部长兼政府发言人穆斯塔法·吉拉西，文化、法语国家和民族语言部长塞里涅·马马杜·布索·莱耶，总参谋长阿卜杜拉耶·法勒中将等访华。6 月，“朋友·伙伴·兄弟——中国摄影家眼中的塞内加尔”采风作品展在达喀尔举行。9 月，双方签署了《中塞文化协定 2009 ~2011 年执行计划》。同月，作为“2009 中国文化聚焦”活动之一，中国艺术团赴塞访问演出。

塞尔维亚

(Serbia)

2009 年，中华人民共和国与塞尔维亚共和国宣布建立战略伙伴关系，双边各领域合作成果丰硕。

高层交往密切。8 月，塞尔维亚总统鲍里斯·塔迪奇对中国进行国事访问。国家主席胡锦涛、全国人大常委会委员长吴邦国、国务院总理温家宝分别会谈、会见。双方积极评价中塞关系，表示愿共同努力，进一步密切政治交往，扩大经贸往来，促进人文交流，加强多边合作，把两国关系提高到新的水平。双方发表《中华人民共和国和塞尔维亚共和国关于建立战略伙伴关系的联合声明》。双方代表签署有关基础设施、经济技术合作、旅游等领域合作文件。9月，塞尔维亚副总理兼科技部长鲍日达尔·杰利奇来华出席在大连举行的第三届夏季达沃斯年会。11月，全国政协副主席、中国国际交流协会副会长王志珍访问塞尔维亚。同月，塞尔维亚议会外委会主席德拉戈柳布·米丘诺维奇访华。

7月9日，塞尔维亚外交部就新疆乌鲁木齐“7·5”事件发表声明，谴责暴力行径，反对民族分裂，支持中国政府建立多民族和谐共处社会的各项政策及所作努力。

经贸合作不断扩大。10月，商务部部长助理仇鸿访问塞尔维亚，主持召开中塞政府间经贸混委会第八次会议。其间，中塞经贸论坛暨企业家洽谈会在贝尔格莱德举行。两国经济合作项目进展顺利。

文教、科技、体育、农业、军事、内务等领域合作良好。4月，塞尔维亚副总理兼科技部长鲍日达尔·杰利奇访华，双方签署《中华人民共和国政府和塞尔维亚共和国政府科学技术合作协定》。同月，塞尔维亚农林、水利部部长萨沙·德拉金访华。7月，中央军委委员、第二炮兵司令员靖志远上将访问塞尔维亚。9月，中央军委委员、国务委员兼国防部长梁光烈上将访问塞尔维亚。文化部副部长欧阳坚访问塞尔维亚。10月，中国文化节在贝尔格莱德举行。塞尔维亚国防部国务秘书杜尚·斯帕索耶维奇访华。12月，塞尔维亚第一副总理兼内务部长伊维察·达契奇访华。双方签署《中华人民共和国公安部和塞尔维亚共和国内务部合作议定书》。同月，塞尔维亚教育部长扎尔科·奥布拉多维奇访华。双方签署《中华人民共和国教育部和塞尔维亚共和国教育部2009年至2013年教育合作执行计划》。

塞舌尔

(Seychelles)

2009年，中华人民共和国与塞舌尔共和国在政治、经贸等领域合作进展顺利，两国友好合作关系续有发展。

两国高层往来频繁。3月22～28日，塞舌尔国民议会议长帕特里克·赫米尼耶访华。全国人大常委会委员长吴邦国、副委员长陈昌智分别会见。10 月 15～16 日，塞舌尔总统詹姆斯·阿里克斯·米歇尔来华出席塞舌尔政府举办的旅游推介会。11 月 19～20 日，中共中央政治局常委、中央政法委书记周永康过境塞舌尔，分别会见了塞舌尔执政党人民党总书记、政府指定部长兼财政部长丹尼·福尔和副总统兼内政部长约瑟夫·贝尔蒙。

两国议会、卫生等领域交往频繁。6 月，塞舌尔国民议会外事委员会主席威文·威廉访华。10 月，文化部长蔡武访问塞舌尔。12 月，塞舌尔卫生和社会发展部长玛丽·皮埃尔·洛伊德访华。此外，中国卫生部、国防部代表团分别访问塞舌尔。

两国经贸等领域合作进展顺利。中方援建的塞舌尔议会大楼竣工，奥凯普小学完成主体工程。第三批 12 名青年志愿者和两名农技专家抵塞舌尔开展工作。

塞拉利昂

(Sierra Leone)

2009 年中华人民共和国与塞拉利昂共和国友好合作关系发展迅速。

两国高层交往不断。5 月 24～31 日，塞拉利昂总统欧内斯特·巴伊·科罗马对中国进行国事访问。国家主席胡锦涛主持会谈，国务院总理温家宝和全国政协主席贾庆林分别会见。中国领导人积极评价建交 38 年来中塞关系的发展情况，赞赏塞政府坚持一个中国原则。胡锦涛主席就进一步发展两国关系提出四点建议：进一步发展两国平等互信的政治关系；积极务实、循序渐进推进两国经贸合作；加强教育、卫生和人力资源培训合作；保持两国在国际和地区事务中的协调。科罗马总统赞同胡锦涛主席上述建议，重申塞政府将继续奉行一个中国政策，希扩大双方在经贸、农业、矿产资源、医疗卫生和基础设施建设等领域合作。双方签署了《中华人民共和国政府和塞拉利昂共和国政府经济技术合作协定》等合作文件。

两国各领域合作不断加强。3 月，全国妇联副主席孟晓驷率中国妇女代表团访塞。4 月，商务部部长助理崇泉率中国经贸代表团访塞，双方签署了《中华人民共和国政府和塞拉利昂共和国政府关于成立经济、贸易和技术合作联合委员会的协定》，并召开中国和塞拉利昂经济、贸易和技术合作联合委员会首次会议。

中非合作论坛北京峰会后续行动落实顺利。3 月，中方派遣的三名农业技术专家抵塞工作；5 月，中方援建的农村学校竣工；10 月，中国青年志愿者赴塞开展工作；中方援建的疟疾防治中心挂牌成立；中方向塞方提供了一批抗疟疾药品。

新加坡

(Singapore)

2009年，中华人民共和国与新加坡共和国友好互利合作关系继续保持良好发展势头，各领域合作成果显著。

双方高层交往频繁，政治互信增强。11月，国家主席胡锦涛对新加坡进行国事访问并出席亚太经合组织（APEC）第17次领导人非正式会议。访新期间，胡锦涛主席同新加坡总理李显龙举行会谈，分别会见新加坡总统纳丹、内阁资政李光耀、国务资政吴作栋，并见证双方签署《中华人民共和政府和新加坡共和国政府关于在新加坡共和国设立中国文化中心的谅解备忘录》、《中华人民共和国外交部与新加坡共和国外交部关于中新两国中高级官员交流培训项目的框架协议》、《中华人民共和国教育部与新加坡共和国教育部关于合作建设新加坡第四所公立大学的谅解备忘录》、《中国野生动物保护协会与新加坡野生动物保育集团开展大熊猫保护研究的合作协议》。此访是胡锦涛主席首次以国家主席身份对新进行国事访问，也是时隔15年后中国国家主席再次访新，对全面推进中新友好互利合作及中国与东盟关系发展具有重要意义。

1月，全国人大常委会副委员长周铁农访问新加坡。8月，国务院副总理王岐山访问新加坡并主持中新双边合作联委会第六次会议、苏州工业园区联合协调理事会第11次会议和天津生态城联合协调理事会第二次会议。4月，国务委员刘延东访问新加坡。

6月，新加坡总理李显龙访问浙江、上海。5月，新加坡内阁资政李光耀、副总理黄根成来华出席苏州工业园区开发建设15周年庆祝活动。3月，新加坡国务资政吴作栋访问广东。9月，吴作栋国务资政访华并出席2009年夏季达沃斯论坛。4月，新加坡副总理张志贤访华。

两国经贸合作进展顺利。新加坡是中国第九大贸易伙伴和第七大外资来源地，中国是新加坡第二大贸易伙伴。2009年1月1日，《中华人民共和国政府和新加坡共和国政府自由贸易协定》正式生效。

双方在军事、文化、教育、人才交流和环境保护等领域的交流与合作取得积极成果。新加坡外交部长杨荣文，国家发展部长马宝山，总理公署部长林瑞生，教育部长黄永宏，人力部长颜金勇，总理公署部长陈惠华，新闻、通讯及艺术部代部长吕德耀分别访华。

斯洛伐克

(Slovakia)

2009 年是中华人民共和国与斯洛伐克共和国建交60 周年，以此为契机，双边关系稳步向前发展。

高层交往频繁。6 月 17～18 日，国家主席胡锦涛对斯洛伐克进行国事访问，实现中国国家元首首次访斯。访问期间，胡锦涛主席与斯洛伐克总统伊万·加什帕罗维奇举行会谈，会见总理罗贝尔特·菲佐和国民议会议长帕沃尔·帕什卡，两国元首共同出席中斯企业家早餐会。访问期间，两国领导人回顾了60 年来中斯关系发展历程，就进一步扩大和深化两国各领域交流与合作达成多项共识，为中斯关系未来发展指明了方向。10 月 6 日，在中斯建交60 周年之际，胡锦涛主席与加什帕罗维奇总统互致贺电。9 月 2～4 日，国务委员兼国防部长梁光烈上将访问斯洛伐克，与斯国防部长雅罗斯拉夫·巴什卡举行会谈，会见副总理杜尚·恰普洛维奇及外长米罗斯拉夫·莱恰克。11 月 30 日至 12 月 2 日，全国政协副主席、中国国际交流协会副会长王志珍访问斯洛伐克。

两国外交部合作良好。2 月 22～24 日，外交部部长助理吴红波赴斯洛伐克进行两国副外长级政治磋商。6 月，胡锦涛主席访问斯洛伐克期间，外交部长杨洁篪与莱恰克外长举行双边会见。

两国在经贸、科技、文化、质检、交通等领域的交流与合作取得新成果。3 月 30 日至 4 月 2 日，商务部副部长蒋耀平率团出席在斯洛伐克举行的中斯贸易投资暨企业家洽谈会。6 月 17～19 日，中国投资贸易促进团访问斯洛伐克，双方企业签署 5 项合作协议，总金额为 1.08 亿美元。4 月 15～19 日，中科院常务副院长白春礼赴斯洛伐克出席国际纯粹与应用化学联合会执行局会议。5 月 12～17 日，斯洛伐克文化部长马雷克·马贾里奇访华，双方签署《中华人民共和国文化部与斯洛伐克共和国文化部 2009～2013 年文化合作计划》，马贾里奇部长还出席了在深圳举行的第五届中国国际文化产业博览交易会。7 月 16～19 日，中国广播民族乐团赴斯洛伐克访演取得圆满成功。8 月 26～29 日，国家质检总局副局长刘平均访斯。9 月 24～28 日，斯洛伐克邮政、交通和电信部长柳博米尔·瓦日尼访华。10 月 28 日，《邬达克的上海故事》图片展在斯洛伐克国家博物馆举行。12 月 8～12 日，斯洛伐克财政部国务秘书弗兰季谢克·帕尔科访华。

斯洛文尼亚

(Slovenia)

2009 年，中华人民共和国与斯洛文尼亚共和国友好合作关系继续深入发展，各领域交流合作顺利推进。

两国高层交往密切。7 月，全国政协副主席杜青林访问斯洛文尼亚，同斯洛文尼亚国民委员会主席布拉日·卡弗契奇会谈。8 月，国务院副总理回良玉对斯洛文尼亚进行正式访问。其间，斯洛文尼亚总统达尼洛·图尔克、议长帕韦尔·甘塔尔、总理博鲁特·帕霍尔和外交部长萨穆埃尔·日博加尔分别会见、会谈。双方代表签署农业、卫生、教育等领域合作文件。回良玉副总理和斯洛文尼亚总理博鲁特·帕霍尔还共同出席中斯企业家论坛暨双边企业家理事会第二次会议开幕式并分别致辞。

经贸合作富有成果。两国经济合作项目进展顺利。8 月，中国国际贸易促进委员会副会长于平访问斯洛文尼亚。中斯企业家论坛暨双边企业家理事会第二次会议在卢布尔雅那举行。9 月，海关总署副署长李克农访问斯洛文尼亚。

文化、军事、卫生、科技等领域合作良好，地方交往日益扩大。2 月，卢布尔雅那副市长阿莱什·切林访问成都。5 月，斯洛文尼亚国防部代表团访华。6 月，中斯科技合作委员会第八次会议在卢布尔雅那举行。成都市人大常委会主任王东洲访问斯洛文尼亚。7 月，中国广播民族乐团参加卢布尔雅那夏季艺术节。9 月，上海市人大常委会主任刘云耕访问斯洛文尼亚。10 月，卫生部副部长刘谦访问斯洛文尼亚。

索马里

(Somalia)

2009 年，中华人民共和国与索马里联邦共和国友好关系继续发展。

两国政治关系保持平稳发展势头。年初成立的索马里新一届过渡联邦政府继续与中方保持友好交往。11 月 9 日，外交部部长助理翟隽在埃及沙姆沙伊赫会见了前来出席中非合作论坛第四届部长级会议的索马里规划部长阿卜杜拉赫曼·阿布迪·沙库尔·瓦尔萨马。

两国在国际事务中继续保持密切合作。中国支持联合国安理会通过决议延长非盟驻索马里特派团任期，参与索马里问题国际联络小组会议和非盟关于索马里问题的后续协商会议，积极推动国际社会关注索马里问题。

2009 年，中国政府向索马里提供了 50 万美元人道主义现汇援助和价值 100 万元人民币的抗疟药品。

针对索马里海盗活动日益猖獗的情况，中国于 2008 年底向亚丁湾和索马里海域派出护航舰艇编队。2009 年初索马里海盗问题联络小组成立后，中国积极参加了小组历次会议，与包括索周边国家在内的各国加强了在反海盗领域的合作。10 月 19 日，青岛中远公司“德新海”号货轮及 25 名中国船员在塞舌尔以东水域被索马里海盗劫持。经各方营救，“德新海”号货轮及全体船员于北京时间 12 月 28 日获救。

南　非
(South Africa)

2009 年，中华人民共和国与南非共和国的关系继续全面顺利发展，两国战略伙伴关系进一步深化。

两国高层保持密切联系和交往。5 月，国家主席胡锦涛向南非新当选总统雅各布·祖马致电表示祝贺；全国政协副主席阿不来提·阿不都热西提作为胡锦涛主席特使出席了祖马总统的就职典礼。7 月 8 日，代表胡锦涛主席出席八国集团同发展中国家领导人对话会议的国务委员戴秉国在意大利拉奎拉会见南非总统祖马。9 月 22 日，胡锦涛主席在纽约出席第 64 届联合国大会期间会见南非总统祖马。双方积极评价近年来中南关系取得的发展，一致同意深化各领域友好交流与合作，加强在国际事务中的协调与配合，共同推动中南战略伙伴关系全面深入发展。12 月 13 日，国务院总理温家宝与南非总统祖马通电话，就应对气候变化问题交换看法。

两国外交部间的对话与磋商进一步加强。1 月，外交部长杨洁篪访问南非，会见南非总统莫特兰蒂，并与南非外长德拉米尼·祖马举行会谈。6 月，杨洁篪外长与南非新外长马沙巴内在联合国“世界经济和金融危机及其对发展影响高级别会议”期间会见，就国际经济和金融形势等问题交换看法。9 月，外交部部长助理翟隽访问南非并与南非副外长易卜拉欣·易卜拉欣举行两国外交部第二次战略对话。11 月，杨洁篪外长与马沙巴内在埃及沙姆沙伊赫中非合作论坛第四届部长级会议期间再次会晤。

两国政党交流活跃。11 月，中共中央政治局常委、中央政法委书记周永康访问南非，会见南非总统、执政党非洲人国民大会（非国大）领袖祖马，出席非国大总书记格维德·曼塔谢举行的欢迎大会。12 月，中共吉林省委常委、长春市委书记高广滨作为中共代表出席南非共产党特别代表大会并致辞，南非共产党总书记布莱德·恩齐曼迪会见。7 月，南非共产党干部考察团一行11人访华，中联部副部长刘结一会见。10月，非国大总书记曼塔谢访华，中共中央政治局常委、中央政法委书记周永康，中联部部长王家瑞分别会见，中联部副部长李进军与曼塔谢会谈。11～12月，非国大全国执委研修班第一期一行18人来华考察访问，中共中央政治局常委、中央政法委书记周永康，中共中央政治局委员、中央书记处书记、中组部部长李源潮，中联部部长王家瑞，中联部副部长李进军分别会见。除北京外，代表团还赴重庆、上海考察。

两国立法机构之间的交往进一步扩大。9月，全国人大常委会副委员长华建敏在意大利罗马出席八国集团与新兴国家议长峰会期间会见南非国民议会议长西苏鲁。11月，中共中央政治局委员、全国人大常委会副委员长王兆国访问南非，分别会见了南非代总统莫特兰蒂、国民议会议长西苏鲁、全国省级事务委员会代主席坦迪·迈迈拉和国民议会反对党领袖阿索尔·特洛里普，并与国民议会副议长诺玛因迪亚·姆费凯托举行会谈。双方就中南关系以及共同关心的国际和地区问题深入交换意见，同意进一步加强两国立法机构交流，相互学习和借鉴，为两国关系发展注入新的活力。

两国经贸合作继续保持发展势头。尽管受国际金融危机影响，中南双边贸易额有所下降，但两国在各自贸易格局中的比重均呈上升势头，且双方贸易更加趋于平衡。两国相互投资规模进一步扩大，涉及矿产资源开发、金融、家电、文化等多个领域。3月，中非发展基金南非代表处在约翰内斯堡揭牌。5月，商务部副部长蒋耀平访问南非，与南非贸易和工业部长罗布·戴维斯和经济发展部长易卜拉欣·帕特尔举行会谈，并出席中南经贸与投资论坛。6月，商务部副部长易小准在巴黎出席经合组织部长级理事会期间会见南非贸易和工业部长戴维斯，双方就南南合作、多哈回合谈判等问题交换了意见。8月，南非贸易和工业部副部长坦迪·托比亚斯·波科洛率领南非企业家代表团来华进行投资贸易推广活动。

两国军事交流增多。4月，南非海军派团来华参加中国人民解放军海军成立60周年庆典活动。中共中央总书记、国家主席、中央军委主席胡锦涛，中央军委委员、海军司令员吴胜利上将分别会见了前来参加庆典的南非海军代表团团长、海军司令约翰尼斯·穆迪莫中将。

两国在科技、文化、宗教、新闻等人文领域的交流与合作取得新进展。年内，国家自然基金委员会主任陈宜瑜访南；2010年上海世博会推广活动、“辉煌的河南古代文明”图片展分别在南非举行；国家宗教局局长叶小文、中国藏学家代表团分别访南，南非联合乌利马理事会主席加博里埃尔斯访华（10月）；国务院新闻办公室主任王晨访南，南非《索维托人报》等南非媒体记者作为发展中国家新闻团成员访问广州、北京，并参加中国国庆60周年采访报道活动。

两国地方交往保持良好势头。9月，北京市派出90余人的文艺代表团赴南非约翰内斯堡参加了豪登省第五届狂欢节，引起热烈反响。11月，陕西省咸阳市代表团访问南非自由州省马佳宾市，双方签署了建立友好城市关系的备忘录。同月，南非约翰内斯堡市市长阿莫斯·马桑多访问上海市，双方签署了友好交流备忘录。此外，安徽省委书记、人大常委会主任王金山，广西壮族自治区党委副书记陈际瓦等分别访南。

西班牙
(Spain)

2009年，中华人民共和国与西班牙王国各领域交流与合作深入发展，两国全面战略伙伴关系内涵不断充实。

两国高层交往频繁，政治互信加深。1月，国务院总理温家宝对西班牙进行正式访问，会见了西国王胡安·卡洛斯一世，与首相何塞·路易斯·罗德里格斯·萨帕特罗会谈。两国领导人积极评价中西关系，一致认为，应全面深化经贸等领域合作，共同应对金融危机挑战，推动两国关系迈向更高水平。两国政府首脑共同出席经贸、文化等领域12份合作文件的签字仪式，双方发表了关于进一步深化两国全面战略伙伴关系的联合声明。温家宝总理还在塞万提斯学院同西文化界人士及青年学生代表座谈。6月，中共中央政治局常委、中央纪委书记贺国强访西，会见国王胡安·卡洛斯一世、首相萨帕特罗、众议长何塞·博诺、外交与合作大臣米格尔·安赫尔·莫拉蒂诺斯·库亚乌百、人民党主席马里亚诺·拉霍伊等领导人。双方表示，愿就应对国际金融危机、气候变化等重大问题加强协调与配合，进一步巩固和深化两国全面战略伙伴关系。

两国立法机构交往密切。6~7月间，西副众议长安娜·玛丽亚·帕斯托尔·胡利安访华。西议会成立西中友好小组。两国议会专门委员会间合作良好。

两国政府部门间对话与接触频繁。文化部长蔡武、商务部长陈德铭、国家体育总局局长刘鹏、国家旅游局局长邵琪伟访西。西班牙平等大臣比维亚纳·艾多、工业、贸易和旅游大臣米格尔·塞瓦斯蒂安·加斯孔、文化大臣安赫莱斯·冈萨雷斯·辛德·雷格访华。

两国外交部保持密切磋商对话，在重大国际和地区问题上进行了良好合作。4月，西班牙外交部外交国务秘书安赫尔·洛萨达·托雷斯·克韦多来华磋商。11月，洛萨达外交国务秘书来华出席中欧外长会晤。

两国经济技术和投资合作保持良好势头。2 月，中国贸易投资促进团访西，两国企业签署近 20 个合同和协议。西作为主宾国积极参与了在广东举办的第六届中国国际中小企业博览会。

两国人文领域交流不断扩大。中国文艺团组访西达 10 余起，举办文化艺术展览近 20 个。双方互办电视周、电影周、图片展。西作为主宾国参加第 16 届北京国际图书博览会。4 月，中国—西班牙论坛第五次会议在成都举行。

两国军事交往稳定发展。5 月，中国人民解放军总政治部副主任刘永治上将、中国人民武装警察部队参谋长王建平中将分别访西。6 月，军事科学院院长刘成军中将访西。11 月，西空军参谋长何塞·希门尼斯·鲁伊斯上将来华出席中国空军建军 60 周年活动。

斯里兰卡
(Sri Lanka)

2009 年，中华人民共和国与斯里兰卡民主社会主义共和国真诚互助、世代友好的全面合作伙伴关系得到进一步巩固和深化。

两国政治关系发展良好。10 月 16 ~ 21 日，国务院总理温家宝在成都会见前来出席第十届中国西部国际博览会暨第二届中国西部国际合作论坛开幕式的斯总理维克拉马纳亚克。维还访问了吉林省和辽宁省。7 月 1 ~ 5 日，斯里兰卡外交部长波格拉加马正式访华。国务院副总理李克强、外交部长杨洁篪分别与其会见、会谈。10 月 16 日，外交部部长助理胡正跃与斯外秘贾亚辛哈在科伦坡举行中斯第七轮外交磋商。

党际交往密切。4 月 8 ~ 15 日，斯自由党总书记、政府农业发展与耕地服务部部长西里塞纳率团访华，中共中央政治局委员、全国政协副主席王刚会见。9 月 4 ~ 5 日，中共中央政治局委员、天津市委书记张高丽率中国共产党代表团访斯，分别会见斯总统拉贾帕克萨、自由党总书记西里塞纳和统一国民党副领袖卡鲁。7 月 15 ~ 24 日，斯人民解放阵线干部考察团访华。11 月 13 ~ 16 日，中共中央委员、四川省委书记刘奇葆率中国共产党代表团访斯，出席斯自由党第 19 次全国代表大会。

经贸合作进展顺利。两国继续在基础设施建设等领域开展合作，中方承建的普特拉姆燃煤电站、汉班托塔港口、斯国家表演艺术剧院等项目按期保质进行。8 月 21 日，普特拉姆燃煤电站一期工程主厂房举行封顶仪式。11 月 27 日，中国驻斯里兰卡大使杨秀萍陪同斯总统拉贾帕克萨出席了中国企业承建的斯汉班托塔国际机场开工庆典仪式。

人文、教育、科技、航运等领域合作进一步开展，斯里兰卡多位部长访华或来华出席国际会议。3月28日，斯宗教事务部长班达拉奈克率团来华出席第二届世界佛教论坛。4月21日，科技部副部长曹健林会见了来华参加“面向21世纪世界核能部长级会议”的斯科技部长蒂萨。5月8日，斯港口与航空部长查玛尔·拉贾帕克萨访华，出席宁波港和科伦坡港合作备忘录签字仪式。6月14~16日，交通部副部长高宏峰访斯，与斯港口与航空部长查玛尔·拉贾帕克萨举行会谈。9月6~11日，斯总统夫人施兰蒂·拉贾帕克萨率斯妇女代表团访华。10月20日，文化部长蔡武在科伦坡会见斯文化事务和国家遗产部部长阿贝瓦德纳。11月17日，斯教育部长普雷马贾彦塔来华出席“2009亚洲教育论坛暨欧亚教育合作会议”。11月26日，大连海事大学在科伦坡国际航海工程学院专用教学楼竣工。12月15日，斯驻成都领事馆开馆。

双方继续在重大问题上相互支持。中方多次重申理解和支持斯政府为维护国家独立、主权和领土完整所作的努力，并继续在力所能及的范围内向斯提供援助。为帮助斯政府安置北部地区流离失所的平民，4~5月，中国政府向斯政府提供100万美元的现汇和价值2000万元人民币的紧急人道主义物资援助。12月23日，四川省向斯政府捐赠2000顶帐篷。7月11日，斯里兰卡外交部就乌鲁木齐“7·5”事件发表声明，表示新疆是中国不可分割的一部分，新疆的局势是中国的内政。

苏丹
(Sudan)

2009年是中华人民共和国与苏丹共和国建交50周年，两国友好合作关系继续深入发展。

两国高层交往频繁，政治互信牢固。2月，国家主席胡锦涛与苏丹总统奥马尔·哈桑·艾哈迈德·巴希尔互致贺电，庆祝两国建交50周年。11月，国务院总理温家宝在埃及会见了出席中非合作论坛第四届部长级会议的巴希尔总统。12月，温家宝总理在出席哥本哈根气候变化大会期间会见了苏丹总统助理、全国大会党副主席纳菲阿·阿里·纳菲阿。11月，中共中央政治局常委、中央政法委书记周永康对苏丹进行正式友好访问，会见了巴希尔总统、副总统阿里·奥斯曼·穆罕默德·塔哈、南方自治政府副主席里亚克·米夏尔，与苏丹总统助理、全国大会党副主席纳菲阿举行会谈，与塔哈副总统共同出席“庆祝中苏建交50周年暨苏丹各界欢迎中共代表团大会”及两国经济技术、石油等一系列合作协议签字仪式。中国政府达尔富尔问题特别代表刘贵今大使于1月、5月两次访问苏丹。3月，苏丹总统特使、财政与国民经济部长奥德·艾哈迈德·穆罕默德·贾兹访华。7月，苏丹国防部长阿卜杜—拉希姆·穆罕默德·侯赛因访华。10月，苏丹外交国务部长库尔提访华。12月，中国外长杨洁篪与苏丹外长丁格·阿鲁尔·库尔通电话，就双边关系及气候变化等问题交换意见。

中苏两国党际交流密切。3月，中联部副部长李进军率中共代表团访苏。5月，全国大会党政治事务书记曼杜尔·马赫迪率苏丹多党联合代表团访华。9月，广东省委常委、纪委书记朱明国率中共代表团出席苏丹全国大会党第三次全国代表大会。12月，苏丹南方自治政府主席外事顾问阿尔弗雷德·拉杜·戈尔率苏丹人民解放运动干部考察团访华。

两国经贸合作关系稳步发展，第九届经贸联委会成功召开。中苏石油合作不断深化，“石油、信贷、工程”一揽子项目进展顺利，已有13个项目完成签约。农业合作业已启动，6月，两国农业部在喀土穆共同召开《关于加强农业合作的议定书》执委会第一次会议和首届中苏农业合作研讨会，两国农业部门和企业签署多项谅解备忘录和合作意向书。9月，苏丹农林部长阿卜杜—哈里姆·伊斯梅尔·穆塔阿菲访华，双方签署《2010~2012三年行动计划》。

中苏两国文化、教育、卫生领域的交流与合作顺利开展。11月，中共中央政治局常委、中央政法委书记周永康访苏期间，与巴希尔总统共同出席“孔子学院授牌仪式”。截至2009年底，喀土穆大学孔子学院已为苏丹政府、苏丹能源和矿产部等举办了20余期汉语短期班，学员达150余名。中国政府继续向苏丹派遣医疗队，目前在苏丹有医疗队员36人。

苏里南

(Suriname)

2009年，中华人民共和国与苏里南共和国友好合作关系进一步发展。中苏双边交往频繁，政治互信不断加深，经贸合作成果丰富，军事、文化、教育等领域的交流合作势头良好。

6月，苏里南国防军司令麦库尔上校访华。11月，中国拉丁美洲友好协会会长成思危访苏，分别会见了苏总统费内希恩及苏议长索摩哈尔乔、副议长阿兰迪。9月10日，中国新任驻苏大使袁南生向费内希恩总统递交国书。中国与苏里南在基础设施建设等领域的经济技术合作进展顺利。苏媒体记者来华参加中华人民共和国60周年国庆访华记者团。10月，四川省遂宁市民间艺术团赴苏访演，反响热烈。

瑞　典
(Sweden)

2009年，中华人民共和国与瑞典王国关系持续发展，各领域交流与合作进一步深化。

高层接触与往来频繁。11月30日至12月1日，瑞典首相弗雷德里克·赖因费尔特以欧盟轮值主席身份赴华出席第12次中欧领导人会晤，国家主席胡锦涛和国务院总理温家宝分别在北京和南京会见。两国领导人积极评价双边关系，并就继续深化中欧、中瑞关系，在金融危机背景下加强两国在经贸、气候变化、能源等领域交流与合作等问题深入交换意见。

外交部间的沟通与磋商密切。3月1~3日，瑞典外交大臣卡尔·比尔特正式访华，国家副主席习近平、外交部长杨洁篪分别与其会见、会谈，双方就双边关系和共同关心的国际和地区问题交换意见。5月，杨洁篪外长与比尔特于第九届亚欧外长会议期间在河内再次会见。11月，杨洁篪外长与比尔特等欧盟三驾马车外长在南京举行中欧外长会晤。12月，外交部副部长张志军赴瑞典进行双边政治磋商，分别与外交大臣比尔特、外交部国务秘书弗兰克·贝尔弗拉格会见、会谈，就国际和地区热点问题进行深入讨论。

经贸合作亮点纷呈。中国继续保持瑞典在亚洲最大贸易伙伴地位。7月，商务部副部长高虎城率中国贸易投资促进团访瑞，双方共签订总金额约20亿美元的9个合同及合作协议，共同召开经贸联委会第17次会议，举办中瑞经贸合作论坛，并签署《成立企业社会责任合作工作组谅解备忘录》。两国企业间合作取得积极进展，中国浙江吉利控股集团就收购沃尔沃轿车公司与美国通用汽车公司达成初步框架协议，北京汽车工业控股集团购买萨博汽车公司技术与知识产权。

交通、文化、教育、环保、气候等领域交流密切。铁道部长刘志军、国家体育总局局长刘鹏、广电总局局长王太华、国务院参事室主任陈进玉、新华社社长李从军、教育部副部长陈希、住房与城乡建设部副部长仇保兴等分别访瑞。瑞典环境大臣安德烈亚斯·卡尔格伦访华。中央电视台与瑞典电视4台签署合作协议。中国首都博物馆与瑞典马尔默艺术博物馆签订合作意向书，分别在北京和马尔默举办“源自宋代瓷片的瑞典现代艺术——郇拉·克雷茨及古斯塔夫·克雷茨雕塑作品展”和“中国瓷器艺术展”。中国少年广播合唱团访瑞并参加巡演。

军事领域交流发展良好。6月，中国人民解放军总政治部副主任孙忠同上将访瑞，会见瑞典三军总司令斯维克·约兰松上将。

地方交流活跃。山东省临沂市同瑞典埃斯基尔斯图纳市建立友好城市关系。江苏省泰州市人民政府与瑞典投资促进署、瑞中贸易委员会共同举办“中瑞生命科学研讨会”。天津医科大学与瑞典卡罗林斯卡医学院确定合作研究项目。瑞典西诺尔兰省省长布·谢尔斯特朗、耶夫勒堡省省长芭布鲁·郝姆贝里、布莱金厄省省长甘乌尔·恩斯特伦等访华。青海省省长宋秀岩、安徽省副省长唐承沛、湖北省副省长段轮一、河北省副省长孙瑞彬、广东省政协副主席温兰子、武汉市政协主席叶金生等省市领导访瑞。

瑞 士

(Switzerland)

2009年，中华人民共和国与瑞士联邦关系发展良好，两国在政治、经济、教育、科技、文化等领域的交流与合作进一步深化。

两国高层交往密切。1月27~28日，国务院总理温家宝出席达沃斯世界经济论坛年会并访问瑞士，与瑞士联邦主席兼财政部长汉斯—鲁道夫·梅尔茨会谈。3月20日，外交部长杨洁篪应约与瑞士联邦委员兼外交部长米舍丽娜·卡尔米—雷伊就双边关系等通电话。4月16~20日，瑞士联邦委员兼环境、交通、能源和信息部长莫里茨·洛伊恩贝格访华，出席第三届长江论坛并与水利部长陈雷会谈，双方签署《中华人民共和国水利部与瑞士联邦环境、交通、能源和信息部合作协议》。10月23~27日，瑞士联邦委员兼司法警察部长埃维利娜·维德默—施鲁姆普夫访华，国务委员兼公安部长孟建柱会见。

经贸合作不断深化。2月25~26日，商务部长陈德铭率中国贸易投资促进团访问瑞士，与瑞士联邦副主席兼经济部长多丽丝·洛伊特哈德会谈。双方签署《中瑞节能环保领域经贸合作工作组谅解备忘录》及总额达3亿多美元的采购合同和合作意向。4月27~28日，中瑞自贸区首次产业交流研讨会在北京举行。9月3日，商务部长陈德铭在印度德里出席WTO小型部长级会议时应约会见瑞士联邦副主席兼经济部长洛伊特哈德。10月13~15日，中瑞自贸区第二次产业交流研讨会在瑞士伯尔尼举行。11月30日，在瑞士日内瓦参加WTO第七届部长级会议的商务部长陈德铭与瑞士联邦副主席兼经济部长洛伊特哈德会谈。双方签署《关于中瑞自贸区联合可行性研究的联合声明》，共同出席新闻发布会并正式宣布启动中瑞自贸区联合可行性研究。

双方在科技、教育、文化、地方交往等领域的交流与合作富有成果。4月9日至7月12日，中国文物交流中心在苏黎世李特伯格博物馆参加《独特的视角——罗聘的艺术世界》展。6月23～25日，科技部长万钢访问瑞士，瑞士联邦委员兼内政部长帕斯卡尔·库什潘会见。9月7～8日，中国国际问题研究所与瑞士外交部举行首届圆桌会议，探讨预防性外交、保护的责任和人权理事会中期审议等问题。9月10～13日，海南省省委书记、省人大常委会主任卫留成访问瑞士。10月16～19日，广电总局局长王太华访问瑞士，瑞士联邦委员兼环境、交通、能源和信息部长莫里茨·洛伊恩贝格会见。11月6～11日，全国人大常委会副委员长、中科院院长路甬祥访问瑞士。

叙利亚
(Syria)

中华人民共和国与阿拉伯叙利亚共和国1956年建交。半个多世纪以来，中叙两国关系健康发展。2009年，双方在政治、经贸、文化等各领域互利合作顺利进行。

两国继续保持政治友好交往。11月，中共中央政治局委员、国务院副总理回良玉对叙利亚进行正式访问，叙利亚总统巴沙尔·阿萨德、总理穆罕默德·纳吉·奥特里分别会见，阿卜杜拉·达尔达里副总理会谈。双方签订了两国政府经济技术合作协定。4月，全国政协副主席李金华访问叙利亚，会见叙副总统法鲁克·沙雷、叙利亚全国进步阵线副主席苏莱曼·卡达哈。同月，外交部长杨洁篪访问叙利亚，会见巴沙尔总统，与瓦立德·穆阿利姆外长会谈。6月，中国中东问题特使吴思科访问叙利亚，会见了叙利亚副总统沙雷、外长穆阿利姆等。4月，叙利亚议长马哈茂德·艾布拉什访华。9月，叙利亚新闻部长穆赫辛·巴拉勒访华。此外，叙利亚阿拉伯复兴社会党两次派干部考察团访华。

中叙双方在涉及彼此核心和重大利益的问题上相互理解并支持。中方一贯理解并支持叙方在戈兰高地问题上的立场。叙方坚持一个中国立场，在台湾、西藏、新疆等问题上给予中国坚定支持。新疆乌鲁木齐“7·5”事件发生后，叙利亚政府理解并支持中国依法采取措施维护稳定。

两国经贸关系顺利发展。双边贸易额与2008年持平。双方在通信、能源、基础设施建设等领域的互利合作富有成效。

两国在文化、新闻等领域的友好交流与合作不断增多。在地方合作领域，辽宁省与叙利亚阿勒颇省再度开展友好交往。

塔吉克斯坦

(Tajikistan)

2009年，中华人民共和国与塔吉克斯坦共和国睦邻友好合作关系发展顺利。

两国高层交往密切。6月15日，国家主席胡锦涛在出席上海合作组织叶卡捷琳堡峰会期间与塔总统埃莫马利·拉赫蒙举行双边会见，就进一步发展中塔关系和双边务实合作达成广泛共识。10月15日，温家宝总理与来华出席上海合作组织第八次总理会议的塔总理阿基尔·阿基洛夫举行双边会见，就深化双边关系和务实合作等问题交换了意见。5月17日，国务委员孟建柱在出席上海合作组织安全会议秘书叶卡捷琳堡会议期间与塔安全会议秘书阿·阿济莫夫举行双边会见。5月15日，上海合作组织成员国外长莫斯科会议期间杨洁篪外长与塔外长哈姆罗洪·扎里菲举行双边会见，就两国关系和共同关心的问题交换意见。

各部门和地方省州合作交流频繁。3月6日，中央军委委员、国务委员兼国防部长梁光烈上将会见来华进行工作访问的塔国防部长舍·海鲁洛耶夫。3月26日，塔总统拉赫蒙出访蒙古共和国途中过境经停呼和浩特，内蒙古自治区主席巴特尔会见拉一行。6月3~5日，中共中央政治局委员、新疆维吾尔自治区党委书记王乐泉率团访塔。11月28日至12月1日，新疆维吾尔自治区政协主席艾斯海提·克里木拜率团访塔。

坦桑尼亚

(Tanzania)

2009年，中华人民共和国与坦桑尼亚联合共和国友好合作关系进一步发展，各领域合作不断取得新成果。

2月14~16日，国家主席胡锦涛对坦桑尼亚进行国事访问，这是中国国家主席首次访问坦桑尼亚。胡锦涛主席与坦桑尼亚总统贾卡亚·姆里绍·基奎特举行会谈，会见了桑给巴尔总统阿马尼·阿贝德·卡鲁姆，出席了中国援建的坦桑尼亚国家体育场竣工仪式，凭吊了援坦桑尼亚中国专家公墓，并在达累斯萨拉姆各界欢迎大会上发表演讲。双方签署了《中华人民共和国政府和坦桑尼亚联合共和国政府经济技术合作协定》、《中华人民共和国政府和坦桑尼亚联合共和国桑给巴尔革命政府经济技术合作协定》等协议。胡锦涛主席指出，中方愿同坦方巩固传统友谊，深化务实合作，努力将中坦友好合作关系推向更高水平，共同开创中坦关系的美好未来。基奎特总统表示，坦桑尼亚把中国视为伟大的朋友、最好的朋友，将继承前辈传统，始终坚持对华友好。坦方始终坚持一个中国政策，坚定支持中方维护国家主权和领土完整。坦方感谢中方长期以来对坦方的无私援助和大力支持，愿同中方加强新形势下贸易、投资、金融、农业、教育、卫生、基础设施建设等领域合作。4月24日，胡锦涛主席与基奎特总统互致贺电，庆祝两国建交45周年。

两国政党、军事交往势头良好。海军政治委员刘晓江中将、海军装备部部长李少江少将、国防部外事办公室主任钱利华少将分别率团访问坦桑尼亚。坦桑尼亚国防与国民服务部长侯赛因·姆维尼、革命党副主席恩杜古·皮尤斯·姆塞夸分别访华。

两国经贸合作进一步加强。中方为坦桑尼亚援建的国家体育场2月竣工，由中方提供优惠贷款的全国光缆骨干传输网项目（ICT）10月开工建设。3月，国家开发银行行长陈元访问坦桑尼亚。8月，中国国际扶贫中心副主任何晓军访问坦桑尼亚。12月，由坦桑尼亚、赞比亚两国组成的部长代表团访华，与中方签订了坦赞铁路第14期经济技术合作议定书。

两国在文化、教育、卫生等领域交流与合作取得新进展。4月，甘肃省艺术团赴坦桑尼亚访演。7月，50名来自坦桑尼亚社会各界的青年代表访华。5月，中方援建的农村学校正式开工建设。11月，中方援建的疟疾防治中心正式揭牌。

泰　国
(Thailand)

2009年，中华人民共和国与泰王国战略性合作关系发展良好，各领域合作持续推进，人员往来密切。

两国高层经常会面。国务院总理温家宝两次赴泰出席东亚领导人系列会议（4月、10月）。外交部长杨洁篪访泰（3月）、赴泰出席东盟与中日韩外长会、东盟地区论坛外长会（7月），中央军委委员、国务委员兼国防部长梁光烈上将访泰（12月）。泰国诗琳通公主五次来华（4月、7月、8月、11月、12月）；朱拉蓬公主来华接受复旦大学、南京大学授予的名誉教授称号（2月），举办第四届“中泰一家亲”音乐会并亲自登台演奏古筝（12月）。总理阿披实（6月）、外长格实（6月）、下议院第一副议长萨玛（7月）分别访华。

两国各领域合作持续发展。受国际金融危机影响，双边贸易额小幅下降。两国签署了《中华人民共和国政府和泰王国政府关于扩大和深化双边经济贸易合作的协定》、《中华人民共和国教育部与泰王国教育部教育合作协议》、《中华人民共和国国家质量监督检验检疫总局和泰王国农业与合作部关于泰国水果过境第三国输往中国检验检疫要求议定书》。中国人民解放军副总参谋长马晓天空军上将在北京与泰国国防部次长阿披差举行中泰国防部第八次防务安全磋商（10 月）。泰国国防部长巴威（7 月）、最高司令颂吉滴（5 月）、陆军总司令阿努蓬（2 月）、海军司令甘通（11 月）、空军司令伊塔蓬（11 月）访华。5 月，在泰的一对中国大熊猫生下一只幼仔，在泰国引起轰动。1 月，曼谷发生火灾，中方向泰方提供 50 万美元现汇援助。

东帝汶

(Timor – Leste)

2009 年，中华人民共和国与东帝汶民主共和国的友好关系继续发展。

10 月，东帝汶总理夏纳纳访华并出席第十届西部博览会，国务院总理温家宝会见。6 月，东帝汶外长科斯塔访华，国家副主席习近平会见，外交部长杨洁篪与科举行会谈。同月，卫生部长马丁斯访华，卫生部长陈竺会见。

2009 年，中方援建的东帝汶外交部办公楼、总统府办公楼正式交付使用。中方向东帝汶提供了 3000 万元人民币无偿援助，并陆续向东提供大米、药品及培训支持。中国医疗队继续在当地提供医疗服务。

中国政府积极支持联合国在东帝汶的工作，继续向东帝汶派出维和警察和军事联络官。

多　哥

(Togo)

2009 年，中华人民共和国与多哥共和国友好合作关系继续平稳顺利发展，各领域合作富有成效。

两国政治互信进一步增强。5 月，多哥总统福雷致信国家主席胡锦涛，感谢中国为二十国集团伦敦金融峰会的成功和维护发展中国家特别是非洲国家的利益作出的重要贡献。多哥政府继续坚定奉行一个中国政策，支持中国的统一大业。

中非合作论坛北京峰会八项举措在多哥得到全面落实，经贸合作成果丰硕。中国援建的洛美医院和两所农村学校竣工移交，抗疟中心揭牌，农业技术示范中心开工。中国派出的4名高级农业专家和20名青年志愿者于年内抵多。此外，中国为多哥修复了国家主干道上被洪水冲垮的三座桥梁，并派专家对齐奥与阿霍河流域的治理进行了考察。中多在基础设施建设、劳务承包、电信等领域的互利合作也进展良好。

人文交流充满活力。中国驻多哥使馆成功举办了国庆60周年招待会和中非合作论坛北京峰会后续行动成果图片展。10月，四川外国语学院与洛美大学共建的孔子学院揭牌。12月，多哥新闻与文化部长乌莱戈·克耶瓦访华。12月，多哥阿帕雅帕民族歌舞团应邀参加深圳国际友城文化周活动。民间友好交往频繁。年内，中国人民对外友好协会会长陈昊苏和多中友协主席亚奥·布鲁阿·阿博进行了互访。3月，多哥宪法法院院长阿布杜·阿苏马夫妇访华。

汤　加
(Tonga)

2009年，中华人民共和国与汤加王国关系发展良好。

双方保持高层交往势头。4月，中国人民对外友好协会副会长李小林访问汤加，会见汤加首相兼国防、减灾事务大臣、通讯事务大臣费莱蒂·瓦卡乌塔·塞韦莱、公主萨洛特·皮洛莱乌·图伊塔。8月，汤加首相兼国防、减灾事务大臣、通讯事务大臣费莱蒂·瓦卡乌塔·塞韦莱在澳大利亚凯恩斯出席第21届太平洋岛国论坛会后对话会期间会见中国—太平洋岛国论坛对话会特使王永秋。6月，汤加议长图伊拉卡帕随太平洋岛国议会代表团访华。5月，赴纽约出任汤加常驻联合国代表兼驻美国大使的汤前外交大臣索纳塔内·图阿基纳莫拉希·陶莫佩奥—图普过境北京。

3月，汤加新任驻华大使马赫乌里乌里·桑德赫斯特·图普尼瓦向国家主席胡锦涛递交国书。9月，参加国务院总理温家宝在人民大会堂集体会见到任的44国驻华使节。

3月，外交部长杨洁篪致电汤加首相兼国防、减灾事务大臣、通讯事务大臣塞韦莱，就汤加“阿斯卡公主”号客货两用船失事表示慰问。

两国经贸、文化、卫生等领域交流合作不断扩大。中国援建的汤加塔布岛乡村保健中心和瓦瓦乌岛王子医院扩建等项目稳步推进。中国政府向汤加派遣农业专家组实施塔布岛示范农场项目。

特立尼达和多巴哥
(Trinidad and Tobago)

2009年是中华人民共和国与特立尼达和多巴哥共和国建交35周年。两国“互利发展的友好合作关系”稳步发展。

两国高层保持交往。3月，中国国家主席胡锦涛、国务院总理温家宝分别与特多总统乔治·理查兹、总理帕特里克·曼宁就两国建交35周年互致贺电。9月，胡锦涛主席出席第64届联合国大会期间，简短会见曼宁总理。10月，中国新任驻特多大使杨优明向理查兹总统递交国书。

两国经贸合作稳步发展。5月，两国签署中国政府向特多政府提供优惠贷款的框架协议。11月，中国援建的西班牙港国家表演艺术中心完工。中国进出口银行副行长苏中访问特多。

两国文化、教育、新闻等领域合作成果显著。10月，四川省遂宁民间艺术表演团赴特多访问演出。6月，七名特多高中学生来华参加世界青年学生领袖会议。9月，特多资深记者、《卫报》总编辑威尔逊来华参加中华人民共和国60周年国庆访华记者团。

突尼斯
(Tunisia)

2009年，中华人民共和国与突尼斯共和国友好关系保持了良好发展势头。

中突政治互信进一步加强。2009年1月，外交部长杨洁篪和突尼斯外长阿卜杜勒—瓦哈卜·阿卜杜拉互致贺电，庆祝中突建交45周年。5月，全国政协副主席白立忱赴突出席中阿合作论坛第三届“中阿关系暨中阿文明对话研讨会”并顺访突。6月，突尼斯外长阿卜杜拉来华进行工作访问，杨洁篪外长与其会谈。11月，外交部部长助理翟隽赴突出席中国驻西亚北非地区使节片会，期间会见了阿卜杜拉外长。同月，突发展和国际合作部负责国际合作和外国投资的国务秘书阿卜杜勒·哈米德·特里基出席在埃及举行的中非合作论坛第四届部长级会议。

中突两国在国际和地区事务中有广泛共识，在联合国改革、气候变化等问题上保持了良好磋商和协调。突方继续在台湾、涉藏、涉疆等问题上给予中方宝贵支持。

中突在经贸、军事、政党、文教、卫生、新闻、农业等领域的交流与合作取得积极进展。1 月，青海省省委副书记马惠宁访突。2 月，卫生部副部长尹力访突。同月，中共中央委员、甘肃省委书记陆浩率中共代表团访突。3 月，贵州省第二批12 名青年志愿者抵突。5 月，宁夏回族自治区党委常委、银川市委书记崔波访突，突农业和水力资源部国务秘书阿卜杜·拉扎克·达鲁勒访华。6 月，上海市副市长唐登杰率上海经贸代表团访突，出席中国（上海）—突尼斯投资贸易洽谈会。11 月，中共代表、广西壮族自治区党委常委、秘书长余远辉赴突出席宪政民主联盟国际研讨会。“华夏瑰宝展”、建国 60 周年图片展和中非合作成就图片展先后在突举办。

土耳其

(Turkey)

2009 年，中华人民共和国与土耳其共和国继续保持高层交往。6 月 24 ~29 日，土耳其总统阿卜杜拉·居尔来华进行国事访问。国家主席胡锦涛同居尔总统就两国关系和共同关心的国际及地区问题深入交换意见。胡锦涛主席表示，发展中土更加密切的伙伴关系是中国政府的既定方针，中方愿同土方一道从以下五个方面作出努力：秉承友好传统，深化政治关系；扩大经贸合作，实现共同发展；加强安全合作，打击“三股势力”；促进人文交流，扩大友好往来；保持多边合作，共促世界和谐。会后两国元首共同出席了双方有关合作文件的签字仪式。居尔总统还分别会见了全国人大常委会委员长吴邦国和国务院总理温家宝，并赴陕西、广东、新疆三地参观访问。5 月 24 ~27 日，国务委员兼公安部长孟建柱访土，分别会见土耳其代总统科克萨尔·托普坦、内政部长贝希尔·阿塔拉伊、警察总局长欧吾兹·科克萨尔，双方就发展双边关系、加强反恐领域合作等交换意见。12 月 12 ~16 日，全国政协副主席、中国人民争取和平与裁军协会副会长厉无畏访问土耳其，会见了大国民议会议长迈赫迈特·阿里·沙辛等政要，就发展两国关系及全国政协同土大国民议会的关系进行了交流。此外，全国人大常委会预算工作委员会副主任姚胜、全国人大内务司法委员会副主任委员刘振华先后访土。土大国民议会土中友好小组主席伊桑·阿尔斯兰、财政部长迈赫迈特·希姆谢克先后访华。

经贸合作稳步发展。5 月，中国国际贸易促进委员会副会长张伟赴土出席在伊斯坦布尔举行的中国—土耳其经贸论坛。9 月，土国务部长扎费尔·恰拉扬访华，参加第 16 届中土经贸联委会，国务院副总理王岐山予以会见。

党际、科教、卫生领域交流继续推进。中共中央委员、江西省委书记苏荣，中国科学技术协会副主席、书记处第一书记邓楠，中华医学会会长王陇德分别访土。

两军关系持续发展。中央军委副主席郭伯雄上将，中央军委委员、空军司令许其亮上将，武警部队副司令刘红军中将先后访土。土海军司令麦廷·阿塔奇、空军司令哈桑·阿克萨伊分别来华出席中国海军、空军成立60周年庆典活动。

地方交往活跃。上海市政协主席冯国勤、江苏省常务副省长赵克志访土，土耳其伊兹密尔省长扎希特·科拉奇访华。

乌鲁木齐“7·5”事件对中土关系造成一定干扰。经双方共同努力，双边关系快速回稳。

土库曼斯坦

(Turkmenistan)

2009年，中华人民共和国与土库曼斯坦友好合作关系进一步发展。

两国高层交往密切。9月21日，国家主席胡锦涛在出席第64届联合国大会期间同土库曼斯坦总统库尔班古力·别尔德穆哈梅多夫举行会见。双方就双边关系和共同关心的问题交换意见。12月13～14日，胡锦涛主席对土库曼斯坦进行工作访问，与土库曼斯坦总统别尔德穆哈梅多夫举行会谈。双方就推进中土友好合作关系，加强两国经贸、能源、人文等领域合作深入交换意见，达成广泛共识。双方签署两国在经贸、通信等领域合作文件。12月14日，胡锦涛主席与土库曼斯坦总统别尔德穆哈梅多夫、哈萨克斯坦总统努尔苏丹·纳扎尔巴耶夫、乌兹别克斯坦总统伊斯拉姆·卡里莫夫共同出席在土举行的中国—中亚天然气管道通气仪式。6月1～3日，全国政协副主席张梅颖访问土库曼斯坦，分别与土总统别尔德穆哈梅多夫、土国民会议主席阿克贾·努尔别尔德耶娃举行会见。6月23～25日，国务院副总理李克强对土库曼斯坦进行正式访问，同土总统别尔德穆哈梅多夫举行会见。双方签署两国在经贸、能源、金融等领域合作文件。

两国经贸、人文合作稳步发展。3月21～24日，中国石油天然气集团公司副总经理汪东进访问土库曼斯坦。4月22～24日，国家发展改革委副主任、国家能源局局长张国宝访问土库曼斯坦并出席“可靠和稳定的能源过境运输及其在保障可持续发展和国际合作方面的作用”高级别会议。6月23～26日，中国—中亚友好协会会长张德广访问土库曼斯坦。

乌干达

(Uganda)

2009 年，中华人民共和国与乌干达共和国友好合作关系继续稳步发展。

两国高层交往频繁，政治互信不断加深。11 月 8 日，国务院总理温家宝在埃及沙姆沙伊赫出席中非合作论坛第四届部长级会议期间，会见了乌干达总统约韦里·卡古塔·穆塞韦尼。1 月 13～14 日，外交部长杨洁篪访问乌干达，会见了穆塞韦尼总统，与乌干达外长萨姆·库泰萨会谈。8 月 4～6 日和 11 月 10～11 日，中国政府非洲事务特别代表刘贵今两次访问乌干达，分别与乌干达外长库泰萨和水利与环境部长玛丽亚·穆塔甘巴会谈。11 月 22 日至 12 月 1 日，乌干达副总统吉尔伯特·巴里巴塞卡·布凯尼亚来华商务考察。10 月 8～13 日，乌干达外交部常秘詹姆士·穆古梅访华，与外交部部长助理翟隽举行两国外交部政治磋商，外交部副部长王光亚会见。

两国经贸合作发展势头良好。4 月 19～21 日，商务部部长助理崇泉访问乌干达，双方签署了《中华人民共和国政府和乌干达共和国政府经济技术合作协定》等合作文件。中方为乌干达援建的政府办公楼项目进展顺利。中非合作论坛北京峰会八项举措下两所农村学校已分别于 5 月和 9 月交付乌方，医院和农技示范中心项目已于 9 月开工。由中方提供优惠贷款实施的乌国家通信骨干网和电子政务网二期工程及坎帕拉市政工程设备采购项目进展顺利。

两国其他领域交流与合作继续加强。乌干达自由工会代表团 4 月访华。乌干达性别、劳工和社会事务部主管残疾人和老年人事务的国务部长苏莱曼·马达达 5 月来华参加第五届深圳国际文化产业博览交易会。

乌克兰

(Ukraine)

2009 年，中华人民共和国与乌克兰全面友好合作关系保持积极发展势头，各领域互利合作成果显著。

双方高层保持密切交往，政治互信增强。7 月，全国政协副主席王刚访问乌克兰，与乌总统维克多·尤先科、总理尤莉娅·季莫申科、最高苏维埃主席弗拉基米尔·利特文分别举行会见、会谈。10月，国务院副总理张德江访问乌克兰，与乌总统维克多·尤先科、总理尤莉娅·季莫申科分别举行会见、会谈。1月，乌克兰国防部长尤里·叶哈努罗夫访华，全国政协主席贾庆林、国务委员兼国防部长梁光烈上将分别会见。4月，乌克兰国家航天署署长亚历山大·津琴科访华，国务委员戴秉国、国家航天局局长孙来燕分别会见。9月，乌克兰副总理格里戈里·涅米拉来华出席大连2009年夏季达沃斯论坛，国务院总理温家宝予以会见。

乌克兰在台湾、涉藏、人权等问题上继续支持中方立场，重申将一如既往地恪守一个中国原则。乌克兰领导人多次就山西省屯兰煤矿矿难、河北省石家庄楼房倒塌、河南省平顶山煤矿矿难、湖南省冷水江锑矿矿难和黑龙江省鹤岗煤矿矿难等致电中国领导人表示慰问。为帮助乌克兰应对甲型H1N1流感疫情，中国政府向乌提供了价值350万元人民币的流感防控物资无偿援助。

两国经贸、科技、农业等领域交流与合作逐步扩大。受国际金融危机影响，2009年双边贸易额大幅下降，但中国自乌克兰进口增加。汽车、电信、基础设施建设成为两国经贸合作的主导领域。

两国人文、地方和部门交往积极。双方人员往来日趋频繁，留学生人数逐年增多。2009年5月，第八届“汉语桥”世界大学生中文比赛乌克兰赛区比赛在基辅大学举行。广东、贵州和北京、青岛等省市领导相继率团访乌。公安部、司法部、国家民族与宗教事务委员会、粮食局、安全生产监督管理总局、最高人民法院、最高人民检察院、宋庆龄基金会、中国人民对外友好协会、中国贸易促进委员会、对外承包工程商会等部门代表团先后访乌。2009年11月，乌克兰首任总统列昂尼德·克拉夫丘克出席2009欧亚经济论坛，乌克兰议会最高人权代表尼娜·卡尔帕乔娃出席第二届北京人权论坛并访问新疆维吾尔自治区。

党际交往活跃。9月，中共中央政治局委员、上海市委书记俞正声访问乌克兰，分别会见乌总理尤莉娅·季莫申科、最高苏维埃主席弗拉基米尔·利特文。5月和6月，乌克兰共产党和利特文集团代表团分别访华。

阿拉伯联合酋长国

(United Arab Emirates)

2009年是中华人民共和国与阿拉伯联合酋长国建交25周年，双边关系发展势头良好，各领域互利合作不断深化。

两国高层交往保持良好势头。8月12～14日，阿联酋阿布扎比王储穆罕默德·本·扎耶德·阿勒纳哈扬访华。国家主席胡锦涛、国务院总理温家宝、国家副主席习近平分别予以会见。双方签署了政治、文化、经贸等领域的五个合作文件。

两国经贸合作继续保持快速发展。6 月 1 日，中国阿联酋经贸投资论坛在迪拜举行，商务部副部长蒋耀平出席开幕式。中国建筑工程总公司中东有限公司中标总额达 4.1 亿美元的阿布扎比“城市之光”综合建筑群项目；中国石油天然气集团公司海外工程公司承揽的阿布扎比战略石油管线工程进展顺利；中国石油天然气集团公司下属宝鸡石油机械公司获得项目额达 2.18 亿美元的阿联酋高端石油钻井设备订单；华为、中兴公司与阿联酋两大电信运营商的互利合作不断扩大。

两国地方往来频繁。浙江省委书记赵洪祝、河南省省长郭庚茂、宁夏回族自治区主席王正伟、黑龙江省副省长孙尧、江苏省副省长史和平、大连市长夏德仁、北京市副市长陈刚、上海市政协主席冯国勤及国家外汇管理局副局长方上浦等先后访问阿联酋。

两国民间交往活跃。4 月 2 日，上海世博会阿联酋国家馆正式破土动工；9 月，阿联酋成为中国公民组团出境旅游目的地；清华大学代表团和北京外国语大学代表团分别访问阿联酋，与阿联酋大学和扎耶德大学建立校际关系。

英　国

(United Kingdom)

2009 年，中华人民共和国和大不列颠及北爱尔兰联合王国关系总体发展平稳。

高层交往密切，政治互信增强。4 月，国家主席胡锦涛赴伦敦出席二十国集团金融峰会。1 月，国务院总理温家宝访英。5 月，国务院副总理王岐山访英并与英财政大臣阿利斯泰尔·达林共同主持第二次中英经济财金对话。10 月，国务委员戴秉国访英。英内阁首席大臣兼商业、创新和技能部大臣曼德尔森勋爵、能源和气候变化大臣埃德·米利班德等英政要先后访华。

1 月，英政府首次发表题为《英中合作框架》的对华战略文件。9 月，英外交国务大臣伊万·刘易斯访华并赴西藏访问。12 月，英保守党影阁外交大臣威廉·黑格访华。

经贸合作遭遇“寒流”，科技、教育、文化等其他领域合作持续发展。受国际金融危机影响，截至 2009 年 11 月，中英双边贸易额 351.6 亿美元，同比下降16.5%。英对华投资项目和实际投资均大幅下降。双边其他领域合作进展顺利。“明日中国—科技创新计划”顺利启动，中英科技创新论坛和第四届中英教育部长峰会成功举办。截至2009年底，中国在英孔子学院达12所，孔子学堂24间，汉语进入英中小学基础教育课程和考试科目。中英青年政治家论坛、中英青年交流机制进展顺利。

双方加强在国际事务中的磋商与协调。国务院总理温家宝、外交部长杨洁篪分别同英国首相戈登·布朗、英国外交大臣戴维·米利班德多次通话、并互致信函，就国际和重大地区问题及时交换意见。12月，外交部副部长张志军偕中国资深大使访英并举行第二次中英高级别外交政策研讨会。两国在全球金融体系改革、反对贸易保护主义等重大问题上共识突出，并就联合国改革、防扩散、非洲和南亚局势等问题保持密切沟通。

美　国

(United States of America)

2009年，中华人民共和国与美利坚合众国关系总体保持稳定发展。

两国高层沟通与交往密切。

4月1日，国家主席胡锦涛在伦敦出席二十国集团领导人第二次金融峰会期间会晤美国总统奥巴马。双方一致同意共同努力建设21世纪积极合作全面的中美关系，并就建立中美战略与经济对话机制、共同应对国际金融危机、加强双边广泛领域和重大国际地区问题协调合作达成重要共识。

9月22日，国家主席胡锦涛与美国总统奥巴马在纽约联大系列峰会期间会晤。

11月15~18日，美国总统奥巴马对中国进行国事访问。国家主席胡锦涛与奥巴马总统会谈并共同会见记者。胡锦涛主席并为奥巴马总统举行正式欢迎晚宴。全国人大常委会委员长吴邦国、国务院总理温家宝分别会见奥巴马总统。两国领导人就中美关系、国际形势以及共同关心的国际地区问题深入交换看法，达成一系列重要共识。双方重申将共同努力建设21世纪积极合作全面的中美关系，并将采取切实行动稳步建立应对共同挑战的伙伴关系。双方发表了《中美联合声明》，这是继中美三个联合公报及1997年国家主席江泽民访美发表《中美联合声明》之后，中美之间的又一份重要政治文件，对新时期中美关系发展具有重要指导意义。两国政府和企业签署了《中美加强气候变化、能源和环境合作的谅解备忘录》等11项合作文件。

两国元首在2009年三次成功会晤，为中美关系继续向前发展指明方向，注入新的动力。此外两国元首还四次通话、九次通信，就中美关系、中美战略与经济对话、气候变化等问题保持密切沟通。

9月5~13日，全国人大常委会委员长吴邦国对美国进行正式友好访问。吴邦国委员长会见了美国总统奥巴马，同副总统兼参议长拜登、众议长佩洛西、参院多数党领袖哈里·瑞德、少数党领袖米奇·麦康奈尔会谈，会见了代理临时参议长井上健、国务卿克林顿、众院涉华小组负责人、前国务卿亨利·基辛格等前政要及亚利桑那州州长贾尼丝·布鲁尔、阿拉斯加州州长肖恩·帕内尔，出席了由美国商会、美中贸易委员会等10家友好团体在华盛顿举行的晚餐会和两国企业界在菲尼克斯举行的中美经贸合作论坛开幕式并分别发表重要讲话。

12月18日，国务院总理温家宝在出席丹麦哥本哈根《联合国气候变化框架公约》缔约方第15次会议和《京都议定书》缔约方第五次会议期间与美国总统奥巴马会晤。双方就气候变化和哥本哈根会议深入交换了意见，为推动会议最终以决定的形式通过《哥本哈根协议》发挥了重要的建设性作用。

7月27~28日，首轮中美战略与经济对话在华盛顿举行，由胡锦涛主席特别代表国务院副总理王岐山、国务委员戴秉国与美国总统奥巴马特别代表国务卿克林顿、财政部长盖特纳共同主持。胡锦涛主席向对话开幕式致贺词并向奥巴马总统致口信。奥巴马总统出席开幕式发表讲话并会见中方两位特别代表。对话中，双方就事关两国关系发展的战略性、长期性、全局性问题坦诚深入交换意见。对话取得了积极成果。

10月29日，第20届中美商贸联委会在杭州举行，国务院副总理王岐山与美国商务部长骆家辉、贸易代表柯克共同主持。

4月11~22日，中共中央政治局委员、国务委员刘延东访美，会见美国国务卿克林顿、农业部长维尔萨克、能源部长朱棣文、教育部长阿尼·邓肯、总统科技助理兼白宫科技政策办公室主任约翰·霍尔德伦、国家科学基金会主任阿登·比门特、国家科学院院长拉尔夫·西瑟隆、国家工程院院长查尔斯·韦斯特等政要。

10月11~17日，中共中央政治局委员、中央书记处书记、中共中央组织部部长李源潮访美，会见美国代理国务卿詹姆斯·斯坦伯格、财长盖特纳、总统国家安全事务助理琼斯、前国务卿基辛格。

10月24日至11月3日，中共中央政治局委员、中央军委副主席徐才厚上将访美，会见了美国总统奥巴马、总统国家安全事务助理琼斯、国防部长盖茨上将、代理国务卿斯坦伯格等，并在美国战略与国际问题研究中心（CSIS）发表题为《执行多样化军事任务的中国军队》的演讲。徐才厚副主席与盖茨国防部长就加强两军交流与合作达成七项共识。

7月9~10日，国家主席胡锦涛代表、国务委员戴秉国在意大利拉奎拉出席八国集团同发展中国家领导人对话会期间会见美国总统奥巴马和总统国家安全事务助理琼斯。

1月7~8日，美国常务副国务卿约翰·内格罗蓬特来华出席中美建交30周年纪念活动，国家副主席习近平、国务委员戴秉国、外交部长杨洁篪、国务院台湾事务办公室主任王毅、中国人民解放军副总参谋长马晓天中将分别会见，外交部副部长王光亚与内格罗蓬特会谈。内格罗蓬特并出席中美乒乓球友谊赛等纪念活动。

1月12~13日，美国前总统吉米·卡特夫妇、前国务卿基辛格、前总统国家安全事务助理兹比格纽·布热津斯基和布伦特·斯考克罗夫特等来华出席中美建交30周年纪念活动。国家主席胡锦涛、国务院总理温家宝、国家副主席习近平分别会见，国务委员戴秉国宴请卡特等。国务院副总理王岐山会见基辛格。

2月20~22日，美国国务卿克林顿访华，国家主席胡锦涛、国务院总理温家宝、国务委员戴秉国分别会见。外交部长杨洁篪与克林顿国务卿举行会谈并共同会见记者。

3月9~13日，外交部长杨洁篪访美，分别会见美国总统奥巴马、副总统拜登、国务卿克林顿、财政部长盖特纳、总统国家安全事务助理琼斯、阿富汗和巴基斯坦事务特别代表里查德·霍尔布鲁克。杨洁篪外长还会见了美国两党前政要和工商界人士，在美国战略与国际问题研究中心发表演讲。

7月22日，外交部长杨洁篪与美国国务卿克林顿在东盟地区论坛外长会期间会晤，就中美关系、首轮中美战略与经济对话及共同关心的国际和地区问题交换了看法。

11月14日，外交部长杨洁篪在出席新加坡亚太经合组织领导人非正式会议期间与美国国务卿克林顿举行会晤，就中美关系、奥巴马总统访华、气候变化、二十国集团合作、朝鲜半岛核问题、伊朗核问题等交换了意见。

两国外长全年14次通话，就共同关心的问题保持密切沟通。

中美两国立法机构交流取得积极进展。

5月，美国会众议长佩洛西访华。9月，全国人大常委会委员长吴邦国访美。两国立法机构最高领导人在年内实现互访，有力推进了双方友好交往和中美各领域合作。美国第111届国会任命了众、参两院美中议会交流小组主席，两国立法机构定期交流机制得到巩固和发展。美本届国会提出十多项含有一定积极内容的涉华议案，旨在促进中美能源、环保、经贸、人文等领域交流与合作。年内，美国会众院少数党领袖约翰·博纳、众院外交事务委员会主席霍华德·伯曼、参院外交关系委员会主席约翰·克里、参院军事委员会首席成员约翰·麦凯恩等分别率团访华。全国人大外事委与美国会众院开展了对口交流。

两国经贸合作继续深化，能源、环境、人文、农业、卫生、交通、反恐、执法等领域的交流合作取得新进展，两军关系得到改善和发展。

受国际金融危机影响，中美双边贸易额出现一定程度下滑，但降幅低于美国与其他贸易伙伴的进出口额下降幅度。据中方统计，中美全年贸易额2982.6亿美元，同比下降10.6%。其中，中国自美国进口774.4亿美元，同比下降4.8%；出口2208.2亿美元，同比下降12.5%。中方顺差1433.8亿美元，同比下降16.1%。

在双向投资领域，中美开展了富有成效的合作。2009年美对华投资25.55亿美元。截至2009年底，美对华投资项目累计5.8万个，实际投入622亿美元。美是中国外资最大的来源地之一。同时，中国企业赴美投资迈出坚实步伐，2009年对美直接投资6.2亿美元。截至2009年底，中国在美各类投资超过45亿美元，投资范围广泛。

中美在能源、环境领域进行了卓有成效的互利合作。美国总统奥巴马访华期间，两国签署《加强气候变化、能源和环境合作的谅解备忘录》等文件，正式启动中美清洁能源联合研究中心，决定在中美《能源和环境合作十年框架》下加强两国在清洁大气、水、交通、电力和资源保护领域的合作。7月，美国能源部长朱棣文访华，国务院总理温家宝、副总理李克强、王岐山，国务委员刘延东分别会见。9月，两国在中国青岛举办第四届中美能源政策对话和第九届中美油气工业论坛，在北京举办首届中美电动汽车论坛。双方在节能减排、新能源、可再生能源、清洁能源、建筑能效、环境治理等领域的合作成为两国关系新亮点。

中美在教育、科技、文化、卫生、体育等领域交流与合作继续加强。4月，国务委员刘延东访美期间，双方签署《关于2009~2013年教育交流合作工作计划》、《关于推动高等教育交流与合作的联合声明》，续签《中美科技人员交流计划》。6月，美国总统科技助理兼白宫科技政策办公室主任霍尔德伦和总统气候变化特使托德·斯特恩访华。国家体育总局局长刘鹏访美。7月，第七次中美农业科技合作联合工作组会议在美召开，两国签署《中国科技部与美国农业部农业科技合作议定书附件八——关于食品安全科学研究合作活动的协议》。9月，农业部长孙政才访美，与美方签署《中华人民共和国农业部与美利坚合众国农业部农业及相关领域合作谅解备忘录》。10月，第13届中美科技合作联委会会议在美国华盛顿召开。卫生部副部长黄洁夫访美。11月，文化部副部长陈晓光访美。

中美在反恐领域的磋商与合作继续深化。9 月，中美举行第七轮反恐磋商。双方介绍各自反恐举措，并就上海世博会安保、金融反恐、海外机构和人员安保、“集装箱安全倡议”和“特大型港口计划”、中美空警合作等问题进行深入探讨。

两军关系得到改善和发展。4 月，两国元首伦敦会晤时一致同意致力于发展两军关系，推动两军关系继续改善和发展。2 月，第五次中美国防部工作会晤在北京举行。3 月，海军司令员吴胜利上将与美国海军作战部长拉夫黑德上将通过中美国防部热线通话。美国海军作战部长拉夫黑德上将访华并参加中国人民解放军海军成立 60 周年庆祝活动。6 月，第十次中美国防部防务磋商在北京举行。8 月，美国陆军参谋长凯西上将访华。中美海上军事安全磋商机制专门会议在北京举行。10 月底 11 月初，中央军委副主席徐才厚上将应邀访美，与美国国防部长盖茨上将就加强两军交流与合作达成七项共识。针对“无瑕”号、“胜利”号等美国海军舰船擅自进入中国专属经济区进行侦测活动的错误行径，中方多次向美方提出严正交涉。

两国执法、司法部门在追逃、禁毒、打击跨国犯罪等方面的合作取得积极成果，一些重要合办案件取得进展。7 月，美国联邦调查局局长穆勒、美国海岸警卫队司令塔德·艾伦分别访华。10 月，最高人民法院常务副院长沈德咏访美。同月，第三届中美禁毒情报交流会议在北京成功举行。5 月，美国法院对开平银行案件许超凡、许国俊等四名主犯进行判决。11 月，中国法院对美国通缉犯索伦兹进行判决。双方在奥巴马总统访华期间发表的《中美联合声明》中表示，同意在平等互利基础上继续就刑事调查、打击贪污、禁毒和前体化学品控制、打击非法移民活动方面的合作，加强在打击跨国犯罪和犯罪集团、反洗钱和包括打击制造伪钞、追逃非法资金在内的反恐融资领域的共同努力，并打击走私和贩卖人口。

双方在重大国际地区问题上保持着密切的沟通协调，中美关系的战略意义和全球影响不断上升。

中美有效开展应对国际金融危机的协调合作，为推动国际金融稳定和世界经济复苏发挥了重要作用。在朝核问题上，中美及有关各方保持沟通协调，推动朝鲜半岛核问题局势缓和，为维护半岛和东北亚和平稳定发挥建设性作用。中美还就伊朗核、南亚、缅甸以及联合国事务等问题保持密切沟通。

中美关系中的台湾、达赖、涉疆、经贸、人权宗教等问题仍较突出。

奥巴马政府在台湾问题上基本维持一个中国框架。奥巴马总统及美政府多次重申坚持一个中国政策，恪守中美三个联合公报，欢迎和支持两岸关系改善。但美方继续与台湾进行变相官方往来和军事联系。美方允许台

“立法院长”王金平赴美出席奥巴马总统就职典礼，举办所谓《与台湾关系法》30 年纪念活动，允许马英九 5 月、7 月赴中美洲往返途中在美“过境”，并不顾中方多次严正交涉，继续实施售台“爱国者 -3”反导系统、P -3C 反潜机，助台升级“爱国者 -2”反导系统，向台出售导弹、军舰雷达部件等武器装备，并借助台救灾之机派遣军机赴台。

中国政府对美方的错误行径进行了严正交涉和坚决斗争，敦促美方恪守坚持一个中国政策和中美三个联合公报，反对“台独”，反对“两个中国”和“一中一台”，反对台湾加入仅限主权国家参加的国际组织的承诺，停止美台官方往来和军事联系，停止售台武器，以实际行动支持两岸关系和平发展。经反复做工作，美方对台湾问题的敏感性及中国有关立场有了进一步认识，在奥巴马总统访华期间双方发表的《中美联合声明》中表示奉行一个中国政策，遵守中美三个联合公报的原则，欢迎台湾海峡两岸关系和平发展，期待两岸加强经济、政治及其他领域的对话与互动，建立更加积极、稳定的关系。

美方允许达赖于 4 月底、5 月初和 9 月底、10 月初两次窜访美国，美国总统高级顾问前往印度达兰萨拉会见达赖。美国国务院在中国国庆节当日宣布任命新的所谓“西藏事务特别协调员”。美国会向达赖颁发“兰托斯人权奖”并通过涉藏决议案。

美国允许“世维会”在美国会大厦游客中心召开“第三次代表大会”，个别反华议员出席。乌鲁木齐“7·5”事件后，美国政府总体表态谨慎，但美众议长佩洛西发表声明，反华议员提出决议案，对中国民族政策妄加指责。美国还在 6 月和 10 月分别向英属百慕大群岛和帕劳移交了共 10 名关塔那摩中国籍维族恐怖嫌犯。

美国国内贸易保护主义抬头。2009 年，美国对中国输美轮胎、油井管等产品发起 23 起包括反倾销、反补贴和特保调查，涉案金额累计 76 亿美元，对双边经贸合作造成不利影响。美国国会提出多项内容消极、干扰中美经贸合作健康发展的涉华议案。

2 月，美国国务院发布年度“国别人权报告”，涉华部分继续无端指责中国人权状况。6 月，美国国务卿克林顿发表书面谈话，对 1989 年春夏之交发生的政治风波妄加评论。美还不断利用有关个案干涉中国内政。美国国际宗教自由委员会和美国国务院分别于 5 月和 10 月发表年度“国际宗教自由报告”，对中国宗教政策和宗教自由状况进行指责。

中方从维护国家主权、安全和利益出发，对美方上述错误言行进行了严正交涉，表明了反对美方利用有关问题干涉中国内政、损害中方利益的坚定立场。

2009 年中美关系的发展再次表明，中美两国作为世界上有重要影响的国家，对话与合作始终是两国关系的主流。一个良好的中美关系符合两国和两国人民的根本利益，有助于促进亚太地区和世界的和平、稳定与繁荣。在国际形势继续发生复杂深刻变化、全球性挑战不断增多、各国相互依存日益紧密的新形势下，中美两国在事关人类和平与发展的一系列重大问题上拥有更加广泛的共同利益和更加广阔的合作前景。双方应认真落实两国元首达成的重要共识，按照《中美联合声明》确定的原则，加强各领域对话、交流与合作，尊重彼此核心利益和重大关切，推动中美关系沿着积极合作全面的轨道不断向前发展，稳步建立应对共同挑战的伙伴关系。

乌拉圭
(Uruguay)

2009 年，中华人民共和国与乌拉圭东岸共和国关系持续稳定发展。

两国保持各层次交往。3 月，乌拉圭总统塔瓦雷·拉蒙·巴斯克斯·罗萨斯对中国进行国事访问。国家主席胡锦涛同巴斯克斯总统举行会谈，全国人大常委会委员长吴邦国和国务院总理温家宝分别会见。双方就两国关系和共同关心的重大国际和地区问题深入交换意见，就深化中乌各领域务实合作达成重要共识。两国元首出席了两国经贸、体育、新闻、水利等九项合作文件的签字仪式。乌方宣布承认中国完全市场经济地位。

两国经贸合作继续深入发展。中国成为乌拉圭第三大贸易伙伴。8 月，商务部副部长钟山率政府经贸代表团访问乌拉圭，两国企业签署 1.2 亿美元的采购合同。奇瑞汽车有限公司与阿根廷索克马集团在乌拉圭合资成立的奇瑞—索克马公司克服国际金融危机冲击，于 6 月恢复生产。中国继续向乌拉圭提供力所能及的经济技术援助。

两国在科技、政党、军事等领域的交流合作不断深化。3 月，乌拉圭国家研究与创新署署长埃德加多·鲁维亚内斯访华，同科技部副部长曹健林共同主持中乌政府间科技混委会第一次会议。4 月，乌拉圭国防部长何塞·巴亚尔迪访华，国防部长梁光烈上将会见。5 月，中共中央委员、西藏自治区党委书记张庆黎率中共代表团访问乌拉圭，分别会见乌拉圭副总统兼参议长鲁道夫·尼恩·诺沃亚、众议长罗克·阿雷吉，同广泛阵线主席豪尔赫·布罗维托举行会谈。11 月，乌拉圭空军司令何塞·拉蒙上将访华并出席中国人民解放军空军成立 60 周年庆祝活动暨空军和平和发展国际论坛，中央军委委员、空军司令员许其亮上将会见。

乌兹别克斯坦

(Uzbekistan)

2009 年，中华人民共和国与乌兹别克斯坦共和国友好合作伙伴关系健康稳定发展。

两国保持高层交往，双边关系进一步深化。6 月 15 日，国家主席胡锦涛在出席上海合作组织叶卡捷琳堡峰会期间同乌兹别克斯坦总统伊斯拉姆·卡里莫夫举行双边会见。12 月 13 日，胡锦涛主席在对土库曼斯坦进行工作访问并出席在土举行的中国—中亚天然气管道通气仪式期间同卡里莫夫总统举行双边会见。两国元首就发展中乌关系、务实合作及共同关心的国际和地区问题充分交换意见，达成广泛共识。6 月 27 ~ 29 日，国务院副总理李克强对乌兹别克斯坦进行正式访问，分别同卡里莫夫总统、第一副总理兼财政部长鲁斯塔姆·阿济莫夫举行会见、会谈。双方表示将进一步深化政治互信，扩大各领域合作，不断提升中乌友好合作伙伴关系水平。10 月 14 日，乌兹别克斯坦总理沙夫卡特·米尔济约耶夫来华出席上海合作组织成员国第八次总理会议，李克强副总理同米尔济约耶夫总理举行双边会见，就进一步加强两国关系和务实合作等问题交换了意见。5 月 17 日，孟建柱国务委员出席上海合作组织安全会议秘书叶卡捷琳堡会议期间与乌安全会议秘书穆·阿塔耶夫举行双边会见。5 月 15 日，外交部部长杨洁篪在出席上海合作组织成员国外长莫斯科会议期间与乌外长弗拉基米尔·诺罗夫举行双边会见，就两国关系和共同关心的问题交换了意见。8 月 13 日，外交部副部长李辉与乌副外长巴赫提约尔·伊斯拉莫夫在北京举行两国外交部磋商。10 月 12 日和 12 月 3 日，外交部副部长王光亚与乌副外长安瓦尔·萨利赫巴耶夫在北京分别举行会见。

中乌务实合作发展良好，经贸、能源、金融、交通、电信、农业等各领域合作顺利开展。12 月 3 ~4 日，乌副总理兼对外经济联系、投资和贸易部长埃廖尔·加尼耶夫来华出席中乌经贸合作委员会第八次会议，王岐山副总理同加尼耶夫副总理举行会见。12 月 15 ~ 16 日，中国政府特使、国家发展和改革委员会副主任、国家能源局局长张国宝访乌并出席中国—乌兹别克斯坦天然气管道暨首站竣工投运庆典。

瓦努阿图
(Vanuatu)

2009 年，中华人民共和国与瓦努阿图共和国关系保持良好发展势头。

两国高层交往密切。9 月，国家主席胡锦涛致电祝贺尤路·约翰逊·阿比尔当选瓦努阿图新任总统。1 月，商务部副部长傅自应率中国政府经贸代表团访问瓦努阿图。2 月，河南省副省长孔玉芳访瓦。8 月，文化部部长助理丁伟访瓦。12 月，黑龙江省政协副主席何小平访瓦。8 月，瓦努阿图总理纳塔佩在澳大利亚凯恩斯出席第 21 届太平洋岛国论坛会后对话会期间会见中国—太平洋岛国论坛对话会特使王永秋。4 月，瓦卫生部长乔·纳图曼来华出席“卫生知识普及”部长级区域卫生会议。8 月，农业部长哈沃·莫利塞莱访华。9 月，卫生部长莫西斯·胡卡和贸工部长詹姆斯·布莱分别来华出席世界卫生组织西太平洋地区委员会第 60 届会议和国际旅游组织第五届旅游目的地管理大会。11 月，内政部长帕特里克·克鲁比访华。

两国在经贸、文化等领域的交流与合作富有成效。中国援瓦水产品加工厂竣工，瓦利用中国政府优惠贷款实施的电子政务项目、利用中国援款实施的医疗技术合作及乒乓球教练技术合作项目进展顺利。河南少林武术团、重庆市杂技团分别赴瓦访问演出。

委内瑞拉
(Venezuela)

2009 年，中华人民共和国与委内瑞拉玻利瓦尔共和国各领域互利友好合作不断深化，中委关系呈现快速发展势头。

双方保持密切高层交往，政治互信进一步增强。2 月 17 ~ 18 日，国家副主席习近平对委内瑞拉进行正式访问，分别会见委总统乌戈·拉斐尔·查韦斯·弗里亚斯、全国代表大会主席西利亚·阿德拉·弗洛雷斯，与副总统拉蒙·阿隆索·卡里萨雷斯举行会谈，并与查韦斯总统共同出席了中委企业家研讨会开幕式。访问期间，双方签署了包括《〈中华人民共和国政府和委内瑞拉玻利瓦尔共和国政府关于联合融资基金的协议〉的修改议定书》在内的涉及能源、金融、农业等领域的 12 项合作文件。

4 月 7～9 日，委总统查韦斯对中国进行工作访问。国家主席胡锦涛同查韦斯举行会谈，习近平副主席会见查韦斯。两国领导人就双边关系及共同关心的问题深入交换意见。胡锦涛主席强调，中委两国都处在重要发展阶段，在当前复杂多变的国际形势下，进一步加强两国各领域务实合作，不仅对双方应对国际金融危机冲击具有现实意义，而且为中委关系的长远发展打下更加坚实的基础。中方高度重视中委关系，愿与委方携手努力，落实好双方达成的共识，深化合作，推动中委共同发展的战略伙伴关系又好又快向前发展。查韦斯总统表示，中国为世界摆脱危机发挥了重要的积极作用，委方愿同中方在新的形势下加强合作，共同应对金融危机的挑战。

12 月 20～22 日，中委政府间高级别混合委员会第八次会议在委举行，国家发展改革委主任张平与委人民政权计划发展部长豪尔赫·希奥尔达尼共同主持会议。双方签署了涉及能源、矿产、基础设施、金融、渔业等领域的 29 项合作文件。

两国务实合作成果丰硕。委已成为中国在拉美重要的贸易伙伴和投资对象国，双方在能源、农业、基础设施、高科技等领域的互利合作不断深化。中国铁路工程总公司与委国家铁路局签署建设委北部平原铁路工程承包合同。中国为委研制发射的“委内瑞拉一号”通信卫星成功在轨交付委方。

两国在人文、扶贫等领域交流与合作富有成效。双方还举行了一系列庆祝活动，纪念中委建交 35 周年。

委在涉台、涉藏和人权等问题上坚定支持中方立场。两国在国际和地区事务中保持密切协调与配合。

越　南

(Vietnam)

2009 年，中华人民共和国与越南社会主义共和国的全面战略合作伙伴关系持续发展。双方确定 2010 年为“中越友好年”。

两国高层往来频繁。4 月，越南政府总理阮晋勇来华出席博鳌亚洲论坛 2009 年年会并顺访广东、香港、澳门。10 月，越南政府总理阮晋勇来华出席第十届中国西部国际博览会并顺访四川、重庆；越南政府常务副总理阮生雄来华出席第六届中国—东盟博览会并顺访广西。3 月，国务委员戴秉国访越并与越南政府副总理兼外交部长范家谦共同主持中越双边合作指导委员会第三次会议。越南政府副总理兼教育培训部部长阮善仁访华。

5月，外交部长杨洁篪赴越出席第九届亚欧外长会议。6月，中共中央政治局委员、中央书记处书记、中组部部长李源潮访越。8月，中共中央书记处书记、中央纪委副书记何勇访越。9月，越南政府副总理黄忠海出席2009年大连夏季达沃斯年会；全国政协副主席张榕明率团访越并出席越南祖国阵线第七次全国代表大会。11月，最高人民检察院检察长曹建明赴越出席第六届中国与东盟成员国总检察长会议。

两国边界领土问题谈判取得重要进展。2月，双方在广西友谊关口岸举行仪式，庆祝陆地边界勘界立碑圆满结束，国务委员戴秉国和越南政府副总理兼外交部长范家谦出席。11月，中越陆地边界勘界文件签字仪式在北京举行，双方签署的文件包括《中越陆地边界勘界议定书》及其附图、《中越陆地边界管理制度协定》和《中越陆地边境口岸及其管理制度协定》。中国外交部副部长武大伟与越南外交部副部长胡春山分别代表两国政府签署了上述文件。双方还举行了第五轮北部湾湾口外海域划界和共同开发谈判、第六届北部湾渔业合作联合委员会年会。

两国经贸合作继续发展。中国连续六年成为越南最大贸易伙伴。两国大型项目合作取得不同程度进展。

两国其他领域合作顺利开展，各部门友好交流密切。两党举办第五次理论研讨会。越南海军军舰访问湛江军港，中国海军舰艇编队访问越南海防港。全国政协副主席李兆焯和越南祖国阵线中央委员会主席黄担分别率团出席在广西防城港市和越南芒街市举办的中越边民大联欢。

也　门

(Yemen)

2009年，中华人民共和国与也门共和国友好关系继续平稳发展。

两国政治关系发展良好。4月，中国最高人民检察院检察长曹建明访也，与也方最高司法委员会主席、最高法院院长赛马维举行会谈，并与也方总检察长奥勒菲签署中国最高人民检察院与也门总检察院合作谅解备忘录。3月，中共中央对外联络部副部长李进军率团访也，续签《中国共产党和也门全国人民大会合作议定书》。7月，也门社会主义党政治局委员艾布·穆罕默德·艾哈迈德率领干部考察团访华。8月16日，中国新任驻也门大使刘登林向也门总统萨利赫递交国书。

两国经贸合作顺利发展。塔兹农村学校、也中友谊医院、国家大图书馆等中国援也项目进展良好。

双方卫生、教育等其他领域合作取得进展。2月，中国外交部代表团访也，与也方草签两国《刑事司法协助条约》和两国《引渡条约》。4月，中国驻也门大使罗小光分别与也方高等教育与科研部长、卫生部长签署《2009～2011 年教育合作协议》、《关于派遣中国医疗队赴也工作议定书》及恢复中国医疗队赛永医疗点谅解备忘录。7 月，也门公共卫生与人口部次长贾马尔率团访华。11 月，也门外交部 40 名外交官来华参加为期三周的培训。

赞比亚

(Zambia)

2009 年是中华人民共和国与赞比亚共和国建交 45 周年，两国友好合作关系进一步巩固和发展。

两国保持高层接触和交往，政治互信不断增强。8 月 11 日，赞比亚总统鲁皮亚·班达致函国家主席胡锦涛，就中国东南沿海地区遭受“莫拉克”台风袭击表示诚挚慰问。11 月 11～17 日，赞比亚前总统肯尼思·卡翁达访华，接受中国人民对外友好协会与中国非洲人民友好协会共同颁发的第二届“中非友好贡献奖”。期间，全国政协主席贾庆林与卡会见，贾庆林主席积极评价中赞建交 45 年来两国友好合作取得的成果，高度赞赏卡为发展中赞、中非友谊作出的贡献。

两国经贸互利合作持续深化。1 月 14～17 日，商务部长陈德铭率中国政府经贸代表团访赞。期间，双方签署了《中华人民共和国政府和赞比亚共和国政府经济技术合作协定》等文件，赞比亚中国经贸合作区卢萨卡分区举行启动仪式。6 月 14 日至 7 月 4 日，赞商业、贸易与工业部长费利克斯·穆塔蒂等 21 位赞政府高官、议员来华参加赞比亚中国经济技术开发区建设研修班。中非合作论坛北京峰会八项举措涉及赞比亚有关项目得到全面落实，中方援建的抗疟中心建成并开始运营，三名中国高级农业专家抵赞开始工作，由中方援建的体育场、医院和农业技术示范中心等项目也先后开工。

双方其他各领域的友好交往与合作积极活跃。中国人民解放军副总参谋长刘镇武上将率中国政府军事代表团，中共吉林省委常委、长春市委书记高广滨率中共友好代表团，全国人大民族委员会副主任委员阿不都热依木·阿米提，中国政府非洲事务特别代表刘贵今大使及中国武术协会表演团分别访赞，赞青年学生代表团、酋长代表团分别访华。

津巴布韦

(Zimbabwe)

2009 年，中华人民共和国与津巴布韦共和国的友好关系稳步发展。

两国保持高层接触和交往。11 月 7 日，国务院总理温家宝在埃及会见出席中非合作论坛第四届部长会开幕式的津巴布韦总统罗伯特·加布里埃尔·穆加贝，双方表示两国将进一步加强在各个领域的合作，推动双边关系不断向前发展。9 月 7 日，温家宝总理会见来华出席大连夏季达沃斯论坛年会的津巴布韦联合政府副总理亚瑟·穆坦巴拉。4 月 23 ~25 日，外交部部长助理翟隽访问津巴布韦，会见了津联合政府总统穆加贝、总理摩根·茨万吉拉伊、副总理穆坦巴拉。访问期间，双方签署了《中华人民共和国政府和津巴布韦共和国政府经济技术合作协定》和《中国政府向津巴布韦政府提供500 万美元现汇援助的换文》。

9 月 3 日，中国新任驻津巴布韦大使忻顺康向津巴布韦总统穆加贝递交国书。

年内，甘肃省副省长石军，新华社副社长鲁炜，中共吉林省委常委、长春市委书记高广滨率中共代表团等先后访问津巴布韦。津巴布韦非洲民族联盟—爱国阵线政治局委员、法律事务书记埃莫森·姆南加古瓦，津巴布韦争取民主变革运动茨万吉拉伊派妇女事务书记、津巴布韦储备银行行长戈诺，联合政府公共工程部长特雷莎·马考尼等先后访华。此外，津巴布韦多位部长来华出席了有关国际会议。

两国经贸合作稳步发展。中非合作论坛北京峰会成果项下中方为津方援建的农业技术示范中心、农村学校和医院等项目均已开工，进展良好。

两国人文领域交流活跃，取得积极成效。4 月，中国甘肃省艺术团赴津巴布韦参加“哈拉雷国际技术节”。11 月，中国民间组织国际交流促进会协调中国计划生育协会、北京市民间组织国际交流协会、北京市慈善协会等赴哈拉雷，与津新希望基金会、医务志愿者协会两个非政府组织共同成功开展了预防艾滋病宣传活动，受到津当地民众好评。

第四章

中国与国际和地区组织的关系

中国与联合国

1. 政治与安全领域

(1) 积极参与联合国维持和平行动

联合国维和行动是实践多边主义、维护集体安全的有效手段，在缓和紧张局势、解决地区冲突方面发挥了重要作用。截至 2009 年底，联合国共部署 63 项维和行动，正在实施的有 15 项维和行动，共有来自 115 个国家的 97771 名军人和民警、18793 名文职人员参加。2009 年 7 月至 2010 年 7 月，联合国维和预算约 77 亿美元。

中国重视并支持根据《联合国宪章》的宗旨和原则部署维和行动，积极参加联合国维和行动特委会、安理会、联大的有关审议和磋商。

中国常驻联合国副代表刘振民大使在联合国维和行动特委会上发言表示，坚持当事国同意、非自卫不使用武力、保持中立的维和基本原则仍是开展联合国维和工作的基础。确保联合国维和行动资源充足，是维和工作顺利开展的有力保障。安理会及秘书处应客观认识维和行动的职责范围和能力，以现实能力为基础规划具体维和行动。中国希望联合国进一步加强与地区组织，尤其是非盟在维和领域的合作，在机制建设、信息交流、资金和人员培训等方面加大对非盟的援助，帮助其提高维和能力。各国应更重视维和行动与建设和平努力之间的分工，采取综合治理战略，从根本上帮助有关国家摆脱冲突，实现长治久安。

安理会分别于1月、6月和8月举行维和问题公开辩论会，并于8月5日一致通过主席声明。中国代表发言表示，维和行动改革既要积极创新，又要坚持基本原则。安理会应提高授权部署、规划和管理维和行动的水平，加强对维和行动的战略设计。联合国应高度重视就预防和解决冲突制定综合战略，应同等重视部署维和行动和推动政治谈判，大力提高维和兵员筹措、后勤部署与管理指挥能力。

第64届联大四委10月审议维和议题时，中国常驻联合国副代表刘振民大使发言，就维和行动改革提出七点建议：第一，继续坚持维和行动基本原则，是巩固会员国对联合国维和行动支持的基础；第二，清晰、可实现的维和授权，是提高维和行动效率的前提；第三，确定维和行动的阶段目标与撤出战略，应成为改善维和行动管理工作的一部分；第四，在强势维和、保护平民等敏感问题上进一步凝聚会员国共识，是推动维和改革工作的正确途径；第五，进一步提高维和人员素质，是加强联合国维和能力建设的重要步骤；第六，加强责任感与规范性，是对秘书处有效利用现有维和资源的客观要求；第七，改进后勤工作机制，是加快维和部署的有力保障。

中国积极参与联合国维和行动，自1990年以来共向24项联合国维和行动派出军事人员和警察1.4万余人次。目前，中国派遣的2143名维和人员在中东、黎巴嫩、西撒、刚果（金）、利比里亚、科特迪瓦、海地、苏丹（南部和达尔富尔）、东帝汶10个任务区执行任务。

（2）安理会改革

2009年2月19日，根据第62届联合国大会决定，第63届联大以非正式全会方式启动安理会改革政府间谈判。此后，联大分别于3月4日至4月20日、5月22日至6月11日、9月1～3日举行了三轮谈判。各国在谈判中基本重申各自立场，分歧依旧。11月12～13日，第64届联大就安理会改革问题举行辩论。12月18日，联大启动第四轮谈判。

中国代表团积极参与了安理会改革政府间谈判。中国常驻联合国代表张业遂大使在联大辩论中发言表示，中方坚定支持对安理会进行必要、合理的改革，以增强其代表性和透明度，更好地服务会员国。改革应优先增加发展中国家、特别是非洲的代表性，必须体现国际关系民主化潮流，让中小国家有更多机会参与安理会决策。改革涉及的五大类问题相互关联，不能采取“分步走”或“零散解决”的方式，只有整体推进、一揽子解决，才能兼顾会员国在不同问题上的利益和关切。谈判进程应由会员国主导，充分照顾各方关切，努力寻求普遍共识。

（3）安理会处理的相关工作

①中东问题

2009 年，联大及安理会多次开会审议中东问题。

1 月 8 日，安理会以 14 票赞成、1 票（美国）弃权通过了第 1860 号决议，呼吁以色列和巴勒斯坦立即、持久和全面停火，敦促以色列从加沙全部撤军，缓解人道主义危机；呼吁开放过境口岸，停止非法武器走私，谴责针对平民的暴力活动和恐怖主义行径。

中国常驻联合国代表张业遂大使在决议通过后作解释性发言，表示加沙冲突爆发以来，中方一直支持安理会尽快通过一项决议，敦促有关方面立即实现停火并撤军，开放过境口岸，缓解加沙人道主义局势。决议的通过，反映了国际社会的共同期待和愿望。中方敦促有关各方立即实现停火，全面、有效落实决议，避免造成更多平民伤亡和人道主义灾难。中方希望国际社会共同努力，推动有关各方回到谈判的轨道上来，公正、持久地解决巴以问题。

5 月 11 日，在当月安理会轮值主席俄罗斯倡议下，安理会举行中东问题部长级会议，一致通过了安理会主席声明，呼吁各方根据联合国有关决议精神，在“两国方案”等原则基础上，推动中东全面、公正和持久和平。

中国常驻联合国代表张业遂大使出席会议并发言，表示安理会通过的第 1860 号决议是各方艰苦努力的结果，促成了巴以停火，也为重启中东和平进程创造了条件。但该决议并未得到全面、有效的执行。希望有关方面共同努力，确保该决议得到执行。

张业遂大使说，政治谈判是中东实现持久和平的唯一正确途径。中方希望有关各方坚定政治谈判信念，避免采取破坏互信与和解的举动，为重启谈判创造条件。巴勒斯坦问题是中东问题的核心。实现巴以两个国家和平共处，是解决巴勒斯坦问题的最终出路。有关各方应坚持“土地换和平”原则和“两国方案”，推动巴以和解，建立独立的巴勒斯坦国，使阿拉伯民族和犹太民族和平共处成为现实。中方主张全面推进巴以、叙以、黎以等各线谈判，妥善处理中东其他热点问题，争取实现中东全面、公正、持久和平。

张业遂大使表示，中方愿继续同国际社会一道，为早日妥善解决中东问题，实现地区全面、公正和持久和平发挥建设性作用。

②朝鲜射星与核试验问题

2009 年 4 月 5 日，朝鲜宣布用“银河二号”运载火箭，成功发射“光明星二号”试验通信卫星。4 月 14 日，安理会通过主席声明，谴责朝发射行为违背安理会第 1718 号决议，要求朝全面履行根据安理会第 1718 号决议应尽义务。

5 月 25 日，朝鲜宣布再次进行地下核试验。6 月 13 日，安理会一致通过第 1874 号决议，谴责朝鲜再次核试，根据《联合国宪章》第七章采取行动，并根据第 41 条采取措施，决定对朝实施新制裁，主要包括禁止朝出口任何武器，禁止朝进口除轻、小武器外的任何武器和相关物项；呼吁各国检查进出朝货物，在征得船旗国同意后在公海可对涉嫌船只登临检查，若船旗国不同意，应指示船只驶往方便港口接受检查，查出违禁物项应予扣押和处置，禁止向朝涉嫌船只提供燃料补给等服务；呼吁各国不向朝提供新的金融援助，用于人道、发展领域除外。

中国常驻联合国代表张业遂大使在决议通过后做解释性发言，表示中国坚决反对朝鲜再次进行核试验，强烈要求朝鲜信守无核化承诺，停止可能导致局势进一步恶化的相关行动，重新回到六方会谈的轨道上来。中国一直致力于维护国际核不扩散体系、推动实现朝鲜半岛无核化、维护朝鲜半岛和东北亚地区的和平与稳定。朝鲜再次进行核试验，违反了安理会相关决议，损害了国际核不扩散体系的有效性，影响地区和平与安全。我们支持安理会对朝鲜核试验作出适当、平衡的反应。刚刚通过的决议中所包括的措施，是安理会依据《联合国宪章》第七章第 41 条采取的。安理会决议表明了国际社会反对朝鲜核试验的坚定立场，也向朝鲜发出了积极和正面的信息，显示了安理会坚持通过对话谈判等手段和平解决朝核问题的立场和决心。

张业遂大使强调，朝鲜主权、领土完整和合理安全关切及发展利益应得到尊重。朝鲜在重返《不扩散核武器条约》后应享有一个缔约国和平利用核能的权利。安理会行动不应影响朝鲜的民生和发展，不应影响对朝人道援助。正如决议有关段落表明的那样，如朝鲜遵守决议有关规定，安理会将审查暂停或取消对朝制裁问题。货物检查问题复杂敏感，需要各国严格按照国内法和国际法慎重行事，并以掌握合理理由和充足证据为前提。各方都应避免任何可能激化矛盾的言行。在任何情况下，都不能使用武力或以武力相威胁。

张业遂大使表示，中国政府始终主张通过政治和外交手段和平解决朝鲜半岛核问题。中方为此付出了巨大努力，促成了六方会谈，并推动六方达成了 2005 年 9 月的《共同声明》。在各方共同努力下，六方会谈也取得了一些阶段性进展。当前，尽管出现了朝鲜再次核试验这一消极事态，我们仍然认为，制裁不是安理会行动的目的，政治和外交途径是解决半岛相关问题、实现半岛无核化和东北亚地区和平与稳定的唯一正确途径。在当前形势下，有关各方应保持冷静和克制、避免采取可能导致局势升级的行动。这符合有关各方的共同利益。中方愿继续本着负责任和建设性态度，同有关各方加强沟通，妥善应对，推动尽快恢复六方会谈，为实现半岛无核化，维护半岛和东北亚和平与稳定发挥积极作用。

③缅甸问题

2009 年，安理会多次审议缅甸问题，就缅甸政府审判昂山素季问题两度发表主席新闻谈话，对由此产生的政治影响表示关切，重申缅甸政府应创造必要条件与昂山素季等展开包容性对话，在联合国帮助下实现民族和解，并重申尊重缅甸的主权与领土完整，缅甸未来掌握在缅甸人民手中。

中国代表在安理会相关磋商中表示，中方十分关注缅甸局势，希望缅甸保持稳定，早日实现民族和解、推进民主进程、加快经济建设。缅甸将于 2010 年举行大选，国际社会应多考虑如何进一步以缅甸接受的方式发挥建设性作用，营造宽松环境，确保大选顺利成功。缅甸问题本质上属于一国内部事务，归根结底要由缅甸人民通过协商得以解决。对于缅甸国内有关个案，国际社会应充分尊重缅甸的司法主权。中方支持秘书长斡旋缅甸问题并发挥积极作用。中方将继续同国际社会一道，为缅甸问题的妥善解决而努力。

④尼泊尔问题

2009 年，安理会多次审议尼泊尔问题，就尼泊尔局势发表主席声明，并先后通过第 1864、1879 号决议，将联合国驻尼泊尔政治特派团任期两次延长至 2010 年 1 月 23 日。

中国常驻联合国副代表刘振民大使在安理会有关审议中表示，作为尼泊尔的邻国，中国密切关注尼局势发展，支持尼政府和人民为实现和平与稳定所作出的努力。尼和平进程应由尼人民主导。中方支持尼各派就推动和平进程保持对话协商、欢迎尼各派为此作出努力。中方希望联合国驻尼泊尔政治特派团以当事国意见为基础，按照安理会授权履行职责，切实帮助推进尼和平进程。

⑤苏丹达尔富尔问题

2009 年，安理会多次审议苏丹达尔富尔问题，通过第 1881、1891 号两个决议。

3月4日，国际刑事法院（ICC）第一预审分庭以战争罪和反人类罪向苏丹总统巴希尔发出逮捕令，并要求各国和国际组织根据《罗马规约》和安理会有关决议规定，向ICC提供合作。中国外交部发言人表示，中方对ICC发出对苏丹总统的逮捕令表示遗憾和不安。当前国际社会的首要任务是维护达尔富尔地区局势稳定，继续推进政治进程和联合国/非盟混合行动部署。中方反对任何可能干扰达区和苏丹和平大局的举动。我们希望安理会尊重和听取广大非洲和阿拉伯国家呼声，根据《罗马规约》第16条采取必要行动，要求国际刑事法院暂停审理此案。

6月5日，安理会听取ICC检察官奥坎波通报处理达尔富尔“有罪不罚”问题进展情况。中国常驻联合国副代表刘振民大使发言表示，近年来，有关各方围绕达问题的国际共识在逐步增加，以和平、合作方式解决问题的努力也正在取得积极进展。联合国与非盟在达区的混合行动部署不断取得进展，以南非前总统姆贝基为首的非盟达问题高级别小组正在积极工作。旨在促进达区政治谈判的多哈进程得到越来越广泛的认可与支持。在解决地区热点问题的过程中兼顾打击“有罪不罚”，努力实现司法公正，是国际社会的共同目标。追求司法公正的努力不能脱离具体的政治、社会环境，更不能违背制止冲突、恢复和平的大目标。中方希望ICC为妥善解决达问题作出应有贡献。

7月30日，安理会一致通过第1881号决议，将部署在达区的非盟/联合国混合行动延期一年至2010年7月31日。10月13日，安理会一致通过第1891号决议，决定将苏丹制裁委专家小组任期延长一年至2010年10月15日。

12月4日，安理会举行公开会，听取ICC检察官奥坎波通报处理达尔富尔“有罪不罚”问题进展情况。刘振民大使发言表示，达区形势正在向积极方向发展，联合国—非盟—苏丹政府“三方机制”运作基本顺畅，达区维和部署取得积极进展。苏丹政府与民间各界对国家前途命运的关注是达区政治谈判能够形成势头的内在驱动力。非洲国家对苏丹及次区域和平与安全的担忧，是国际社会积极推动妥善解决达区问题的共同出发点。解决达区“有罪不罚”问题离不开有关当事方的信任与合作。

12月21日，安理会听取非盟高级代表团公开通报关于达问题的姆贝基报告。中国常驻联合国代表张业遂大使发言表示，中方欢迎非盟就达问题出台姆贝基报告，赞赏报告提出的通过非盟与苏政府深度合作寻求全面解决达问题的建议，希望能与多哈进程等倡议更好地协调进行，呼吁达区所有政党、叛军组织及公民社会积极参与和平谈判。中方支持在达区局势改善、政治稳定的过程中解决“有罪不罚”问题，希望非盟与苏政府保持协商，寻求稳妥解决办法。

12月1日，中国常驻联合国副代表刘振民大使代表中国政府再次向联合国达尔富尔问题政治进程信托基金捐款50万美元。

⑥厄立特里亚问题

2009年12月23日，安理会以13票赞成、1票反对（利比亚）、1票弃权（中国）的结果通过了第1907号决议。决议要求厄立特里亚全面履行安理会对索马里的武器禁运措施，停止破坏或颠覆索马里过渡联邦政府的行为，并立即执行安理会第1862号决议，从吉布提与厄立特里亚边界争议地区撤军，通过外交努力解决争端。决定对厄立特里亚全面实施武器进、出口禁运。决定对违反厄立特里亚武器禁运措施、向旨在破坏本地区稳定的叛军武装提供支持、支持对本地区其他国家实施暴力或恐怖主义行为、阻碍索马里监测小组调查工作等的个人或实体采取资金冻结、旅行限制等制裁措施。

中国常驻联合国代表张业遂大使在安理会通过制裁厄立特里亚决议时表示，中国一贯坚定支持索马里和平进程，积极参与安理会支持索马里国内谈判进程的外交努力。中国一贯认为，安理会在制裁问题上应谨慎行事。安理会尽管通过了有关制裁厄立特里亚的决议，但这并不应取代通过谈判对话化解分歧的外交努力。当务之急是有关各方均应保持冷静和克制，避免采取可能导致局势升级的行动。中方希望包括厄立特里亚在内的非洲之角各国从本国人民及地区长远利益出发，以更加建设性的姿态共同营造有利于合作共赢的和谐地区环境。

⑦刚果(金)问题

2009年，刚果（金）政局总体保持稳定，东部安全形势有所改观。安理会多次审议刚（金）问题，并通过一个主席声明和第1896号、1906号决议。

4月9日，安理会通过主席声明，鼓励大湖地区国家继续加强政治、经济和军事合作，确保地区长期稳定，支持联合国驻刚（金）特派团联手打击“乌干达上帝抵抗军”等叛军。11月30日，安理会一致通过第1896号决议，将对刚（金）实施的制裁措施延长至2010年11月30日，并扩大制裁委员会授权。12月23日，安理会一致通过第1906号决议，将联合国驻刚（金）特派团延期至2010年5月31日。

中国代表在安理会审议刚（金）问题时表示，中方关注刚（金）东部人道局势，呼吁刚（金）政府继续推动国内各派别对话，加强地区国家合作，加速叛军整编安置工作，加强安全部门改革，整顿军纪，打击违法乱纪，提升施政水平，更好地履行保国安民职责。联合国应继续密切关注刚（金）东部人道局势，及时提供救助，避免人道局势恶化。中方关注制裁委专家小组提及的刚（金）政府军武器管理、解除叛军武装、开采矿产资源等问题，期待制裁委员会妥善处理专家小组提出的相关问题，推动刚（金）东部局势持续保持稳定。中方赞赏联刚团根据安理会决议授权所做工作。希望特派团继续做好保护平民工作，帮助刚（金）尽快完成安全部门改革。

⑧索马里问题

2009年，索马里安全形势未有明显改观。安理会曾多次审议索马里问题，并通过第1863号、1872号决议。

1月16日，安理会一致通过第1863号决议，将非盟驻索马里特派团延期六个月，并要求秘书长建立信托基金支持非盟驻索马里特派团。5月22日，安理会一致通过第1872号决议，授权将非盟驻索马里特派团任期延长至2010年年底；要求秘书长继续向非盟驻索马里特派团提供一揽子援助至2010年1月底。

中国代表在安理会审议索马里问题时表示，尽快稳定索马里局势，实现索马里持久和平，不仅是索马里人民的长久期盼，也符合非洲之角地区和国际社会的共同利益。索马里问题的当务之急是稳定该国安全局势。中方谴责针对索马里过渡联邦政府和平民的武装袭击，敦促索马里所有派别寻求通过政治手段解决问题。中方支持尽快组建强有力的索马里安全部队，呼吁国际社会为此提供必要支持。中方赞赏非盟驻索马里特派团为稳定索局势所作的重要贡献，呼吁联合国加快落实援助非盟驻索马里特派团的一揽子计划。

中国政府向非盟驻索马里特派团的两个主要出兵国乌干达和布隆迪分别提供500万元人民币后勤援助。2007～2009年，中方还向非盟在索马里维和行动三次捐款共100万美元。

⑨索马里海盗问题

2009年，索马里海盗威胁继续存在，且手段更趋多样，危害范围向西印度洋扩展，成为有组织犯罪活动。11月30日，安理会一致通过第1897号决议，决定将有关打击索马里海盗的授权延期至2010年12月。

2009年，根据安理会第1851号决议成立的索马里海盗问题联络小组共举行了四次全体会议和多次工作组会议，讨论了打击海盗的军事行动协调、地区能力建设、商船自保措施、司法领域及加强公众宣传等问题。

中国代表在安理会审议索马里海盗问题时表示，中国支持国际社会为解决索马里海盗问题所做的集体努力。为更有效地打击索马里海盗，各国应严格遵守国际法和安理会相关决议。重视解决索马里国内问题，帮助区域内国家加强能力建设。中国在安理会相关决议框架内积极参与打击索海盗的国际合作，中国海军护航编队履行中国政府承诺，保护中国航经亚丁湾、索马里海域船舶及其人员安全，保护世界粮食计划署等国际组织运送人道救援物资船舶的安全。为更有效地阻止海盗袭扰事件的发生，国际社会应进一步加强海上护航行动，并加强协调。

⑩几内亚问题

2009 年，安理会多次审议几内亚问题，并于 10 月 28 日通过主席声明，欢迎联合国秘书长成立几内亚“9 · 28”事件国际调查委员会。

中国代表在安理会审议几内亚问题时表示，中方关注几内亚局势，希望非盟、西非经济共同体、几内亚问题国际联络小组及联合国秘书长的斡旋努力有助于几内亚局势尽快恢复稳定，呼吁几内亚有关各方以此为契机，就总统选举问题进行对话，努力达成政治和解，尽快恢复宪政秩序，实现国家稳定。国际调查委员会应尽快就调查“9 · 28”事件真相开展公正、透明调查工作。有关调查工作应与外交斡旋相配合，为几内亚局势尽快恢复正常作出贡献。

⑪塞浦路斯问题

2009 年，安理会多次审议塞浦路斯问题，通过第 1873 号和第 1898 号两个决议和 1 个主席声明，将联合国驻塞浦路斯维和部队任期两次延长至 2010 年 6 月 15 日。

中国代表在安理会审议塞浦路斯问题时表示，中国支持联合国的斡旋努力，对塞浦路斯希、土两族的谈判进展予以积极评价。妥善解决塞问题符合塞国家和人民利益，也有利于地区和平与稳定。我们呼吁双方在安理会有关决议基础上加快谈判，继续展现建设性态度，增进互信，求同存异，为实现国家统一作出不懈努力。中国支持联合国驻塞浦路斯维和部队继续发挥作用。

⑫海地问题

2009 年，安理会多次审议海地问题，并于 10 月 13 日通过第 1892 号决议，决定将联合国海地稳定特派团任期延长至 2010 年 10 月 15 日。

中国常驻联合国代表张业遂大使在 9 月 9 日的安理会海地问题公开辩论会上发言表示，中方乐见海地在巩固稳定进程方面取得积极进展。海地局势依然脆弱，海地政府应在国际社会支持下拿出更大决心，作出更大努力，切实加强自身能力建设，有效承担起国际稳定与发展的责任。国际社会及联海特派团可继续提供支持和帮助。联海特派团部署五年来取得了积极成果，在当前形势下，中方支持联海特派团继续存在。随着海地稳定进程不断改善和巩固，联海特派团承担的责任最终将交给海地政府和人民，中方希望联海特派团集中精力履行好维护海地安全稳定的授权。

2009 年，中国向联海特派团派遣防暴警察及民事警察共 143 人。

⑬安理会反恐工作

2009年，中国继续积极参与国际反恐合作，重视安理会在反恐领域的重要作用，支持并继续积极参加安理会反恐委员会及“基地”组织和塔利班制裁委员会（1267委员会）的工作。中国积极参与反恐委员会审议反恐执行局中期审评报告，反恐执行局制定《执行1373号决议技术指南》以及安理会通过1267委员会监测小组延期的第1904号决议的工作。4月15日，安理会1267委员会批准了中国与美国、英国、土耳其、立陶宛等国的联合申请，将“东突厥斯坦伊斯兰运动”头目阿不都哈克列入综合制裁清单。

中国常驻联合国代表团副代表刘振民大使在11月13日举行的反恐问题公开辩论会上表示，中方赞赏安理会1267、1373、1540三个委员会的工作成效，支持安理会反恐机制继续推动有关反恐决议的落实，希望各委员会更加关注发展中国家的反恐需求，尊重他们对本国反恐策略和方法的选择，切实帮助他们提高反恐能力。鼓励三个委员会在各自授权范围内，积极参与联大反恐执行工作组的相关工作，推动全球反恐战略的全面、平衡落实，使安理会与联大的反恐努力互为补充、协调一致，继续维护联合国在国际反恐合作中的核心作用。

2. 经济领域

（1）综合性国际经济发展领域的活动

①联合国亚洲及太平洋经济社会委员会

2009年4月27～28日，联合国亚太经社会（ESCAP）第65届会议部长级会议在泰国曼谷举行。外交部部长助理刘结一率团出席并发表讲话，指出国际金融危机对亚太经济发展造成极大影响，亚太地区落实千年发展目标、实现经济社会可持续发展形势严峻，并提出四点主张：一、保增长。各国应把全力恢复经济增长作为当前最紧迫的任务，加强宏观经济政策协调，坚决反对贸易保护主义。二、谋发展。各国应积极采取措施维护粮食安全，树立和落实互利合作、多元发展、协同保障的新能源安全观，并加强应对气候变化努力。三、惠民生。各国应加强社会保障体系，有关各方特别是发达国家应继续履行对发展中国家的援助、减债等承诺。四、促和谐。各国要树立和谐的观念，以统筹、全面、协调的方式推进各领域长期可持续发展。

②联合国世界金融和经济危机及其对发展影响高级别会议

2009年6月24~26日，联合国“世界金融和经济危机及其对发展影响高级别会议”在纽约举行。外交部长杨洁篪率团出席。本次会议是联合国为应对全球金融危机召开的首次高级别会议，各方尤其是发展中国家高度关注。会议期间，代表团参加了全会以及关于危机对发展影响、如何应对、联合国作用等议题的四场圆桌会议和成果文件磋商。

杨洁篪外长在全会上发言，阐述了中国对金融危机背景下推进国际发展合作的主张，呼吁重视金融危机背景下的国际发展合作。杨洁篪外长提出了加强宏观经济政策协调，推动国际贸易增长，推进国际发展合作，进一步拓展和深化南南合作，建设公平、公正、包容、有序的国际金融体系共五项主张。杨洁篪外长强调中国支持联合国在应对国际金融危机方面发挥更大作用，表示中国将继续积极参与国际发展合作，推动如期实现联合国千年发展目标。

③联合国经社理事会2009年实质性会议

联合国经社理事会（ECOSOC）2009年实质性会议于7月6~31日在日内瓦举行，其中7月6~9日为高级别部分，主题为“全球公共卫生领域国际商定的目标与承诺”，来自联合国各成员国的部长、其他相关政府间国际组织和非政府组织的相关代表与会。高级别部分包括年度部长级审查（AMR）、一般性辩论等活动，并通过了《部长宣言》。中国卫生部部长陈竺在会上发言，介绍了中国社会经济发展情况、实现卫生相关的千年发展目标进展、面临的挑战和医药卫生体制改革等情况，并在一般性辩论中介绍了中国医药卫生领域发展情况，建议将防控慢性非传染性疾病和伤害纳入千年发展目标议程，并表示中国愿继续加强与世界卫生组织及有关国家的合作。

④联合国第64届大会经济和金融委员会（第二委员会）

联合国第64届大会经济和金融委员会（第二委员会）于2009年10月5日至11月底在纽约联合国总部举行，审议了包括宏观经济政策、环境与可持续发展、发展筹资等议题。中国代表团在一般性辩论发言中阐述了对当前世界经济形势的看法以及对推动国际发展合作的政策主张，呼吁国际社会必须提高对发展问题的重视，坚持合作促发展，强化全球发展伙伴关系；强调当前的首要任务是应对国际金融危机、推动世界经济健康复苏；呼吁国际社会要在联合国气候变化峰会政治共识的基础上，本着对各自国家和人类社会负责任的态度，推动哥本哈根会议取得成功；指出各方应加大对农业和粮食问题的重视，加强合作、统筹解决。

⑤世界粮食安全峰会

世界粮食安全峰会于2009年11月16~18日在罗马联合国粮农组织

总部召开。会议主题是完善农业治理体系，为全球饥饿问题寻找长期解决方案。会议通过了《世界粮食安全峰会宣言》。

国务院副总理回良玉出席峰会并发表题为“加强合作，携手努力，共同维护全球粮食安全”的重要讲话，指出粮食安全是经济发展和社会稳定的基础，是国家自立与世界和平的重要前提。国际社会应从人类生存和发展的高度看待和处理粮食问题，加强合作，携手努力，共同维护全球粮食安全。为此，回良玉副总理提出四点倡议：（一）增加投入，提高粮食生产水平。（二）互利共赢，创造良好市场环境。（三）推进改革，完善全球治理机制。（四）统筹兼顾，实现全面均衡发展。回良玉副总理强调，中国始终高度重视农业和粮食问题，坚持立足国内实现粮食基本自给的方针，坚持走中国特色农业现代化道路，农业农村发展取得了举世公认的成就。中国将一如既往地继续与世界各国在粮食和农业发展领域加强交流与合作，在南南合作框架下继续向其他发展中国家提供力所能及的农业援助，与国际社会共同维护世界粮食安全，推动建立持久和平、共同繁荣的和谐世界。

（2）货币与金融领域的工作

截至2009财年，世界银行对中国贷款总承诺额累计约460.6亿美元，涉及项目总数达到309个。

世界银行/国际货币基金组织春季例会于2009年4月25～26日在华盛顿召开。中国人民银行行长周小川和财政部副部长李勇率中国政府代表团出席。会议主要讨论了国际经济金融形势和应对危机举措、国际金融危机对发展中国家的影响和国际金融机构的作用、国际金融机构的监督和宏观金融风险管理、国际金融机构治理结构改革等议题。中国代表团介绍了中国的经济形势和为应对危机实施的一揽子刺激计划，表示中国有信心、有条件、有能力继续保持经济平稳较快发展。中国代表团介绍了国际金融危机对发展中国家的影响，强调国际金融机构应加强对发展中国家的支持，加强对发达国家经济运行中风险的监督。中国代表团呼吁各方拿出政治诚意，确保国际金融机构改革的顺利进行，切实提高发展中国家的发言权和代表性。

世界银行/国际货币基金组织年会于2009年10月4～7日在伊斯坦布尔召开。财政部长谢旭人和人民银行副行长易纲率中国政府代表团出席。会议主要讨论了全球经济和金融形势、国际金融机构改革、世行增资以及气候变化融资等议题。中国代表团在发言中呼吁各国要继续加强宏观政策协调，保持经济刺激力度，共同反对和抵制任何形式的保护主义，促进全球经济的复苏和可持续发展。中国代表团呼吁各方保持改革动力，切实采取措施，按时落实二十国集团匹兹堡峰会确定的国际金融机构投票权和份额量化改革目标。在世行增资问题上，中国代表团指出世行应坚持并强化减贫与发展宗旨，反对世行将财务状况恶化的压力转嫁给发展中成员国。中国代表团重申了中方在应对气候变化及资金问题上的一贯立场和主张，强调发达国家的出资义务，要体现共同但有区别的责任原则。对于该问题的讨论，应坚持《联合国气候变化框架公约》及其《京都议定书》的主渠道地位。

(3) 环境与可持续发展领域中的活动

①联合国环境规划署

联合国环境规划署（简称“环境署”）于1973 年 1 月成立，总部设在肯尼亚首都内罗毕。其宗旨为促进环境领域国际合作；在联合国系统内提供有关环境规划总政策的指导和协调；审查世界环境状况并提出政策建议等。

中国积极参加环境署各项活动，自 1973 年以来一直是环境署理事会成员。1976 年，中国在内罗毕设立驻联合国环境规划署代表处。长期以来，中国与环境署保持了良好合作关系。2003 年 9 月，环境署在北京设立代表处。

2009 年 2 月 20 ~22 日，联合国环境署理事会第 25 届会议暨全球部长级环境论坛在肯尼亚内罗毕举行。本次会议在全球金融和经济危机背景下召开，会议采取部长级环境论坛和理事会全体委员会会议并行召开的形式举行。部长级论坛围绕“全球化与环境：迈向绿色经济”及“国际环境治理和联合国改革”两个主题展开政策对话。理事会全球委员会会议讨论了国际环境治理、世界环境状况、环境法 15 年规划、化学品管理、生物多样性和生态系统服务政府间科学政策平台等议题，并通过了化学品管理、全球环境状况等 12 项决议。环境保护部副部长李干杰率代表团与会发言，并参加会议相关活动。

②联合国可持续发展委员会

联合国可持续发展委员会于 1993 年 2 月成立。其宗旨是加强可持续发展领域国际合作；协调开展联合国环境与发展大会后续行动；使环发大会事务的决策合理化；审查《21 世纪议程》等可持续发展领域国际共识的执行进展情况。

可持续发展委员会是联合国系统内讨论、审议国际环境与发展合作最重要的论坛之一，在动员各方力量保持合作势头、敦促实施环发大会各项决定方面发挥了积极作用。2002 年可持续发展世界首脑会议之后，可持续发展委员会进行了改革，决定今后委员会针对同一类主题以两年为周期进行讨论，第一年审议执行情况，第二年进行政策讨论；其中2008～2009年的主题为“农业、农村发展、土地、干旱、荒漠化和非洲”。2010～2011年主题将是“交通运输、废弃物管理、化学品、矿业及可持续生产和消费”。

中国一直积极参与可持续发展委员会的各项活动。2009年5月4～15日，委员会第17次会议在纽约举行。会议主要就农业、农村发展、土地、干旱、荒漠化和非洲等主题进行了讨论，并协商一致通过了主席案文，呼吁各国加大对农业和农村发展的投入，实现对土地的可持续利用，进一步防治荒漠化，推动各国、特别是非洲地区实现联合国千年发展目标。国家发改委副主任杜鹰率中国代表团与会并发言。

③联合国气候变化峰会

2009年9月22日，联合国气候变化峰会在纽约联合国总部举行，147个国家与会，其中包括中国国家主席胡锦涛、美国总统奥巴马等93位国家领导人。会议就国际社会如何共同有效应对气候变化问题充分交换了意见，并就下一阶段如何开展气候变化国际合作进行了深入探讨，为哥本哈根会议凝聚了政治共识，注入了政治推动力，并促进了相关合作。

胡锦涛主席出席会议开幕式并发表题为“携手应对气候变化挑战”的重要讲话，阐述了中国对应对气候变化国际合作的立场和主张，强调全球气候变化深刻影响着人类生存和发展，是各国共同面临的重大挑战。胡锦涛主席就国际社会携手应对气候变化提出四点建议：第一，履行各自责任是核心。应根据《联合国气候变化框架公约》及其《京都议定书》的要求，积极落实“巴厘路线图”谈判。第二，实现互利共赢是目标。支持发展中国家应对气候变化，既是发达国家应尽的责任，也符合发达国家长远利益。应努力实现发达国家和发展中国家双赢，实现各国利益和全人类利益共赢。第三，促进共同发展是基础。没有各国共同发展，特别是没有发展中国家的发展，应对气候变化就没有广泛而坚实的基础。第四，确保资金技术是关键。发达国家应该担起责任，向发展中国家提供新的额外的充足的可预期的资金支持和技术转让。

胡锦涛主席在讲话中宣布了减缓温室气体排放的具体举措，一是加强节能、提高能效工作，争取到2020年单位国内生产总值二氧化碳排放比2005年显著下降。二是大力发展可再生能源和核能，争取到2020年非化石能源占一次能源消费比重达15%左右。三是大力增加森林碳汇，争取到2020年森林面积比2005年增加4000万公顷，森林蓄积量比2005年增加13亿立方米。四是大力发展绿色经济，积极发展低碳经济和循环经济，研发和推广气候友好技术。胡锦涛主席的讲话赢得了积极反响和各方好评。胡锦涛主席还出席了联合国秘书长潘基文举行的小范围工作晚宴，并在出席峰会期间与部分国家领导人进行了简短会见。

④中国环境与发展国际合作委员会

中国环境与发展国际合作委员会（简称“国合会”）是中国政府在环境领域的高级国际咨询机构，成立于 1992 年，主要职责是针对中国环发领域重大和紧迫的问题提出政策建议，并进行项目示范。国合会每四年改选一届，现任主席为国务院副总理李克强，委员包括国务院有关部委的部长或副部长、外国前政要、国际组织官员和国内外环发领域的知名专家。

2009 年 11 月 11 ~ 13 日，第四届国合会 2009 年年会在北京召开。国务院总理温家宝会见了国合会外方委员，副总理李克强出席会议开幕式并发表讲话。国合会中外方委员、有关国家和国际组织代表、专家学者等 200 余人参加了会议。会议主题是“能源、环境与发展”。会议听取了中外专家关于环境与发展领域的政策报告，并讨论通过了给中国政府的相关政策建议。

3. 人权领域

（1）积极参与联合国人权机构工作

2009 年，中国继续本着积极和建设性态度参与联合国人权机构各项工作。5 月 12 日，中国在第 63 届联合国大会成功当选人权理事会 2009 ~ 2012 年度成员。

2 月 9 ~ 11 日，中国首次接受联合国人权理事会国别人权审查（又称普遍定期审议）工作组对中国人权状况的审议。中国派出高级别、跨部门代表团参加审议，全面介绍中国人权事业的发展、面临的挑战和努力目标，并以开放、坦诚的精神与各方进行对话。在审议中，许多国家肯定中国政府为促进人权所作的努力及中国人权事业的进步。一些国家指出存在的问题并提出建议。中国从本国国情出发，接受了各国提出的建议共 42 条。2 月 11 日，人权理事会国别人权审查工作组协商一致通过了审议中国的报告。6 月 11 日，人权理事会全会核可该报告。中国圆满完成首次接受人权理事会国别人权审查的工作。

3 月 2 ~ 27 日，人权理事会在日内瓦举行第 10 次会议（主会）。会议听取了新任人权高级专员皮雷提交的首次年度报告，与任意拘留、酷刑问题等 16 个人权特别机制进行了互动对话，审议了理事会咨询委员会等下属机构报告，选举产生咨询委员会部分新成员，核可了以色列等 16 国接受国别人权审查的工作组报告，举行了残疾人权利等 3 场专题讨论会，通过了缅甸人权状况等 34 项决议和决定。中国代表团深入参与各项议题的审议和磋商，发言介绍中国在人权领域取得的最新成就、在国际金融危机背景下改善民生的各项举措，客观评价人权高专报告和有关特别机制工作。中国专家陈士球在此次会议上成功竞选连任咨询委员会成员。

6 月 2 ~ 19 日，人权理事会在日内瓦举行第 11 次会议。会议听取了人权高专报告，与任意处决问题等特别机制进行了互动对话，核可了中国等 16 国接受国别人权审查的工作组报告，任命了任意拘留问题等 5 个特别机制报告员，举行了妇女权利等 3 场专题讨论会，通过 16 项决议。会议通过了新一届理事会主席团组成，比利时常驻代表莫文大使就任新一年度理事会主席。中国代表团建设性地参与各项议题的讨论并与特别机制对话，积极宣传中国人权成就和主张，维护发展中国家的正当利益。

9 月 14 日至 10 月 2 日，人权理事会在日内瓦举行第 12 次会议。会议听取了人权高专报告，与贩卖儿童问题等特别机制进行了互动对话，举行了“拘留中心移民的人权”等两场专题讨论会，核可了越南等 16 国接受国别人权审查的工作组报告，任命了文化权和苏丹问题独立专家，通过了 28 项决议。理事会事实调查团提交了有关巴以冲突中违反人权情况的戈德斯通报告。中国代表团发言介绍了落实《国家人权行动计划》情况等人权领域新进展，呼吁加沙冲突有关各方全面落实联合国有关决议，保证加沙重建和人道主义工作顺畅展开，在针对戈德斯通报告决议表决时投了赞成票，并作解释性发言。

2009 年 2 月 2 ~ 13 日、5 月 4 ~ 15 日、11 月 30 日至 12 月 11 日，人权理事会分别举行第 4、5、6 轮国别人权审查工作组会议，对包括中国在内的 48 国进行了审查。中国积极参与有关审议，客观评价受审国的人权状况，并担任摩纳哥、多米尼克等国审议报告员，发挥建设性作用。

1 月 9 日、2 月 20 日、5 月 26 ~ 27 日、10 月 15 ~ 16 日，人权理事会分别召开第 9 次（被占巴勒斯坦领土人权状况）、第 10 次（金融危机问题）、第 11 次（斯里兰卡人权状况）、第 12 次（被占巴勒斯坦领土人权状况）特别会议。中方积极参加特别会议讨论和有关决议磋商，发挥了建设性作用。

10 月 5 日至 11 月 27 日，第 64 届联大三委在纽约举行，审议了儿童权利、土著问题等人权议题并通过 38 项决议。中国常驻联合国副代表刘振民大使在人权议题下作综合性发言，介绍中国在人权问题上的立场和主张以及建国 60 年来人权领域的显著进展。中国代表团在人权文书、人权理事会报告、儿童权利、反对种族主义、民族自决权等议题下发言并参加了与人权高专和酷刑问题等特别机制的互动对话，支持发展中国家提出的合理主张，对针对朝鲜、缅甸和伊朗等国的国别人权提案投反对票。

1 月 19 日至 2 月 2 日、5 月 18 ~27 日，联合国非政府组织委员会 2009 年届会和续会分别在纽约联合国总部举行。中国作为委员会成员国出席会议。会议审议了包括中华环保联合会在内的 163 个组织的新申请和 218 个组织的四年期报告。中华环保联合会被授予特别类咨商地位。中国关爱协会、中国联合国协会与中国科学技术协会的四年期报告获得顺利通过。

中国专家陈士球出席了人权理事会咨询委员会第 2、3 次会议以及人权理事会来文工作组第 4、5 次会议，中国专家詹道德出席了联合国经济、社会及文化权利委员会第 42、43 届会议，从专家层面为国际专题人权问题研究作出积极贡献。

（2）与联合国人权机制合作

2009 年，中国继续积极开展与人权特别机制合作。在认真调查的基础上，中国政府继续及时答复人权理事会特别机制的来函。中国重视国际人权文书对促进和保护人权的积极作用，已加入包括《经济、社会及文化权利国际公约》在内的 25 项国际人权公约，继续为批准《公民权利和政治权利国际公约》进行积极准备。中国继续与联合国人权条约机构加强合作，采取积极措施履行公约义务。中国将于 2010 年 6 月向联合国提交执行《经济、社会及文化权利国际公约》第二次履约报告。2009 年 10 月，中国成立了履约报告跨部门工作组，正式启动撰写工作。工作组成员单位包括 30 多家中国政府部门和两家最大的非政府组织。

根据联合国 1993 年《维也纳宣言和行动纲领》的要求，中国政府制定并于 4 月公布首份《国家人权行动计划（2009—2010)》。计划涵盖公民政治和经济、社会、文化权利各领域，全面规划两年内在人权领域的目标和措施，向国际社会显示了促进和保护人权的决心。2009 年底，中国政府对该计划执行情况进行中期评估。结果表明行动计划执行情况良好。

（3）开展国际人权领域对话与交流

4 月 20 ~24 日，联合国德班反对种族主义世界大会审议大会在日内瓦举行。联合国秘书长、联合国人权高专等出席会议开幕式并发言，来自世界各国的 1000 多名政府代表、400 多个非政府组织和 40 个国家人权机构代表参加会议。会议协商一致通过成果文件，重申 2001 年德班反种大会通过的《德班宣言及行动纲领》各项内容并就切实落实德班宣言提出一系列建议。中国积极参与前期筹备和大会各项工作，在大会上介绍了中国反对种族歧视、保护少数民族权益的政策，建设性参与成果文件磋商，为弥合各方分歧发挥重要作用，受到各国好评。中国民间组织国际交流促进会和中国西藏文化保护与发展协会参加了审议大会。

10月26～27日，联合国人权理事会“私人军队和保安公司行为——规则与监督”亚洲组区域磋商在泰国曼谷举行。中国政府派代表出席会议并介绍了相关情况，为磋商作出积极贡献。

中国继续在平等和相互尊重的基础上开展国际人权领域对话与交流。2009年，中国与欧盟、英国、荷兰、挪威、澳大利亚、日本等举行人权对话或磋商，起到了增信释疑和相互借鉴的作用。与俄罗斯、伊朗、老挝等发展中国家进行人权交流，达到了增进了解、扩大共识的目的。

4. 社会领域

(1) 国际难民保护

联合国难民事务高级专员公署（简称“难民署”）于1951年成立，负责保护难民并促使难民问题的永久解决，总部位于瑞士日内瓦。据难民署统计，目前全球难民总数达到1050万，其中外来干涉、战争和武装冲突、贫困等问题是重要因素。

中国是《1951年关于难民地位的公约》（简称《公约》）及其《议定书》的缔约国，高度重视难民保护问题，严格履行应尽义务。中国政府主张，国际社会应本着“国际团结、责任分担”原则，致力于维护世界和平，促进共同发展，消除难民产生的根源。同时，各国和难民署应根据《公约》宗旨与原则加强难民甄别，区分难民与非法移民，使《公约》真正成为难民的庇护保障。

1978年以来，中国接受了近30万印支难民，是接收难民最多的10个国家之一。多年来，中国政府投入大量人力、物力、财力，向在华印支难民提供了有效庇护。

2009年，中国政府继续积极支持难民国际保护工作，与难民署保持良好合作。

7月2～3日，中方与难民署驻华代表处在广西联合举办难民甄别程序培训班。外交部、国务院法制办、公安部、民政部、广西省外办、北京市公安局、上海市公安局、广东省公安厅、浙江省公安厅等单位派人参加。

9 月 28 日至 10 月 2 日，第 60 届难民执委会会议在日内瓦召开。执委会 76 个成员国、55 个观察员国及有关国际组织和非政府组织代表与会。难民高专安东尼奥·古特雷斯做年度报告，指出难民保护形势严峻，武装冲突、气候变化、极度贫困、治理不善、食品和能源危机是导致流离失所的主要原因。全球金融危机使难民和国内流离失所者的处境进一步恶化。难民署面临人道主义援助空间缩减、解决问题的难度增大、城市难民增多等诸多挑战。呼吁各国加强合作，共同应对久拖不决的难民问题。中国驻日内瓦代表团副代表王群大使率团参会，发言指出，解决难民问题须从根源入手，呼吁国际社会向发展中国家提供更多资金和技术援助，希难民署采取切实措施，维护国际难民保护机制的严肃性，防止其被滥用。

（2）妇女权益保护

联合国妇女地位委员会（CSW）成立于 1946 年，是联合国经社理事会职司委员会之一，是联合国系统处理妇女问题的主要机构。中国于 1972 年首次当选妇女地位委员会成员，之后连选连任至今。中国积极参与该委员会的各项活动。

2009 年 3 月 2～13 日，第 53 届联合国妇女地位委员会在纽约联合国总部举行。中国常驻联合国副代表刘振民大使率团出席并在一般性辩论会上发言，全面介绍中国近两年提高妇女地位，特别是促进男女分担责任方面的新做法和新进展，包括制定《国家人权行动计划》，颁布《关于预防和制止家庭暴力的若干意见》并推进国家立法，加强针对妇女的就业培训，推进和谐家庭建设，促进男性参与，关注艾滋孤儿等，提出加强国际合作、关注照料经济，积极应对金融危机对妇女的不利影响等主张，反响良好。会议期间，中国代表团参加了关于公共卫生问题的专家对话会，介绍了中国在 2009 年经社理事会年度部长级审议中做国家自愿陈述等情况。

11 月 16～18 日，联合国亚太经社会《北京行动纲领》区域执行情况高级别政府间审评会议在泰国曼谷举行。全国妇联副主席、书记处书记孟晓驷率团出席，并在“执行《北京行动纲领》的进展与挑战”和“实现联合国千年发展目标”议题下做主旨发言，介绍中国在执行《北京行动纲领》和《消除对妇女一切形式歧视公约》方面取得的成就和面临的障碍。

（3）劳工权益保护

国际劳工组织（ILO）成立于 1919 年，1946 年成为联合国负责劳工等社会事务的专门机构。总部设在瑞士日内瓦，现有 181 个成员国。

中国是国际劳工组织的创始会员国，也是理事会政府组的常任理事国，1971 年恢复在该组织的合法席位。1983 年，中国派团出席第 69 届国际劳工大会，正式恢复在国际劳工组织中的活动。中国重视并积极参与国际劳工组织的各项活动，与其保持着良好的合作关系。

2009 年，中国政府派团参加了国际劳工组织第 304、305、306 届理事会，第 98 届国际劳工大会等活动。

第 98 届国际劳工大会于 6 月 3 ~ 19 日在日内瓦举行，通过了《全球就业协定》。人力资源和社会保障部部长尹蔚民、副部长王晓初，中华全国总工会副主席徐振寰、中国企业联合会执行副会长兼理事长陈兰通率团组成中国三方代表团与会，并出席了大会期间举行的应对危机就业峰会。会议期间，中国代表团发言介绍了中国政府在应对危机中保增长、保民生、保稳定，扩大就业、加强社会保障的政策措施，中国工会应对危机采取的促发展，倡约定、促和谐，重民生、促就业，抓培训，提素质等措施，以及中国企业联合会积极组织和帮助企业和企业家坚定信心，承担社会责任，并通过加强管理和技术创新应对危机影响的做法，并就加强国际合作共同应对危机提出建议。

（4）残疾人权益保护

《残疾人权利公约》（以下简称《公约》）由第 61 届联合国大会于 2006 年 12 月 13 日在纽约联合国总部通过，于 2008 年 5 月 3 日正式生效。这是联合国历史上第一个专门和系统保护残疾人权利的国际文书。

中国政府于 2007 年 3 月 30 日签署《公约》，中国全国人大常委会于 2008 年 6 月 26 日批准《公约》。中国常驻联合国代表王光亚大使于 2008 年 8 月 1 日向联合国秘书长递交批准书，《公约》于 2008 年 8 月 31 日起对中国生效。

2009 年 9 月 2 ~4 日，《公约》第二届缔约国大会在联合国总部举行。中国常驻联合国副代表刘振民大使率团出席。中国与会代表发言介绍了中国修改《残疾人权利保障法》等法规、实现国内法与国际公约相衔接的措施和残疾人保障领域最新成就。

（5）移民与发展全球论坛

移民与发展全球论坛（GFMD）是联合国秘书长于 2006 年倡议发起，旨在呼吁国际社会更加关注移民与发展问题。该论坛已于 2007 年 7 月和 2008 年 10 月在比利时布鲁塞尔、菲律宾马尼拉举行两届会议。

2009 年 11 月 2 ~5 日，论坛第三届会议在希腊雅典举行，250 多个国家政府及国际组织代表参加。会议期间举行了全会、圆桌讨论会和论坛未来发展特别会议，主要讨论移民对国家发展和实现千年发展目标的作用、保护合法移民人权、促进移民社会融合、移民国际合作与对话机制等问题。中国驻希腊大使罗林泉率团与会，在发言中强调移民促进社会发展的积极作用，呼吁国际社会加强对话与合作，要求发达国家帮助发展中国家加强能力建设，指出各国在应对金融危机和制定发展战略时应切实保护移民合法权益，支持论坛进一步发挥作用。

（6）联合国互联网治理论坛

联合国互联网治理论坛（IGF）是根据联合国信息社会世界峰会突尼斯阶段峰会的决定于 2006 年成立。该论坛是多利益攸关方参与机制，专门讨论互联网全球治理框架问题，为期五年，将于 2010 年就全球互联网治理的发展走向等问题向联合国大会提交报告。

联合国互联网治理论坛第四届会议于 2009 年 11 月 15 ~18 日在埃及沙姆沙伊赫召开。与会代表 1800 余名，包括来自 96 个国家的政府代表以及来自联合国、联合国信息通信与发展全球联盟、国际电联、互联网域名地址机构等相关国际组织及民间团体、私营部门和学术机构的代表。埃及总理纳齐夫、联合国副秘书长沙祖康、国际电联秘书长哈马德·图埃等出席开幕式并致辞。会议分别就互联网关键资源管理、安全、开放与隐私、接入和多样性以及论坛是否延续等议题进行了广泛的探讨。中国工业和信息化部国际合作司司长陈因率团与会。

5. 台湾“参与”联合国问题

2009 年，台湾当局未通过其“邦交国”向第 64 届联合国大会提交“涉台”提案。在 9 月第 64 届联大一般性辩论期间，图瓦卢、冈比亚、基里巴斯、圣基茨和尼维斯等 15 个台“邦交国”在发言中声称应允许台有意义地参与《联合国气候变化框架公约》（UNFCCC）和国际民航组织（ICAO）等专门机构活动。此后，冈比亚等 15 个“邦交国”常驻联合国代表团又致函一些国家常驻团称，考虑到气候变化、民用航空的重要性，希相关国家政府支持“中华民国”（台湾）有意义地参与《联合国气候变化框架公约》和国际民航组织活动。

11 月 5 日，中国常驻联合国代表张业遂大使就此致函联合国秘书长潘基文，表示：图瓦卢、冈比亚等国在联合国讲坛上鼓吹“两个中国”、“一中一台”，违背了《联合国宪章》的宗旨和原则，侵犯了中国主权和领土完整，干涉了中国的内政。他们的举动也与台湾海峡两岸中国人维护当前两岸关系和平发展的良好势头背道而驰。中国政府和人民对此表示坚决反对。世界上只有一个中国，台湾是中国不可分割的一部分。尽管大陆与台湾尚未实现统一，但大陆与台湾同属一个中国的事实没有改变，也不会改变。中国政府致力于维护两岸关系和平发展，致力于为两岸同胞谋福祉，但我们坚持一个中国原则，反对“两个中国”和“一中一台”、反对“台独”的坚定立场不会改变。

张业遂大使强调，1971 年联大第 2758 号决议已从政治上、法律上和程序上彻底解决了中国在联合国的代表权问题，联合国各专门机构也遵照《联合国宪章》及联大第 2758 号决议解决了中国的代表权问题。联合国及其专门机构是由主权国家组成的政府间国际组织，《联合国气候变化框架公约》的缔约方均系联合国会员国或由主权国家组成的区域经济一体化组织。图瓦卢、冈比亚等国无视台湾是中国一部分的事实，鼓噪台湾“参与”国际民航组织和《联合国气候变化框架公约》，是不可接受的。我们坚决反对任何制造“两个中国”、“一中一台”、破坏两岸关系和平发展的企图。

张业遂大使表示，两岸同胞是血脉相连、休戚与共的命运共同体。中国政府高度重视 2300 万台湾同胞的福祉，一贯致力于维护台湾同胞在世界各地的正当权益。我们了解台湾同胞对参与国际组织活动的感受，重视解决相关问题。台湾同胞参与国际组织活动问题是中国人自己的事，在不造成“两个中国”、“一中一台”的前提下，可以通过两岸务实协商作出合情合理安排。中国政府希望有关国家多做有利两岸关系和平发展的事情，不要再做伤害中国利益和中国人民感情的事。我们相信，中国政府和人民在维护国家主权和领土完整、促进两岸关系和平发展、实现国家和平统一大业的前进道路上，将继续得到联合国及广大会员国的理解和支持。

中国与其他国际和地区组织、会议

1. 世界贸易组织

2009年，世界贸易组织（WTO）多哈回合谈判曾一度陷入停滞。为应对国际金融危机、推动世界经济复苏和国际贸易恢复增长，反对贸易保护主义、尽快完成多哈回合谈判成为二十国集团领导人伦敦和匹兹堡峰会、八国集团同发展中国家领导人拉奎拉对话会议、亚太经合组织第17次领导人非正式会议等重要多边国际会议的主要议题。除伦敦峰会外，其他会议通过的成果文件均包含“在尊重授权、锁定包括谈判模式在内的已有成果的基础上，寻求多哈回合谈判在2010年取得富有雄心水平和平衡的成果”的内容，向国际社会释出了包括中国在内的WTO主要成员推动完成多哈回合谈判的政治信号。

9月3～4日，WTO在印度新德里举行非正式小型部长会议，30多个WTO重要成员的贸易部长及总干事拉米等出席。会议虽未取得实质进展，但在重启多哈回合谈判及下一步谈判路线图等问题上达成一定共识，打破了2008年7月日内瓦小型部长会议以来的谈判僵局，造就了加快谈判的积极态势，WTO高官级磋商随即恢复。

11月30日至12月2日，WTO在日内瓦举行第七届部长级会议，来自147个WTO成员、22个观察员以及有关国际组织的3000多名代表出席。会议主题为“WTO、多边贸易体系和当前全球经济环境”，重点讨论了多哈回合谈判及WTO在应对国际金融危机、促进世界经济增长方面的作用等议题，重申把领导人2010年完成多哈回合谈判的政治意愿转化为实际行动的决心。

中国积极参与上述会议。商务部长陈德铭率团与会，对WTO在遏制金融危机影响、抑制贸易保护主义蔓延方面的重要作用予以肯定，阐述了中国关于推动多哈回合谈判、WTO应更多关注发展问题、WTO通过适当改革在全球经济治理中发挥更大作用的政策主张，受到各成员赞赏，为会议取得成果作出了贡献。此外，商务部副部长易小准作为特邀嘉宾出席了第33届凯恩斯集团部长会议，为推动多哈回合谈判发挥了建设性作用。

中国还积极参与多哈回合贸易规则、服务贸易等其他议题的谈判，积极参与对日本、巴西、欧盟、新西兰等十余个成员的贸易政策审议。

WTO 总干事拉米重视中国在多哈回合谈判中的重要作用，多次同中国就如何推动谈判进程交换看法。4 月，拉米访华并出席博鳌亚洲论坛年会。

2. 世界卫生组织

世界卫生组织（WHO）创建于 1948 年，是联合国专门机构，是国际卫生工作的指导和协调机构，总部位于瑞士日内瓦。现有 193 个会员国和 2 个准会员国。世界卫生组织的最高权力机构为世界卫生大会（WHA），由全体会员国代表组成，每年举行例会。

中国是世界卫生组织创始国之一。1972 年第 25 届世界卫生大会恢复了中国在该组织的合法席位。此后，中国出席了历届世界卫生大会，多次当选执委会委员。

2009 年，中国与世界卫生组织合作关系继续发展，中国政府积极参与世界卫生组织活动。

5 月 18 ~22 日，第 62 届世界卫生大会在日内瓦召开。会议审议了总干事报告、流感大流行的防范、耐多药结核病控制、初级卫生保健、健康问题社会决定因素、千年发展目标实现情况、气候变化对卫生影响、中期战略等 30 多项议题，通过了 16 项决议。卫生部长陈竺率团出席会议，在一般性辩论中发言介绍了中国防控甲型 H1N1 流感疫情的措施和策略，以及中国当前医药卫生体制改革的思路和重点工作。经两岸协商，中华台北卫生署首次以观察员身份参加了本届大会。

8 月 21 ~22 日，中国卫生部与世界卫生组织在北京联合举办流感大流行应对与准备国际科学研讨会。

9 月 21 ~25 日，世界卫生组织西太区委员会第 60 届会议在香港特别行政区召开，卫生部长陈竺率团出席。会议期间，中国当选为世界卫生组织执委会成员。

3. 世界旅游组织

世界旅游组织（UNWTO）于 1975 年成立，2003 年 11 月成为联合国专门机构，现有 154 个成员国、7 个准成员以及 383 个附属成员。总部在西班牙马德里。主要工作是制定国际性旅游公约、规则，研究全球旅游政策，收集和分析旅游数据，定期向成员国提供统计资料。近年来，该组织积极参与旅游领域的经济活动，努力倡导以旅游促进经济发展、消除贫困、解决就业、与各国开展合作项目。现任秘书长是约旦人塔勒布·瑞法，2009 年 10 月当选，任期至 2013 年。

中国于 1983 年 10 月加入世界旅游组织，多次当选执行委员会委员，本届任期至 2011 年。

2009 年 10 月 2 ~9 日，国家旅游局祝善忠副局长率团参加世界旅游组织第 18 次全体大会，介绍了中国旅游业发展情况及中国旅游界为应对世界金融危机所采取的一系列措施。大会确定中国为 2010 年世界旅游日主办国。

4. 国际电信联盟

国际电信联盟（简称“国际电联”）（ITU）成立于 1865 年，是联合国专门机构，总部位于瑞士日内瓦，现有 191 个成员国。中国是国际电联成员国并担任理事会成员，一直积极参加国际电联各项活动。

2009 年 4 月 22 ~24 日，国际电联第四届世界电信政策论坛（WTPF）在葡萄牙里斯本举行。国际电联 118 个成员国、44 个部门成员、5 个联合国机构的代表及 75 位公众代表共 850 多人出席会议，近 30 个国家派部级代表团与会。工业和信息化部国际司副司长赵永红率团出席。

10 月 4 ~9 日，国际电联 2009 年世界电信展暨论坛大会在瑞士日内瓦举行。此次电信展主题为“开放网络，联接思维”。50 个国家的 400 多个参展商以及 150 个国家的近千余名代表参会，80 多个国家派部级代表团与会。工业和信息化部党组成员、纪检组长郭炎炎率团出席展会开幕式并参观展览。

10 月 19 ~30 日，国际电联 2009 年理事会会议在瑞士日内瓦举行。46 个理事国和 35 个观察员国的 360 余名代表出席会议。工业和信息化部国际合作司司长陈因率团出席。

5. 国际海事组织

国际海事组织（IMO）成立于 1959 年，原名“政府间海事协商组织”，1982 年更名为“国际海事组织”，是联合国负责海上航行安全和防止船舶造成海洋污染的专门机构，其通过的条约对国际航运行为具有强制性约束力。截至 2009 年 12 月，该组织共有 169 个成员国和 3 个联系会员（中国香港、中国澳门和法罗群岛）。秘书处设在英国伦敦，现任秘书长是希腊人米乔普勒斯，任期为 2007 ~2011 年。

中国于 1973 年恢复在国际海事组织中的成员国地位，并从 1989 年起连续 11 届担任该组织 A 类理事国。中国批准或加入了该组织几乎所有的重要公约。

2009 年 5 月 11 ~15 日，国际海事组织在香港特区成功举行拆船公约外交大会，通过了以香港特区命名的《2009 年香港国际安全与无害环境拆船公约》。这是海事组织有史以来在亚洲举办的首次外交大会。中国交通运输部副部长徐祖远率团与会。

2009 年 11 月 23 日至 12 月 4 日，国际海事组织第 26 届大会举行，会议选举新一届理事国，中国高票连任 A 类理事国。

6. 国际民航组织

国际民航组（ICAO）于 1947 年成立，是联合国系统中负责处理国际民航事务的专门机构，现有 190 个成员国，总部在加拿大蒙特利尔。按照《国际民用航空公约》授权，制定并更新航行方面的国际技术标准和建议措施是国际民航组织最主要的工作。

中国自 1974 年起恢复在国际民航组织活动以来，在历届大会选举中连选连任二类理事国，在 2004 年第 35 届大会首次成功竞选担任一类理事国，并在 2007 年第 36 届大会上成功连任。

2009 年 3 月，国际民航组织宣布同意在中国成立亚太地区基于性能导航（PBN）飞行程序办公室。这是国际民航组织在世界建成的首个飞行程序办公室，有利于提升中国民航飞行程序设计能力，促进和提高中国民航在世界上的技术地位。

2009 年 4 月 20 日至 5 月 2 日，国际民航组织外交大会在加拿大蒙特利尔召开，民航局会同外交部等单位组团出席。会议讨论通过了《关于航空器对第三方造成损害的赔偿的公约》和《关于因涉及航空器的非法干扰行为而导致对第三方造成损害的赔偿的公约》。

7. 联合国教科文组织

联合国教科文组织（简称"教科文组织"）（UNESCO）1946 年成立，总部在法国巴黎。该组织旨在通过教育、科学及文化促进各国间合作，对和平与安全作出贡献，以增进对正义、法治及《联合国宪章》所确认的世界人民不分种族、性别、语言或宗教均享人权与基本自由的普遍尊重。现任总干事为伊琳娜·博科娃女士，保加利亚人，2009 年 10 月当选，任期四年。

2009 年 6 月 22～30 日，教科文组织世界遗产委员会第 33 届会议在西班牙塞维利亚举行。中国常驻教科文组织代表师淑云率团与会。会议审议通过将中国山西省五台山风景名胜区等 45 个项目列入《世界遗产名录》。

2009 年 10 月 6～23 日，教科文组织第 35 届大会在巴黎举行。教育部副部长、中国教科文全委会主任郝平率团与会。会议任命博科娃为新任总干事，并选举执行局成员。中国高票连任执行局委员，任期 2009～2013 年。

2009 年 10 月 23～28 日，教科文组织第 17 届世界遗产公约缔约国大会在巴黎举行。会议改选世界遗产委员会成员。中国是委员会成员，2007 年当选，任期至 2011 年。

8. 世界知识产权组织

世界知识产权组织（WIPO），成立于1967年，1974年成为联合国专门机构，是致力于促进使用和保护人类智力作品的国际组织，总部设在瑞士日内瓦，现有184个成员国。其组织机构为成员国大会、协调委员会和国际局。现任总干事高锐于2008年就任，任期六年。中国自1980年加入世界知识产权组织以来，双方始终保持友好合作关系。

2009年3月30日至4月1日，WIPO新任总干事高锐首次访华并出席国家知识产权局、国家工商总局、国家版权局与WIPO联合举办的"WIPO跨区域知识产权高级论坛"。国务院总理温家宝、副总理王岐山分别予以会见。期间，北京大学授予高锐"荣誉教授"称号。

7月2~4日，高锐来华参加中国国际经济交流中心举办的"全球智库峰会"。

9月7~11日，国家知识产权局与WIPO联合在华举办专利合作条约（PCT）高级巡回研讨班，主要针对企业和知识产权从业人员，旨在进一步推动PCT制度在中国的广泛应用。

9月22日至10月2日，国家知识产权局局长田力普率团出席在瑞士日内瓦召开的WIPO成员国大会第47届系列会议及高级别会议并作发言，介绍了中国过去一年在知识产权领域的工作和成绩，阐述了知识产权在当前金融危机形势下对促进各国经济复苏的积极作用，表示中国愿以积极开放的态度同各国开展合作，探索应对方法，共度时艰。田力普局长重申中国在专利合作条约改革、发展议程和传统知识保护等问题上的立场，呼吁国际社会重视发展中国家的合理关切。

10月24~27日，国家版权局在京举办"第二届版权博览会"，WIPO副总干事王彬颖出席开幕式并致辞。

10月29~30日，国家知识产权局与WIPO在香港特区联合举办"知识产权资产管理"年地区研讨会。研讨会由香港特区政府知识产权署承办。

12月2~3日，国家版权局与WIPO在北京联合举办"WIPO数字环境下的版权和相关权集体管理国家区域研讨会"。WIPO官员、国际权利人组织和国外著作权集体管理组织的专家与会，就数字环境下全球版权和相关权集体管理面临的机遇和挑战进行了讨论。

12 月 15～18 日，国家知识产权局与 WIPO 在北京联合举办“非洲国家高级官员和高级审查员知识产权培训研讨会”。

此外，国家知识产权局、国家工商行政管理总局、国家版权局等相关部门参加了 WIPO 发展议程、知识产权与遗传资源、传统知识和民间文艺政府间委员会、专利法委员会、WIPO 协调委员会等会议。国家版权局与 WIPO 共同开展“中国版权经济贡献率”调研项目为期三年，于 2009 年结题。

9. 万国邮政联盟

万国邮政联盟（简称“万国邮联”）（UPU），成立于 1874 年，是关于国际邮政事务的联合国专门机构，总部设在瑞士伯尔尼，现有 191 个成员国，宗旨是促进、组织和改善国际邮政业务，并向成员提供邮政技术援助。

中国 1914 年加入万国邮联，1972 年恢复合法席位。自 1974 年以来，中国当选历届邮政经营理事会理事国，除一届轮空外，均当选行政理事会理事国。在 2008 年 7 月 23 日至 8 月 12 日召开的第 24 届万国邮联大会上，原国家邮政局国际司司长黄国忠连任万国邮联国际局副总局长，任期四年。

2009 年 3～4 月，国家邮政局盛汇萍副书记率团参加在瑞士伯尔尼举行的万国邮联邮政经营理事会年会，介绍了中国邮政普遍服务的实施情况。10～11 月，国家邮政局苏和副局长率团参加万国邮联行政理事会年会，就中国新修订的《邮政法》和邮政普遍服务情况作了主旨发言，得到与会代表广泛关注和重视。

10. 国际红十字组织

国际红十字组织包括红十字国际委员会（简称“国际红会”）（ICRC）和红十字会与红新月会国际联合会（简称“国际联合会”）（IF-RC）。

国际红会成立于1863年，是国际红十字与红新月运动的发起者和创始组织。总部在瑞士日内瓦。主要依据《日内瓦公约》所赋予的职责和权力，向战争和武装冲突受害者提供人道主义保护和救助，致力于发展和传播国际人道法。现任主席雅各布·克伦贝格尔，2000年1月就任，任期三年，连任至2011年。

国际联合会成立于1919年。主要宣传红十字运动原则，救灾，备灾，与各国红十字会或红新月会合作开展各项人道主义工作。现任主席近衛忠煇，2009年就任，任期四年。总部在瑞士日内瓦。

2009年，中国继续积极参与国际红十字运动，进一步发展与国际红会和国际联合会的友好合作关系。

2月18日，国际联合会秘书长比开利访华。中国外交部部长助理刘结一、中国红十字会总会常务副会长江亦曼会见。

4月10～16日、25～29日、5月4～11日，中国红十字会总会和国际红会分别在苏州、上海、南京联合举办“纪念索尔弗利诺战役150周年图片展”。

8月12～13日，中国国际人道法国家委员会与国际红会在北京联合举办“纪念1949年《日内瓦公约》通过60周年研讨会”。

9月24日，国际红会亚太地区行动部主任阿什里曼访华。中国外交部国际司祁小夏参赞会见。

9月26～27日，国际联合会捐款国论坛在约旦召开，中国红十字会总会常务副会长江亦曼率团出席。

9月22日，中国国际问题研究所与国际红会东亚地区代表处在北京联合举办“当代武装冲突中的人道主义行动和法则”研讨会。

10月26～28日，中国红十字会总会、军方和国际红会在南京联合举办“武装冲突法培训班”。

11月18～25日，第17届红十字会与红新月会联合会大会及国际红十字与红新月运动代表会议在肯尼亚举行，中国红十字会总会副会长王伟率团出席。

11月20～22日，中国红十字会总会、人民大学法学院和国际红会在北京联合举办第三届中国大陆高校国际人道法模拟法庭竞赛，20所高校参加。

11. 文明联盟

2001年第56届联合国大会通过《不同文明对话全球议程》决议。2005年，第59届联大通过建立文明联盟决议，时任联合国秘书长安南设立文明联盟高级别名人小组，负责制订在政治、安全和文化等领域的全球行动计划。2006年，文明联盟之友小组成立，讨论文明联盟发展方向、确定优先项目、提出政策建议等，中国于2007年加入。2007年4月，联合国秘书长潘基文任命葡萄牙前总统桑帕约为文明联盟高级代表，负责落实名人小组后续行动。

2009年4月6～7日，第二届文明联盟论坛在土耳其伊斯坦布尔举行。会议主题为“制订危机时代的全球议程：为何要在文化多样性领域实施良政”。土耳其总理、西班牙首相萨帕特罗、联合国秘书长潘基文以及83个国家和联合国教科文组织等15个国际组织的代表与会。中国驻土耳其大使宫小生率团与会并做综合性发言，全面介绍中国支持文化多样性、倡导不同文明对话的政策主张，重申中国对文明联盟的政治支持。

2009年11月10～11日，文明联盟之友小组国家联络人第3次会议在摩洛哥首都拉巴特举行。中国驻摩洛哥使馆派人与会。

12. 太平洋经济合作理事会

太平洋经济合作理事会（PECC）于1980年9月在堪培拉正式成立，是由太平洋区域国家和地区的议会、政府、工商界、学术界、媒体和民间团体人士组成的国际组织，现有24个成员。

中国于1986年加入PECC，并于1987年初按照PECC章程的要求成立了中国太平洋经济合作全国委员会（以下简称“全委会”）。2009年，中国继续积极参与PECC各项活动并发挥了积极作用。

2009年5月和10月，前全国人大常委会副委员长、全委会名誉会长成思危先后率团出席了在美国举行的PECC第18届大会和在新加坡举行的PECC会议。此外，全委会还发挥PECC交流平台作用，为地方经济服务，9月，与江苏省扬州市人民政府共同主办世界运河名城博览会暨运河名城专家论坛；11月，与商务部、住房和城乡建设部、科技部、天津市人民政府等部门共同主办第六届 PECC 国际贸易投资暨国际生态城市建设博览会。

全委会充分利用 PECC 组织特点及其在太平洋地区的网络渠道，积极同 PECC 成员开展双多边经济交流与合作，同时充分发挥 PECC 平台作用，协助地方政府开展了大量“引进来”和“走出去”活动，为发展地方经济、服务国内经济建设作出积极贡献。

13. 阿拉伯国家联盟

2009年，中国与阿拉伯国家联盟（以下简称“阿盟”）的友好合作关系进一步发展。

继续保持磋商与协调，政治互信不断增强。3月19日，国家主席胡锦涛向阿盟首脑会议轮值主席、卡塔尔国埃米尔哈马德·本·哈利法·阿勒萨尼致贺电，祝贺第21届阿拉伯国家联盟首脑会议开幕。30日，会议通过决议，重申阿盟各成员国重视加强同中华人民共和国在各领域的关系，重申阿拉伯国家支持一个中国的原则。4月9日，哈马德埃米尔向胡锦涛主席复函表示感谢。第131、132届阿盟外长理事会会议分别于3月3日、9月9日通过决议，重申阿盟各成员国重视加强同中华人民共和国在各领域的关系，重申阿拉伯国家支持一个中国的原则。8月12日，阿盟秘书长穆萨就台风“莫拉克”来袭致外交部长杨洁篪慰问信。10月14日，穆萨致信杨洁篪外长，感谢中方投票支持阿拉伯国家9月向国际原子能机构第53次全体会议提交的“以色列核能力”决议，表示这一支持对实现不扩散核武器条约（NPT）的普遍性具有重要意义。11月7日，国务院总理温家宝出席在埃及举行的中非合作论坛第四届部长级会议期间，访问了开罗阿盟总部，会见了阿盟秘书长穆萨，并发表了题为《尊重文明多样性》的重要讲话。

集体务实合作不断发展，文化交流和民间交往活跃。6月23~24日，“中阿合作论坛”第六次高官会在北京举行，来自阿盟22个成员国外交部主管对华事务的官员、阿盟副秘书长本·哈里及秘书处官员、中国外交部、教育部、商务部、卫生部、文化部、国家能源局、新闻出版总署、国新办、贸促会、对外友协等单位的负责人及阿拉伯国家驻华使节和阿盟驻华代表处主任等近百人与会。国务委员戴秉国会见了阿方与会代表团团长、阿拉伯国家驻华使团长和阿盟驻华代表处主任。会议通过了成果文件，正式启用了“中阿合作论坛”永久性标志，并开通了“中阿合作论坛”网站。“中阿合作论坛第三届企业家大会暨投资研讨会”于4月21～22日在杭州举行。会议主题为“迎接挑战，互利共赢”。全国政协副主席阿不来提·阿不都热西提、中国国际贸易促进委员会会长万季飞、商务部副部长傅自应、外交部部长助理翟隽、浙江省副省长龚正、杭州市市委副书记王金财及叙利亚国务部长侯赛因·法扎特、阿联酋外贸部长鲁卜娜·卡西米、阿拉伯国家联盟秘书长穆萨代表贾瓦利等出席大会开幕式并致辞。来自中国和20个阿拉伯国家的千余名政府官员、企业家和工商会代表与会。会后签署了会议纪要。5月11～12日，“中阿合作论坛”第三届中阿关系暨中阿文明对话研讨会在突尼斯召开。来自中国外交部、文化部、新闻出版总署及15个阿拉伯国家和阿盟的官员、专家学者共约80人与会。中方代表团团长、全国政协副主席白立忱出席开幕式并讲话。阿盟副秘书长纳法蒂和突尼斯文化和遗产保护部长巴斯蒂在会上致辞，研讨会通过了成果文件。11月10～11日，“中阿合作论坛”首届“中阿高教科研合作研讨会”在苏丹喀土穆举行。中国外交部、教育部官员及中国大学校长代表团，阿拉伯国家联盟秘书处、阿拉伯科研会同盟及13个阿拉伯国家的教育和科研部及高校代表出席。双方就中阿高教和科研现状与前景、中阿实行共同科研项目可行性、促进双方高教与科研合作的机制与途径、加强中阿政府和高校间人员交流与互访、推动中阿政府和高校间双边教育与科研交流合作等议题进行探讨与交流，会后发表了会议公报。

14. 上海合作组织

2009年，上海合作组织保持健康、稳定的发展势头，政治、安全、经济、人文领域合作以及对外交往取得新进展。在共同应对国际金融危机的过程中，成员国团结互信与务实合作水平进一步提高，该组织在国际和地区事务中的影响力持续上升。

6月15～16日，上海合作组织成员国元首理事会第九次会议在俄罗斯叶卡捷琳堡举行。成员国就国际和地区形势以及上海合作组织发展等问题深入交换意见，就共同应对国际金融危机和深化各领域务实合作达成诸多共识。会议发表《叶卡捷琳堡宣言》、《联合公报》，签署《上海合作组织反恐怖主义公约》，批准《上海合作组织关于应对威胁本地区和平、安全与稳定事态的政治外交措施及机制条例》等重要文件，决定给予斯里兰卡和白俄罗斯上海合作组织对话伙伴地位。10 月 14 日，上海合作组织成员国政府首脑（总理）理事会第八次会议在北京举行。会议全面总结了一年来上海合作组织经济、人文等领域合作进展情况，就落实《上海合作组织成员国长期睦邻友好合作条约》和叶卡捷琳堡峰会共识，深化各领域务实合作，共同抵御国际金融危机深入交换意见，达成广泛共识。会议发表《联合公报》，通过了《上海合作组织成员国关于加强多边经济合作、应对全球金融危机、保障经济持续发展的共同倡议》和《上海合作组织地区防治传染病联合声明》等重要文件。

2009 年，上海合作组织还成功举行了总检察长、最高法院院长、安全会议秘书、外长、国防部长、公安内务部长、禁毒部门领导人、经贸部长、交通部长、文化部长、紧急救灾部门领导人会议和上海合作组织论坛、欧亚经济论坛，深化和拓展了相关领域的合作。

2009 年，上海合作组织就乌鲁木齐“7·5”事件发表声明，支持中国政府维护领土完整和社会稳定，各成员国重申将加强打击“三股势力”和跨国有组织犯罪。这表明，上海合作组织日益成为维护地区稳定、促进成员国发展的有效机制和建设性力量。

中国高度重视并全面参与上海合作组织框架内的各项合作。叶卡捷琳堡峰会上，国家主席胡锦涛宣布中国将向其他成员国提供 100 亿美元信贷，并向成员国派出贸易投资促进团，以共同应对国际金融危机，得到各方高度评价。

15. 东南亚国家联盟

2009 年，中国与东南亚国家联盟（以下简称“东盟”）的关系继续深入发展。

4 月 11 日，第 12 次中国—东盟（10 +1）领导人会议因泰国安全形势被迫延期。4 月 12 日，外交部长杨洁篪受国务院总理温家宝委托向东盟各国驻华使节通报了温家宝总理拟在会上提出的倡议，包括：设立总规模 100 亿美元的“中国—东盟投资合作基金”、未来 3 ~5 年向东盟提供 150 亿美元信贷、向中国—东盟合作基金增资 500 万美元、向老柬缅提供 2.7 亿元人民币特别援助、实施“中国—东盟粮食综合生产能力提升行动计划”等。

10 月 24 日，第 12 次 10 +1 领导人会议在泰国差安华欣举行。温家宝总理出席会议，宣布将 4 月承诺的 150 亿美元信贷中的 17 亿美元优惠性质贷款额度增至 67 亿美元、举办中国—东盟自贸区论坛、同东盟共同建设自贸区商务门户网站、实施“中国—东盟农村发展推进计划”、未来 3 年内为东盟国家培训 100 名环境官员、2010 年主办首次中国—东盟教育部长圆桌会议、争取 2020 年双方互派留学生均达到 10 万人、共同制订第二份《落实中国—东盟面向和平与繁荣的战略伙伴关系联合宣言的行动计划》等。温家宝总理表示，中方愿积极考虑设立常驻东盟机构，作为第一步，将在中国驻印尼使馆设立“东盟事务办公室”。会议期间，双方签署了《建立中国—东盟中心谅解备忘录》、《中国—东盟知识产权领域合作谅解备忘录》、《中国—东盟关于技术法规、标准和合格评定程序谅解备忘录》和《中国—东盟东部增长区经济合作框架》。

7 月 22 日，外交部长杨洁篪出席在泰国普吉举行的中国—东盟外长会议。6 月 25 日，外交部部长助理胡正跃出席在南京举行的第十五次中国—东盟高官磋商。双方就加强中国—东盟合作及地区和国际问题深入交换了意见。

10 月 20 ~24 日，中国在广西南宁主办了第六届中国—东盟博览会和第六届中国—东盟商务与投资峰会。国务院副总理李克强出席会议。

2009 年，中国—东盟其他领域合作全面推进。中国派团出席了第七次中国—东盟海关署长磋商会议、第三届中国—东盟青年事务部长会议、第八次中国—东盟经贸部长会议、第四次中国—东盟电信部长会议、第六届中国—东盟总检察长会议、第三次中国—东盟新闻部长会议、首次中国—东盟打击跨国犯罪部长级会议、第八次中国—东盟交通部长会议。

16. 南亚区域合作联盟

南亚区域合作联盟（简称“南盟”）成立于 1985 年 12 月，包括阿富汗、孟加拉国、不丹、印度、马尔代夫、尼泊尔、巴基斯坦和斯里兰卡 8 个成员国。中国、日本、美国、欧盟、伊朗、韩国和毛里求斯为观察员国。

2005 年 11 月，第 13 届南盟峰会原则同意接纳中国为观察员国。2007 年 4 月和 2008 年 8 月，中国以观察员身份分别派团出席第 14 届和第

15 届南盟峰会。

中方在两次峰会上强调，发展与南盟各国的友好合作关系是中国对外政策的重要组成部分。中国政府支持南盟目标和优先发展领域，愿本着平等互信、合作共赢的精神，与南盟开展平等对话与务实合作，为推动南盟合作进程发挥建设性作用。中方愿同南盟一道，加强在经贸、农业、交通、人力资源培训、防灾减灾等领域的合作。

2009 年，中国南盟合作项目进展顺利，举办了首届南亚国家广播电视论坛、中国与南盟关系国际研讨会、中国—南亚商务论坛、南亚国家商品展，邀请南亚国家高级外交官团和新闻团访华，组织南亚国家驻华世界赴湖北省访问，取得良好效果。

17. 海湾合作委员会

2009 年，中国与海湾阿拉伯国家合作委员会（简称“海湾合作委员会”）的友好合作关系持续发展。

2 月 10～12 日，国家主席胡锦涛对沙特进行国事访问期间，会见海湾合作委员会秘书长阿卜杜拉赫曼·阿提亚，双方就中国与海湾合作委员会关系以及共同关心的地区问题交换了意见。3 月，中国与海湾合作委员会在利雅得举行高官会，就启动双方战略对话机制的具体事宜进行商谈。

18. 非洲联盟

2009 年，中国与非洲联盟的关系进一步深化，各领域合作稳步发展。

高层交往和对话进一步加强。9 月，非盟委员会主席让·平访华。国务院总理温家宝、国务委员戴秉国分别会见让·平，外交部长杨洁篪与让·平共同主持中国—非盟第二次战略对话。除北京外，让·平一行还访问了温州和上海。11 月，让·平出席中非合作论坛第四届部长级会议开幕式。1 月，中国政府特使、外交部部长助理翟隽出席在埃塞俄比亚首都亚的斯亚贝巴召开的非洲联盟第 14 届部长级会议和第 12 届首脑会议，会见非盟委员会主席让·平，并与让·平共同签署了《中华人民共和国政府和非洲联盟委员会经济技术合作协定》。7 月，中国政府特使、外交部部长助理翟隽出席在利比亚锡尔特召开的非盟第 13 届首脑会议，并会见让·平。8 月，中非合作论坛中方后续行动委员会秘书长、论坛第四届部长级会议中方筹委会秘书长、外交部非洲司司长张明访问非盟总部，向非盟通报中非合作论坛第四届部长级会议筹备情况。

各领域合作稳步发展。中国与非盟在金融危机、气候变化、联合国安理会改革等重大问题以及一些非洲热点问题上加强沟通协调。中国政府达尔富尔问题特别代表多次访问非盟总部。中国外交部气候变化谈判特别代表在中非合作论坛第四届部长级会议期间会见让·平，介绍中国在气候变化问题上的原则立场。非盟在涉及中国核心和重大利益问题上继续坚定支持中国。非盟重视参与上海世博会。8 月，非盟委员会贸易与工业委员专程访华，落实非盟参展工作。中国援建的非盟会议中心建设进展顺利。中国政府向非盟索马里维和行动和非盟能力建设分别提供 40 万美元资助。中国与非盟人力资源合作顺利启动。非盟派员参加了中国举办的城镇经济发展规划分析研讨班、中非青年联欢节。非盟防务官员还出席了中国国防部举办的国际维和研讨会。

19. 欧洲联盟

2009 年，中国与欧洲联盟全面战略伙伴关系保持稳定发展，全方位、宽领域、多层次合作不断拓展和深化。

同欧盟及其成员国高层互访频繁。国务院总理温家宝三度会晤欧盟领导人，有力地增进了中欧政治互信。2008 年底，因时任欧盟理事会主席法国总统执意会见达赖，第 11 次中欧领导人会晤推迟举行，中欧关系出现困难。为推动中欧关系尽快恢复稳定发展，特别是在金融危机背景下促进中欧合作，2009 年 1 月，温家宝总理对欧洲展开“信心之旅”，其间访问了欧盟总部，与欧盟委员会主席巴罗佐举行会谈，并分别会见欧盟轮值主席国捷克总理托波拉内克、欧盟理事会秘书长兼欧盟共同外交与安全政策高级代表索拉纳。访问期间，双方签署涉及能源、教育等领域的 9 项合作协议，并发表联合声明。双方商定尽快恢复举行第 11 次中欧领导人会晤。5 月 20 日，温家宝总理专程赴捷克首都布拉格，与捷总统克劳斯、欧委会主席巴罗佐、欧盟理事会秘书长兼欧盟共同外交与安全政策高级代表索拉纳共同主持第 11 次中欧领导人会晤。双方签署《中欧清洁能源中心联合声明》等3项合作协议，并发表联合新闻公报，强调中欧关系重要性，显示了双方领导人携手应对全球性挑战的决心。11月30日，温家宝总理与欧盟轮值主席国瑞典首相赖因费尔特、欧委会主席巴罗佐在南京举行第12次中欧领导人会晤，就中欧关系、气候变化、国际金融危机等问题深入交换看法。这是中国首次选择北京以外的城市作为会晤主办地，对促进中欧地方合作起到积极作用。双方签署科技、环保等领域的6项合作文件。中欧领导人还共同出席中欧工商峰会闭幕式并致辞。国家主席胡锦涛在北京会见出席会晤的欧方领导人。会晤前，温家宝总理还在南京会见了欧元集团主席、卢森堡首相容克、欧洲中央银行行长特里谢和欧盟委员会经济与货币事务委员阿尔穆尼亚。

中欧不同级别、不同形式的对话与磋商密集开展，双方就重大国际问题保持密切沟通。3月，欧盟委员会对外关系委员瓦尔德纳访华。国务院副总理李克强、外交部长杨洁篪分别会见、会谈。5月越南河内第九届亚欧外长会议和11月第12次中欧领导人会晤期间，外交部长杨洁篪与欧盟"三驾马车"外长举行两次会晤。6月，杨洁篪外长出席由欧盟轮值主席国捷克驻华大使主持的欧盟驻华使节工作午餐。7月，东盟地区论坛系列外长会议期间，杨洁篪外长与欧盟理事会秘书长兼欧盟共同外交与安全事务高级代表索拉纳寒暄。

1月，外交部副部长李辉与以欧盟轮值主席国捷克第一副外长波亚尔为首的欧盟"三驾马车"代表团在北京举行第四轮中欧战略对话，国务委员戴秉国会见欧方代表团。12月，外交部副部长张志军访问欧盟总部，与欧盟理事会政治安全委员会（PSC）举行对话，并与欧盟轮值主席国瑞典外交部国务秘书贝尔弗拉格在斯德哥尔摩举行第五轮中欧战略对话。中欧政治总司长磋商、中欧外交政策磋商、中欧军控与防扩散磋商、中欧气候变化磋商、中欧非洲问题磋商等对话日益深入。5月和11月，中欧第27、28次人权对话及第18、19次司法研讨会分别在布拉格和北京举行。

中欧商签伙伴合作协定（PCA）持续推进。年内，双方共举行两轮副部级PCA谈判指导委员会会议和四次司级工作组磋商，就防扩散、反恐等条款取得原则共识，使双方达成一致的条款增至24个。

各领域务实合作继续深化。中欧经贸关系总体发展顺利。欧盟是中国第一大贸易伙伴、进出口市场和技术引进来源地，中国是欧盟第二大贸易伙伴。2009年，中欧贸易额为3641亿美元，同比下降14.5%。截至2010年3月底，中国从欧盟引进技术累计合同金额1289.07亿美元，欧盟对华直接投资实际投入691.4亿美元。5月，国务院副总理王岐山与欧盟委员会主席代表、贸易委员阿什顿在布鲁塞尔共同主持第二次中欧经贸高层对话。9月，欧盟委员会贸易委员阿什顿访华并出席在厦门举行的第13届中国国际投资贸易洽谈会。国务院副总理王岐山、外交部长杨洁篪、商务部长陈德铭分别与其会见、会谈。中欧区域政策对话、中欧就业和社会事务对话、中欧竞争政策对话等机制继续稳步开展。欧盟委员会农业委员伯尔、多语言事务委员奥尔班、公共卫生、饲料与食品安全委员瓦西利乌等欧委会重要官员纷纷访华。除在高层访问和中欧领导人会晤期间达成的合作协议外，中欧还签署《中欧海运协定修改议定书》、《中欧语言合作联合声明》、《中欧关于建立卫生对话的工作任务书》等多项合作文件。

议会、政党交流稳定开展。2月，中联部副部长张志军访问欧洲议会，会见欧洲议会议长波特林及有关党团负责人。4月，全国人大常委会副委员长乌云其木格访问欧洲议会，会见欧洲议会议长波特林，并举行中欧议会定期交流机制第28次会议。9月，在罗马出席首届八国集团与新兴国家议长会议期间，全国人大常委会副委员长华建敏会见欧洲议会新任议长布泽克。

社会各界交往日趋活跃。5月，中国经济社会理事会与欧盟经济社会委员会圆桌会议第五次会议在天津举行。9月，欧盟经社委员会主席塞彼率团访华并赴西藏参观，中共中央政治局委员、全国政协副主席、中国经社理事会主席王刚等会见。10月，全国政协外事委员会主任、中国经社理事会副主席赵启正出席在斯德哥尔摩举办的第六次中欧圆桌会议。11月，中欧首次战略伙伴关系研讨会在北京举行。国务院总理温家宝和国务委员戴秉国分别会见欧方代表；国务院副总理李克强、前国务委员唐家璇、外交部副部长张志军等出席研讨会开幕式并发表演讲。

20. 美洲国家组织

美洲国家组织成立于1948年，总部设在华盛顿，成员包括全美洲35个国家（1962年古巴被剥夺参加活动的资格，但依法仍是成员国），是美洲最重要的政府间政治组织。截至2009年该组织有64个观察员。

2004年5月，中国成为该组织第60个常驻观察员国。中国重视该组织的作用，双方友好合作关系不断加强。2009年6月，中国常驻该组织观察员、驻美大使周文重代表中国政府出席该组织第39届大会。此外，中国分别派员参加了在乌拉圭和多米尼加举行的美洲安全部长会议预备会和正式会议。2009年11月，美洲国家组织副秘书长阿尔伯特·拉姆丁率团访华，外交部副部长李金章、民政部副部长罗平飞和教育部官员分别会见，中国国际问题研究所与其座谈。拉一行还访问了四川、上海，四川省副省长魏宏和上海市副市长唐登杰分别会见。

2005 年 2 月，“中国—美洲国家组织合作基金”正式启动，截至 2009 年底共资助了 36 个项目，涉及减灾、打击犯罪以及保护妇女儿童等领域，受到广泛好评。2009 年 12 月，中国常驻美洲国家组织观察员、驻美大使周文重与美洲国家组织秘书长何塞·米盖尔·因苏尔萨共同签署《中华人民共和国政府和美洲国家组织秘书处关于建立中国—美洲国家组织合作基金的协议的补充议定书》和《中华人民共和国教育部和美洲国家组织秘书处关于人力资源开发和奖学金项目的谅解备忘录》。根据协议，未来五年，中国政府将继续提供总额为 100 万美元的“中国—美洲国家组织合作基金”，用于支持美洲国家组织实施的项目；中国教育部每年将向美洲国家组织提供 10 个政府奖学金名额，资助美洲国家组织成员国青年赴华学习深造。

21. 美洲议会联盟

美洲议会联盟成立于 1997 年，由美洲地区 35 个国家议会、各国地方议会及地区性议会组织组成。其宗旨是通过加强议会交往，维护地区民主和稳定，推动地区一体化，促进社会公正和保障人权。

中国重视美洲议会联盟所发挥的作用。2009 年 1 月，中国全国人大成为美洲议会联盟常任观察员。

22. 拉丁美洲议会

拉丁美洲议会成立于 1964 年，由拉美和加勒比 22 个国家和地区的议员组成，宗旨是促进拉美和加勒比国家的团结和地区一体化。2008 年 1 月，拉美议会总部由巴西圣保罗市迁址至巴拿马首都巴拿马城。现任议长为智利参议员豪尔赫·皮萨罗·索托。

中国重视与拉美议会发展关系。2004 年 3 月，中国全国人民代表大会成为拉美议会观察员。2009 年 7 月，拉美议会议长皮萨罗率团访华，全国人大常委会委员长吴邦国会见；12 月，全国人大外委会副主任委员马文普以观察员身份赴巴拿马出席了该组织第 25 届大会。

23. 太平洋岛国论坛

太平洋岛国论坛（PIF）成立于 1971 年，是太平洋岛国地区最具影响力的政治性地区组织，成员包括澳大利亚、新西兰及其他 14 个太平洋岛国。论坛宗旨是加强论坛成员间在政治安全、经贸及其他发展问题上的合作与协商。论坛秘书处设在斐济首都苏瓦。中国等 14 个国家是论坛正式对话伙伴。

中国重视发展与太平洋岛国论坛关系。2009 年，中国与太平洋岛国论坛关系继续发展。8 月，中国—太平洋岛国论坛对话会特使王永秋率中国政府代表团出席第 21 届太平洋岛国论坛会后对话会，在会上阐述了中国对太平洋岛国政策，宣布中国政府在贸易与投资、农渔业、能源、卫生、教育、体育、旅游等领域支持岛国经济社会发展的七项新举措。各岛国积极评价中国与岛国关系，高度赞赏和欢迎中国政府为帮助岛国发展经济、改善民生所作的努力，期待与中方进一步加强交往、增进合作，推动双方友好关系不断向前发展。

24. 世界经济论坛

世界经济论坛 2009 年年会于 1 月 28 日至 2 月 1 日在瑞士达沃斯举行。年会主题为“重构后危机时代的世界”，探讨在全球金融危机背景下，对未来金融管理体系进行全面改革以及相关问题的解决办法。议题包括：世界经济金融形势、科技创新、气候变化、粮食短缺、水资源和千年发展目标等。

国务院总理温家宝出席年会并发表特别致辞，指出国际金融危机使中国经济和世界经济面临严峻的挑战。中国作为一个负责任的大国，采取积极负责的态度应对危机，把扩大国内有效需求特别是消费需求作为促进经济增长的基本立足点，通过制定和实施一系列政策，形成了系统完善的促进经济平稳较快发展的一揽子计划。

温家宝总理介绍了当前中国经济社会改革发展情况和取得的成就，指出中国经济的平稳较快发展有利于提振外界对中国经济发展的信心，促进国际社会合作应对危机的意愿和行动。温家宝总理强调，国际金融危机是一场全球性的挑战，战胜这场危机要靠信心、合作和责任。应当抓紧落实二十国集团领导人金融市场和世界经济峰会以来达成的广泛共识，努力推动建立公正、合理、健康、稳定的世界经济新秩序。对此，温家宝总理提出五点建议：第一，深化国际经贸合作，推进多边贸易体制健康发展。第二，推动国际金融体系改革，加快建立国际金融新秩序。第三，加强国际金融监管合作，防范金融风险积累和扩散。第四，切实保护发展中国家利益，促进世界经济共同发展。第五，协同应对全球性问题挑战，建设人类共有的美好家园。温家宝总理还会见了世界经济论坛主席施瓦布、世界贸易组织总干事拉米和世界卫生组织总干事陈冯富珍，并与参会企业家代表进行了互动交流。

25. 亚太经济合作组织

亚太经济合作组织（APEC）是亚太地区重要的经济合作论坛，成立于1989年，以加强多边贸易体制，消除区域贸易壁垒为宗旨。经过20年的发展，APEC合作领域延伸至投资、金融、能源、农业、科技、电信、交通、旅游、人力资源，以及反恐、反腐败、卫生等诸多领域。现有21个成员及3个观察员，即东盟（ASEAN）秘书处、太平洋经济合作理事会和太平洋岛国论坛。APEC主要活动包括领导人非正式会议、部长级会议以及高官会等。

中国重视APEC的作用，一直支持并积极参与各层次、各领域的合作，并为合作不断取得进展作出了重要贡献。中国支持APEC推进APEC自身改革和机制建设，增强效率和效用，提高在应对重大国际经济问题方面的相关性、针对性、时效性，不断增强在区域合作中的影响力。

2009年11月14~15日，APEC第17次领导人非正式会议在新加坡举行。会议围绕“促进持续增长，密切区域联系”的主题，深入讨论了应对国际金融危机、支持多边贸易体制、区域经济一体化、加强区域互联互通、实现经济包容性增长、平衡增长和可持续增长等问题，达成了广泛共识。会议通过了《领导人宣言》和《“倡导新的增长方式，构建21世纪互联互通的亚太”领导人单独声明》。

国家主席胡锦涛出席了此次会议。胡锦涛主席阐述了中国在应对国际金融危机、促进世界经济恢复增长、支持多边贸易体制、反对贸易保护主义、推进区域经济一体化等问题上的看法和主张，全面介绍了中国应对国际金融危机、促进国内经济增长的举措，就 APEC 未来发展阐明看法，并提出具体合作倡议，获得各成员一致支持。胡锦涛主席还出席了 APEC 工商领导人峰会和领导人与工商咨询理事会代表对话会，发表了题为《坚定合作信心，振兴世界经济》的主旨演讲，阐明了中国对当前国际经济金融形势的看法，介绍了新中国成立 60 年来的发展成就，增进了国际社会对中国发展方向和发展模式的理解。

2009 年，中国派团出席 APEC 工作组级别以上会议和活动 40 余次，主办 APEC 活动 10 余次。

26. 美洲开发银行

美洲开发银行成立于 1959 年，总部设在华盛顿，其宗旨是促进拉美和加勒比经济社会发展，现有 48 个成员国。

中国重视发展与美洲开发银行的友好合作关系。1991 年，中国人民银行成为美洲行观察员。2009 年 1 月，中国人民银行代表中国成为美洲行正式成员；2 月，美洲行行长路易斯·阿尔贝托·莫雷诺访华，国务院副总理王岐山和外交部长杨洁篪会见；3 月，中国人民银行行长周小川率团赴哥伦比亚出席美洲行成立 50 周年年会。

27. 国际移民组织

国际移民组织（IOM）成立于 1951 年，1989 年改称现名，是移民领域唯一的全球性政府间国际组织，总部在瑞士日内瓦，现有 127 个成员国，其宗旨是在世界范围内确保移民有序流动，并协助有关国家处理移民问题。IOM 的组织机构为理事会、执行委员会和秘书处。现任总干事斯温，2008 年 6 月当选，10 月正式上任，任期五年。

2001年，中国成为IOM观察员国。2009年，《中国移民管理能力建设项目》全面实施。5月，中方与IOM在北京举办移民政策研讨会，介绍欧洲劳务移民管理经验，讨论规范劳务移民等合法移民渠道、打击非法移民及移民融合等问题。6月，欧盟国家主管移民事务官员访华，了解中方移民管理和立法、行政管理模式、识别伪造证件方法、反拐卖措施等问题。7月，中方与IOM在哈尔滨举办“旅行证件签发规定和法律程序及防伪”研讨会，介绍中国和欧盟国家护照签发标准、方法以及推广电子护照的情况，讨论生物测定技术在护照及出入境管理中的应用。11月，中国外交部、公安部、人力资源和社会保障部组团赴葡萄牙、捷克、德国考察，全面了解上述国家移民政策、管理体制、法律规定和实践，并就打击非法移民和人口贩卖问题交换意见。

11月，IOM第98届理事会在瑞士日内瓦举行。中国驻日内瓦代表团李保东大使率团与会，呼吁各国采取有效措施，保护移民合法权益；加强国际合作，希发达国家向发展中国家提供资金和技术援助以加强其能建设；呼吁国际社会携手应对国际金融危机，实现共同发展，合作解决移民流动出现的问题，促进移民合法流动。

28. 亚欧会议

亚欧会议成立于1996年，是亚洲与欧洲之间的政府间论坛，旨在通过对话增进了解、加强合作，促进建立亚欧新型全面伙伴关系。亚欧会议现有成员45个，即中国、日本、韩国、印度、巴基斯坦、蒙古、东盟10个成员国、东盟秘书处、欧盟27个成员国及欧盟委员会，政治对话、经贸合作、社会文化及其他领域交流是其三大支柱。

2009年，中国继续全面深入参与亚欧会议各项活动，积极推动落实第七届亚欧首脑会议成果，为不断巩固和深化亚欧新型全面伙伴关系发挥了积极作用。

积极参与政治对话。5月25～26日，外交部长杨洁篪率团出席在越南河内举行的第九届亚欧外长会议。杨洁篪外长在发言中指出，在全球化深入发展的今天，亚欧是命运紧密相连的共同体，各方应在平等对话、相互理解的基础之上建立更紧密的亚欧新型伙伴关系。一要着眼于深化合作，促进发展，推动亚欧各国及世界经济的早日复苏与发展；二要提倡扩大交流，相互包容，相互借鉴学习，共同推动建立和谐世界；三要保持亚欧伙伴关系的活力，强化机制建设，为亚欧合作提供更加有力的支持和保障。会议就落实第七届亚欧首脑会议成果、共同应对国际金融危机达成广泛共识。

中国亚欧会议高官王学贤大使率团出席了2月2～3日在捷克举行的亚欧会议高官会，就推动落实第七届亚欧首脑会议成果、共同应对国际金融危机、深化亚欧务实合作和亚欧会议扩大等问题与各方交换了意见。王学贤大使还率团出席了4月和9月分别在印尼雅加达和印度新德里举行的亚洲高官会，就亚欧会议扩大问题与亚洲成员协调立场。

大力推动经贸领域合作。6月17～18日，首届亚欧能源部长会议在比利时布鲁塞尔举行，会议重点讨论了能源安全问题并发表了联合声明。国家能源局副局长孙勤率团与会并阐述了中方的相关立场和看法。

10月19～20日，首届亚欧交通部长会议在立陶宛维尔纽斯举行，会议讨论了亚欧交通合作的优先领域、海运、空运、多式联运等议题，并发表了《关于亚欧更紧密交通合作的维尔纽斯宣言》。交通部长李盛霖率团与会并作为共同主席与立方一同主持会议。

此外，中国派团出席了第八届亚欧海关署长会议、亚欧财长副手会，并与欧盟委员会共同于12月10～11日在上海举办了“金融对农村发展的作用：欧洲和亚洲的经验”研讨会。

开展社会文化及其他领域交流。9月2～8日，中国在北京举办了首届亚欧文化艺术节。文化节以“多样文化、创意共享”为主题，组织举办了艺术演出、艺术展览、图书音像展览、电影展播周和文化合作论坛等一系列活动。国务委员刘延东和戴秉国出席并观看了艺术节开幕式演出。此外，中国派团出席了第二届亚欧教育部长会议、第五届亚欧不同信仰间对话会、亚欧宗教领袖不同信仰及文化对话会。中国亚欧基金董事吕永寿大使出席了基金第23、24次董事会会议，中国并积极参与基金开展的文化、教育交流合作等活动。

5月27～30日，中国在四川成都举办了亚欧救灾能力建设合作研讨会。会议讨论了备灾与应急救援、恢复与重建、减灾与风险管理等议题，取得丰富成果。中国还派团出席了第七届亚欧反恐会议、第八届亚欧移民管理局长会议等活动。

29. 东亚峰会

东亚峰会是东亚合作的重要战略论坛，由东盟十国、中国、日本、韩国、印度、澳大利亚、新西兰等16个国家参与。自2005年12月召开首届东亚峰会以来，各方遵循协商一致、循序渐进、先易后难、照顾各方舒适度等原则开展对话与合作。

2009年10月25日，第四届东亚峰会在泰国华欣举行。国务院总理温家宝出席。各国领导人就推动地区合作和共同关心的问题交换了意见。

温家宝总理在讲话中指出，东亚已成为世界经济发展最具活力和潜力的地区之一。中国将以最大的诚心、决心和信心，与东亚各国一道，为实现共同发展、持续发展、和谐发展作出不懈努力。中方支持峰会在教育、经贸、金融、减灾等领域推进交流与合作。中方将在未来5年内向东亚峰会的发展中国家新增2000个中国政府奖学金名额，提供200个公共管理硕士奖学金名额。中方还将主办东亚峰会高等教育合作论坛、东亚峰会巨灾应急社会动员机制及法制建设研讨会、气候变化适应能力建设研讨会、东亚峰会残疾人福利事业发展研讨会等。

会议发表了《东亚峰会灾害管理华欣声明》和《东亚峰会关于重建那烂陀大学的联合新闻声明》。

第四届东亚峰会前，东亚峰会国家于6月发表了《东亚峰会关于全球经济和金融危机联合新闻声明》。

2009年，东亚峰会框架下的其他主要活动包括：

7月22日，外交部长杨洁篪出席在泰国普吉举行的东亚峰会外长非正式磋商。杨洁篪外长就国际金融危机、气候变化、东北亚局势、东亚峰会合作等问题阐述了中方的立场和主张。

2009年，中国派团出席了三次东亚峰会高官特别磋商，与各方就国际金融危机、粮食和能源安全、减灾、东亚峰会发展方向及其他国际和地区问题进行探讨。

10月，中国在北京举办了东亚峰会巨灾社会动员和法制建设国际研讨会，就深化各国在减灾救灾领域的交流与合作进行了交流。此外，中方还参加了7月在缅甸举办的第三届东亚峰会能源部长会议，8月在泰国召开的10+6经贸部长非正式午餐会。

30. 博鳌亚洲论坛

博鳌亚洲论坛成立于2001年2月，定址中国海南博鳌，以“平等、互惠、合作、共赢”为主旨，是一个非官方、非营利的国际会议组织。

2009 年 4 月 17～19 日，论坛 2009 年年会在博鳌举行，主题为“经济危机和亚洲：挑战与展望”。国务院总理温家宝出席并发表题为《增强信心 深化合作 实现共赢》的主旨演讲。

温家宝总理在讲话中指出，在经济全球化条件下，世界各国的命运已紧紧联系在一起，没有一个国家可以在国际金融危机中独善其身，没有一个国家能够以一己之力战胜这场危机。他强调，面对国际金融危机肆虐，中国愿意继续同亚洲国家一道，积极应对挑战，全面加强合作，使各领域合作更加充实和富有活力，促进地区和平与繁荣。

2009 年 12 月 7 日，博鳌亚洲论坛与香港菁英会在香港共同主办“2009 博鳌青年论坛（香港）”。国务委员刘延东、香港特区行政长官曾荫权、中央人民政府驻香港联络办公室主任彭清华、外交部驻港特派员吕新华、博鳌亚洲论坛秘书长龙永图以及来自内地、香港社会各界的代表近千人出席论坛。论坛主题为“金融危机下的中国外交、经济与文化”，旨在增进全球青年、特别是港澳台青年了解中国在全球抵御金融危机过程中承担的积极角色和发挥的建设性作用。

31. 东盟与中日韩合作

东盟与中日韩（10＋3）合作是东亚合作的主渠道。自 1997 年召开首届 10＋3 领导人会议以来，经过 10 多年发展，10＋3 已经发展成为拥有领导人会议、部长级会议及高官、工作层会议机制，在 20 多个领域开展务实合作的区域合作体系。10＋3 合作参与国包括东盟 10 国（文莱、柬埔寨、印尼、老挝、马来西亚、缅甸、菲律宾、新加坡、泰国、越南）、中国、日本和韩国。

2009 年 10 月 24 日，第 12 次 10＋3 领导人会议在泰国华欣举行。国务院总理温家宝出席会议。温家宝总理充分肯定 10＋3 合作进展，就加强合作提出六点建议：第一，巩固经济复苏势头。第二，深化财金合作。第三，扩大域内贸易和投资。第四，实现区域互联互通。第五，促进共同发展。第六，提升区域整体竞争力。温家宝总理还表示中方将向区域信用担保与投资机制提供 2 亿美元资金支持，促进亚洲债券市场建设，中方愿牵头 10＋3 经贸领域合作。

会议发表了《10＋3 粮食安全和生物能源开发合作华欣声明》。

2009 年 10＋3 合作取得一系列新进展。4 月，中方宣布承诺向东亚大米紧急储备项目专储30万吨大米，以提升地区粮食安全水平，各国反响积极。5月，10+3国家就2010年5月前建成5亿美元规模的区域信用担保和投资基金达成共识。6月，10+3国家发表《东盟与中日韩合作应对全球经济和金融危机联合新闻声明》。12月，10+3国家签署清迈倡议多边化协议，1200亿美元规模的区域外汇储备库宣告建成。

中国于4月举办东亚粮食安全合作战略圆桌会议及10+3地学信息共享机制研讨会，5月举办“东亚思想库网络”金融合作研讨会，6月举办10+3武装部队非传统安全论坛和第二届10+3核能安全论坛，7月举办“东亚思想库网络”投资合作研讨会，8月举办第二届10+3生物质能源论坛，9月举办10+3中小企业知识产权研讨会和农村信息通信技术人力资源开发研讨会，10月举办第四届文化人力资源开发合作研讨会及经济组织农业产业化经营模式研讨会，11月举办10+3贸易便利化国际研讨会，12月举办10+3执法人力资源开发研讨会等一系列合作项目。

此外，中方于3月向10+3合作基金捐款90万美元。

32. 中日韩合作

2009年是中日韩合作十周年，中国担任三国合作协调国，于10月10日在北京举办了第二次中日韩领导人会议。国务院总理温家宝、韩国总统李明博和日本首相鸠山由纪夫出席会议。会议由温家宝总理主持。三国领导人回顾了三国合作历程，总结了三国合作经验启示，规划了三国未来合作，就重大地区和国际问题交换了看法，达成广泛共识。

温家宝总理在会议中表示，中日韩互为近邻，又是亚洲大国，加强合作不仅符合三国各自的利益，也对亚洲乃至世界有利。中日韩合作10年来取得长足进展：政治上，高层交往频繁，对话机制日臻完善，相互信任不断增强。经济上，发挥互补优势，在若干个重点领域开展合作。人文和社会领域，各种交流丰富多彩，增进了人民之间的相互了解和友好感情。在区域合作进程中，中日韩合作同本地区其他合作机制相互补充、相互促进。

温家宝总理回顾了三国合作的重要启示：一是从长远角度和战略高度看待和把握三国关系，坚持相互尊重、睦邻友好、照顾彼此重大关切和核心利益，这是三国伙伴关系的政治基础。二是加强互利合作，为三国人民谋取实实在在的利益。这是深化三国合作的重要推动力。三是密切三国人民之间的联系纽带，坚定世代友好的信念。这项工作利在当代、功在千秋。四是加强在地区和国际事务中的沟通与协调，维护共同利益。

温家宝总理就中日韩合作未来方向提出了一系列倡议，通报了访问朝鲜的情况，介绍了中方对国际经济金融形势、气候变化、东亚合作的看法。

会议发表了《中日韩合作十周年联合声明》和《中日韩可持续发展联合声明》，达成了11项合作倡议。

2009 年，三国各领域交流互动十分频繁，重要活动包括：

9 月，外交部长杨洁篪主持在中国上海举行的第三次中日韩外长会；三国分别举行了第八次知识产权局长政策对话会议，第九次中日韩财长会，第二次科技部长会议，第 11 次环境部长会议，首次央行行长会议，第五次人事部门首长会议，第三次海关署长会议，第四次旅游部长会议，第三届卫生部长会议，第六次中日韩经贸部长会议，首次中日韩救灾部门负责人会议。

中方还举办了一系列中日韩合作十周年活动，主要包括：意象东方——中日韩水墨精品展，中日韩工商峰会，中日韩青少年环保创意作品展，出版《中日韩合作文件集（1999—2009）》并发行中日韩合作十周年纪念封，中日韩合作十周年研讨会暨第二届中日韩合作论坛，第九次泛黄海经济技术交流会，第二次中日韩宏观经济和金融稳定研讨会，第 11 次中日韩友好城市大会，日韩孔子学院（学堂）校长及学员访华活动。

33. 东亚—拉美合作论坛

东亚—拉美合作论坛（以下简称“论坛”）于 1999 年正式成立，是目前唯一跨东亚和拉美两区域的官方多边合作论坛，旨在增进两区域之间的了解，促进政治、经济对话及各领域合作，推动东亚和拉美国家之间建立更为密切的关系。截至 2009 年底有 33 个成员国。

中国一直积极参与论坛活动，支持加强两区域间的交流与合作。2009 年 3 月和 4 月，中国派员先后出席了在哥伦比亚举行的政治文化教育体育工作组第六次会议和在阿根廷举行的第九次高官会。2009 年 5 月和 7 月，中国在论坛框架下分别举办了“加勒比青年外交官讲习班”和“拉美国家高级外交官访华团”项目。

34. 东盟地区论坛

2009 年在东盟地区论坛（ARF）进程中是重要的一年。5 月 4 ~8 日，ARF 首次救灾能力展示在菲律宾举行，标志着 ARF 开始进入务实合作阶段。7 月 23 日，ARF 第 16 届外长会通过了《2020 远景声明》，对 ARF 未来十年的走向进行了规划。

外交部长杨洁篪出席了在泰国举行的第 16 届外长会。杨洁篪外长在讲话中指出，作为亚太地区最具代表性的官方安全对话合作平台，ARF 成立以来，在增进成员国相互信任、加强安全对话合作、促进地区和平稳定方面发挥了重要作用。基于论坛的成功经验和创建宗旨，中方建议遵循以下思路，发挥论坛的作用，提升论坛的合作水平：(1)将建立信任贯穿于论坛发展的始终。论坛建立信任措施取得了可喜进步，但是缺乏相互理解和战略互信，仍是影响论坛实质性安全合作的障碍。我们要坚持建立信任措施不动摇，通过多种形式消除疑虑，积累共识，培植信任。(2)将应对非传统安全挑战作为预防性外交的主要内涵。恐怖主义、跨国犯罪、大规模杀伤性武器扩散、海上安全等非传统安全风险和威胁，是亚太地区安全面临的现实和长远挑战。针对这些现实安全威胁开展合作，是 ARF 预防性外交的应有之意，也是论坛步入发展新阶段的主攻方向和主要任务。(3)将提高论坛对话合作的效率和效益作为一个着力点。保持论坛对话合作的性质，坚持东盟主导、平等对话、互不干涉内政、协商一致、循序渐进、照顾各方舒适度等行之有效的基本原则，是论坛的主流共识。同时，论坛应在继承的基础上与时俱进，不断改进工作方式，通过加强主席之友、专家名人小组、一轨与二轨联系以及对外宣传等措施，提高论坛民主和科学决策的水平，扩大论坛安全对话合作的政治和社会效益。

4 月 23 ~25 日，中国与新加坡在北京共同主办了 ARF 救灾法律规程研讨会，系统梳理了 ARF 开展救灾合作所面临的法律障碍并提出了解决建议。7 月 1 ~3 日，中国与美国、新加坡在北京共同举办了 ARF 首次防扩散与裁军会间会。会议就当前国际裁军与防扩散机制现状、ARF 在执行安理会第 1540 号决议方面的作用、加强出口管制等议题进行了深入讨论。

2009 年，ARF 还举办了高官会、安全政策会议、两次建立信任措施与预防性外交会间辅助小组会议、四次国防官员对话会以及反恐与打击跨国犯罪会间会、救灾会间会、海上安全会间会、气候变化研讨会、维和专家会议、专家名人会议、海上安全培训等活动，中国均派团参加。

35. 美洲议会论坛

美洲议会论坛成立于2001年，由美洲国家组织成员国议会组成，其宗旨是在美洲事务中促进议会间对话，加强立法机构在捍卫民主和人权方面的作用，并推动地区一体化建设。

中国重视美洲议会论坛所发挥的作用。2008年6月，中国全国人大成为美洲议会论坛常任观察员。2009年9月，全国人大民族委员会副主任委员陆兵率团出席美洲议会论坛第6届年会。

36. 亚洲合作对话

亚洲合作对话（ACD）于2002年在泰国倡议下成立，旨在亚洲现有各区域、次区域、跨区域合作基础上，建立一个泛亚洲的官方机制，以促进泛亚对话与合作。ACD现有31个成员国，泰国担任ACD协调国。自2002年开始，ACD每年举行一次外长会，联合国大会期间在纽约举行外长餐会或茶会。ACD以“牵头国”方式开展具体领域合作，目前共有20个国家自愿担任20个领域合作的牵头国。

中国积极支持和参与了ACD框架下的有关活动。中方参加了历次外长会，并于2004年在青岛主办了第三次ACD外长会议。

2009年9月28日，ACD第64届联合国大会期间外长早餐会在纽约举行，中方派代表出席了会议。

10月15日，外交部部长助理胡正跃出席在斯里兰卡首都科伦坡举行的第八次ACD外长会。会议议题为“亚洲精神：全球经济复苏与发展前景”。会议主要就当前亚洲地区形势、ACD未来发展方向和ACD具体领域合作等问题交换了意见，并发表《科伦坡宣言》。

作为农业、能源领域合作的牵头国，中国在相关领域做了大量工作，得到各方肯定。2009年11月5～7日，中国国际扶贫中心在江苏南京举办第二期“亚洲国家发展（减贫）理论与实践研修班”。

此外，中国还派团出席了ACD有关领域牵头国举办的活动。

第五章

中国外交中的军控、裁军与防扩散工作

1. 概　述

2009 年，国际形势和国际格局发生重大深刻变化。在此背景下，多边军控出现强劲复苏势头，国际核裁军问题不断升温。核不扩散热点问题仍然延宕难决。国际社会对核安全与反核恐怖主义问题的关注上升。

中国继续积极参与国际军控、裁军与防扩散进程，致力于维护国际军控与防扩散法律体系，认真履行有关国际义务，加强防扩散出口管制，积极开展军控和防扩散领域的对外交流与合作，为维护国际和平、安全与稳定作出了应有的贡献。

2. 中国参与联合国框架内的军控和裁军工作

（1）联合国大会第一委员会（裁军和国际安全委员会）

第64届联合国大会第一委员会于2009年10月5日至11月2日在纽约联合国总部举行。会议举行了一般性辩论，并就核武器、其他大规模杀伤性武器、外空、常规武器、地区裁军与安全、其他裁军措施与国际安全和裁军机制七个问题举行了专题辩论。会议审议通过了49项决议和五项决定。

中国代表团以积极和建设性姿态参与了会议各项工作。在一般性辩论中，中国代表团阐述了中国对国际安全形势的看法，指出各国应秉持互信、互利、平等、协作的新安全观，抓住当前军控和防扩散领域前所未有的机遇，共同推进国际军控和防扩散进程，为缔造普遍安全的世界作出贡献。为早日全面禁止和彻底销毁核武器，实现无核武器世界，国际社会应在核裁军、核不扩散、和平利用核能方面付出不懈努力。

在核裁军专题辩论中，中国代表团重申国家主席胡锦涛在安理会核不扩散与核裁军峰会上阐述的核裁军主张，希望国际社会从推进核裁军进程和减少核武器威胁两方面入手，巩固和加强当前来之不易的核裁军势头，切实维护国际战略平衡与稳定，增进各国战略互信，为核裁军取得进展创造必要条件。

在外空专题辩论中，中国代表团强调谈判缔结一项防止外空军备竞赛国际法律文书的重要性，希望裁谈会尽早就中国与俄罗斯于2008年联合提交的“防止在外空放置武器、对外空物体使用或威胁使用武力条约”草案开展实质性讨论，以进一步充实和完善草案，为早日启动正式谈判打下坚实基础。中国代表团还阐述了中国对外空透明和建立信任措施问题的立场。

在常规武器专题辩论中，中国代表团介绍了中国在《特定常规武器公约》履约、集束弹药、国际扫雷援助、打击轻小武器非法贸易等方面的政策举措及中国在“武器贸易条约”问题上的立场。

此外，在联大审议“国际原子能机构报告”议题时，中国代表团发言对国际原子能机构一年来的工作表示肯定，对机构下一步工作提出了具体建议。

中国是“防止外空军备竞赛”等五项决议草案的共提国。中国代表团还就对缅甸、日本、新议程联盟分别提出的三项核裁军决议草案的投票立场做综合解释性发言；就“武器贸易条约”决议草案做投票后解释性发言。

（2）日内瓦裁军谈判会议

日内瓦裁军谈判会议（简称“裁谈会”）是国际上唯一的多边裁军谈判机构，冷战后曾谈判制定《禁止化学武器公约》、《全面禁止核试验条约》等重要多边军控条约。现有65个成员国。

2009年5月，裁谈会打破11年僵局，达成工作计划，决定启动“禁止生产核武器及其他核爆炸装置用裂变材料条约”谈判，并就防止外空军备竞赛、无核武器国家安全保证、核裁军问题开展实质性工作。由于有关国家在裁谈会具体工作安排问题上存在分歧，2009年裁谈会未能开展实质性工作。

中国重视裁谈会作用。中国代表团以积极和建设性姿态参加了2009年裁谈会关于工作计划和具体工作安排的讨论，呼吁各方共同努力，妥善处理有关分歧，使裁谈会早日开展各项实质性工作。

2009年8月12日，外交部长杨洁篪出席裁谈会并就核裁军等问题发表政策讲话。杨洁篪外长阐述了以新安全观为核心的安全理念，指出维护国际战略平衡与稳定、坚持多边主义、和平解决国际争端及平等尊重各国安全关切的重要性。杨洁篪外长指出，全面禁止和彻底销毁核武器是中国一贯倡导并不懈追求的目标，并重点从核裁军、防扩散及和平利用核能三方面，就如何实现上述目标系统介绍了中国的政策主张。杨洁篪外长并介绍了中国对推动国际核裁军进程所作的贡献，重申中国反对大规模杀伤性武器扩散，主张通过对话与谈判和平解决朝鲜半岛核问题和伊朗核问题。杨洁篪外长还呼吁国际社会高度重视并采取切实措施防止外空武器化和军备竞赛。杨洁篪外长讲话受到裁谈会各方的高度重视和积极评价。

（3）联合国裁军审议委员会

2009年裁审会实质性会议于4月13日至5月1日在纽约联合国总部举行。会议就新一轮三年审议周期议题达成一致，成立两个工作组分别审议“关于实现核裁军与防止核武器扩散目标的建议”和“宣布2010年代为第四个裁军十年宣言要素草案”（简称“裁军十年宣言”）两项议题。会议还决定尽量于2010年，但不迟于2011年，在“裁军十年宣言”议题结束后开始审议“常规武器领域切实可行的建立信任措施”议题。由于各方在核裁军、核不扩散、和平利用核能等问题上分歧依旧，会议未能达成实质性成果，仅通过程序性报告。

中国代表团以积极和建设性姿态参加了裁审会工作。在一般性辩论和各议题讨论中，中国代表团阐述了中国对国际安全形势、多边军控进程以及核裁军、核不扩散等问题的看法，介绍了中国有关积极政策举措。中国代表团还就“裁军十年宣言”应包含的要素提出了建议。

（4）联合国常规武器登记册

联合国常规武器登记册系联合国大会根据其第46/36L号决议于1992年设立。该决议呼吁所有会员国每年提交其上一日历年涉及作战坦克、装甲战斗车、大口径火炮、作战飞机、攻击直升机、军舰、导弹及发射架七大类常规武器的转让情况，并请各国自愿提供有关军事财产、国内采购、轻小武器转让等情况。自1994年开始，联合国每三年成立政府专家组对登记册的继续运作和进一步发展进行审议。

联合国常规武器登记册作为常规武器转让领域的一项透明机制，在增进国家间互信方面发挥了积极作用。中国政府一贯高度重视，并以积极和建设性姿态参加了登记册相关工作，包括历次联合国政府专家组，对登记册的健康运作和发展作出了重要贡献。

2009年，联合国常规武器登记册政府专家组召开了三期会议，重点讨论将轻小武器纳入正式登记类别以及调整登记阈值等问题。由于各方分歧较大，会议未就上述问题达成一致。中国以建设性态度积极参与了本届政府专家组工作，受到各方好评。2009年，中国政府继续向登记册提交了相关登记数据。

（5）联合国军事开支标准报告制度

根据联合国大会第35/142B号决议，联合国于1981年设立“联合国军事开支标准报告制度”。该制度是联合国框架内的军事透明机制之一，各国自愿以表格形式向联合国报告最近一个财政年度的军事开支。

中国于2007年起参加联合国军事开支标准报告制度，并从2008年起在报告中说明军事开支的主要用途。2009年，中国向联合国提交了2008年度军事开支报告。

（6）联合国“武器贸易条约”开放式工作组会议

2004年，英国提出在联合国框架内谈判一项全面的“武器贸易条约”，以建立统一的国际武器转让原则和标准。2009年1月，联大通过63/240号决议，决定成立“武器贸易条约”开放式工作组。2009年，工作组举行了两次会议，各方同意继续在联合国框架内以公开、透明、循序渐进方式推进有关讨论，但各方在条约宗旨、目标、范围和草案要素等问题上仍存在分歧。

2009年12月，联大以151票赞成、1票反对、20票弃权的结果通过了英国等提出的64/48号决议，决定于2012年召开联合国“武器贸易条约”大会，以协商一致方式制定一份关于常规武器转让国际标准的法律文书。为此，联合国将于2010~2012年间召开五次“武器贸易条约”大会筹委会，向大会提交条约要素建议。中国对决议投了弃权票。

中国认为，武器贸易问题不仅是一个经济利益问题，还直接关系到各国政治和安全利益，也关系到地区甚至全球的安全与稳定。中国关注常规武器、特别是轻小武器的非法贩运和滥用造成的地区不稳定和人道主义问题，赞成国际社会采取必要措施，规范国际武器贸易行为，打击非法武器转让和贩运。中国主张，应在满足各国在政治、安全和经济等方面合理需要的前提下，坚持协商一致原则，以公开、透明和循序渐进方式推进有关进程。

中国本着积极、建设性的姿态，参加了联合国“武器贸易条约”开放式工作组的工作。中方将继续与各方充分协调，在联合国框架内认真研究常规武器贸易各方面问题。

3. 中国履行国际军控和防扩散法律文书的工作

（1）《不扩散核武器条约》

《不扩散核武器条约》于1968年达成，1970年生效，主要目标是推动核裁军、防止核武器扩散及促进和平利用核能。条约现有190个缔约国。印度、巴基斯坦、以色列迄未加入。中国于1992年加入NPT。

NPT规定每5年召开一次审议大会，每次审议大会前召开3次筹备会，审议条约实施进程有关问题。NPT第八次审议大会将于2010年5月

3～28 日在纽约举行。第八次审议大会第一次筹备会于 2007 年 4 月在维也纳召开，第二次筹备会于 2008 年 5 月在日内瓦举行，第三次筹备会于 2009 年 5 月在纽约召开。

第三次筹备会上，各方围绕核裁军、核不扩散、和平利用核能三大议题和无核安保、地区核问题、退约等问题进行了讨论，并决定由菲律宾卡巴图兰大使担任审议大会主席。会议就审议大会议程、议事规则、各主要委员会及其主席人选分配等程序性事项达成一致。五个核武器国家在会上发表共同新闻稿，欢迎第三次筹备会取得积极进展，重申对 NPT 的支持和推进核裁军的承诺，同意加强国际原子能机构保障监督体系，确保缔约国全面遵守国际义务，承诺支持落实 NPT 第四条。

中国代表团以建设性姿态参加了第三次筹备会，深入参与各项议题讨论。在一般性辩论中，中国代表团赞赏 NPT 作为国际核不扩散机制的基石，在维护国际和平与安全方面发挥的重要作用，指出当前 NPT 面临严峻挑战，各方应共同努力，全面、平衡处理 NPT 确立的核裁军、核不扩散及和平利用核能三大目标，推动第八次审议大会取得成功。此外，中国代表团还分别就核裁军、核不扩散、和平利用核能、无核安保、中东核问题及无核区问题阐述立场。

关于核不扩散问题，中国代表团强调，核武器扩散需要标本兼治，综合治理，国际社会应营造一个合作与信任的国际安全环境，尊重彼此安全利益，寻求普遍安全，通过对话与谈判解决有关地区核问题。中国坚决反对任何形式的核武器扩散，重视并积极参与防止核扩散的国际努力，严格执行联合国安理会有关防扩散决议，致力于防扩散国际合作，为和平解决地区核问题作出了不懈努力。

关于核裁军问题，中国代表团强调，核裁军应遵循“公正合理，逐步削减，向下平衡”的原则。任何核裁军措施均应以“维护全球战略稳定”和“各国安全不受减损”为指针。核裁军与国际战略稳定密切相关，应避免采取任何损害国际核裁军进程的举措。作为核武器国家，中国一直主张并积极倡导全面禁止和彻底销毁核武器，建立无核武器世界，多年来为推进国际核裁军进程作出了不懈努力。

关于和平利用核能问题，中国代表团强调，和平利用核能是 NPT 赋予缔约国不可剥夺的权利，应平衡处理和平利用核能与防扩散之间关系。中国反对以防扩散为由限制和平利用核能权利，也反对借和平利用核能从事核扩散活动。中国重视并支持加强国际原子能机构作用，赞同国际社会就建立多边核燃料供应保障机制问题进行广泛、深入讨论。

（2）国际原子能机构

1957年10月，国际原子能机构（IAEA，简称“机构”）正式成立，总部设在奥地利维也纳。机构由大会、理事会、秘书处组成，每年举行一次大会和四次理事会。机构现有146个成员国，中国于1984年加入。

机构成立以来，在防止核武器扩散和促进和平利用核能方面做了大量工作。机构通过与各成员国签署保障监督协定，确保用于和平目的的核材料不被转用于军事目的。同时，机构为成员国开展和平利用核能的研究和应用提供技术援助，并负责组织研究和制定有关核能利用的安全条例，推荐各国使用。

中国重视机构作用，积极参与机构各项活动。2009年9月，中国国家原子能机构秘书长王毅韧率代表团出席机构第53届大会，就和平利用核能、防止核武器扩散等问题阐述中国政府的立场和主张，全面介绍了中国积极发展核电的政策、在核安全和核保安等方面取得的成就和中国核能事业的最新情况及发展规划，积极评价与机构的合作，表示愿与机构成员国，特别是发展中国家分享核电发展的经验和技术。

（3）《全面禁止核试验条约》

《全面禁止核试验条约》（简称“条约”）于1996年达成并开放签署。条约禁止任何核武器试验爆炸及任何其他核爆炸，有助于防止核武器扩散和推动核裁军进程，是实现全面禁止和彻底销毁核武器过程中一个重要步骤。条约迄今已有182国签约，151国批约。在条约生效所需44国中，已有35国批约。

为确保条约得到遵守，条约规定设立以国际监测系统为主体的核查机制。国际监测系统由地震、水声、次声、放射性核素四种技术共321个台站组成。截至2009年7月，已建成83%的台站，并有74%的台站通过核证验收。

中国于1996年9月24日签署条约，是条约筹委会首批成员国之一。中国一贯支持条约，恪守暂停试验承诺。中国积极支持条约早日生效，以建设性姿态参加了历次促进条约生效大会，投票支持历届联大关于条约的决议，并数次参与共提。2009年9月24日，外交部长杨洁篪在第六次促进条约生效大会发表书面致辞，强调中国一贯支持条约的宗旨和目标，重申将致力于与国际社会一道推动条约早日生效。

中国积极支持并以建设性姿态全面参与条约筹委会工作。2009年，中国积极参加了筹委会会议及相关工作组会议，就核查技术手册的编撰提出有益的建议。2009年5月，中国政府与条约组织筹委会在北京联合举办国家数据中心评估国际研讨会，共有来自 29 个国家的 70 余位代表参加。

中国政府高度重视条约履约筹备工作，为此成立了专门机构。中国境内已建成两个基本地震台站、四个辅助地震台站、三个放射性核素台站以及中国国家数据中心和北京放射性核素实验室。

(4)《禁止细菌（生物）及毒素武器的发展、生产及储存以及销毁这类武器的公约》（简称《禁止生物武器公约》）

《禁止生物武器公约》于 1971 年达成，1975 年生效，中国于 1984 年加入该公约。2009 年，《禁止生物武器公约》总体执行情况良好，公约普遍性进一步提高，缔约国已达 163 个。各国普遍重视加强公约有效性，62 个缔约国提交了建立信任措施宣布，69 个国家建立了国家履约联络点。公约履约支持机构运行平稳，得到缔约国普遍支持和信任。

2009 年，中国继续致力于公约的全面、有效实施。中国外交部军控司作为国家履约联络点，保持同公约履约支持机构和其他缔约国的联络，协调国内相关部门履约工作，推动国内履约工作顺利进行。

2009 年 3 月，中国按时向联合国提交建立信任措施宣布资料，更新有关生物战防御计划、突发传染病背景资料和疫苗生产设施的宣布资料。

2009 年 6 月，中国派代表参加了在菲律宾举行的东盟地区论坛（ARF）“减少生物威胁”研讨会和在挪威举行的“公约促进全球卫生安全：通过加强卫生安全能力减少生物风险”地区研讨会，介绍了中国在生物防扩散及出口控制、生物安全与安保、疫情监测和应急机制、履行公约第十条以及国际卫生条例等方面的政策、措施及建议。

2009 年 8 月，公约专家组会在日内瓦举行，会议议题为疫情监控能力建设和国际合作。各国代表主要介绍了各自在疫情监控领域的经验、做法及困难，并就加强国际合作提出建议。中国代表团以建设性姿态参加了此次会议，积极参与各项议题讨论，全面介绍中国在疫情监控，包括中国应对禽流感、甲型 H1N1 流感等方面的政策措施，以及在国际合作领域，特别是在援助发展中国家、增强其疫情监控能力建设方面所作的大量工作。

2009 年 12 月，公约缔约国会议在日内瓦举行，各方在专家组会的基础上继续讨论疫情监控能力建设和国际合作等议题。会议达成最后报告，赞同加强疫情监控国际合作对实现公约目标和全球卫生安全的重要意义，提出通过加强基础设施建设、人力资源培训、设备技术交流等形式加强疫情监控国际合作。中国代表团提出，各缔约国应建立并完善符合本国国情及需要的疫情监测与应对机制，有能力的国家应在平等、协作、互相尊重的基础上积极帮助有需要的国家增强疫情监控应对能力建设，推动各缔约国之间的交流与合作。

（5）《关于禁止发展、生产、储存和使用化学武器及销毁此种武器的公约》（简称《禁止化学武器公约》）

《禁止化学武器公约》于1992年达成，1997年生效。中国是该公约原始缔约国。

2009年，《禁止化学武器公约》履约工作继续深入开展，公约普遍性进一步增加，缔约国达188个。化武销毁工作取得进展，世界上全部库存化武的54.1%已销毁。公约核查机制行之有效，禁止化学武器组织技术秘书处对缔约国进行的核查已超过3900次。

中国高度重视公约履约工作。2009年，中国继续全面、认真履行公约各项义务，按时、保质地向禁化武组织提交各类宣布和日本遗弃在华化学武器后续宣布，接受禁化武组织35次视察。中国政府高度重视公约在香港、澳门特别行政区和台湾地区的适用问题。香港特区履约工作全面顺利开展，澳门特区履约准备正稳步推进。在坚持一个中国原则前提下，中国政府一直积极、务实寻求妥善解决公约适用于台湾的问题。

2009年6月10～12日，中国与禁化武组织在香港联合举办“海关在履行《禁止化学武器公约》中的作用”亚洲地区履约研讨会，禁化武组织总干事罗赫略·菲尔特出席研讨会。来自亚太地区22个国家的30余位海关高级官员参加研讨会，会议通过交流海关执法经验、观摩香港海关执法实践等，促进和提高了亚太地区公约缔约国的履约水平。

2009年11月30日至12月4日，公约第14届缔约国大会在海牙举行。大会任命土耳其候选人阿赫迈特·尤祖姆居为禁化武组织新任总干事。中国代表团发言阐述了中国政府在化武销毁、工业核查、化工领域国际合作等问题上的立场和主张，敦促日本采取切实措施，尽快启动日本遗弃在华化学武器销毁工作。

2009年，中国在公约框架下积极开展对非援助活动，向非洲缔约国捐赠10台计算机，邀请非洲学员来华参加化学研修生项目。

中国高度重视日本遗弃在华化学武器问题。2009年，中国、日本和禁化武组织技秘处就移动式销毁设施销毁核查计划草案和设施安排、总体销毁计划等重要问题举行了三轮三方磋商。中国政府根据公约和禁化武组织执行理事会有关规定，按时提交“处理日遗化武进展报告”。中日双方就 2010 年在南京使用移动式销毁设施销毁日遗化武达成一致。尽管处理日遗化武工作取得了一些进展，但实质性销毁迄未启动，迄无一枚日遗化武被销毁。中方敦促日方加大人力、物力投入，加快工作进度，尽早启动并完成销毁工作。

（6）《禁止或限制使用某些可被认为具有过分伤害力或滥杀滥伤作用的常规武器公约》（简称《特定常规武器公约》）

《特定常规武器公约》于 1980 年达成，1983 年生效，目前有 111 个缔约国。公约对具有过分杀伤力或滥杀滥伤作用的常规武器的使用作出了限制。公约现有五个附加议定书，分别是《关于无法检测的碎片的议定书》、《禁止或限制使用地雷、诱杀装置和其他装置的议定书》（《地雷议定书》）、《禁止或限制使用燃烧武器的议定书》、《关于激光致盲武器的议定书》和《战争遗留爆炸物议定书》（即一、二、三、四、五号议定书）。2001 年，公约第二次审议大会通过第一条修正案，将公约及其附加议定书的适用范围从国际武装冲突扩大至包括非国际武装冲突。中国先后批准了公约及所附一、二、三、四号议定书，以及经修订的二号议定书和公约第一条修正案。

2009 年 11 月 12 ~ 13 日，公约 2009 年缔约方会议在日内瓦举行。中国代表团发言指出，作为处理军控领域人道主义问题的主要法律框架，公约地位不断凸显，活力不断增强，公约框架内有关努力业已成为多边军控亮点。国际社会应携手努力，本着互谅互信、广泛参与、平等协商、扩大共识的原则，努力平衡处理军事安全需要和人道主义关切，推动公约框架内各项工作取得积极进展，增进公约权威性和生命力。中国代表团并介绍了 2009 年中国的履约工作。

① 地雷问题

目前，国际上存在两项关于地雷问题的法律文书，即《特定常规武器公约》所附《地雷议定书》和《渥太华禁雷公约》。《地雷议定书》于 1982 年生效，1996 年修订，目前共有 93 个缔约国。该议定书主要对地雷的使用进行限制。中国于 1998 年批准经修订的《地雷议定书》。《渥太华禁雷公约》于 1997 年达成，1999 年生效，目前共有 156 个缔约国。该公约要求立即、全面禁止杀伤人员地雷。中国不是该公约的缔约国。

2009 年 11 月 11 日，经修订的《地雷议定书》第 11 次缔约方会议在日内瓦举行。中国代表团在发言中肯定经修订的《地雷议定书》履约工作进展，介绍了中国在履约宣传培训、边界扫雷、国际扫雷援助与合作等方面作出的积极努力。

2009 年 11 月 30 日至 12 月 4 日，《渥太华禁雷公约》第二次审议大会在哥伦比亚卡塔赫纳举行，中国派观察员代表团与会。中国观察员代表团发言表示，中国认同公约宗旨和目标，赞赏公约体现的人道主义精神，将继续加强与公约缔约国和有关国际组织的合作与交流，为早日彻底解决地雷造成的人道主义问题作出应有贡献。

②国际扫雷援助

中国政府高度重视地雷引发的人道主义关切，积极参与国际扫雷援助活动，帮助有关国家摆脱雷患困扰。自 1998 年以来，中国政府建立了长期、机制化的国际扫雷援助规划，通过捐款、援助扫雷器材、举办扫雷技术培训班等方式，向 20 多个亚、非、拉国家提供了扫雷援助。

2009 年 2 月，中国政府向埃及无偿援助一批扫雷器材，并派专家赴埃及对 15 名埃方学员进行技术培训。2009 年 9 ~ 11 月，中国政府在南京为来自阿富汗、伊拉克共 38 名学员举办了扫雷技术培训班。中国政府还向两国各捐赠一批扫雷器材。此外，中国政府还决定向斯里兰卡提供人道主义扫雷援助。

③战争遗留爆炸物

《特定常规武器公约》所附《战争遗留爆炸物议定书》于 2003 年达成，2006 年生效，目前有 62 个缔约国。中国尚未批准该议定书。

2009 年 11 月 9 ~ 10 日，议定书第三次缔约方会议在日内瓦举行。中国派观察员代表团与会。中国观察员代表团在发言中积极评价议定书生效以来的履约工作，希各方继续在履约机制建设等方面取得进展，不断推进议定书的普遍性和有效性。中国政府致力于早日加入议定书，将加快国内批约进程，尽早完成必要批约程序。

④集束弹药问题

近年来，集束弹药问题成为人道主义军控领域热点。《特定常规武器公约》集束弹药问题政府专家组于 2007 年成立，迄今已召开八次会议，就达成一项对集束弹药进行限制的议定书展开密集谈判。由于各方分歧较大，谈判迄未取得实质性成果。2009 年公约缔约方会议决定，2010 年继续举行政府专家组会议，就集束弹药问题进行谈判。

在《特定常规武器公约》框架外，挪威、墨西哥等国发起“奥斯陆进程”，并于 2008 年底达成《集束弹药公约》。公约禁止发展、生产、使用、储存和转让集束弹药。截至 2009 年，共有 103 国签署该公约、24 国批准。中国不是公约缔约国。

中国高度重视集束弹药问题引发的人道主义关切，支持国际社会共同努力，采取现实可行的措施解决相关问题。中国代表团积极参加了《特定常规武器公约》集束弹药问题政府专家组工作，发挥了建设性作用。中国支持在《特定常规武器公约》框架下谈判解决集束弹药问题，同时认为，集束弹药问题十分复杂，要妥善处理该问题，既需考虑人道主义关切，也要充分考虑各国正当的军事安全需求，以及各国在经济、技术和安全环境方面的差异。中国政府积极评价公约政府专家组工作取得的进展，希望各方本着务实、合作的态度，尊重和照顾彼此合理关切，找到切实可行的解决办法。

4. 中国在防扩散方面的工作

(1) 积极参与国际防扩散努力

中国政府坚决反对大规模杀伤性武器扩散，一贯以高度负责的态度处理防扩散问题，积极参与国际防扩散努力。中国政府支持联合国在防扩散领域发挥应有作用。2009 年 9 月，安理会核不扩散与核裁军峰会在纽约联合国总部举行。国家主席胡锦涛出席峰会并发表重要讲话。峰会一致通过了关于核不扩散、核裁军及和平利用核能问题的安理会第 1887 号决议。

2009 年，中国积极参与了联合国安理会关于朝鲜半岛核问题的讨论，认真执行安理会有关决议。中国支持安理会关于防扩散问题的第 1540 号决议及其后续决议，以建设性姿态参与了 1540 委员会工作及安理会关于 1540 号决议执行情况的全面审议进程，明确表示愿在必要和可行的情况下就执行 1540 号决议向有需要的国家提供力所能及的协助。

在联合国框架之外，中方关注地区热点问题发展，坚定推动朝鲜半岛核问题六方会谈进程，积极参与通过谈判解决伊朗核问题的外交努力。2009 年 7 月，中国与美国、新加坡在北京联合主办的“东盟地区论坛”首次防扩散与裁军会间会取得圆满成功，为推进亚太地区防扩散进程作出贡献。2009 年，中方先后派员出席第六次亚洲地区防扩散问题高级别对话会和北约年度防扩散研讨会，与各方就防扩散问题交换了看法。

（2）开展防扩散出口管制国际交流与合作

中国重视防扩散出口管制领域的国际交流与合作，与美国、欧盟等许多国家、组织和多国出口控制机制保持着对话与交流，互相借鉴经验和做法。2009 年 7 月，中国与“导弹及其技术控制制度”在京举行对话，实现了增信释疑、互相借鉴的目的。2009 年 11 月，作为落实 2004 年中欧领导人会晤联合声明的后续行动之一，由中国外交部、商务部、海关组成的代表团赴瑞典、荷兰、德国等欧盟国家进行出口管制交流。

（3）加强防扩散出口管制工作

中国政府高度重视防扩散出口管制工作，已建立起涵盖核、生物、化学、导弹及常规军品的完备有效的出口管制法律法规体系，并根据承担的国际义务和自身工作需要不断更新，有关做法与国际通行做法基本一致。2009 年，中国商务部颁布了《两用物项和技术出口通用许可管理办法》，并对《两用物项和技术进出口许可证管理目录》进行更新。

2009 年，为确保出口管制政策法规得到有效执行，中方一方面着眼于严格执法，采取切实措施完善跨部门出口管制协调机制，加强出口管制执法人员培训，加大违法个案查处力度；另一方面，不断加强防扩散出口管制宣传教育，指导企业建立出口管制内部自律机制和开展对外交流工作，争取从源头出发，实现自觉、有效的出口管制。

5. 中国与有关国家开展战略安全、军控和防扩散领域对话

中国与十余个国家保持副部级、司级安全与军控磋商机制，对增进相互理解、促进彼此协调与合作发挥了积极、重要的作用。2009 年，中国继续积极开展安全与军控领域的对外交流与合作。

2009 年 9 月 3 日，外交部副部长何亚非与英国外交部国防与情报总司长莱斯利在伦敦举行了中英军控与防扩散磋商。双方重点就核安全、裁军谈判会议、安理会核不扩散与核裁军峰会、“武器贸易条约”等问题深入交换了意见。双方均表示，愿进一步加强中英在军控与防扩散领域的交流与合作，推动两国全面战略伙伴关系发展。

2009 年 9 月 17 日，外交部副部长何亚非与澳大利亚外交贸易部副秘书长库帕在北京举行第 16 轮中澳地区安全与军控磋商。双方就中澳关系、亚太地区安全形势和多边军控问题深入交换了意见。双方一致认为，中澳两国在地区安全与军控领域拥有广泛的共同利益和广阔的合作前景，两国应在相互尊重、平等协商基础上，不断加强交流与合作，推动中澳关系健康稳定向前发展。

2009 年 4 月 8 日，外交部军控司司长成竞业与俄罗斯外交部安全与裁军局局长安东诺夫在莫斯科举行中俄司级军控与防扩散磋商。双方主要就俄美核裁军、多边核问题、外空问题等交换了意见。双方均表示，新形势下，中俄两国应在军控和防扩散领域进一步加强沟通与合作，推动中俄战略协作伙伴关系发展。

2009 年 9 月 8 日和 12 月 18 日，外交部军控司司长成竞业与美国国务院负责国际安全和防扩散事务的代理助理国务卿范迪朋先后在华盛顿和北京举行了两轮中美司级军控与防扩散磋商，就中美防扩散合作、地区核问题、多边军控问题、反核恐怖主义问题等交换了意见。双方均认为，中美两国应进一步加强在军控和防扩散领域的对话与合作，促进中美关系发展。

2009 年，中国还与法国、德国、巴西、以色列、韩国、欧盟等举行了司级军控与防扩散磋商。

6. 其他问题

(1) 多边核燃料循环倡议

近年来，国际社会对核燃料循环敏感技术扩散风险的关注上升。一些国家及有关组织提出旨在加强对铀浓缩、后处理等敏感核技术控制的倡议。这些倡议虽在技术路线、合作方式等方面存在差异，但核心均旨在通过建立多边核燃料供应保障机制，向接受国提供核燃料循环服务，以防止敏感核技术扩散。

中国原则上支持有助于加强国际核不扩散机制的一切努力，积极参与有关加强核燃料循环敏感技术控制、建立多边核燃料循环机制倡议的讨论，主张国际社会通过充分协商，寻求一个切实可行且为各方普遍接受的方案，既促进防扩散目标，又避免影响各国和平利用核能的权利。

2009 年 3 月，由英国倡议的核燃料循环问题国际会议在伦敦举行，中国派团出席。11 月，国际原子能机构理事会通过关于在俄境内建立低浓铀储备倡议的决议，中国投了赞成票。

（2）全球核能合作伙伴计划

“全球核能伙伴计划”由美国于 2006 年提出，由中国、法国、美国、俄罗斯、美国作为创始国共同发起。GNEP 的主要内容是通过研发先进的核燃料循环技术促进核能推广；建立核燃料供应保障机制和乏燃料管理安排，向接受国提供可靠的核燃料服务，并要求这些国家承诺不寻求铀浓缩和后处理技术。截至 2009 年，GNEP 共有 25 个伙伴国、27 个候选伙伴国和国际原子能机构、欧洲原子能共同体、第四代核能国际论坛三个常任观察员国际组织。GNEP 下设执行委员会、指导组及多个工作组。

2009 年 4 月 7 ~9 日，GNEP 指导组第四次会议在东京举行。10 月 22 日，GNEP 指导组第五次会议在北京举行。10 月 23 日，GNEP 执行委员会第三次部长级会议在北京举行，会议发表了《联合声明》。《联合声明》提出 GNEP 有必要转型，以适应核领域形势发展，并吸引更多国家参与。GNEP 基础结构开发工作组、可靠核燃料服务工作组也多次召开会议，向 GNEP 指导组会议及执行委员会部长级会议提交了报告。

（3）打击核恐怖主义全球倡议

“打击核恐怖主义全球倡议”（简称“倡议”）系俄美两国总统于 2006 年 7 月共同提出，同年 10 月成立。“倡议”旨在通过开展有关国际合作，加强各国能力建设，采取有效措施共同打击核恐怖主义。“倡议”以现有国际法律框架为基础，向所有支持“倡议”《原则声明》的国家开放。“倡议”现有 76 个伙伴国以及国际原子能机构、欧盟、国际刑警组织、联合国毒品与犯罪问题办公室四个观察员。

中国政府坚决反对包括核恐怖主义在内的任何形式的恐怖主义，支持“倡议”的宗旨和目标。作为“倡议”创始伙伴国，中国积极参加了“倡议”迄今已举行的五次全会以及有关研讨会和演习等活动。

中国政府高度重视自身反核恐能力建设，制定了完备的法规体系和有效的管理体制，确保核材料的安全生产、使用、运输和储存。中国积极参与反核恐领域国际交流与合作，同许多国家和国际原子能机构开展了良好的合作。

第六章

中国外交中的条约法律工作

1. 中国对外缔结条约概况

（1）对外缔约概况

中国政府重视发展与世界各国友好关系，积极参与区域性、全球性国际组织的活动，对外缔结了大量政治、经贸、文化、司法协助等领域的双边条约和多边公约，为保持国民经济的平稳较快发展、促进对外开放和交流，全面建设小康社会，加深中国与世界各国及国际组织全方位合作，提供了良好的法律基础。

2009 年，中国对外缔结的国家及政府间双边条约、协定及其他具有条约性质的文件 600 余项，其中政治、外交方面的条约和协定 22 项，经贸方面的条约和协定 401 项，财政、金融和贷款方面的条约和协定 25 项，文化科技、卫生医疗方面的条约和协定 21 项，此外还有教育、农业、环境、交通、旅游、动植物检疫等领域的条约和协定。

多边公约方面，2009 年中国共参加 13 项多边公约，涉及海事、环境、渔业等多个领域。

（2）涉及香港和澳门特区的条约法律事务

中央人民政府严格根据《中华人民共和国香港特别行政区基本法》、《中华人民共和国澳门特别行政区基本法》和“一国两制”方针处理涉及香港特区和澳门特区的条约和法律事务，为香港特区和澳门特区在有关领域参与国际合作、保持对外交往提供支持。

①双边协定方面

2009 年，中央人民政府先后授权香港特区政府与芬兰、科威特签署投资保护协定，与新西兰谈判新的投资保护协定，与塞浦路斯、哥伦比亚谈判民航协定，与老挝、斐济签署民航协定；授权澳门特区政府与佛得角谈判法律及司法合作协定。

②国际公约方面

根据基本法有关规定，在征询香港特区政府和澳门特区政府意见后，中央政府办理了中国参加的《统一国际航空运输某些规则的公约》第 21 条和第 22 条规定的责任限额的修改、12 项海事公约修正案适用于香港特区和澳门特区的有关手续。

2. 中国在联合国机构的法律工作

（1）第 64 届联大的法律议题

①概述

第 64 届联大法律议题的审议自 2009 年 10 月 5 日始，至 12 月 16 日结束。联大六委、四委和全会分别审议了消除国际恐怖主义的措施、普遍管辖权原则的范围和适用等 20 多项法律议题，通过 20 项决议和两项决定。期间还就联合国内部司法等议题举行了若干工作组磋商。中国代表团全面参加了上述各项议题的审议和决议草案的磋商。

第 64 届联大全会审议了国际法院的报告、国际刑事法院的报告、前南斯拉夫问题国际刑事法庭和卢旺达问题国际刑事法庭报告等。联大第六委员会的议题主要有：普遍管辖权原则的范围和适用，追究联合国官员和特派专家的刑事责任，联合国宪章和加强联合国作用特别委员会的报告，联合国国际贸易法委员会第 42 届会议工作报告，国际法委员会第 61 届会议工作报告等议题。联大第四委员会审议通过的法律议题主要涉及和平利用外空的国际合作。

中国代表团就普遍管辖权原则的范围和适用、追究联合国官员和特派专家的刑事责任、联合国宪章和加强联合国作用特别委员会的报告、消除国际恐怖主义的措施、国内和国际的法治、联合国国际贸易法委员会第42届会议工作报告、国际法委员会第61届会议工作报告、和平利用外层空间的国际合作等议题做了正式发言，简述了中国政府的有关政策主张，介绍了中国的有关实践情况。

②关于“普遍管辖权原则的范围和适用”

关于“普遍管辖权原则的范围和适用”议题，中国代表团提出普遍管辖权原则只是学术概念，不构成国际法规则。该原则不同于“或引渡或起诉”原则，管辖权的行使应尊重国际法基本原则，特别是国家主权原则和国际法上的豁免制度。滥用该原则构成违反国际法，应承担相应的国际责任。同时，中国代表团对非洲国家的合理关切表示理解和同情，赞同联大审议此议题，并希望通过充分交换意见，就普遍管辖权的定义、国际法依据、行使条件和限制达成一致的认识。

③关于“追究联合国官员和特派专家的刑事责任”

关于“追究联合国官员和特派专家的刑事责任”的议题，中国代表团赞赏六委及特委会的工作和取得的进展。中国代表团赞同追究联合国官员和特派专家的刑事责任，以维护联合国声誉和形象。希望秘书处继续发挥协调作用，进一步收集对联合国官员和特派专家的管辖权等相关国内法信息，同时加强对案例的研究与分析。中国代表团认为，追究联合国官员和特派专家刑事责任，应加强国际合作，建立必要的司法协助机制。中国政府愿一如既往积极参与该议题的工作，期待在各方面共同努力下，有效解决这类人员的治罪问题。

④关于“联合国宪章和加强联合国作用特别委员会的报告”

关于“联合国宪章和加强联合国作用特别委员会的报告”议题，中国代表团对特委会的工作进展表示欢迎，支持改进联合国制裁机制，为制裁设立严格的标准，加强制裁的针对性，设定明确的时限，尽可能减少制裁引发的人道主义危机和对第三国的影响。中国代表团明确支持本届联大通过“采取及执行联合国制裁”的工作文件，建议继续审议具有现实意义和可行性的新议题。同时主张，未经联大明确授权，任何新议题均不应涉及《宪章》的修改问题。中国代表团还对《联合国机关惯例汇编》和增订《安理会惯例》的工作表示赞赏，希望尽快以联合国所有语文出版。

⑤关于“消除国际恐怖主义的措施”

关于“消除国际恐怖主义的措施”议题，中国代表团发言表示反对一切形式的恐怖主义，支持加强反恐国际合作，强调反恐应严格遵循《联合国宪章》和国际法准则，不能采取双重标准，不能把恐怖主义与特定的文明、民族或宗教挂钩。中国代表团还指出，国际社会消除恐怖主义的措施如要取得实效，必须同时从预防和惩治两方面入手，而且要标本兼治。中国代表团赞同制定全面反恐公约，以进一步完善国际反恐法律框架，希望各国展现政治意愿尽早就有关分歧找到解决方案，赞同条件成熟时在联合国主持下召开反恐高级别会议。

⑥关于“国内和国际的法治”

关于“国内和国际的法治”议题，中国代表团认为，促进国际法治有助于维护世界和平、推动共同发展，实现建设和谐世界的目标。各国应当尊重并践行“条约必须信守”原则，维护《联合国宪章》的权威，遵照《宪章》的宗旨和原则，妥善处理全人类共同利益和国家利益之间的关系，推动各国平等、普遍参与国际立法进程，促进国际关系民主化，鼓励在国际法基础上通过平等协商解决国际问题。中国代表团坚信，健全的国际法治符合各国人民要和平、谋发展、促合作的共同心愿。中国愿与各国政府一道，为促进国际法治不懈努力。

⑦国际法委员会第61届会议工作报告

第64届联大六委于2009年10月26日至11月2日审议了国际法委员会第61届会议工作报告，并重点审议了“国际组织的责任”、“灾害中的人员保护”、“共享自然资源”等议题，30多个国家或国家集团就上述议题发言。中国代表团就有关专题做了发言。

关于“国际组织的责任”专题，中国代表团对委员会取得的成果表示祝贺，同时认为应进一步深入研究国际组织与国家在性质、构成、目的和职能等方面的差异，广泛收集除联合国和欧盟外其他国际组织的实践，进一步完善条款草案。中国代表团建议条款草案关于国际组织的定义应限定于政府间国际组织，排除存在争议的反措施条款，并进一步研究国际组织与其成员国的责任关系。

关于“灾害中的人员保护”专题，中国代表团对委员会以权利或需要为基础的研究方法提出质疑，主张在对灾害进行定义时，考虑“超出本地救灾能力和资源”标准，强调应避免将合作义务解释为受灾国有义务接受国际救援，或者救援国有义务满足受灾国要求，中国代表团建议委员会考虑发展中国家和发达国家应对自然灾害能力的差别。

关于“对条约的保留”专题，中国代表团认为委员会通过的指南草案尚未对解释性声明能否推定为同意及在哪些情况下可以推定予以明确。对评估保留的有效性，中国代表团认为应明确缔约方所作评估优先于争端解决机构或条约机构所作的评估，并在保留被评估为无效的情况下，赋予保留方放弃保留或者退出条约的自由。另外，中国代表团认为特别报告员阿兰·佩莱先生提交给起草委员会的草案中，对于解释性声明的有效性和对保留、解释性声明反应的有效性问题的论证还存在一些问题，希望委员会及特别报告员正视这些问题，采取适当措施，加以改进。

关于“驱逐外国人”专题，中国代表团认为特别报告员卡姆托先生提交的修订条款草案总体上值得肯定，特别是第 9 条关于“尊重被驱逐者尊严的义务”在实践中具有积极的意义。关于第 12 条第 2 款，中国代表团认为在实践中似难以对国家利益与当事人利益是否达成公正平衡进行衡量。修订草案应在国家驱逐外国人的权利与尊重被驱逐者人权的义务之间保持适当的平衡。

此外，在本届联大国际法周期间，墨西哥作为协调员依惯例召集了各国法律顾问会议，亚非法律协商组织成员国法律顾问也依惯例召开例行会议，中国代表团均积极参与了上述会议。

（2）联合国和平利用外层空间委员会

①第 52 届外空委会议情况

2009 年 6 月 3～12 日，联合国和平利用外层空间委员会第 52 届会议在维也纳举行。中国派出由外交部等国内相关部门和驻维也纳代表团共同组成的代表团与会。中国航天员代表杨利伟、景海鹏参加会议开幕式并发言，介绍了中国神舟系列航天飞船在载人航天方面所取得的突出成就，重申中国的航天事业始终体现和谐和平的主旨。会议共审议了维持外空用于和平目的的方法和途径、空间与水、空间与气候变化等 12 项议题，中国代表团在一般性交换意见、科技小组委员会报告、法律小组委员会报告、第三次外空会议各项建议落实情况、空间与水等议题下作了发言。

②第 46 届科技小组委员会会议情况

联合国和平利用外层空间委员会科技小组委员会第 46 届会议于 2009 年 2 月 9～20 日在维也纳召开。会议重点议题包括：下届会议新议题、在外空使用核动力源问题、空间碎片问题等。中国代表团在多项议题下发言，重点宣传空间技术在社会民生的应用效果，阐述中国航天五大能力的新发展等，并就联合国灾害管理和应急响应天基信息平台（UN－SPIDER）在北京设立办公室等问题与联合国外空司交换了意见。

③第 48 届法律小组委员会会议情况

联合国和平利用外层空间委员会法律小组委员会第 48 届会议于 2009 年 3 月 23 日至 4 月 3 日在维也纳召开。会议除就一年来外空法的发展一般性交换了意见外，还就“空间碎片减缓措施”等多项议题展开讨论。会议期间还举行了“《月球协定》三十周年：回顾与展望”专题讨论会。中国代表团在一般性交换意见、外空的定义和划界、空间法能力建设、关于减缓空间碎片措施的国家机制等议题下作了发言，并与俄罗斯共同倡议缔结一项全面外空条约，以弥补现行外空法在防止外空武器化和外空军备竞赛方面的不足。

3. 中国在打击跨国犯罪领域的法律工作

(1)《联合国打击跨国有组织犯罪公约》

2009年4月14～15日，《联合国打击跨国有组织犯罪人口贩运议定书》第一次不限名额临时工作组会议在维也纳举行。50多个缔约国和签署国、20多个观察员国和国际组织出席，会议主席由波兰担任。各国代表团就全球遵守、非政府组织的参与、履约审查机制、全球行动计划和二次定罪等问题开展了广泛而深入的讨论。中国作为尚未批准议定书的观察员派代表团与会，会上介绍了中国在打击人口贩运方面的成绩，了解各国履行议定书的经验和做法。

《联合国打击跨国有组织犯罪公约》履约审查机制问题专家会于9月30日在维也纳举行。主席由美国担任，66个缔约国、9个签署国以及国际移民组织等国际组织参加。会上，各国代表就是否建立履约审查机制进行了讨论。中国代表团介绍了中国的履约工作，强调切实履约的重要意义，并就履约审查机制问题表达了立场。

《联合国打击跨国有组织犯罪公约》技术援助工作组会于10月1～2日在维也纳举行。主席由阿根廷担任，64个缔约国、8个签署国以及国际移民组织参加。会上，各国代表就技术援助优先事项等相关问题展开了讨论。中国代表团强调技术援助的重要性，主张技术援助不应当与履约审查挂钩，支持发展中国家的合理诉求。

(2)《联合国反腐败公约》

2009年5月和8月，《联合国反腐败公约》履约审议、资产追回、技术援助工作组会议在维也纳召开。会议就建立公约履约审议机制、资产追回、技术援助等核心问题进行专家级讨论，并通过工作组会议报告提交公约第三届缔约国大会审议。中国代表团积极参加各议题讨论和磋商，强调公约履约审议机制的建立不得干涉缔约国内部事务，司法协助、资产追回等国际合作内容应当成为履约审议的优先事项，呼吁各缔约国提高资产追回合作的政治意愿并克服法律障碍。中国代表团的主张受到与会各国重视，并写入相关工作组报告。

2009 年 11 月 9 ~13 日，《联合国反腐败公约》第三届缔约国大会在卡塔尔首都多哈举行，130 多个缔约国和签署国，16 个政府间国际组织的代表出席了会议。会议讨论和审议了履约审议、资产追回、技术援助、预防腐败、国际公共组织官员贿赂等议题并通过相关决议，并正式建立公约履约审议机制。中国代表团积极参加会议讨论，介绍了中国在履约方面的最新进展，表达了中国希望与世界各国加强反腐败国际合作的意愿，展示了中国认真履约和反腐倡廉的良好形象。

4. 中国在国际人权文书领域的工作

(1) 履行国际人权条约义务

①《消除一切形式种族歧视国际公约》

2009 年 8 月 7 日和 10 日，中国政府派代表团出席了联合国消除种族歧视委员会在日内瓦审议中国履行《消除一切形式种族歧视国际公约》第 10 ~13 次合并报告的会议，香港和澳门特别行政区政府派员作为中国政府代表团成员参加审议。在会上，中国政府代表团与委员会进行了建设性对话，对中国执行公约的具体情况做了介绍，并对委员会提出的问题作了全面回答。委员会对中国及时提交全面、翔实的报告和答复材料以及派出庞大的专家代表团参加审议表示赞赏。8 月 28 日，委员会通过审议结论，积极肯定了中国政府在发展民族地区经济、制定扶持人口较少民族的政策措施、提高人民生活水平、促进医疗卫生和教育事业、保护少数民族文化等方面的举措和成就。

②《儿童权利公约》

2009 年度，中国启动了《儿童权利公约》第三、第四次合并报告（其中包括履行《儿童权利公约关于买卖儿童、儿童卖淫和儿童色情制品问题的任择议定书》的情况）及《儿童权利公约关于儿童卷入武装冲突问题的任择议定书》首次报告的撰写工作。

中国继续与联合国儿童基金会驻华代表处就联合国儿童权利委员会审议中国报告结论后续工作开展合作，分别于 2009 年 7 月和 10 月举办了“《儿童权利公约》及其国内实施”国际研讨会和“《儿童权利公约》履约报告”研讨会，国务院涉儿童工作的部委及学术机构派代表与会。

（2）参加国际人权文书的制定

2009年12月14～18日，《儿童权利公约》来文申诉机制任择议定书制定工作组第一次会议在日内瓦举行。此次会议系根据人权理事会决议召开，旨在讨论制定《儿童权利公约》来文申诉机制任择议定书的相关事项。各国就制定任择议定书的必要性和可行性、来文申诉机制的管辖范围，与其他公约相关机制的互补性，以及来文受理标准等问题广泛交换了意见。中国代表团积极参与了各议题的讨论，表明了中国重视儿童权利保护、认真履行公约义务的立场，并希望工作组进一步深入探讨在《儿童权利公约》框架下制定来文申诉机制任择议定书的必要性和可行性等问题。

5. 中国在国际私法领域的工作
——海牙国际私法会议

1893年，荷兰政府主办了海牙国际私法会议第一届会议。1951年，第七届会议通过《海牙国际私法会议章程》，随着章程于1955年7月15日生效，海牙国际私法会议成为常设的政府间国际组织，其宗旨为“促进国际私法规范的逐步统一”。中国于1987年7月3日正式加入该组织，并日益深入地参加该组织的各项活动。

2009年2月，海牙国际私法会议举行送达公约、取证公约、国际司法救助公约和取消认证公约特委会，各国介绍了本国对有关法律问题的立场，讨论了有关公约的执行情况和提高公约执行效率的措施。11月，海牙国际私法会议就2007年通过的扶养义务公约召开特委会，讨论公约未来执行问题，并通过一系列旨在统一履约实践的非强制性指导文件。中国派出包括港、澳代表在内的代表团出席了上述会议，就有关议题表明了立场，并使会议通过的文件充分反映了中方关切。

6. 中国与外国的司法协助和法律合作

(1) 与外国缔结双边司法协助条约现状

中国一贯重视加强与各国在司法领域的合作，致力于推动与各国谈判缔结双边司法协助类条约，以便有效打击跨国犯罪，保障中国与其他国家之间人员和经贸往来的顺利进行。

2009 年，中国缔结的双边司法协助类条约有：《中华人民共和国和马耳他关于刑事司法协助的条约》(2 月 22 日签署)，《中华人民共和国和巴西联邦共和国关于民事和商事司法协助的条约》(5 月 19 日签署)，《中华人民共和国和印度尼西亚共和国引渡条约》(7 月 1 日签署)。

2009 年生效的双边司法协助类条约有：《中华人民共和国和秘鲁共和国关于刑事司法协助的条约》(3 月 18 日生效)，《中华人民共和国和葡萄牙共和国关于刑事司法协助的协定》(5 月 15 日生效)，《中华人民共和国和委内瑞拉玻利瓦尔共和国关于刑事司法协助的条约》(6 月 12 日生效)，《中华人民共和国和葡萄牙共和国引渡条约》(7 月 25 日生效)，《中华人民共和国和大韩民国关于移管被判刑人的条约》(8 月 5 日生效)，《中华人民共和国和纳米比亚共和国关于刑事司法协助的条约》(9 月 19 日生效)，《中华人民共和国和纳米比亚共和国引渡条约》(9 月 19 日生效)，《中华人民共和国和阿尔及利亚人民民主共和国关于刑事司法协助的条约》(9 月 22 日生效)，《中华人民共和国和阿尔及利亚人民民主共和国引渡条约》(9 月 22 日生效)，《中华人民共和国和葡萄牙共和国关于移管被判刑人的条约》(10 月 15 日生效)。

截至 2009 年 12 月底，中国已与 68 个国家签署司法协助类条约共 106 项。其中，民商事条约 16 项 (11 项生效)，民（商）刑事司法协助条约 19 项 (均已生效)，刑事司法协助条约 27 项 (19 项生效)，引渡条约 32 项 (23 项生效)，移管被判刑人条约 6 项 (4 项生效)，打击“三股势力”条约 6 项 (均已生效)。

（2）中美执法合作

中美执法合作联合联络小组是中美执法合作的重要机制，为促进双方执法合作提供了良好平台。

9月2～5日，根据中美执法合作联合联络小组第七次会议的安排，美国相关执法部门与美国驻华使馆连续在北京和成都举办“美国移民法与遣返问题论坛”，介绍美国遣返程序、移民法和移民法庭，以及美国签证防伪措施。

9月17～18日，按照中美执法合作联合联络小组第七次会议达成的协议，中美引渡研讨会在华盛顿举行。中美双方就各自宪法框架、引渡的国内法和条约基础、办理引渡案件的具体操作程序、缔结引渡条约的标准和要素以及引渡替代措施等问题进行了深入交流。双方认为，中美开展包括遣返逃犯在内的执法合作符合双方的共同利益，应继续加强在这方面的对话和实践。

（3）中加司法和执法合作

6月22～23日，中国和加拿大司法和执法合作第二次磋商在渥太华举行。双方就犯罪收益分享、引渡和遣返逃犯等问题进行了研讨，并就《中加刑事司法协助条约》的执行、移管被判刑人、中国公安部与加拿大皇家骑警执法合作谅解备忘录等问题交换了意见。双方同意将犯罪收益分享问题作为中加司法和执法合作的优先议题，并尽快就其举行磋商。

7. 中国在国际海洋法领域的工作

（1）多边海洋法事务

①联合国海洋事务和海洋法非正式磋商进程第10次会议

2009年6月17～19日，联大海洋事务和海洋法非正式磋商进程第10次会议在纽约联合国总部举行。会议讨论了前九次磋商进程会议的成果和不足，以及未来工作方式和方法等。中国等发展中国家强调，非正式磋商进程应基于可持续发展原则确定每届会议的议题。

②《联合国海洋法公约》第19次缔约国会议

2009年6月22～26日，《联合国海洋法公约》第19次缔约国会议在纽约联合国总部举行。会议围绕大陆架界限委员会的工作等议题展开讨论。中国与巴基斯坦、科特迪瓦提议在会议议程中增列“作为人类共同继承财产的国际海底区域和《公约》第121条”的议题，得到阿根廷、俄罗斯、德国等十几个国家的支持。会议决定推迟到今后一届缔约国会议讨论增列议题的建议，同时在现有议题下可以讨论相关问题。会议在“国际海底管理局秘书长报告”、“大陆架界限委员会主席报告”、“联合国秘书长根据《公约》第319条提交的报告”等议题下讨论了国际海底区域与《公约》第121条的问题。会议还讨论了大陆架界限委员会工作量、大陆架界限委员会和国际海洋法法庭的席位分配等议题。

③第64届联大关于海洋和海洋法议题的审议

2009年12月4日，第64届联合国大会审议了海洋和海洋法议题，并表决通过“海洋和海洋法决议”，协商一致通过“可持续渔业决议”。海洋和海洋法决议内容包括大陆架界限委员会工作、国际海底管理局和国际海洋法法庭工作、打击海盗、气候变化与海洋、国家管辖范围以外海域生物多样性、非正式磋商进程和全球海洋环境评估与报告进程、可持续渔业、能力建设等问题。

中国常驻联合国副代表刘振民大使在会上发言，强调外大陆架划界应避免侵蚀作为人类共同继承财产的国际海底区域的范围；大陆架界限委员会应全面、严格按照《联合国海洋法公约》规定，公正履行职责并取得经得起科学、法律和时间考验的成果；大陆架界限委员会根据《公约》第76条和附件二审议划界案，不应影响各国对《公约》其他部分的适用；国际社会应关注复杂法律问题给委员会审议带来的困难，并探讨解决途径等。

④国际海底管理局第15届会议

2009年5月25日至6月5日，国际海底管理局第15届会议在牙买加首都金斯敦举行。理事会关于《“区域”内多金属硫化物探矿和勘探规章草案》的审议稳步推进；法律和技术委员会完成对《“区域”内富钴铁锰结壳探矿和勘探规章草案》的审议，决定在下届会议将该草案提交理事会审议；会议还讨论了外大陆架划界有关问题。

中国代表团积极参加海底多金属硫化物勘探规章的制定工作，赞同在满足各方合理关切基础上尽快出台规章。关于沿海国划定其外大陆架外部界限问题，中方主张有关划界应全面、忠实地履行《联合国海洋法公约》，不得侵蚀属于人类共同继承财产的国际海底区域。

⑤冲之鸟礁问题

2009年2月6日，中国常驻联合国代表团照会联合国秘书长潘基文，就日本2008年11月12日向大陆架界限委员会提交的200海里以外大陆架划界案表明立场。中国政府认为，“冲之鸟礁依其自然状况，显然是不能维持人类居住或其本身的经济生活的岩礁，不应有专属经济区和大陆架，更不具备扩展200海里以外大陆架的权利”，要求大陆架界限委员会不对日本划界案中涉及冲之鸟礁部分采取行动。

⑥多边渔业

中国重视渔业资源的养护和可持续利用，积极参与国际渔业组织的活动。2009年，中国派团参加了养护大西洋金枪鱼国际委员会、印度洋金枪鱼委员会、中西部太平洋渔业委员会、南极海洋生物资源养护委员会等国际渔业组织年会。中国还积极参加筹建南太平洋区域渔业管理组织的谈判，同有关各方共同制定了《南太平洋区域渔业管理和养护公约》。2009年6月，国务院核准《关于加强美利坚合众国与哥斯达黎加共和国1949年公约建立的美洲间热带金枪鱼委员会的公约》，该公约将自2010年8月27日对中国生效。

在多边渔业问题上，中国的总体立场是：多边渔业合作的目标是养护渔业资源，规范渔业行为，实现渔业的可持续发展和利用，确保各国、特别是发展中国家人民享有渔业资源。

⑦极地事务

——《南极条约》签署50周年部长级会议暨第32届《南极条约》协商会议。

2009年4月6～17日，第32届南极条约协商会议在美国举行。为纪念《南极条约》签署50周年和2007～2008国际极地年闭幕，4月6日，在华盛顿举行了《南极条约》签署50周年部长级会议暨南极条约协商国和北极理事会成员国首次联合会议，会议通过了关于《南极条约》50周年和2007～2008国际极地年的两项部长宣言。来自35个国家的部长及200多名代表参会。

4月7～17日，第32届南极条约协商会议例行会议在巴尔的摩举行。来自28个南极条约协商国、11个非协商国和有关国际组织的约300多名代表参会。会议举行了环保委员会会议以及南极条约50周年、法律与机构、旅游与非政府活动、南极活动运作四个工作组会议，通过了16项有约束力的措施、18项决定和决议。

——《南极海洋生物资源养护公约》

2009年10月26日至11月6日，南极海洋生物资源养护委员会第28届会议在澳大利亚霍巴特举行，包括中国在内的25个委员会成员悉数与会。会议举行了委员会执行秘书换届选举，制定和修订了41项南极海洋生物资源养护措施，并对各国有关南极磷虾和犬牙鱼的捕捞申请进行了审议。中国于2009年5月首次向委员会提出南极磷虾捕捞申请，该申请在本届会上获得委员会批准。

——北极事务

2009 年 4 月 28 ~29 日，融冰国际会议暨北极理事会部长级会议在挪威举行。11 月 12 ~13 日，北极理事会秋季高官会在丹麦举行。中国政府派代表出席了上述会议。

6 月 3 日，中国与挪威在北京举行中挪北极事务双边对话。中国在上述活动中强调，中国高度重视北极地区的科学研究和环境保护，支持根据海洋法以及相关国际法处理北极问题，尊重北极地区国家的主权以及根据国际法享有的主权权利和管辖权，愿在平等的基础上，与有关各方就北极问题加强互利合作，为实现北极地区的和平、稳定和可持续发展作出贡献。

（2）打击海盗国际合作

2009 年，索马里和亚丁湾海域的海盗问题继续受到国际社会关注。中国积极参加了联合国“索马里海盗问题联络小组”有关磋商，支持国际社会就打击海盗开展合作，主张打击海盗问题应严格遵守国际法和联合国安理会有关决议。自 2008 年 12 月 26 日起，中国共派遣 4 批护航编队赴索马里和亚丁湾海域执行护航任务，保障有关船只和人员安全。

8. 中国在国际环境法领域的工作

（1）气候变化问题

《联合国气候变化框架公约》及其《京都议定书》为国际社会共同应对气候变化提供了基本框架和法律基础。《公约》于 1994 年 3 月 21 日生效，目前共有 194 个缔约方。《议定书》于 2005 年 2 月 16 日生效，目前共有 186 个缔约方。美国迄未批准议定书。

2009 年是气候变化外交谈判中极不平凡的一年，12 月 7 ~18 日在哥本哈根举行的《公约》第 15 次缔约方会议暨《议定书》第五次缔约方会议是国际社会应对气候变化方面一次规模空前的会议。围绕“巴厘路线图”谈判及哥本哈根会议，中国在《联合国气候变化框架公约》和《京都议定书》框架内频繁、密集地开展了一系列重大气候外交活动，与各国广泛开展对话与交流，积极推进国际合作。

为推动“巴厘路线图”谈判，中国全方位深入参与了“路线图”六轮磋商，提出“中国政府关于哥本哈根会议的立场”等相关主张和方案，为推动谈判取得进展发挥了积极、建设性作用。由于发达国家缺乏政治诚意，极力否定“共同但有区别的责任”原则，破坏公约和议定书基本框架，试图逃避自身义务并向发展中国家转嫁责任，南北矛盾突出，谈判进展十分缓慢。

9 月 22 日，在联合国秘书长潘基文倡议下，各国领导人聚首纽约，出席联合国气候变化峰会，纷纷就如何加强应对气候变化国际合作发表意见，充分表达了积极应对气候变化的政治意愿，为“巴厘路线图”谈判提供了政治指导和推动力。国家主席胡锦涛应邀出席峰会，在会上全面阐述了中国政府对气候变化国际合作的立场和主张，宣布了中国将进一步采取的包括 2020 年单位国内生产总值二氧化碳排放强度比 2005 年显著下降等一系列应对气候变化重大举措，充分展示了中国积极应对气候变化的负责任国家形象，受到国际社会高度评价。

12 月 16 ~18 日，国务院总理温家宝出席哥本哈根会议并发表重要讲话，在近 60 小时内与有关国家领导人开展密集磋商与会谈，以最大的政治意愿和耐心，力推谈判进程不断向前，尤其是在会议关键时刻，亲自出面与有关方面做了大量艰苦细致的工作，为最终推动会议取得积极成果发挥了重要作用。会议发表的《哥本哈根协议》体现了国际社会在主要问题上的共识，坚持了《公约》和《议定书》基本框架，确认并锁定了“巴厘路线图”双轨谈判取得的进展。会议还决定延续“巴厘路线图”双轨谈判，于 2010 年底墨西哥会议上完成谈判。

中国政府还派出了由国家发展和改革委员会副主任解振华担任团长，发展改革委、外交部、科技部、财政部、农业部、交通部、国家林业局、中国民航局、中国气象局和香港特区环保署等组成的谈判代表团，以及由科技部、财政部、国家人口计生委、环保部、国家林业局、中国气象局、中国科学院、中国工程院、中国社科院、中国农科院、清华大学和发展改革委能源研究所等单位主管领导和资深专家组成的顾问团。中国谈判代表团积极参与各项议题的讨论与磋商，全面参与、积极协调，为领导人与会做了大量艰苦、细致的准备工作。

中国代表团通过在前方设立“中国新闻与交流中心”，大力开展宣传工作，每天举行谈判情况吹风会，全面准确地介绍中方的立场、观点和最新建议，增进了各方对中国立场的理解和支持。通过在会场区内设立展台，散发宣传册、播放多媒体宣传片等方式积极宣传中国应对气候变化政策、措施、行动及成果，使国际社会各界充分认识到“应对气候变化，中国在积极行动”。

中国还积极参与了“经济大国能源与气候变化论坛”系列会议、格陵兰对话等气候变化会议，国务委员戴秉国代表国家主席胡锦涛出席了2009 年 7 月在意大利拉奎拉举行的“经济大国能源与气候变化领导人会议”并在会上作了重要发言，会议发表了关于气候变化问题的《拉奎拉宣言》。此外，联合国大会、亚太经合组织领导人非正式会议、东亚峰会、达沃斯经济论坛等也讨论了气候变化问题，中国积极参与了相关讨论，阐明了自己的立场。

中国全方位加强与世界各国在气候变化领域的交流与合作，并与美国、欧盟、日本、韩国、澳大利亚、加拿大、印度、巴西、南非、非盟等国家和区域集团在相关合作机制下频繁开展对话，增进了相互理解和支持。

（2）《联合国防治荒漠化公约》

土地荒漠化是人类共同面临的一个重大环境及社会问题，国际社会自 20 世纪 70 年代开始关注这一问题。《联合国防治荒漠化公约》（下称“公约”）于 1994 年 6 月 17 日通过，1996 年 12 月 26 日生效，目前共有 193 个缔约方。

2009 年 9 月 21 日至 10 月 2 日，公约第九次缔约方会议在阿根廷首都布宜诺斯艾利斯召开。来自 170 多个缔约方及相关组织的近 1000 名代表与会。中国代表团由外交部、国家林业局组成。代表团在会上介绍了中国在防治荒漠化领域所做的努力和取得的成就，并就全球荒漠化发展趋势和公约发展面临的问题阐述了立场。中国代表易先良当选为会议副主席。本次会议重点审议了公约十年战略的执行、机构改革、指标体系的建立等议题。发达国家履约意愿不足，在机构改革、预算增长等问题上态度消极，继续迟滞公约进程；发展中国家囿于缺乏援助，履约成效不彰，希望推动公约发展以改变这种状况。总体上看，尽管会议成果距离发展中国家预期目标还有很大差距，但在推动公约进程方面还是取得了一定进展。会议决定将履约审查委员会（CRIC）作为常设机构，建立了区域协调机制（RCM），初步确立了公约履约十年战略的实施指标体系。

（3）生物多样性与生物安全

《生物多样性公约》旨在促进生物多样性保护和可持续利用，并公平公正地分享利用遗传资源带来的惠益。公约于 1992 年通过，1993 年生效，有191 个缔约方。《生物多样性公约》领域的主要谈判是建立“遗传资源获取与惠益分享”国际体制，《卡塔赫纳生物安全议定书》领域的主要谈判是制定“改性活生物体”越境转移造成损害的赔偿责任与救济国际规则和程序。2009 年 4 月 2～8 日、11 月 9～15 日，《生物多样性公约》遗传资源获取与惠益分享问题工作组第七次会议和第八次会议分别在法国巴黎和加拿大蒙特利尔召开。会议产生了作为谈判基础的综合案文，但各方尚未就 ABS 国际体制若干关键问题达成一致，对案文仍有较大分歧。

2009 年 2 月 23～27 日，《生物安全议定书》赔偿责任与救济问题联合主席之友小组第一次会议在墨西哥召开，会议讨论了“致力于形成法律约束力的条款”工作案文，形成作为《生物安全议定书》关于赔偿责任与救济问题的补充议定书的草案。

由国家环保总局、外交部、农业部、林业局、国家中医药管理局等部门代表组成的中国代表团参加了上述会议。作为发展中国家，中国支持 77 国集团和“观点相近生物多样性大国集团”的立场，努力推动会议各项谈判取得进展。

(4)《关于消耗臭氧层物质的蒙特利尔议定书》

《关于消耗臭氧层物质的蒙特利尔议定书》第 21 次缔约方会议于 2009 年 11 月 4～8 日在埃及加里卜港举行。来自近 150 个缔约方、政府间组织、非政府组织及产业界的 700 多名代表参加了会议。会议主要讨论了高全球变暖潜能值的消耗臭氧层物质替代品、必要用途豁免问题、消耗臭氧层物质库存环境无害化管理、甲基溴检疫和装运前用途等议题。会议经过激烈讨论，通过了 32 项决定。

由环境保护部、财政部、国家质量监督检验检疫总局、国家食品药品监督管理局和国家发展改革委员会能源所等部门组成的中国代表团参加了本次会议。中国代表团积极参加了会议各项议题的讨论，与印度、马来西亚、沙特阿拉伯等发展中国家充分沟通和协调立场，使会议通过的有关决定基本体现了中方的立场。中国代表团团长、环境保护部副部长吴晓青在高级别会议上发言，就加强发展中国家能力建设、加速淘汰含氢氯氟烃（HCFC）等问题阐述了中国政府的立场和观点，得到了与会代表的好评。

9. 其他条约法律工作

（1）国际海事组织有关公约

2009 年 3 月 30 日至 4 月 3 日，国际海事组织法律委员会第 95 届会议在英国伦敦召开。包括中国在内的国际海事组织 73 个成员国、1 个联系会员（中国香港）和国际劳工组织、国际油污赔偿基金组织等 20 个国际组织的观察员出席了会议。

会议主要讨论了《1996 年国际海上运输有毒有害物质损害责任和赔偿公约》议定书中的有毒有害物质定义等问题，以及就涉及海员人身伤亡和被遗弃的责任和赔偿等提供财务担保、公平对待海员和法委会工作导则修正案、实施《2001 年国际燃油污染损害民事责任公约》等问题。

（2）国际民航组织有关公约

2009 年 4 月 20 日至 5 月 2 日，国际民航组织（ICAO）在蒙特利尔召开外交大会，81 个国家及 16 个国际组织的 300 多位代表出席，会议审议并通过了《关于航空器对第三方造成损害的赔偿的公约》和《关于因涉及航空器的非法干扰行为而导致对第三方造成损害的赔偿的公约》，两公约自 5 月 2 日起向各国开放签署。中国在会议最后文件上签字，未签署两公约。

《关于航空器对第三方造成损害的赔偿的公约》主要规定航空器由于本身航空技术原因而对第三方造成损害的赔偿问题。《关于因涉及航空器的非法干扰行为而导致对第三方造成损害的赔偿的公约》主要针对航空器受到恐怖主义袭击等非法干扰行为，造成大规模人员和财产损害的情况，由于这种极端情况造成的巨额损害超出现有航空保险市场承保能力，公约专门制定了此种情况下运营人对第三方的赔偿责任。

（3）国际刑事法院

国际刑事法院（“法院”）是根据 2002 年 7 月 1 日生效的《国际刑事法院罗马规约》（“规约”）设立，旨在对犯有灭绝种族罪、战争罪、危害人类罪的个人追究刑事责任。法院总部设在荷兰海牙。截至 2009 年 12 月，规约共有 110 个缔约国。2009 年，法院的检察官继续对由乌干达、刚果（金）、中非共和国提交的情势以及联合国安理会提交的苏丹达尔富尔情势进行调查；此外，法院开始了第一起案件（检察官诉LUBANGA案）的审理工作。

2009年11月18～26日，规约第八届缔约国大会在荷兰海牙召开，中国以观察员身份与会。

（4）科索沃单方面宣布独立咨询意见案

科索沃于2008年2月17日单方面宣布独立后，第63届联合国大会于2008年10月8日通过第63/3号决议，请求国际法院就“科索沃临时自治机构单方面宣布独立是否符合国际法”发表咨询意见。

2008年10月17日，国际法院颁布命令，邀请联合国及其会员国以及科索沃临时自治机构于2009年4月17日前就上述问题提交书面意见，并可于2009年7月17日前就他方书面意见提交书面评论。截至上述期限，36个国家及科索沃提交了书面意见；14个国家及科索沃提交了书面评论。中国在意见中指出，联合国安理会第1244（1999）号决议是迄今国际社会共同认可的处理科索沃问题的权威依据，安理会决议应当得到遵守；尊重国家主权和领土完整是国际法基本原则；民族自决原则有特定内涵和适用范围。此次提交书面意见系中华人民共和国政府第一次参与国际法院的司法程序。

2009年12月1～11日，国际法院就本案举行口头程序，共有28个国家及科索沃的代表作了发言。中国在口头陈述中进一步阐述了对联合国安理会第1244（1999）号决议和尊重国家主权和领土完整、民族自决等国际法基本原则的立场，指出根据决议和一般国际法，科索沃无权单方面宣布独立，并重申了中方对巴尔干半岛局势的一贯立场。

（5）烟草制品非法贸易议定书

世界卫生组织《烟草控制框架公约》于2003年5月在世界卫生组织第56届大会上通过，2005年2月生效，是卫生领域第一部有法律约束力的多边条约，共有167个缔约方。烟草制品非法贸易议定书是公约下展开谈判的第一部议定书，按计划谈判应于2010年完成。烟草制品非法贸易议定书政府间谈判机构第三次会议于2009年6月28日至7月5日在瑞士日内瓦召开。134个公约缔约方、16个非缔约国、11个政府及非政府组织派代表出席了此次会议。中国政府派外交部、卫生部、海关总署、国家工商总局、国家烟草专卖局等单位及香港特别行政区代表参加了会议。

会议主要审议了第二次会议以来的工作进展报告，对议定书主席文本进行了逐条讨论和修订。会议成立了两个平行委员会，甲委讨论供应链控制部分条款，乙委讨论违法行为和制裁、国际合作部分条款。由于各方对议定书草案实质性条款分歧较大，会议最后决定成立两个案文起草小组并于10月和11月分别召开两次会议，继续推进议定书相关条款的拟定工作。中国派代表参加了两个小组的谈判工作。中国代表团以积极、建设性态度参与了各次会议，与会期间与西太平洋区域国家及各主要谈判方进行了密切沟通和协调，为推动会议进展作出了应有贡献。

2010年3月举行的最后一次谈判机构会议将在第三次会议报告及两小组工作情况的基础上完成议定书的谈判，最终形成的议定书文本将提交公约第四次缔约方会议讨论通过。

(6) 亚非法律协商组织

亚非法律协商组织第48届年会于2009年8月17~20日在马来西亚布城举行，包括中国在内的35个成员国出席，其中10余个成员国派部长级代表团与会，另有10余个非成员国及国际组织作为观察员与会。外交部、中国驻印度使馆组团与会。

本届年会主要就联合国国际法委员会的工作、应对金融危机、海洋法、跨国移民与贩运人口、国际刑事法庭（ICC）的最新进展、WTO作为世界贸易框架协议和行为准则等专题展开讨论。

中国代表团在一般性发言中高度赞扬亚非法协成立以来所取得的成就，肯定了新任秘书长及秘书处所做的工作，对当前国际形势、国际关系进行了分析，重申了中国对亚非法协工作一贯支持的立场，并为法协今后发挥更加积极和重要的作用提出了看法与建议。此外，中国代表团还就议题阐述了中国政府的主张及立场，介绍了中国政府在有关领域所做工作及所取得的成绩，取得了积极的效果。

会议前夕，中国政府向法协捐赠了电脑等办公设备，得到法协秘书长及各成员国的赞赏。

第七章

中国外交中的边界与海洋工作

1. 概　述

中国与14个陆地邻国接壤，陆地国界线总长22000多公里，是世界上陆地国界线最长、邻国最多、边界情况最为复杂的国家之一。中国海域辽阔，拥有18000多公里的大陆海岸线和6500多个岛屿，与8个国家在海上相邻或相向。目前，中国与12个陆上邻国解决了边界争议，确定国界线约20000公里，与越南划定了北部湾海域界线。

边界与海洋工作攸关国家主权、安全和发展利益，是中国外交的重要组成部分。中国政府高度重视边界与海洋问题，从维护双边友好关系和地区和平与稳定大局出发，一贯主张依据国际法和国际惯例，在平等的基础上通过友好协商，公平合理地解决与周边国家的领土与海洋权益争端。2009年3月，中国外交部设立边界与海洋事务司，具体负责拟定陆地、海洋边界相关外交政策，指导协调海洋对外工作，承担与邻国陆地边界划界、勘界和联合检查等管理工作，处理有关边界涉外事务及领土、地图、地名等涉外案件，承担海洋划界、共同开发等相关外交谈判工作。

2009 年，中国政府继续贯彻“与邻为善、以邻为伴”的周边外交政策，稳步推进中印边界问题谈判，如期完成中国与越南、中国与塔吉克斯坦陆地边界勘界，努力维护陆地国界线清晰稳定；加快国界管理制度化建设和边境口岸建设，大力促进边境地区对外合作与开发；积极通过与有关国家对话与磋商，推动共同开发与合作，妥善处理同有关国家边界与海洋权益争端，维护领土主权和海洋权益，维护周边形势稳定，促进同周边国家的睦邻友好关系。

2. 陆地边界工作

(1) 中印边界问题特别代表会晤

2009 年 8 月 7 ~ 8 日，国务委员戴秉国与印度国家安全顾问纳拉亚南在新德里举行中印边界问题特别代表第 13 次会晤。双方同意根据《关于解决中印边界问题政治指导原则的协定》，寻求公平合理和双方都能接受的解决方案。在边界问题最终解决之前，双方应共同努力维护边境地区的和平与安宁，不使边界问题影响中印关系的总体发展。

(2) 国别勘界

①2009 年 2 月 23 日，中国与越南两国政府在广西凭祥友谊关口岸举行仪式，共同庆祝两国陆地边界勘界立碑圆满结束。国务委员戴秉国与越南副总理兼外长范家谦分别代表两国政府出席仪式并致辞，共同为 1116 号和 1117 号界碑揭幕。

11 月 18 日，中越政府边界谈判代表团中方团长、外交部副部长武大伟与越方团长、外交部副部长胡春山代表两国政府在北京签署了《中华人民共和国政府和越南社会主义共和国政府关于中越陆地边界的勘界议定书》和《中华人民共和国和越南社会主义共和国陆地边界地图》等勘界文件，标志着中越两国陆地边界问题彻底解决。

2009 年，中越陆地边界联合勘界委员会共举行五次首席代表会晤，完成有关勘界文件的准备工作。12 月 21 ~ 23 日，联勘委举行最后一次首席代表会晤并签署中越陆地边界联合勘界工作总结纪要。

②2009 年 8 月和 10 月，中国同塔吉克斯坦国界联合勘界委员会通过会谈圆满完成勘界内业工作，就《中华人民共和国政府和塔吉克斯坦共

和国政府关于中塔国界线的勘界议定书》和《中华人民共和国和塔吉克斯坦共和国国界地图》等勘界成果全部达成一致并予草签。双方同意将上述成果提交两国政府，以便政府代表正式签署。

(3) 国别边界联检

2009年，中国分别同俄罗斯、老挝就开展边界联合检查工作举行工作磋商，就联合检查的内容、组织、工作计划等充分交换意见，同意力争尽早启动相关联检工作。

3. 边界管理与合作开发

中国与有关邻国积极开展边界管理与合作开发，在边界管理制度协定谈判、跨界水资源利用和保护、边境口岸开放和管理、跨界设施建设以及边境地区经贸合作等方面取得新进展，推进了边界管理的法律化、规范化和机制化，并为边境地区的稳定和发展创造了有利条件。

(1) 国界管理

①2009年1月，中国和缅甸边境管理与合作协定执行情况第九轮司局级会晤在北京举行。双方回顾和总结了协定执行情况，并就口岸建设和管理、联合打击边境地区跨国犯罪和中缅边界第三次联合检查等问题交换了意见。

②2009年3月，中国和蒙古边境口岸及其管理制度协定执行情况第一轮司局级会晤在北京举行。双方回顾和总结了协定执行情况，并就口岸开放、运行和执法等议题充分交换了意见。

③2009年10月，《中华人民共和国政府和蒙古国政府关于边界管理制度的条约》第三轮专家磋商在北京举行，双方就条约文本全部达成一致并予草签。两国政府代表将择机签署该条约，以取代1988年11月28日《中华人民共和国政府和蒙古人民共和国政府关于中蒙边界制度和处理边境问题的条约》。

④2009年6月和12月，中国和俄罗斯边界联合委员会第四次和第五次会议分别在莫斯科和北京举行。双方回顾和总结了《中俄国界管理制度协定》当年执行情况，并就中俄边界第一次联合检查、口岸建设和管理、加强边境执法合作等问题充分交换了意见。

⑤2009 年 11 月 18 日，外交部副部长武大伟与越南外交部副部长胡春山在北京正式签署《中华人民共和国政府和越南社会主义共和国政府关于中越陆地边界管理制度的协定》。该协定取代 1991 年 11 月 7 日签订的《中华人民共和国政府和越南社会主义共和国政府关于处理两国边境事务的临时协定》，为新形势下两国边界管理提供坚实的法律基础。双方同时签署了《中华人民共和国政府和越南社会主义共和国政府关于中越陆地边境口岸及其管理制度的协定》，规定开放九对边境口岸，并对口岸管理相关事务作出规定。

(2) 跨界河流合作

①2009 年 10 月，中国和俄罗斯合理利用和保护跨界水联合委员会第二次会议在杭州举行。会议由联委会中方主席、外交部部长助理胡正跃和俄方主席、联邦水资源署署长谢莉维尔斯托娃共同主持。双方交换了跨界水质监测信息，并就成立有关工作组和加强水文领域合作等达成共识。

②2009 年 9 月，中国和哈萨克斯坦利用和保护跨界河流联合委员会第七次会议在北京举行。会议由联委会中方代表、水利部副部长鄂竟平和哈方代表、农业部副部长奥拉扎耶夫共同主持。双方就跨界河流自然灾害信息通报、水文资料交换和科研合作等交换了意见。

③2009 年 8 月，中国和蒙古边界水联合委员会第四次会议在北京举行。会议由联委会中方代表、水利部副部长鄂竟平和蒙方代表、自然环境和旅游部副部长伊德沃赫德共同主持。双方就水文站网建设、水文资料交换等深入交换意见。

(3) 中俄落实关于对界河中个别岛屿及其附近水域进行共同经济利用的协定

2009 年 5 月和 11 月，中国和俄罗斯落实《关于对界河中个别岛屿及其附近水域进行共同经济利用的协定》第 18 轮和第 19 轮磋商分别在莫斯科和北京举行。双方就协定执行情况等问题深入交换了意见，认为共同经济利用是解决边界问题过程中的成功创举，在促进双方边境地区的社会安定和友好交往方面发挥了重要作用，具有显著的社会意义和政治内涵。

(4) 中国同哈萨克斯坦、吉尔吉斯斯坦、俄罗斯、塔吉克斯坦边境裁军联合监督小组

2009年5月和11月，中国同哈萨克斯坦、吉尔吉斯斯坦、俄罗斯、塔吉克斯坦边境裁军联合监督小组第20次和第21次会议分别在杜尚别和北京举行。中方和联方就有关协定执行情况进行了回顾和总结，并举行了联监组成立十周年纪念活动。该机制对于保持五国边境地区安全与稳定，促进五国睦邻友好关系发展具有重要作用。

4. 中国与周边国家间海洋权益问题

(1) 外大陆架问题

①提交中国东海部分海域200海里外大陆架初步信息

2009年5月12日，中国政府根据《联合国海洋法公约》（以下简称《公约》）的规定及《公约》第18次缔约国会议的有关决议，向《公约》设立的大陆架界限委员会提交了中国部分海域的200海里以外大陆架外部界限的初步信息，主要涉及中国东海部分海域200海里以外大陆架的外部界限。中国保留在东海和其他海域提交200海里以外大陆架外部界限划界案的权利。中国将按照一贯立场，与海岸相邻或相向国家在国际法基础上，按照公平原则，通过和平谈判以协议方式划定大陆架界限。

②就越南“划界案”及马来西亚和越南联合“划界案”提交照会

2009年5月，马来西亚与越南联合提交了200海里以外大陆架“划界案”，越南还单独提交了外大陆架“划界案”。这两个“划界案”侵害了中国在南海的主权和权益。中国常驻联合国代表团按照《联合国海洋法公约》和《大陆架界限委员会议事规则》的相关规定，向联合国秘书长提交照会，阐明了中国政府的严正立场，郑重要求委员会不审议上述“划界案”。

（2）对话与磋商

①中国和越南政府边界谈判代表团中方团长、外交部副部长武大伟与越方团长、外交部副部长胡春山于 2009 年 8 月和 11 月先后在河内和北京举行特别会晤。双方一致同意共同努力维护南海的和平与稳定，重申将努力通过外交谈判寻求解决海上问题的办法，并同意启动制定指导解决海上问题基本原则协议的磋商。

2009 年 1 月，中越北部湾湾口外海域划界谈判联合工作组在河内举行第五轮会谈，双方继续讨论了划界和共同开发的有关问题，同意尽快启动共同考察工作。

②2009 年 9 月 7～17 日，外交部边海司司长宁赋魁赴马来西亚、印尼、文莱、菲律宾，与上述国家外交部门对口单位举行磋商，就南海问题交换了意见。各方均认为，维护南海的和平稳定符合本地区各国的共同利益，南海周边国家应共同努力，凝聚共识，缩小分歧，使南海成为和平、友谊、合作之海。

③2009 年 11 月，第 19 届“处理南中国海潜在冲突研讨会”在印度尼西亚望加锡举行。来自中国、东盟八国（缅甸、柬埔寨未派人参加）的代表以个人身份参加了会议。与会人员积极评价了研讨会作为二轨机制对促进南海地区合作与互信发挥的积极作用，听取了研讨会各项目的进展报告，讨论了 2009 年 9 月台湾海峡两岸学术机构联合向研讨会提交的“东南亚海洋教育与交流网络”的项目建议。

第八章

中国外交中的新闻工作

1. 概　述

2009年，为增进中国与世界各国的相互了解和信任，加强中外交流与合作，以庆祝新中国成立60周年、新中国外交60周年为契机，配合重大内政外交行动大力推进公共外交和对外新闻工作，向国际社会介绍60年来新中国在各领域发展状况和取得的巨大成就，深入阐述中国坚持走和平发展道路、奉行互利共赢开放战略的理念与实践，以及为全面建设小康社会、推动建设持久和平、共同繁荣的和谐世界所作努力。着重围绕应对国际金融危机、气候变化等国际和全球性问题宣介中国立场主张和政策举措，积极营造客观友善的国际舆论环境，展示开放、自信、合作的负责任大国形象；全面实施《外国常驻新闻机构和外国记者采访条例》，依法依规为外国记者在华采访提供便利；加强对外新闻交往，做好来访新闻团组接待工作；深入贯彻落实第11次驻外使节会议精神，积极探索公共外交新思路、新方法，多层次、多领域、全方位推进公共外交，不断开创公共外交新局面。

2. 阐述外交政策

（1）国家领导人出访和出席国际会议情况介绍会

2009 年，外交部领导、发言人以及有关司负责人就中国领导人出访和出席国际会议，多次向中外媒体介绍情况。

2 月 10～17 日，国家主席胡锦涛对沙特阿拉伯、马里、塞内加尔、坦桑尼亚和毛里求斯进行国事访问。2 月 6 日，外交部部长助理翟隽向中外记者介绍情况。访问期间，代表团发言人、外交部新闻司司长马朝旭多次向中外记者介绍情况。2 月 18 日，外交部长杨洁篪向随访中国媒体介绍访问成果。

4 月 1～2 日，胡锦涛主席出席二十国集团领导人第二次金融峰会。3 月 23 日，外交部副部长何亚非、财政部副部长李勇、中国人民银行副行长胡晓炼向中外记者介绍情况。会议期间，设立中国代表团新闻中心，宣介中国与会立场政策主张。代表团发言人、外交部新闻司司长马朝旭多次向中外记者介绍情况。4 月 4 日，外交部长杨洁篪向随访中国媒体介绍与会成果。

6 月 14～21 日，胡锦涛主席出席上海合作组织叶卡捷琳堡峰会、“金砖四国”领导人会晤并访问俄罗斯、斯洛伐克和克罗地亚。6 月 9 日，外交部副部长李辉、何亚非向中外记者介绍情况。会议期间，设立中国代表团新闻中心，宣介中国与会立场政策主张。代表团发言人、外交部新闻司司长马朝旭多次向中外记者介绍情况。6 月 20 日，外交部长杨洁篪向随访中国媒体介绍访问成果。

7 月 5～9 日，胡锦涛主席访问意大利、国务委员戴秉国代表胡锦涛主席出席八国集团同发展中国家领导人对话会议。7 月 2 日，外交部副部长何亚非、部长助理吴红波向中外记者介绍情况。会议期间，设立中国代表团新闻中心，宣介中国与会立场政策主张。代表团发言人、外交部新闻司司长马朝旭多次向中外记者介绍情况。7 月 8 日，外交部长杨洁篪向随访中国媒体介绍访问成果。

9 月 21～25 日，胡锦涛主席出席联合国系列峰会和 20 国集团领导人第三次金融峰会。9 月 15 日，外交部副部长何亚非、国家发展和改革委员会副主任解振华、财政部部长助理朱光耀、中国人民银行行长助理郭庆平向中外记者介绍情况。会议期间，设立中国代表团新闻中心，宣介中国与会立场政策主张。代表团发言人、外交部新闻司司长马朝旭多次向中外记者介绍情况。9月26日，外交部长杨洁篪向随访中国媒体介绍与会成果。

11月10～13日，胡锦涛主席对马来西亚、新加坡进行国事访问并出席亚太经合组织第17次领导人非正式会议。11月6日，外交部副部长何亚非、部长助理胡正跃、商务部副部长易小准向中外记者介绍情况。会议期间，设立中国代表团新闻中心，宣介中国与会立场政策主张。代表团发言人、外交部新闻司司长马朝旭多次向中外记者介绍情况。10月13日，外交部长杨洁篪向随访中国媒体介绍访问成果。

12月12～14日，胡锦涛主席对哈萨克斯坦、土库曼斯坦进行工作访问。12月10日，外交部副部长王光亚向中外记者介绍情况。访问期间，代表团发言人、外交部新闻司司长马朝旭多次向中国记者介绍情况。12月14日，外交部长杨洁篪向随访中国媒体介绍访问成果。

1月27日至2月2日，国务院总理温家宝访问瑞士、德国、西班牙和欧盟总部并出席达沃斯世界经济论坛2009年年会。1月22日，外交部部长助理吴红波向中外记者介绍情况。访问及会议期间，代表团发言人、外交部新闻司副司长秦刚多次向中外记者介绍情况。

4月10～11日，温家宝总理赴泰国出席东亚领导人系列会议。4月8日，外交部部长助理胡正跃向中外记者介绍情况。会议期间，代表团发言人、外交部新闻司副司长秦刚多次向中国记者介绍情况。4月11日，外交部长杨洁篪向随访中国媒体介绍与会成果。

5月20日，温家宝总理赴捷克出席第11次中欧领导人会晤。会议期间，代表团发言人、外交部新闻司副司长秦刚多次向中外记者介绍情况。5月20日，外交部长杨洁篪向随访中国媒体介绍与会成果。

10月4～6日，温家宝总理对朝鲜进行友好访问。访问期间，代表团发言人、外交部新闻司副司长秦刚多次向中国记者介绍情况。10月6日，外交部长杨洁篪向随访中国媒体介绍访问成果。

10月13～15日，温家宝总理出席在北京举行的上海合作组织成员国总理第八次会议。10月9日，外交部副部长王光亚向中外记者介绍情况。会议期间，代表团发言人、外交部新闻司副司长秦刚多次向中国记者介绍情况。

10月23～25日，温家宝总理赴泰国出席东亚领导人系列会议。10月21日，外交部部长助理胡正跃、财政部国际司司长郑晓松、农业部国际合作司司长王鹰、商务部亚洲司司长吕克俭、国际司参赞张克宁向中外记者介绍情况。会议期间，代表团发言人、外交部新闻司副司长秦刚多次向中国记者介绍情况。10 月 25 日，外交部长杨洁篪向随访中国媒体介绍与会成果。

11 月 6 ~8 日，温家宝总理访问埃及并出席中非合作论坛第四届部长级会议开幕式。11 月 2 日，商务部副部长陈健、外交部部长助理翟隽向中外记者介绍情况。访问期间，代表团发言人、外交部新闻司副司长秦刚多次向中国记者介绍情况。11 月 8 日，外交部长杨洁篪向随访中国媒体介绍访问成果。

11 月 30 日，温家宝总理出席在南京举行的第 12 次中欧领导人会晤。11 月 24 日，外交部副部长张志军、商务部欧洲司司长孙永福向中外记者介绍情况。会议期间，代表团发言人、外交部新闻司副司长秦刚多次向中国记者介绍情况。

12 月 17 ~18 日，温家宝总理出席在哥本哈根举行的《联合国气候变化框架公约》第 15 次缔约方会议暨《京都议定书》第 5 次缔约方会议。12 月 10 日，外交部副部长王光亚向中外记者介绍情况。会议期间，设立中国新闻与交流中心，宣介中国与会立场政策主张。代表团发言人、外交部新闻司副司长秦刚多次向中国记者介绍情况。12 月 19 日，外交部长杨洁篪向随访中国媒体介绍访问成果。

11 月 19 ~30 日，全国政协主席贾庆林出席第十届华商大会并对菲律宾、秘鲁、厄瓜多尔、巴西进行正式友好访问。访问期间，代表团发言人、外交部新闻司副司长马继生多次向中国记者介绍情况。11 月 30 日，外交部副部长武大伟向随访中国媒体介绍访问成果。

2 月 8 ~22 日，国家副主席习近平访问墨西哥、牙买加、哥伦比亚、委内瑞拉、巴西和马耳他并过境斐济。访问期间，代表团发言人、外交部新闻司副司长马继生多次向中国记者介绍情况。2 月 22 日，外交部副部长李金章向随访中国媒体介绍访问成果。

10 月 7 ~21 日，习近平副主席访问比利时、德国、匈牙利、保加利亚、罗马尼亚。访问期间，代表团发言人、外交部新闻司副司长马继生多次向中外记者介绍情况。10 月 21 日，外交部副部长张志军向随访中国媒体介绍访问成果。

12 月 14 ~22 日，习近平副主席访问日本、韩国、缅甸、柬埔寨。访问期间，代表团发言人、外交部新闻司副司长马继生多次向中国记者介绍情况。12 月 22 日，外交部副部长武大伟向随访中国媒体介绍访问成果。

6 月 23 ~29 日，国务院副总理李克强对土库曼斯坦、芬兰和乌兹别克斯坦进行正式访问。访问期间，代表团发言人、外交部新闻司副司长马继生多次向中外记者介绍情况。

10 月 29 日至 11 月 4 日，李克强副总理对澳大利亚、新西兰和巴布亚新几内亚进行正式访问。访问期间，代表团发言人、外交部新闻司副司长姜瑜多次向中外记者介绍情况。11 月 5 日，外交部副部长何亚非向随访中国媒体介绍访问成果。

2 月 7 ~19 日，国务院副总理回良玉访问阿根廷、厄瓜多尔、巴巴多斯和巴哈马。访问期间，代表团发言人、外交部新闻司参赞洪磊多次向中国记者介绍情况。

8 月 26 日至 9 月 5 日，回良玉副总理访问斯洛文尼亚、白俄罗斯、立陶宛、拉脱维亚并赴瑞士出席第三届世界气候大会。访问期间，代表团发言人、外交部新闻司副司长秦刚多次向中国记者介绍情况。

11 月 16 ~21 日，回良玉副总理出席世界粮食峰会并访问叙利亚。访问期间，代表团发言人、外交部新闻司副司长马继生多次向中国记者介绍情况。

10 月 26 日至 11 月 4 日，国务院副总理张德江访问乌克兰、阿尔巴尼亚、爱沙尼亚并过境斯洛文尼亚。访问期间，代表团发言人、外交部新闻司参赞赵立兴多次向中国记者介绍情况。

5 月 6 ~13 日，国务院副总理王岐山赴布鲁塞尔主持第二次中欧经济高层对话并访问英国。对话及访问期间，代表团发言人、外交部新闻司副司长姜瑜多次向中国记者介绍情况。

6 月 6 ~9 日，王岐山副总理出席第二次中日经济高层对话。对话期间，商务部、国家发展和改革委员会、财政部、环境保护部、中国人民银行、国家质量监督检验检疫总局等部门负责人向中外媒体介绍情况。代表团发言人、外交部新闻司副司长马继生多次向中国记者介绍情况。

7 月 27 ~28 日，王岐山副总理、戴秉国国务委员出席在美国举行的首轮中美战略与经济对话。7 月 22 日，外交部副部长何亚非、财政部部长助理朱光耀向中外记者介绍情况。访问期间，代表团发言人、外交部新闻司司长马朝旭、参赞洪磊多次向中国记者介绍情况。

8 月 23 ~26 日，王岐山副总理访问新加坡并主持召开中新双边合作联委会第六次会议。会议期间，外交部、商务部、住房城乡建设部、天津市、苏州市等部门及地方负责人向中外媒体介绍情况。代表团发言人、外交部新闻司副司长马继生多次向中国记者介绍情况。

10 月 28 ~29 日，王岐山副总理出席在杭州举行的第 20 届中美商贸联委会会议。会议期间，代表团发言人、外交部新闻司参赞邹建华多次向中国记者介绍情况。

4 月 11 ~25 日，国务委员刘延东访问美国和新加坡。访问期间，代表团发言人、外交部新闻司处长任育红多次向中国记者介绍情况。

5 月 18 ~24 日，国务委员孟建柱出席上海合作组织会议并访问俄罗斯、约旦、土耳其。访问期间，代表团发言人、外交部新闻司参赞赵立兴多次向中国记者介绍情况。

5 月 28～30 日，戴秉国国务委员出席“金砖四国”安全事务高级代表会议。访问期间，代表团发言人、外交部新闻司司长马朝旭多次向中国记者介绍情况。

10 月 16～21 日，戴秉国国务委员访问英国、法国。访问期间，代表团发言人、外交部新闻司参赞洪磊多次向中国记者介绍情况。

(2) 其他专题介绍会

2009 年，除中国国家领导人出访和出席国际会议情况介绍会外，外交部新闻司还邀请有关部委负责人、外交部领导、特使、大使和有关司负责人就国内、国际和地区热点问题以及重大外交活动向中外媒体介绍情况。

1 月 20 日，中国中东问题特使孙必干介绍出访埃及、以色列及巴勒斯坦情况。

8 月 5 日，外交部气候变化谈判特别代表于庆泰大使介绍中国政府在气候变化问题上的政策立场及应对气候变化的行动和成就。

8 月 11 日，中国中东问题特使吴思科介绍中国政府在中东问题上的政策立场及近年为推动中东和平进程所作努力。

10 月 9 日，外交部副部长王光亚介绍俄罗斯总理普京访华、中俄总理第 14 次定期会晤等情况。

11 月 17 日，外交部副部长何亚非介绍美国总统奥巴马访华情况。

11 月 25 日，外交部气候变化谈判特别代表于庆泰大使就气候变化问题及哥本哈根会议介绍情况。

11 月 27 日，于庆泰大使介绍中国政府于 2009 年 11 月 26 日公布的控制温室气体排放行动目标及相应政策措施和行动。

12 月 7～18 日，由外交部、国家发展和改革委员会、环境保护部、科技部、财政部、国家人口与计划生育委员会、国家林业局、中国科学院、中国社会科学院、中国工程院、中国气象局、中国农业科学院等部门应对气候变化事务相关负责人组成的中国谈判代表团及专家在哥本哈根气候变化会议期间通过举办中外媒体吹风会、讲座、主题日活动等，介绍谈判进展、中国政府应对气候变化的政策、主张、举措和为推动会议取得积极成果作出的努力。

(3) 例行记者会

2009年，外交部发言人共举行86场例行记者会，就中外媒体关注的问题发布消息，阐明中国政府立场。全年主动发布消息200余条，通过例行记者会和电话回答记者提问4000余个。主要回答提问内容涉及中美、中日、中法、中英、中澳、中印等双边关系中的重要政治和经贸问题以及朝鲜半岛核问题、伊朗核问题、苏丹达尔富尔、巴以冲突、津巴布韦、气候变化、亚丁湾护航等国际热点问题和缅甸、泰国、阿富汗、巴基斯坦、尼泊尔、斯里兰卡等周边国家局势。发言人还就庆祝新中国成立60周年活动、国际金融危机、食品安全和甲型H1N1流感疫情以及涉台、涉港澳外交和涉藏、涉疆等问题介绍情况并表明中方立场。

3. 外国记者工作

(1) 外国常驻记者概况

截至2009年12月底，共有55个国家413家新闻机构向中国派出常驻记者710名。其中，驻北京机构339家，记者573人；驻上海机构112家，记者119人；驻广州机构9家，记者10人；驻重庆机构6家，记者3人；驻沈阳机构3家，记者4人。

(2) 安排外国媒体采访国家领导人

2009年，外交部新闻司负责落实国家领导人会见外国记者和接受外国媒体采访活动8次；安排国家领导人与外国领导人共同会见记者活动24次，其中包括：

2月13日，国家主席胡锦涛访问沙特阿拉伯期间接受沙特国家电视台专访，就双边关系及访问成果回答记者提问。

2月15日，胡锦涛主席访问坦桑尼亚期间接受坦桑尼亚国家电视台与凤凰卫视采访，就中坦双边关系、中非关系及访问成果回答记者提问。

6月17日，胡锦涛主席访问俄罗斯期间与俄罗斯总统梅德韦杰夫共同会见记者，介绍双方会谈成果、访问意义等。

6月18日，胡锦涛主席出席上合组织峰会、“金砖四国”领导人会晤并访问俄罗斯、斯洛伐克和克罗地亚期间在莫斯科接受中外媒体联合采访，就中俄建交60周年及中俄关系、上合组织叶卡捷琳堡峰会和“金砖四国”领导人会晤有关情况回答记者提问。

6 月 18 日，胡锦涛主席访问斯洛伐克期间与斯洛伐克总统加什帕罗维奇共同会见记者，介绍双方会谈成果、访问意义等。

6 月 19 日，胡锦涛主席访问克罗地亚期间与克罗地亚总统梅西奇共同会见记者，介绍双方会谈成果、访问意义等。

6 月 30 日，胡锦涛主席在出席八国集团同发展中国家领导人对话会并访问意大利前接受意大利《晚邮报》（*Corriere Della Sera*）书面采访，就中欧关系、金融体系改革等回答记者提问。

11 月 11 日，胡锦涛主席在访问马来西亚期间与马来西亚总理纳吉布共同会见记者，介绍访问成果等。

11 月 17 日，胡锦涛主席与来华访问的美国总统奥巴马共同会见记者，阐述中美关系，介绍双方会谈成果。

1 月 27 日，国务院总理温家宝访问瑞士期间与瑞士联邦委员会主席默茨共同会见记者，就双边关系、共同应对国际金融危机等问题介绍情况。

1 月 29 日，温家宝总理访问德国期间与德国总理默克尔共同会见记者，就双边关系、共同应对国际金融危机等回答记者提问。

1 月 30 日，温家宝总理访问欧盟总部期间与欧盟委员会主席巴罗佐共同会见记者，就中欧关系、国际金融危机影响等回答记者提问。

2 月 1 日，温家宝总理访问英国期间接受《金融时报》（*Financial Times*）专访，就中国应对国际金融危机、保持经济平衡较快发展等回答提问。

2 月 2 日，温家宝总理访问英国期间与英国首相布朗共同会见记者，就中英关系、国际金融危机影响等回答记者提问。

5 月 20 日，温家宝总理赴捷克出席第 11 次中欧领导人会晤期间与欧盟领导人共同会见记者，介绍会议成果。

10 月 10 日，温家宝总理与来华出席第二次中日韩领导人会议的日本首相鸠山由纪夫、韩国总统李明博共同会见记者，就朝鲜半岛局势等问题阐述中方立场。

10 月 13 日，温家宝总理与来华访问的俄罗斯总理普京共同会见记者，介绍双方会谈成果。

10 月 14 日，温家宝总理出席上海合作组织成员国总理第八次会议期间与成员国总理共同会见记者，介绍会议成果。

11 月 8 日，温家宝总理出席中非合作论坛第四届部长级会议开幕式期间举行中外记者招待会，就中非关系等回答记者提问。

11 月 30 日，温家宝总理出席第 12 次中欧领导人会晤期间与欧盟轮值主席国瑞典首相赖因费尔特、欧盟委员会主席巴罗佐共同会见记者，介绍会议成果。

2 月 12 日，国家副主席习近平访问牙买加期间与牙买加总理戈尔丁共同会见记者，介绍双方会谈成果。

2 月 16 日，习近平副主席访问哥伦比亚期间与哥伦比亚副总统桑托斯共同会见记者，介绍双方会谈成果。

10 月 19 日，习近平副主席访问罗马尼亚期间与罗马尼亚总统伯塞斯库共同会见记者，介绍双方会谈成果。

12 月 12 日，习近平副主席在访问日本、韩国、缅甸、柬埔寨四国前接受日韩驻京主流媒体联合采访，就访问目的、中日、中韩关系、各领域合作等回答记者提问。

8 月 27 日，国务院副总理回良玉访问斯洛文尼亚期间与斯洛文尼亚总理帕霍尔共同会见记者，介绍双方会谈成果。

11 月 18 日，回良玉副总理访问叙利亚期间与叙利亚副总理达尔达里共同会见记者，介绍双方会谈成果。

10 月 29 日，国务院副总理张德江访问阿尔巴尼亚期间与阿尔巴尼亚副总理兼外长梅塔共同会见记者，介绍双方会谈成果。

5 月 8 日，国务院副总理王岐山赴布鲁塞尔主持第二次中欧经贸高层对话期间与欧盟贸易委员阿什顿共同会见记者，介绍中欧经贸高层对话情况和会议成果。

5 月 12 日，王岐山副总理赴英国主持第二次中英经济财金对话期间与英国财政大臣达林共同会见记者，介绍中英财经对话有关情况和会议成果。

6 月 7 日，王岐山副总理在出席第二次中日经济高层对话期间与日本外相中曾根弘文共同会见记者，介绍会议成果。

7 月 28 日，王岐山副总理、戴秉国国务委员在首轮中美战略与经济对话结束后与美国国务卿希拉里·克林顿、财政部长盖特纳共同会见记者，介绍对话情况和成果。

7 月 15 日，全国人大常委会副委员长铁力瓦尔地就乌鲁木齐“7·5”打砸抢烧严重暴力犯罪事件接受部分伊斯兰国家驻京媒体联合采访，介绍事件真相并回答记者提问。

(3) 安排外国媒体采访外交部领导

2009 年，外交部新闻司负责安排外交部领导接受外国媒体采访 32 次。主要包括：

1 月 12～23 日，外交部长杨洁篪访问乌干达、卢旺达、马拉维、南非、巴西和葡萄牙期间，分别与上述往访国外长共同会见记者。

2 月 21 日，杨洁篪部长与来华访问的美国国务卿希拉里·克林顿共同会见记者。

3 月 30 日，杨洁篪部长与来华访问的哈萨克斯坦外长塔仁共同会见记者。

4 月 21 日，杨洁篪部长访问埃及期间与埃及外长盖特共同会见记者。

4 月 22 日，杨洁篪部长访问巴勒斯坦期间与巴勒斯坦民族权力机构主席阿巴斯共同会见记者。

4 月 23 日，杨洁篪部长访问以色列期间与以色列副总理兼外长利伯曼共同会见记者。

4 月 27 日，杨洁篪部长访问俄罗斯期间与俄罗斯外长拉夫罗夫共同会见记者。

5 月 15 日，杨洁篪部长在俄罗斯出席上海合作组织外长会议期间与成员国外长共同会见记者。

6 月 15 日，杨洁篪部长在陪同胡锦涛主席出席上海合作组织叶卡捷琳堡峰会和“金砖四国”领导人会晤期间，就中哈关系接受哈萨克斯坦“哈巴尔”电视台（KHABAR TV）采访。

9 月 28 日，杨洁篪部长、日本外相冈田克也、韩国外长柳明桓在第二次中日韩外长会后共同会见记者。

10 月 27 日，杨洁篪部长出席在印度举行的中国、俄罗斯、印度三国外长会晤期间与俄罗斯外长拉夫罗夫、印度外长克里希纳共同会见记者。

11 月 9 日，杨洁篪部长、商务部部长陈德铭与埃及外长盖特在中非合作论坛第四届部长级会议后共同会见记者。

11 月 21 日，杨洁篪部长访问日本期间接受日本广播协会（NHK）专访，就中日关系、访日成果等回答记者提问。

6 月 2 日，外交部副部长王光亚会见伊朗外交部发言人加什加维率领的伊朗新闻团，就中伊关系及其他共同关心的地区和国际问题交换意见。

8 月 6 日，外交部副部长张志军会见彭博新闻社全球主编马修·温克勒，介绍中国经济保持平稳较快发展情况，并应询阐述中国在中朝关系及六方会谈等问题上的原则立场。

9 月 15 日，张志军副部长会见路透社总编史进德，就中国外交政策、媒体的作用和引导、公共外交等与对方进行交流。

5 月下旬，外交部副部长李金章接受巴西《圣保罗州报》（*Estado De Sao Paulo*）和《圣保罗页报》（*Folha De Sao Paulo*）驻京记者联合书面采访。

9 月 28 日，李金章副部长会见拉美和加勒比地区国家联合新闻团，介绍中国与拉美和加勒比地区国家关系、新中国成立 60 年来发展成就等。

10月28日，外交部副部长何亚非接受《澳大利亚人报》(*The Australian*) 驻京记者孙博睿专访，就中澳自贸协定前景、国际社会共同应对金融危机、国际金融体系改革、气候变化及区域合作等回答记者提问。

12月13~14日，何亚非副部长在出席哥本哈根气候变化会议期间接受中外媒体采访，介绍会议进展情况、中国应对气候变化立场主张和政策举措及为推动会议取得积极成果所作努力等。

4月2日，外交部部长助理翟隽会见马拉维主流媒体负责人和资深记者新闻团，介绍中国改革开放30年发展成就和经验，就国际金融危机背景下中国对非洲国家援助政策等回答提问。

7月23日，翟隽部长助理会见土耳其新闻团，介绍乌鲁木齐“7·5”事件真相和中方立场，就中土关系和两国合作等回答提问。

8月10日，翟隽部长助理会见非洲英语国家联合新闻团，就中非经贸合作、人力资源培训、中国发展前景等回答提问。

9月29日，翟隽部长助理会见非洲国家联合新闻团和西亚、中亚、北非国家联合新闻团，介绍新中国成立60年、尤其是改革开放30年来取得的巨大成就，就中非合作论坛、中国对非援助等回答提问。

11月2日，翟隽部长助理就中非关系接受非洲驻京记者联合采访。

12月8日，翟隽部长助理会见阿拉伯国家媒体人士访华团，就中阿关系、中东问题等与记者交流。

5月25日，外交部部长助理刘结一接受英国《经济学家》(*The Economist*) 采访。

1月13日，外交部部长助理胡正跃会见韩国外交部记者团，就中韩关系、六方会谈、中朝友好年、朝鲜半岛南北关系、中国为应对国际金融危机所作努力等回答提问。

6月2日，胡正跃部长助理会见南盟国家联合新闻团，积极评价中国与南亚国家关系，就中国与南亚国家经贸合作等回答提问。

8月4日，胡正跃部长助理会见东盟国家联合新闻团，就中国与东盟关系、应对国际金融危机等回答提问。

9月28日，胡正跃部长助理会见东南亚、南亚国家联合新闻团，介绍中国发展成就、周边外交政策及与东南亚和南亚国家关系等回答提问。

(4) 外国记者赴各地采访情况

2009年，外交部新闻司共组织外国驻华记者赴各地采访28次，参加记者2000余人次，主要有：

1月12日，赴河南省郑州市采访达尔富尔维和工兵分队回国欢迎仪式。

2 月 9 日，赴天津市采访中国百姓新年民俗并欢度元宵。

2 月 17～19 日，赴黑龙江省采访第 24 届世界大学生冬季运动会及当地经济社会发展情况。

2 月 24～27 日，赴上海市采访万国禁烟日百年纪念会议。

3 月 7～8 日，采访纪念西藏民主改革 50 周年大型歌舞演出《天上西藏》。

4 月 15～18 日，赴海南省采访博鳌论坛及当地经济社会发展情况。

4 月 19～23 日，赴山东省青岛市采访中国海军建军 60 周年庆祝活动。

4 月 24 日，赴北京市平谷区采访平谷国际桃花节及京郊新农村建设情况。

4 月 27～29 日，赴上海市采访世博会筹备及当地经济社会发展情况。

5 月 6～12 日，赴四川省采访“5·12”地震灾后重建工作及地震周年纪念活动。

6 月 18～21 日，赴西藏采访当地经济社会发展情况。

6 月 24 日，赴河北省保定市采访“中国电谷”及新能源企业情况。

6 月 29 日至 7 月 2 日，赴广西采访当地边境贸易、返乡农民工再就业及少数民族生活等情况。

7 月 6～19 日，赴新疆采访“7·5”打砸抢烧严重暴力犯罪事件。

7 月 23 日，赴北京市中医医院和地坛医院采访中医治疗甲型 H1N1 流感情况。

7 月 28 日，采访中国人民解放军北京卫戍区警卫第三师。

8 月 13～14 日，赴河北省采访“三北防护林”及当地经济社会发展情况。

9 月 9 日，采访内蒙古、新疆、广西、宁夏及西藏五自治区成就展。

9 月 10 日，采访国庆 60 周年庆典沙河阅兵村。

9 月 11 日，采访北汽福田汽车有限公司。

9 月 17 日，采访北京朝阳消防支队望京中队。

9 月 21 日，采访新中国成立 60 周年成就展。

9 月 26 日，赴天津市采访市政府领导及滨海新区。

10 月 27～30 日，赴浙江省采访第 20 届中美商贸联委会会议。

11 月 1～11 日，采访中国空军建军 60 周年系列庆祝活动。

11 月 19～21 日，采访国防部维和中心、某维和待命部队、2009 年度国际维和研讨会及相关活动。

11 月 27 日，采访国家汉办中国传统文化中心。

11 月 28～30 日，赴江苏省采访新能源开发、生态建设项目和第 12

次中欧领导人会晤。

4. 对外新闻交往

2009 年，外交部新闻司接待来自欧美、亚太和非洲的 18 批 75 国 308 名记者访华，并与有关国家新闻主管部门举行对话磋商。

1 月 12～17 日，接待韩国外交部记者团访华。

3 月 31 日至 4 月 7 日，接待马拉维新闻团访华。

5 月 19～23 日，接待朝鲜外务省报道局代表团访华。

6 月 1～7 日，接待伊朗外交部发言人新闻团访华。

6 月 1～10 日，接待印度、巴基斯坦、阿富汗、孟加拉国、尼泊尔、斯里兰卡、不丹七个南盟国家联合新闻团访华。

6 月 10～19 日，接待罗马尼亚、保加利亚、匈牙利、捷克、斯洛伐克、波兰、阿尔巴尼亚七个中东欧国家联合新闻团一行 20 人访华。

7 月 18～25 日，接待土耳其新闻团访华。

7 月 24～30 日，接待土耳其高级媒体代表团访华。

8 月 1～8 日，接待文莱、柬埔寨、印度尼西亚、老挝、缅甸、新加坡、泰国、越南、菲律宾九个东盟国家联合新闻团访华。

8 月 1～12 日，接待“香港明天更好基金”美国记者团访华。

8 月 10～19 日，接待埃塞俄比亚、肯尼亚、南非、尼日利亚、坦桑尼亚、厄立特里亚、乌干达、卢旺达、赞比亚、津巴布韦、博茨瓦纳、纳米比亚、莱索托、塞拉利昂、加纳 15 个非洲英语国家联合新闻团访华。

8 月 29 日至 9 月 16 日，接待土耳其 ATV 电视台拍摄中国经济发展专题片。

9 月 1～11 日，接待俄罗斯记者团一行九人访华。

9 月 10～20 日，接待由奥地利、瑞士、希腊主流媒体记者及欧盟专业媒体国际部负责人或资深编辑组成的欧洲国家联合新闻团一行 11 人访华。

9 月 22 日至 10 月 3 日，接待发展中国家百人联合新闻团访华。

9 月 24 日至 10 月 4 日，接待阿根廷、巴西、哥伦比亚、古巴、墨西哥、特多、巴巴多斯、巴拿马、秘鲁、厄瓜多尔、格林纳达、哥斯达黎加、乌拉圭、智利 14 个拉美和加勒比地区国家联合新闻团一行访华。

10 月 27 日至 11 月 3 日，接待巴布亚新几内亚记者团一行 7 人访华。

12 月 17 ~27 日，接待亚美尼亚、阿塞拜疆、乌克兰、白俄罗斯、摩尔多瓦、土库曼斯坦、哈萨克斯坦、乌兹别克斯坦、吉尔吉斯斯坦、塔吉克斯坦 10 个独联体国家联合记者团一行 18 人访华。

12 月 2 日，外交部新闻司司长马朝旭在北京与俄罗斯外交部新闻司发言人磋商。

2 月 18 日，外交部新闻司副司长秦刚在北京出席上海合作组织成员国外交部新闻部门磋商。

3 月 22 ~27 日，外交部新闻司副司长马继生率中国外交部新闻团访问日本。

5. 公共外交

（1）公共外交概况

2009 年，外交部认真贯彻落实第 11 次驻外使节会议精神，紧密围绕新中国成立 60 周年、新中国外交 60 周年以及国内外重大外交活动、应对国际金融危机、气候变化等主题，大力开展公共外交，增强中国软实力。积极创新工作模式，在重要国际多边会议期间设立中国代表团新闻中心，主动宣介中国政府政策主张；举办外交部公众开放日、电视访谈、网上交流等丰富多彩的公共外交活动，全方位多角度介绍中国外交工作和成果；大力推进网络外交，改版外交部中文网站，进一步增强网站时效性、服务性、互动性；加强统筹规划和机制建设。

中国驻外外交机构积极主动开展公共外交，通过发表演讲、接受采访、媒体撰文以及举办中国论坛、中国主题研讨会、中国文化节等多种方式，加深驻在国各界人士对中国的了解和认识。

2009 年重要公共外交活动：

5 月 3 日，外交部举办“五四”青年节大学生专场公众开放日活动，邀请首都 11 所高校的 170 名大学生做客外交部，与外交官面对面交流，并参观钓鱼台国宾馆。外交部长杨洁篪发表了热情洋溢的讲话，鼓励青年学生积极投身振兴祖国和中国外交的伟大事业。

7 月 23 日，外交部邀请驻白俄罗斯大使鲁桂成、前驻乍得大使王英武和驻印尼大使章启月做客中央电视台《小崔说事》栏目，分别围绕外交服务国内经济建设、中国外交官不畏战乱捍卫国家利益、外交促进中外了解与友谊等主题与主持人及现场观众进行互动交流。

7月26日，外交部举行第七次驻外使节任职宣誓仪式暨外交部公众开放日，来自社会各界的150多名公众代表做客外交部，亲眼见证7位新任使节在国旗下接受任命并郑重宣誓的庄严场景。杨洁篪部长深情寄语，感谢使节家属及公众长期以来对外交事业的大力支持，希望新任使节牢记誓言、不辱使命。

8月14日，来华出席第三届中非青年联欢节的近200名非洲青年做客外交部，外交部副部长李金章鼓励中非青年通过各种形式和渠道，继续加强交流和学习，把中非传统友谊发扬光大。

8月9日，围绕新中国成立60周年和新中国外交60年，杨洁篪部长接受人民日报、新华社、中央人民广播电台、中央电视台4家中央媒体联合采访，全面阐述中国独立自主的和平外交政策与理念，介绍新中国外交60年来为维护国家主权、安全和发展利益以及为维护世界和平、促进共同发展作出的重要贡献。

10月31日，外交部配合中非合作论坛第四届部长级会议，举办“中非合作论坛”主题公众开放日，36个非洲国家驻华使节和外交官、中国援非人员、涉非中资企业代表、在华非洲留学生及社会各界约200名公众相聚外交部，共叙中非传统友谊，畅谈中非互利合作。杨洁篪部长表示，中国人民同非洲人民是心心相印的朋友、兄弟，在中非人民共同努力下，中非合作一定会登上更高台阶。

（2）外交部公众信息网建设

2009年，外交部正式启动新版中文网站并开辟“网上视频”专栏，不断丰富网站内涵，网站时效性、服务性、互动性进一步增强，为向国内外公众及时宣介中国外交提供了更为有力的平台。

外交部公众信息网体系继续在全球范围发布中国外交信息，为公众提供服务。体系内站点累计205个，全年共发布消息42.8万余条，计逾19亿字，配图26.7万多张，日均点击量约560万次。“中国外交论坛”发帖1.9万条，约519万字。600余封公众邮件得到及时处理。

外交部网站结合国家领导人出访及出席二十国集团领导人金融峰会、哥本哈根气候变化会议、第12次中欧领导人会晤等重大外交行动建立专题，及时向公众提供相关动态信息和背景资料，同时与新华网、人民网合作，先后邀请外交部外交政策咨询委员会委员、驻日本大使等就中美关系、中日关系、新中国外交60年等与网民在线互动交流，全方位介绍中国外交政策与行动，增进公众对中国外交的理解与支持。

第九章

中国外交中的领事工作

1. 概　述

2009 年，中外领事关系继续深入发展。领事工作在统筹国内国际两个大局、维护国家安全利益、保护海外中国公民及法人的合法权益、促进中外人员往来以及协助中国企业实施“走出去”战略等方面发挥越来越重要的作用。

中国政府积极发展对外领事关系，主张在相互尊重、平等协商的基础上，通过友好对话妥善解决在双边领事关系中出现的问题，以维护彼此国家的利益及公民和法人的合法权益，构建和谐世界，实现互利共赢，促进友好合作关系的发展。2009 年，中外领事交流呈常态化、机制化，与非洲和拉美国家领事关系水平大幅提升；外国在华设领势头不减，中国在外设领稳步推进；双边或多边领事合作内容务实，方法创新，成果丰硕。2009 年，中国政府派出 17 个代表团访问了 19 个国家，接待了 11 个国家的领事代表团，与 25 个国家和上海合作组织等国际组织举行了领事磋商或移民问题会谈。

2009 年，随着中国公民和企业“走出去”范围的持续扩大，海外利益的不断拓展，其面临的恐怖主义、海盗袭击、自然灾害、突发公共卫生事件等非传统安全危险骤增。此外，由于一些国家和地区政局动荡或社会治安恶化，中国公民被偷、被抢、被杀等案件频发。中国政府坚持“以人为本”、“外交为民”，高度重视并切实加强对海外国家利益及公民和法人合法权益的保护。强化领事预警机制，并及时启动应对重大突发案件的处置机制。外交部与国内有关部门、各驻外使领馆及地方政府外办，广泛开展“树立海外中国公民文明形象宣传月”活动，编印了《海外中国公民文明指南》和《中国公民海外安全常识（2009）》，结合上述活动进行大力推介。外交部密切跟踪有关国家和地区的安全形势变化及自然灾害发生情况，随时在部网站“领事新闻”和“出国特别提醒”栏目公布。一年来，外交部贯彻落实党中央和国务院领导的指示，协调国内有关部门并指导驻外使领馆及时妥善处理了大量重大突发领事保护案件。如：青岛远洋运输公司“德新海”轮被索马里海盗劫持，中国公民在巴基斯坦、阿富汗及菲律宾被绑架，因甲型 H1N1 流感爆发派包机前往墨西哥接回 100 余名中国公民，美国纽约州枪击案致中国公民 4 死 1 伤，法国航空公司班机失事致 9 名中国公民遇难，中国远洋公司货轮在马六甲海峡沉没，“新星”号货轮被俄罗斯执法船击沉，莫斯科市政府关闭切尔基佐夫斯基大市场等案件。

2009 年，中国与外国共达成 14 个设立领事机构和扩大领事机构领区协议。年内，中国在外国设立领事机构、外国在中国内地设立领事机构，以及外国在香港特别行政区、澳门特别行政区设立领事机构都呈发展势头。

中国政府严格按照《中华人民共和国香港特别行政区基本法》和《中华人民共和国澳门特别行政区基本法》的规定办理涉及在港澳设立领事馆、领事条约适港澳、有关签证安排、接受外国驻港澳领事馆馆长的任命等领事事务。中央政府与港澳特区政府建立紧密联系，加强信息交流，为旅居海外的港澳同胞排忧解难、提供热情周到的服务。

2009 年，外国人来华人数继续上升。他们参与中国社会活动的领域不断扩大，由此在中国境内发生的涉及外国公民和法人的各类行政、民事、商事、海事和刑事案件数量相应增加。中国政府历来重视涉外案件的处理，主张各国应根据国际法、双边领事条约（协定）并在中国法律许可的范围内开展领事保护工作。外交部、地方政府外办和有关部门认真对待外国驻华外交、领事机构就保护其公民和法人权益所提出的交涉，照顾外方关切，并依法妥善处理相关案件，使外国当事人的合法权益得到切实保护。

中国政府加强同外国政府在签证方面的合作。2009 年，中国分别与巴哈马、格林纳达、马来西亚、阿曼达成互免持外交、公务护照人员签证协议；与卢森堡、阿尔及利亚达成简化双方民航办事处常驻人员签证手续及互免机组成员签证协议；与韩国、新加坡、利比亚、佛得角、南非等举行免签证协议磋商。

领事证件工作进一步增强大局意识和服务意识。护照工作注重高科技的应用，扎实推进电子护照项目工程，并积极为因公出国团组办理护照提供优质高效服务，为“走出去”战略的实施提供便利。2009 年，外交部领事司分别与美国、英国、南非等 7 个国家驻华使馆举行了 8 次签证工作座谈会，有效地解决了中方因公团组申办签证方面存在的一些困难。大力推介 APEC 商务旅行卡，支持中国企业参与国际竞争。由于一些国家驻华使馆调整其领事认证做法，导致中方企业需送办的认证文书大量积压，正常的经贸活动受阻，领事司主动做有关使馆工作，加强沟通，增信释疑，促其恢复原做法，确保中方企业顺利开展国际业务。

2. 领事磋商

2009 年，受国际金融危机影响，各国经济普遍下滑，全球人员流动受到冲击，部分中国公民在一些国家的工作和生活面临困难。中国政府对此高度重视，充分利用领事磋商平台，以积极、开放的姿态与有关国家展开对话，就双边领事关系及两国人员往来中出现的问题进行坦率、深入、务实的商谈，内容丰富，成果显著。通过磋商对话，进一步推动了双边领事关系的发展，有力保障和便利了中外人员往来，切实保护彼此国家公民及法人的合法权益，促进交流合作，实现互利共赢。

1 月 13 日，中国与黑山在北京举行第一轮领事磋商。双方就中国公民办理黑山居留许可证、中黑旅游目的地国协议执行情况等交换了意见。

1 月 14 日，中国与日本在东京举行第 14 轮领事磋商。双方就两国人员往来、中国公民在日权益保护等问题交换了意见。

2 月 16 日，中国与肯尼亚在北京举行第二轮领事磋商。双方就首轮领事磋商议题落实情况、保护在肯中资机构及人员安全、协助保护在索马里的中国公民、中国公民申请肯工作签证等问题交换了意见。

3 月 5 日，中国与印度在北京举行第二轮领事磋商。双方就修订《简化两国人员签证手续的谅解备忘录》、在印中国公民权益保障、印在华设立因私签证代办中心等问题交换了意见。

3 月 9 日，中国与墨西哥在墨西哥城举行第一轮领事磋商。双方就领事保护与协助、进一步便利双边人员往来等问题交换了意见。

3 月 12 日，中国与阿根廷在布宜诺斯艾利斯举行第一轮领事磋商。双方就签证、领事认证、移民等问题交换了意见。

4 月 24 日，中国与越南在成都举行第八轮领事磋商。双方就《中越领事条约》执行情况、双方公民合法权益保护、两国渔民渔船问题等交换了意见。

5 月 19 日，中国与俄罗斯在北京举行第 13 轮领事磋商。双方就两国公民人身安全及合法权益保护、修订《中俄公民往来协定》、为中方劳务人员提供签证和居留便利等问题交换了意见。

5 月 25 日，中国与缅甸在北京举行第六轮领事磋商。双方就本国公民权益保护、中缅边境管理与合作、为外交人员执行领事职务提供便利、遣返服刑人员、合作打击边境犯罪、中缅双边人员往来等问题交换了意见。

6 月 9 日，中国与老挝在北京举行第五轮领事磋商。双方就本国公民及法人在对方国家的合法权益保护、中国持公务普通护照人员办理老方工作证和暂住证、昆曼公路通关手续、边境口岸开放等问题交换了意见。

6 月 22 日，中国与罗马尼亚在布加勒斯特举行第三轮领事磋商。双方就中方赴罗劳务人员劳务纠纷、重新修订《中罗两国政府关于互免签证和签证费的协定》、为双方公民提供签证便利等问题交换了意见。

6 月 24 日，中国与匈牙利在布达佩斯举行第十轮领事磋商。双方就中方赴匈人员签证、中国驻匈使馆所发结婚证在匈使用等问题交换了意见。

7 月 20 日，中国与秘鲁在利马举行领事会晤。双方就便利双边人员往来、建立定期领事磋商机制以及一些领事个案交换了意见。

8 月 14 日，中国与蒙古在乌兰巴托举行第 11 轮领事磋商。双方就本国公民合法权益保护、联合打击非法劳务等问题交换了意见。

8 月 18 日，中国与朝鲜在平壤举行第十轮领事磋商。双方就中朝两国领事关系发展、本国公民合法权益保护、双边人员往来等问题交换了意见。

8 月 25 日，中国与澳大利亚在成都举行第八轮领事磋商。双方就发展中澳领事关系、旅澳中国留学生人身安全及合法权益保护、两国外交人员签证便利等问题交换了意见。

8 月 27 日，中国与韩国在首尔举行第 11 轮领事磋商。双方就本国公民合法权益保护、商签领事协定以及合作打击非法移民等问题交换了意见。

8 月 31 日，中国与新加坡在新加坡举行第四轮领事磋商。双方就两国领事关系发展、本国公民合法权益保护、商签领事条约以及外交、公务护照免签协议等问题交换了意见。

9 月 2 日，中国与泰国在曼谷举行第二轮领事磋商。双方就本国公民合法权益保护、双边人员入出境、商签领事条约以及有关公证、领事认证问题交换了意见。

9 月 15 日，中国与尼日利亚在北京举行首轮领事磋商。双方就本国公民合法权益保护、便利双边人员往来、共同打击违法犯罪等问题交换了意见。

10 月 22 日，中国与伊朗在北京举行第四轮领事磋商。双方就申办签证和工作准证、强化双边领事联系机制、服刑人员移管等问题交换了意见。

10 月 28 日，中国与哈萨克斯坦在北京举行第 12 轮领事磋商。双方就《中哈领事条约》执行情况以及两国公民在对方国家的合法权益保护、便利双边人员往来等问题交换了意见。

11 月 4 日，中国与意大利在罗马举行第二轮领事磋商。双方就本国侨民融入当地社会、商签互免持外交护照人员签证协议等问题交换了意见。

12 月 4 日，中国与肯尼亚在内罗毕举行第三轮领事磋商。双方就保护本国公民合法权益、便利双边人员往来等问题交换了意见。

12 月 17 日，中国与玻利维亚在北京举行第二轮领事磋商。双方就发展两国领事关系、便利中方人员申办玻签证及居留等问题交换了意见。

3. 领事保护

中国政府高度重视保护海外中国公民和法人的合法权益，主张依照国际法原则、有关国际公约、双边领事条约（协定）以及在中国和驻在国法律许可的范围内进行领事保护。同时，赞同与未建交国开展领事保护合作。

2009 年，中国政府加大预防性领事保护工作力度，充实完善领事保护预防体制。为倡导中国公民和企业文明、守法、友善的对外形象，外交部在国内外同时开展“树立海外中国公民文明形象宣传月”活动，向社会大力推介《海外中国公民文明指南》和《中国公民海外安全常识(2009)》宣传手册。及时发布海外风险预警，在部网站“领事新闻”、“出国特别提醒”和“领事保护”等平台发布 400 余条信息，印制宣传材料160多万册。通过各类媒体推出海外安全专题节目和报道。配合主管部门联合开展“全国清理整顿外派劳务市场秩序专项行动”，使之规范有序。加强海外领事保护能力和体制建设，大力推动领事保护立法。

2009年，在中央政府领导下，外交部和中国驻外使领馆、地方政府共处理了3万余起领事保护案件，其中重大的领事保护案件有：

（1）中国工程人员在巴基斯坦被绑架案

2008年8月，2名中国工程人员在巴基斯坦西北部落地区遭巴塔利班武装分子绑架。

中国政府高度重视，外交部立即启动应急机制，多次与有关部门召开协调会，研究营救方案。中国驻巴使馆加紧做巴有关部门工作，要求巴方在确保中方人员安全的情况下实施营救。经艰苦努力，2009年2月，上述2名被绑架人员安全获救。

（2）“天裕8号”渔船在索马里被劫持案

2008年11月，中国籍“天裕8号”渔船在索马里海域被武装人员劫持，船上有15名大陆船员和1名台湾船员。

中国政府高度重视，外交部立即启动应急机制，作出营救部署，并指示有关驻外使领馆通过不同渠道开展工作。有关驻外使领馆积极与驻在国主管当局提出交涉，各馆之间相互配合。经过多方努力，被劫渔船于2009年2月平安获释。

（3）15名游客在美车祸伤亡案

2009年1月，上海一旅行团在美国亚利桑那州发生严重车祸，造成中国游客6人遇难、9人受伤（其中香港居民1死1伤）。

事发后，外交部和中国驻美使领馆立即启动应急机制，会同国家旅游局、上海市政府迅速处置。驻洛杉矶总领馆及时公布热线电话，受理社会公众查询；向美方交涉，要求妥善处理；派人看望伤员，并为死者家属赴美处理善后提供便利。伤者及遇难者家属对政府有关部门及驻美使领馆所做的工作表示感谢。

（4）法航 AF447 号航班失事案

2009 年 6 月，法国航空公司 AF447 号航班从巴西飞往法国途中失事，包括 9 名中国公民在内的机上人员全部遇难。

事发后，外交部立即启动应急机制，了解核实中国乘客情况；第一时间开通热线电话，数百次接受社会查询；多次在部网站发布《领事新闻》，介绍最新信息。经外交部和驻法国、巴西使馆的大力协助，遇难者亲属顺利前往上述国家处理善后事宜。

（5）加蓬撤侨案

2009 年 9 月，加蓬总统选举结果公布后，第二大城市让蒂尔港发生严重暴力骚乱，首都利伯维尔亦出现抢砸商店、焚烧汽车等暴力行为。让蒂尔港有 28 名中国侨民和 14 名中石化工作组人员，中国侨民的店铺被砸抢情况较严重。

外交部即指示中国驻加蓬使馆向加外交部紧急交涉，要求加方采取措施确保中方人员生命财产安全。同时，在外交部网站发布赴加蓬旅行安全提醒。随着安全形势不断恶化，经驻加使馆的大力协助，22 名侨胞乘坐加方军机撤至首都安全地区，中石化工作组人员也由海路撤至较为安全的地区。

（6）“德新海”轮被索马里海盗劫持案

2009 年 10 月，青岛远洋运输公司“德新海”轮在印度洋被索马里海盗劫持，船上有 25 名中国船员。事发后，中国政府高度重视，有关部门和企业积极开展营救，确保被劫船员船只安全。经多方努力，同年 12 月，25 名船员和“德新海”轮安全获救。

4. 领事协定

中国是《维也纳领事关系公约》的缔约国。2009 年，中国进一步推进中外领事关系的法制化建设，积极同有关国家商签双边领事协定或协议，以使双边人员往来依法、有序地进行。

2009 年，中国同七个国家签订了以下领事协定或协议：

序号	协定或协议名称	签订日期
1	中华人民共和国和菲律宾共和国领事协定	2009.10.29
2	中华人民共和国政府和阿尔及利亚民主人民共和国政府关于简化双方民航办事处常驻人员及互免机组成员签证的协议	2009.2.9
3	中华人民共和国政府和巴哈马国政府关于互免持外交护照人员签证的协定	2009.2.17
4	中华人民共和国政府和马来西亚政府关于部分互免持外交、公务（官员）护照人员签证的协定	2009.6.3
5	中华人民共和国政府和格林纳达政府关于互免持外交、公务（官员）护照人员签证的协定	2009.6.17
6	中华人民共和国政府和卢森堡大公国政府关于互免机组成员签证的协议	2009.9.2
7	中华人民共和国政府和阿曼苏丹国政府关于互免持外交、公务及特别护照人员签证的协定	2009.12.10

5. 领事机构

2009 年，虽然受国际金融危机的冲击，但中外领事关系继续深入发展。中国继续扩大对外开放水平，与各国友好合作关系不断加深，外国在华设领势头不减。全年共有 8 个国家在华设立 8 个领事机构。中国在外国设立 2 个领事机构，与 4 个国家就中外领事机构领区扩大达成协议。

中国政府一贯主张在对等互惠的基础上与外国互设领事机构，认为设领的数量、等级、地点、类别、领区范围、馆员人数等，应与中外双方经贸、科技、教育、文化、旅游等关系以及双边人员往来状况相适应，并通过友好协商决定。

一、2009 年，中国同下列国家就互设领事机构达成协议：

序号	协议国	协议日期	设领地点	领事机构名称
1	厄瓜多尔	2009.3.17	广州	总领事馆
2	苏丹	2009.3.24	广州	领事馆
3	埃塞俄比亚	2009.5.31	广州	总领事馆
4	日本	2009.6.25	新潟	总领事馆
5	老挝	2009.9.2	南宁	总领事馆
6	韩国	2009.9.17	武汉	总领事馆
7	冰岛	2009.9.18	上海	总领事馆
8	斯里兰卡	2009.9.28	成都	总领事馆
9	缅甸	2009.10.15	南宁	总领事馆
10	印度尼西亚	2009.11.30	棉兰	总领事馆

二、2009 年，中国同外国就扩大下列领事机构领区达成协议：

序号	机构名称	协议日期	扩领区域
1	苏丹驻香港名誉领事馆	2009.3.10	澳门
2	英国驻广州总领事馆	2009.5.5	江西
3	马尔代夫驻香港名誉领事馆	2009.5.21	澳门
4	巴西驻上海总领事馆	2009.12.21	安徽、山东
5	巴西驻广州总领事馆	2009.12.21	贵州、云南、湖南
6	中国驻圣保罗总领事馆	2009.12.21	圣卡塔林纳州、南里约格郎德州

6. 涉及外国驻华领事机构事务和涉外案件

（1）2009 年，外交部继续加强与地方政府外办及主管部门之间的协调机制，积极为外国驻华领事机构及其人员执行职务提供便利和必要的协助。在中方的大力支持下，外国驻华领事机构在发展本国与领区人员往来、经贸合作及科技文化交流等方面发挥了重要作用。

2009年，外交部接受了61位外国新任驻华总领事和名誉领事，为他们颁发了《领事证书》和《名誉领事证书》，并为1300多名新任领馆人员及其家属颁发了相应的身份证件。根据中外领事关系发展的需要，外交部与有关国家经过友好协商就领馆设置新岗位及互增领馆人员名额等问题达成一致。外交部依据《维也纳领事关系公约》、双边领事条约（协定）、国际惯例、《中华人民共和国领事特权与豁免条例》及中国政府主管部门的相关政策规定，编订了新版《领馆事务指南》。中国有关地方政府外办及时发布外国领馆馆长的到任公告并通知领区内主管部门，积极安排新任总领事和名誉领事会见、拜会当地官员和主管部门，协助其开展活动；邀请领事官员在领区内参观访问，加深对中国经济社会发展状况的了解，使他们充分、有效地履行职务。

对于因各国国情的不同及国内法律的差异所导致在确立和执行领事职务上出现的分歧，外交部主张双方在《维也纳领事关系公约》、双边领事条约（协定）和中国法律的框架内，通过平等协商妥善加以解决，反对领事机构或人员以任何理由、任何方式干涉中国内部事务。

（2）2009年，外国来华人数继续上升，参与中国社会活动领域不断扩大，由此在中国境内发生的涉及外国公民和法人的各类行政、民事、商事、海事和刑事案件数量相应增加，案情的敏感性、复杂性增强，有关国家对本国公民的领事保护工作力度加大。

中国政府历来重视涉外案件的处理，主张各国应根据国际法、双边条约（协定）并在中国法律许可的范围内开展领事保护工作。任何国家的公民都必须遵守中国的法律，任何国家的政府都不应袒护其公民的违法行为。中方反对滥用领事保护，并将一般性的涉外行政、民事、商事及刑事案件扩大化、政治化。

外交部、地方政府外办和有关主管部门认真对待外国驻华外交和领事机构就保护其在华公民和法人权益所提出的交涉，照顾外方关切，并依法妥善处理相关案件，使外国当事人的合法权益得到切实保护。

外交部十分重视向在华外国人提供领事协助，认为在华外国人遇险或依靠个人力量无法摆脱困境时，特别是自然灾害、事故灾难、公共卫生和社会安全事件威胁外国机构及人员安全时，中方应主动或应外国驻华领事官员的请求采取一切可能的措施予以救助或为处理善后提供便利和协助。2009年，因甲型H1N1流感疫情发生，外交部迅速与卫生、检疫部门建立应急机制，主动向外方提供收治外籍患者的医院信息和热线电话，及时安排有关国家驻华使领馆进行领事探视。此外，还为驻华领事机构人员及其他有需要的外国人提供免费注射疫苗服务。乌鲁木齐“7·5”打砸抢烧严重暴力犯罪事件期间，外交部和有关地方政府外办及时启动应急机制，向外国驻华外交、领事机构通报情况，协助查询在华外国人下落，并为外国驻华领事官员开展领事协助提供便利。

2009 年，外交部参与处理了100 多起较为重大的涉及外国公民和法人的行政、民事、商事、海事和刑事案件，主要有在华外籍非法移民遣返案、在华外国人受伤害和死亡案、在华外国人商业纠纷案、扰乱外国驻华机构正常工作秩序案等。通过对上述案件的处理，维护了中国的主权和国家利益，保护了中外当事人的合法权益，得到了外方的理解和配合。

7. 移民合作

中国政府重视移民问题和国际移民合作。中方主张中外人员应依法有序地进行国际间流动，并强调移民的合法权益须得到切实保护。中国政府与外国政府在移民领域的合作内容丰富、形式多样，已成为领事关系发展的新平台。

2009 年，中国政府继续积极参与移民领域的区域及国际合作，与俄罗斯、英国和国际移民组织等就移民事务继续保持磋商与对话，妥善处理了各类移民问题。

2 月 24 ~25 日，中国政府派代表团参加在澳大利亚布里斯班举行的亚太地区偷渡、贩卖人口及相关跨国犯罪问题第二次高官会。

4 月 14 ~15 日，以中国驻印度尼西亚大使章启月大使为团长的中国政府代表团出席了在巴厘岛召开的亚太地区偷渡、贩卖人口及相关跨国犯罪问题第三次部长级会议。

4 月 21 ~23 日，中国政府派代表团参加在北京举行的上海合作组织成员移民问题专家会议。

5 月 21 ~22 日，中国政府派代表团参加在俄罗斯莫斯科举行的中俄移民问题联合工作组第三次会议。

5 月 26 ~27 日，中国政府派代表参加国际移民组织“中国移民管理能力建设项目”在北京举行的有关劳务移民问题的研讨会。

7 月 5 ~10 日，中国政府派代表参加国际移民组织“中国移民管理能力建设项目”在哈尔滨举行的“查验伪假旅行证件”研讨会。

10 月 27 日，中国与英国在英国伦敦就中英《〈关于便利人员合法往来和打击非法移民活动谅解备忘录〉之实施细则》的执行情况进行两周年评估。

11月8～19日，中国政府派代表参加国际移民组织“中国移民管理能力建设项目”框架下对德国、捷克、葡萄牙三国移民管理体制的考察。

8. 领事证件

2009年，全球金融危机影响深远，世界各国经济普遍低迷，国际间人员流动一度受到冲击。影响所及，中国一些公司企业深陷困境，举步维艰。鉴此，领事证件工作进一步增强大局意识，创新服务理念，提升服务效能，努力服务于中央提出的“保增长、保民生、保稳定”目标。

护照工作注重高科技的应用，扎实推进电子护照项目工程，提高因公护照防伪性能和信誉。“急事急办、特事特办”，全年为高访团组、地方政府工作组及经贸团组紧急办理护照证件100多批次。外交部和地方政府外办共颁发因公护照275319本。

2009年，外交部领事司约见外国驻华使馆官员160余次，并分别与美国、英国、南非等7个国家驻华使馆举行了8次签证工作座谈会，使之加快对中方因公团组特别是公司企业人员签证申请的审批进度，较好地解决他们的出国签证难问题。全年为因公团组申办出国签证201145人次。此外，通过各种方式加大对APEC商务旅行卡的推介力度，支持中国企业走出国门参与国际竞争。

受金融危机影响，一些国家驻华使馆调整其领事认证做法，导致中方企业需送办的认证文书大量积压，正常的经贸活动受阻，领事司积极做有关使馆工作，加强沟通，增信释疑，促其恢复原做法，确保中方企业顺利开展国际业务。全年办理领事认证40万份。

2009年，领事司为第24届世界大学生冬季运动会和大连夏季达沃斯论坛有关人员提供方便快捷的签证服务。另一方面就上海世博会和广州亚运会有关外国人来华签证问题及早作出适当安排。全年共颁发来华签证740万份。

截至2009年底，中国与71个国家达成互免持因公护照人员签证的协议，与43个国家达成关于民航办事处人员和机组人员的签证协议，与外国达成38个简化签证手续协议、安排。经中央政府授权，香港特别行政区于2009年4月与俄罗斯达成了互免签证协议，目前共与38个国家达成互免签证协议，给予香港特别行政区护照持有人免办签证待遇的国家和地区已达136个。澳门特别行政区给予63个国家和地区人员免办签证待遇，给予澳门特别行政区护照持有人免办签证待遇的国家和地区为77个。

2009 年中国外交重要活动

一月

8 日 ~16 日　哥伦比亚国会主席兼参议长安德拉德对中国进行访问。

9 日　中国与日本第九轮战略对话在东京举行。

12 日 ~21 日　外交部长杨洁篪对乌干达、卢旺达、马拉维、南非、巴西、葡萄牙进行正式访问并过境阿曼。

19 日　第四次中欧战略对话在北京举行。

27 日至 2 月 2 日　国务院总理温家宝对瑞士、德国、西班牙、英国和欧盟总部进行正式访问，并出席在瑞士达沃斯举行的世界经济论坛 2009 年年会。

28 日至 2 月 3 日　外交部部长助理翟隽作为中国政府特使出席在埃塞俄比亚首都亚的斯亚贝巴召开的非盟第 14 届部长级会议和第 12 届首脑会议。

二月

7 日 ~19 日　国务院副总理回良玉对阿根廷、厄瓜多尔、巴巴多斯和巴哈马进行正式访问。

8 日 ~22 日　国家副主席习近平对墨西哥、牙买加、哥伦比亚、委内瑞拉、巴西、马耳他进行正式访问并过境斐济。

10 日 ~17 日　国家主席胡锦涛对沙特、马里、塞内加尔、坦桑尼亚和毛里求斯进行国事访问。

16日~18日 菲律宾副总统德卡斯特罗对厦门进行访问。

17日~24日 智利众议长恩西纳对中国进行访问。

20日~22日 美国国务卿希拉里对中国进行正式访问。

20日~23日 巴基斯坦总统扎尔达里对武汉、宜昌、上海进行访问。

23日 中国越南陆地边界勘界立碑结束仪式在广西凭祥友谊关口岸举行，国务委员戴秉国和越南副总理范家谦共同为界碑揭幕。

24日~28日 第63届联大主席布罗克曼对中国进行访问。

24日~25日 韩国外交通商部长官柳明桓对中国进行工作访问。

28日至3月1日 日本外相中曾根弘文对中国进行正式访问。

三月

1日~3日 瑞典外交大臣比尔特对中国进行正式访问。

9日~13日 外交部长杨洁篪对美国进行工作访问。

17日~21日 朝鲜内阁总理金英日对中国进行正式友好访问。

18日~20日 国务委员戴秉国对越南进行正式访问并与越南副总理范家谦共同主持中越合作指导委员会第三次会议。

20日至4月7日 中共中央政治局常委李长春对澳大利亚、缅甸、日本和韩国进行正式友好访问。

21日~25日 保加利亚副总理兼外交部长卡尔芬对中国进行正式访问。

21日~26日 乌拉圭总统巴斯克斯对中国进行国事访问。

22日~28日 塞舌尔国民议会赫米尼耶对中国进行访问。

24日~26日 外交部长杨洁篪对泰国进行工作访问。

24日~27日 澳大利亚联邦外交部长斯蒂芬·史密斯对中国进行正式访问。

25日~27日 俄罗斯副总理茹科夫对中国进行工作访问。

29日~30日 欧盟委员会对外关系委员瓦尔德纳对中国进行正式访问。

29日~31日 哈萨克斯坦外交部长塔仁对中国进行正式访问。

四月

1日~2日 国家主席胡锦涛出席在英国伦敦举行的二十国集团领导

人第二次金融峰会。

4 日～10 日　尼泊尔外交部长亚达夫对中国进行正式访问。

5 日～7 日　吉尔吉斯斯坦外交部长萨尔巴耶夫对中国进行正式访问。

7 日～9 日　委内瑞拉总统查韦斯对中国进行工作访问。

10 日～11 日　国务院总理温家宝赴泰国出席东亚领导人系列会议。

10 日～14 日　巴布亚新几内亚外交部长阿巴尔对中国进行工作访问。

11 日～25 日　国务委员刘延东对美国、新加坡进行正式访问。

14 日～18 日　新西兰总理约翰·基对中国进行正式访问。

14 日～19 日　巴布亚新几内亚总理索马雷对中国进行正式访问并出席博鳌亚洲论坛 2009 年年会。

15 日～19 日　哈萨克斯坦总统纳扎尔巴耶夫对中国进行国事访问并出席博鳌亚洲论坛 2009 年年会。

17 日～19 日　博鳌亚洲论坛 2009 年年会在海南博鳌举行。

17 日～21 日　阿尔巴尼亚总理贝里沙对中国进行正式访问并出席博鳌亚洲论坛 2009 年年会。

18 日～22 日　芬兰总理万哈宁对中国进行正式访问并出席博鳌亚洲论坛 2009 年年会。

19 日～26 日　法国国民议会议长阿夸耶对中国进行正式访问。

21 日～27 日　外交部长杨洁篪对埃及、巴勒斯坦、以色列、叙利亚和俄罗斯进行正式访问。

27 日至 5 月 2 日　秘鲁第一副总统詹彼得里对中国进行工作访问。

29 日～30 日　日本首相麻生太郎对中国进行正式访问。

五月

7 日～8 日　第二次中欧经贸高层对话在布鲁塞尔举行，国务院副总理王岐山与欧盟委员会贸易委员阿斯顿共同主持。

8 日～12 日　国务院副总理王岐山对英国进行正式访问，并与英国财政大臣达林共同主持第二次中英经济财金对话。

9 日　全国政协副主席阿不来提·阿不都热西提作为国家主席胡锦涛特使出席南非新总统就职典礼。

9 日～13 日　加拿大外交部长劳伦斯·坎农对中国进行正式访问。

10 日～13 日　科威特埃米尔萨巴赫对中国进行正式访问。

11 日～12 日　“中阿合作论坛”第三届中阿关系暨中阿文明对话研讨会在突尼斯召开。

13 日~24 日 全国人大常委会委员长吴邦国对俄罗斯、奥地利、意大利进行正式友好访问。

14 日~15 日 外交部长杨洁篪出席在莫斯科举行的上海合作组织外交部长会议。

18 日~20 日 巴西总统卢拉对中国进行国事访问。

19 日~27 日 国务委员孟建柱对俄罗斯、土耳其和约旦进行访问。

20 日~21 日 国务院总理温家宝赴捷克出席第 11 次中欧领导人会晤。

20 日~29 日 全国人大常委会副委员长陈至立对澳大利亚、新西兰进行友好访问。

24 日~27 日 外交部长杨洁篪出席在河内举行的第九届亚欧外交部长会议。

24 日~30 日 塞拉利昂总统科罗马对中国进行国事访问。

27 日~31 日 国务委员戴秉国出席在莫斯科举行的“金砖四国”负责安全事务的高级代表会议。

31 日至 6 月 2 日 美国总统代表、财政部长盖特纳对中国进行正式访问。

六月

2 日~5 日 马来西亚总理纳吉布对中国进行正式访问。

3 日~8 日 东帝汶外交部长科斯塔对中国进行正式访问。

3 日~9 日 莱索托外交部长柴科阿对中国进行正式访问。

10 日~11 日 泰国外交部长格实·披隆对中国进行正式访问。

13 日~27 日 中共中央政治局常委、中央纪委书记贺国强对埃及、西班牙、约旦和蒙古进行友好访问。

14 日~20 日 国家主席胡锦涛出席在俄罗斯叶卡捷琳堡举行的上海合作组织成员国元首理事会第九次会议和“金砖四国”领导人会晤，并对俄罗斯、斯洛伐克和克罗地亚进行国事访问。

15 日~21 日 格林纳达总理托马斯对中国进行正式访问。

15 日~20 日 缅甸国家和平与发展委员会副主席貌埃对中国进行正式访问。

18 日 中国驻光州总领馆开馆。

21 日~23 日 外交部长杨洁篪对加拿大进行正式访问。

24 日 第十次中日战略对话在北京举行。

23 日~29 日 国务院副总理李克强对土库曼斯坦、芬兰和乌兹别克斯坦进行正式访问。

24 日 ~27 日 泰国总理阿披实对中国进行正式访问。

24 日 ~29 日 土耳其总统居尔对中国进行国事访问。

七月

1 日 ~3 日 印度尼西亚外交部长哈桑对中国进行正式访问。

1 日 ~5 日 斯里兰卡外交部长波格拉加马对中国进行正式访问。

2 日 ~5 日 匈牙利外交部长鲍拉日对中国进行正式访问。

5 日 ~8 日 国家主席胡锦涛对意大利进行国事访问。

9 日 国务委员戴秉国代表国家主席胡锦涛出席在意大利拉奎拉举行的八国集团同发展中国家领导人会议。

5 日 ~11 日 利比里亚副总统博阿凯对中国进行正式访问。

8 日 ~13 日 密克罗尼西亚副总统阿利克对中国进行访问。

21 日 ~23 日 外交部长杨洁篪出席在泰国举行的东盟与中国外长会、东盟与中日韩外长会。

27 日 ~28 日 首轮中美战略与经济对话在美国华盛顿举行。

八月

7 日 ~8 日 中国印度边界问题中方特别代表、国务委员戴秉国赴印出席中印边界问题特别代表第 13 次会晤。

8 日 中国与德国第三轮战略对话在北京举行。

9 日 ~15 日 各国议会联盟主席、纳米比亚国民议会议长古里拉布访华。

10 日 ~12 日 外交部长杨洁篪对约旦进行正式访问，并出席在日内瓦举行的裁军谈判会议。

12 日 ~13 日 中国与巴基斯坦第三轮战略对话在北京举行。

12 日 ~14 日 阿联酋阿布扎比酋长国王储穆罕默德对中国进行正式访问。

16 日 ~22 日 克罗地亚议长贝比奇对华进行正式友好访问。

17 日 中国与墨西哥首次战略对话在墨西哥城举行。

18 日 ~25 日 新加坡外交部长杨荣文对中国进行正式访问。

19 日 ~25 日 塞尔维亚总统塔迪奇对中国进行国事访问。

26 日至 9 月 5 日 国务院副总理回良玉对斯洛文尼亚、立陶宛、拉脱维亚进行正式访问，并出席在日内瓦举行的第三届世界气候大会。

31 日至 9 月 12 日 全国人大常委会委员长吴邦国对古巴、巴哈马和美国进行正式友好访问。

九月

1 日~3 日 古巴外交部长罗德里格斯对中国进行正式访问。

5 日~8 日 阿根廷外交部长塔亚纳对中国进行正式访问。

7 日~10 日 罗马尼亚外交部长迪亚科内斯库对中国进行正式访问。

8 日 中国与非洲联盟第二次战略对话在北京举行。

8 日~13 日 尼泊尔外交部长柯伊拉腊对中国进行正式访问。

9 日~15 日 中非总统博齐泽对中国进行国事访问。

10 日~14 日 亚美尼亚外交部长纳尔班江对中国进行正式访问。

14 日 中国与尼日利亚首次战略对话在北京举行。

16 日~18 日 国务委员戴秉国对朝鲜进行访问。

21 日~25 日 国家主席胡锦涛出席在美国纽约举行的联合国气候变化峰会、第 64 届联合国大会一般性辩论、安理会核不扩散与核裁军峰会，并出席在美国匹兹堡举行的二十国集团领导人第三次金融峰会。

25 日 中国驻叶卡捷琳堡总领馆开馆。

十月

4 日~6 日 国务院总理温家宝对朝鲜进行正式友好访问。

7 日~21 日 国家副主席习近平对比利时、德国、保加利亚、匈牙利和罗马尼亚进行正式访问。

9 日~14 日 俄罗斯副总理茹科夫对中国进行访问。

10 日 第二次中日韩领导人会议在北京举行。

11 日~14 日 俄罗斯副总理谢钦对中国进行访问。

11 日~13 日 蒙古对外关系与贸易部部长巴特包勒德对中国进行正式访问，之后出席上海合作组织成员国政府首脑理事会第八次会议。

12 日~14 日 俄罗斯总理普京对中国进行正式访问，并出席上海合作组织成员国政府首脑理事会第八次会议。

12 日~15 日 巴基斯坦总理吉拉尼对中国进行正式访问，并出席上海合作组织成员国政府首脑理事会第八次会议。

13 日~15 日 吉尔吉斯斯坦总理丘季诺夫对中国进行正式访问，并出席上海合作组织成员国政府首脑理事会第八次会议。

13日~15日 哈萨克斯坦总理马西莫夫、塔吉克斯坦总理阿基洛夫、乌兹别克斯坦总理米尔济约耶夫、阿富汗副总统哈利利来华出席上海合作组织成员国政府首脑理事会第八次会议。

14日 上海合作组织成员国政府首脑理事会第八次会议在北京举行。

16日~21日 国务委员戴秉国对英国、法国进行访问。

21日~26日 肯尼亚国民议会议长马伦德对中国进行访问。

23日~25日 国务院总理温家宝赴泰国出席第12次中国与东盟领导人会议、第12次东盟与中日韩领导人会议和第四届东亚峰会。

26日~28日 蒙古国家大呼拉尔副主席巴特呼对中国进行访问。

26日至11月3日 国务院副总理张德江对乌克兰、阿尔巴尼亚和爱沙尼亚进行正式访问。

27日~29日 外交部长杨洁篪出席在印度举行的中国、俄罗斯、印度三国外交部长会晤并对菲律宾进行正式访问。

29日至11月5日 国务院副总理李克强对澳大利亚、新西兰和巴布亚新几内亚进行正式访问。

十一月

2日~3日 芬兰外交部长斯图布对中国进行正式访问。

2日~12日 全国人大常委会副委员长王兆国对南非、毛里求斯和肯尼亚三国进行正式友好访问。

6日~8日 国务院总理温家宝对埃及进行正式访问，并出席中非合作论坛第四届部长级会议开幕式。

10日~13日 卡塔尔副首相兼能源和工业大臣阿提亚对中国进行访问。

10日~15日 国家主席胡锦涛对马来西亚和新加坡进行国事访问，并出席在新加坡举行的亚太经合组织第17次领导人非正式会议。

11日~12日 外交部长杨洁篪、商务部长陈德铭共同率团出席在新加坡举行的亚太经合组织第21届部长级会议。

12日~13日 智利总统巴切莱特对中国上海进行工作访问。

15日~18日 美国总统奥巴马对中国进行国事访问。

16日~20日 国务院副总理回良玉出席在意大利罗马举行的世界粮食安全峰会，并对叙利亚进行正式访问。

16日~19日 中共中央政治局常委、中央政法委书记周永康对苏丹、南非进行正式友好访问。

19 日 ~ 22 日 外交部长杨洁篪对日本进行正式访问。

19 日 ~ 30 日 全国政协主席贾庆林对菲律宾、秘鲁、厄瓜多尔和巴西进行正式友好访问。

30 日 第 12 次中欧领导人会晤在南京举行。

十二月

2 日 中国驻里昂总领馆开馆。

2 日 ~ 6 日 加拿大总理哈珀对中国进行正式访问。

3 日 ~ 5 日 哈萨克斯坦第一副总理舒克耶夫对中国进行访问并出席中哈合作委员会第五次会议。

7 日 ~ 13 日 塞尔维亚第一副总理兼内务部长伊维察·达契奇对中国进行访问。

10 日 ~ 17 日 喀麦隆国民议会议长卡瓦耶访华。

12 日 ~ 14 日 国家主席胡锦涛对哈萨克斯坦、土库曼斯坦进行工作访问。

14 日 ~ 22 日 国家副主席习近平对日本、韩国、柬埔寨和缅甸进行正式访问。

14 日 ~ 17 日 白俄罗斯国民会议代表院主席安德烈琴科访华。

17 日 ~ 18 日 国务院总理温家宝出席在丹麦举行的哥本哈根气候变化会议领导人会议。

18 日 中国驻伊尔库茨克总领馆开馆。

20 日 ~ 22 日 法国总理菲永对中国进行正式访问。

26 日 ~ 31 日 尼泊尔总理尼帕尔对中国进行正式访问。

28 日 ~ 30 日 吉布提外交部长尤素福对中国进行正式访问。

2009 年中国外交重要文献

共同谱写中非友谊新篇章

——在达累斯萨拉姆各界欢迎大会上的演讲

（2009 年 2 月 16 日，达累斯萨拉姆）

中华人民共和国主席　胡锦涛

尊敬的基奎特总统，

女士们，先生们，朋友们：

今天，在访问美丽的坦桑尼亚之际，有机会在这里同达累斯萨拉姆各界朋友见面，我感到十分高兴。首先，我谨向在座的朋友们，向兄弟的坦桑尼亚人民，转达 13 亿中国人民的诚挚问候和良好祝愿！我还要感谢基奎特总统和坦桑尼亚政府为我这次访问所作的精心安排和热情款待。

坦桑尼亚是人类发源地之一。坦桑尼亚人民有着光荣传统，为非洲人民赢得争取民族独立、反对种族隔离斗争的胜利作出了重要贡献。近年来，在基奎特总统领导下，坦桑尼亚以“新热情、新活力、新速度”努力发展经济、改善民生，国家政局保持稳定，建设事业蒸蒸日上，在非洲和国际事务中发挥了重要作用，被誉为非洲的“和平绿洲”。我们为坦桑尼亚取得的成就感到由衷的高兴，衷心祝愿兄弟的坦桑尼亚人民不断取得新的更大的成就。

中国有句古语：“志合者，不以山海为远。”中国和坦桑尼亚虽然远隔重洋，但从上个世纪 60 年代起，两国领导人和两国人民就进行友好交往，并在非洲争取民族解放的斗争中结下深厚友谊。中坦建交 45 年来，双方都高度重视发展两国关系，中坦高层往来密切，政治互信不断加深，各领域务实合作不断扩大，堪称中非合作和南南合作的典范。昨天，我和基奎特总统就发展两国关系深入交换意见，达成广泛共识，签署了两国经济技术合作协定等合作文件。我高兴地出席了坦桑尼亚国家体育场竣工仪式。这座由中国政府帮助建设的大型综合性体育设施将成为中坦友谊新的象征。

昨天，我前往中国援助坦桑尼亚专家公墓凭吊。那里长眠着 69 位为帮助坦桑尼亚国家建设特别是修建坦赞铁路而牺牲的中国专家和技术人员，他们中年龄最小的只有 22 岁。中国政府和人民永远缅怀他们，永远不会忘记他们为中坦友好所作的贡献。

女士们、先生们、朋友们！

这是我第六次踏上非洲土地。每次访问非洲，我都有回家的感觉。每次同非洲朋友进行交流，倾听你们对中国、对中非关系、对世界的看法，都有新的收获和感受。

从上世纪五六十年代起，中非人民为非洲大陆反对殖民统治、实现民族解放而并肩战斗，此后我们在平等互利的基础上开展形式多样的合作，现在进入新世纪我们为实现联合国千年发展目标、实现中国和非洲发展振兴而携手同行，中非友谊已经走过半个多世纪的光辉历程。相似的历史遭遇，共同的目标追求，使中非人民的命运紧紧相连，使中非关系经受住了时间和国际风云变幻的考验。在这里，我愿重申，过去、现在、将来，中国人民都珍视同非洲的传统友谊，始终视非洲人民为完全可以信赖和依靠的全天候朋友，同非洲人民永做好兄弟、好伙伴！

在 2006 年召开的中非合作论坛北京峰会上，中非领导人共同确立发展政治上平等互信、经济上合作共赢、文化上交流互鉴的中非新型战略伙伴关系，揭开了中非关系史上新的一页。峰会结束两年多来，在双方共同努力下，中非政治交往更加密切，战略互信进一步增强，在各自关切的重大问题上相互理解、相互支持；经贸等领域合作不断深化，一大批重要合作项目相继上马或竣工，双边贸易额去年首次突破 1000 亿美元；人文领域交流蓬勃开展，文化、教育、青年、旅游、民间往来日益频繁。

我感到欣慰的是，我代表中国政府在那次峰会上宣布的加强对非务实合作、支持非洲国家发展的 8 项政策措施正在非洲得到落实。中国大幅度增加了对非援助，对非免关税举措得到落实，对非免债工作基本完成，中非发展基金已启动运作，中国援建的非盟会议中心正式开工，援建医院、疟疾防治中心、农业技术示范中心、农村学校等工作进展顺利，中国派赴非洲的青年志愿者和高级农业技术专家陆续到位。这些举措的落实，给非洲人民带来了实实在在的利益，为中非合作开辟了更加美好的前景。

刚刚过去的 2008 年对中国来说是很不寻常、很不平凡的一年。我们不会忘记，中国四川汶川特大地震灾害发生后，非洲朋友们第一时间向中国政府和人民表示慰问，很多国家不顾自身困难慷慨支援中国抗震救灾，增添了中国人民战胜自然灾害的信心和勇气。我们不会忘记，北京奥运会火炬在“和平之城”达累斯萨拉姆顺利传递，弘扬了崇高纯洁的奥林匹克精神。我们同样不会忘记，非洲朋友在台湾、涉藏等涉及中国主权和核心利益的重大问题上始终给予我们坚定支持。这些都是中非人民风雨同舟、患难与共的生动写照。在这里，我代表中国政府和人民，再次向兄弟的非洲人民表示衷心的感谢！

女士们、先生们、朋友们！

当今世界正处在大变革大调整之中。世界多极化、经济全球化深入发展，求和平、谋发展、促合作成为时代潮流，国际形势总体保持稳定。同时，世界政治、经济等领域不稳定不确定因素明显增多。特别是由次贷危机引发的国际金融危机愈演愈烈，迅速从局部发展到全球，从发达国家传导到新兴市场国家和发展中国家，从金融领域扩散到实体经济领域，酿成了一场历史罕见、冲击力强、涉及范围广的国际金融危机。国际金融危机对各国经济的影响正在进一步加深，其严重后果还会进一步显现。在这场国际金融危机中，发展中国家的处境尤为不利。不少非洲朋友担心，面对国际金融危机的严峻挑战，国际合作伙伴可能会减少对非援助、减债和投资。去年 11 月，在华盛顿举行的二十国集团领导人金融市场和世界经济峰会上，我代表中国政府呼吁，国际社会在应对这场金融危机时，尤其要关注和尽量减少危机对发展中国家特别是最不发达国家造成的损害；国际社会特别是发达国家应该承担应尽的责任和义务，继续履行援助、减债等承诺，切实保持和增加对发展中国家的援助，切实帮助发展中国家保持金融稳定和经济增长，切实帮助发展中国家特别是非洲国家克服困难，为改善这些国家发展的外部环境创造条件。

中国和非洲国家同属发展中国家，双方互为重要战略伙伴。我们十分理解非洲国家的愿望和诉求，全力支持非洲谋求和平稳定、尽早实现联合国千年发展目标。越是在困难的时候，中非越要相互支持、通力合作、共克时艰。我们愿同非洲国家一道，重点从以下几方面作出努力。

第一，团结互助，携手应对国际金融危机挑战。我们深知自身面临的困难，也深知非洲朋友面临的困难。在这里，我代表中国政府郑重承诺：中方将认真落实中非合作论坛北京峰会确定的各项援非举措，在力所能及范围内继续增加对非援助、减免非洲国家债务，扩大对非贸易和投资、加强中非务实合作。我们还愿同非洲国家就防范金融风险加强交流合作。

第二，增进互信，巩固中非传统友好政治基础。中国愿同非洲国家密切高层往来，充分利用不同层次和渠道的磋商机制，同非洲国家加强战略对话和沟通，增进相互理解和信任。中国坚定支持非洲国家和非洲联盟等地区组织维护国家主权、自主解决本大陆问题的努力，将继续积极参与联合国在非洲的维和行动，为解决非洲地区冲突和热点问题、维护非洲和平与安全发挥建设性作用。

第三，互惠互利，提升中非经贸务实合作水平。中国愿继续推动中非贸易往来，尽量照顾非洲关切，采取优惠措施扩大从非洲进口。中国政府鼓励和支持更多有实力的中国企业赴非洲投资，为非洲创造更多就业机会，增加对非洲的技术转让，并鼓励中国企业在当地承担更多社会责任，同当地人民和睦相处。对双方合作中出现的问题，我们愿同非洲朋友通过平等协商，妥善处理，共同维护中非友好合作大局。

第四，扩大交流，深化中非人文领域合作。发展中非关系的宗旨是为了中非人民，合作成果理应由中非人民共享。我们愿同非洲国家加强文化、教育、卫生、体育、旅游等领域交流，密切青年、妇女、民间团体、新闻媒体、学术机构的联系，加强人力资源合作，让中非友好更加深入人心。

第五，紧密配合，加强在国际事务中的协调。我们愿同非洲国家密切在联合国、世界贸易组织等多边机构中的合作，共同应对气候变化、粮食安全、减贫、发展等全球性挑战。我们还愿同非洲国家一道参与国际经济、金融、贸易规则制定，推动国际经济秩序朝着更加公正合理的方向发展。中国理解非洲希望增加在国际金融体系改革问题上代表性和发言权的要求，支持非洲联盟参加二十国集团领导人金融峰会。

第六，加强协作，共同推进中非合作论坛建设。我们愿加强中非合作论坛机制建设，充分发挥论坛对中非关系的政治引领作用。我们将继续同非洲国家通力协作，全面落实论坛北京峰会各项后续行动。我们还愿同非方一道，筹办好今年第四季度将在埃及召开的论坛第四届部长级会议，确保会议取得成功！

女士们、先生们、朋友们！

2008 年是中国改革开放30 周年。30 年来，中国成功实现了从高度集中的计划经济体制到充满活力的社会主义市场经济体制、从封闭半封闭到全方位开放的伟大历史转折。中国经济持续快速发展，各项社会事业显著进步，人民生活总体达到小康水平。对一个拥有 13 亿人口的发展中大国来说，中国改革开放取得的成就是对世界和平与发展的重大贡献。同时，我们清醒地认识到，中国仍是世界上最大的发展中国家，人口多、底子薄、发展很不平衡仍是基本国情。我们在发展进程中遇到的矛盾和问题，无论是规模还是复杂性都是世所罕见的。中国要全面建成惠及十几亿人口的更高水平的小康社会，进而基本实现现代化，实现全体人民共同富裕，还有很长的路要走，还需要持之以恒艰苦奋斗。

去年以来，受国际金融危机冲击和世界经济增长明显减速的影响，中国经济发展面临的困难明显增多。为应对国际金融危机冲击，中国加强宏观调控，及时调整政策，把保持经济平稳较快发展作为当前经济工作的首要任务，采取了一系列扩大内需、促进经济增长的政策措施。这不仅将有力推动中国经济发展，也有利于促进世界经济增长。中国将继续采取有效措施，努力保持经济平稳较快发展，为促进世界经济稳定和发展继续发挥建设性作用。

女士们、先生们、朋友们!

今天，在座的有许多青年朋友。我曾经多年从事青年工作，对青年人有着特殊的感情。我和基奎特总统都高度重视加强中坦和中非青年交流合作。中非友好的今天是中非几代人共同努力的结果，中非友好的明天要靠中非青年去开创。中非年青一代不仅是双方发展的希望，也承载着中非友好的未来。

近年来，中非青年交往日益密切。越来越多的非洲青年渴望了解中国，走进中国，迄今已有两万多人次非洲青年学生享受中国政府奖学金赴华学习，他们中很多人已成为非洲国家建设的栋梁。一批批中国青年来到非洲，同当地民众朝夕相处、同甘共苦，参与非洲经济社会发展，成为中非友好的使者。我 2007 年访问非洲时，曾邀请 500 名非洲青年访华。包括坦桑尼亚青年在内的非洲青年和中国青年通过这项活动增进了相互了解和友谊。这次，我很高兴地宣布，中国政府决定邀请 50 名坦桑尼亚青年学生年内到中国访问交流。今后，我们将同非洲国家一道，继续积极推动并大力支持中非青年开展交流合作。青出于蓝而胜于蓝。我相信，中非友好事业一定能够在中非年青一代手中薪火相传、发扬光大。

女士们、先生们、朋友们!

巩固中非友好，加强中非合作，是历史赋予我们的光荣使命。让我们携手合作、继往开来，为推进中非新型战略伙伴关系而不懈努力，共同谱写中非友谊新篇章。

谢谢大家。

携手合作　同舟共济
——在二十国集团领导人第二次金融峰会上的讲话

(2009 年 4 月 2 日，英国伦敦)

中华人民共和国主席　胡锦涛

尊敬的布朗首相，

各位同事：

很高兴在春暖花开的时节来到伦敦，同各位同事共商应对国际金融危机、恢复世界经济增长之策。首先，我对布朗首相的盛情邀请和周到安排表示衷心的感谢！

4 个多月前，我们在华盛顿出席金融市场和世界经济峰会，就合作应对国际金融危机、加强金融监管、推进国际金融体系改革等问题达成一系列共识。华盛顿峰会以来，各国纷纷推出稳定金融、刺激经济的政策举措并取得初步成效，国际金融体系改革前期工作正在展开。当前，国际金融危机仍在蔓延和深化，对全球实体经济的冲击日益显现，世界经济金融形势依然复杂严峻，不少国家经济陷入衰退、社会稳定面临巨大挑战。

当前，最紧迫的任务是全力恢复世界经济增长，防止其陷入严重衰退；反对各种形式的保护主义，维护开放自由的贸易投资环境；加快推进相关改革，重建国际金融秩序。我们应该进一步落实国际社会达成的共识，树立更坚定的信心，采取更有效的措施，开展更广泛的合作，实施更合理的改革，努力取得实质性成果。

第一，进一步坚定信心。经过长期发展，世界经济形成了坚实的物质技术基础，我们具备应对国际金融危机的客观条件。各国宏观调控工具明显增多，调控的针对性和有效性大为增强，我们具备应对国际金融危机的政策手段。国际社会愿意加强协调和合作，我们具备应对国际金融危机的共同意愿。只要我们坚定信心、共同努力，就一定能渡过难关，实现我们共同确定的目标。

第二，进一步加强合作。这场国际金融危机是在经济全球化深入发展、国与国相互依存日益紧密的大背景下发生的，任何国家都不可能独善其身，合作应对是正确抉择。我们应该认清形势、加强沟通、相互支持、携手合作、共克时艰。我们应该保持宏观经济政策导向总体上的一致性、时效性、前瞻性。作为具有广泛代表性的二十国集团，是国际社会共同应对国际经济金融危机的重要有效平台。我们应该大力开展各项实质性合作，加快结构调整，稳定市场，促进增长，增加就业，改善民生，千方百计减轻国际金融危机对实体经济的冲击和影响。我们应该大力开展贸易和投资等实体经济合作，为恢复世界经济增长提供坚实支撑。我们应该大力加强贸易融资合作，尤其应该加大对发展中国家的融资投入。我们应该大力加强中小企业合作，帮助它们尽快摆脱经营困境。我们应该大力推动国际新兴产业合作尤其是节能减排、环保、新能源等领域合作，积极培育世界经济新的增长点。我们应该大力加强国际科技合作，充分依靠科技进步的力量，不断增强世界经济增长的内在动力。

第三，进一步推进改革。我们应该抓紧落实华盛顿峰会达成的重要共识，坚持全面性、均衡性、渐进性、实效性的原则，推动国际金融秩序不断朝着公平、公正、包容、有序的方向发展。尤其要在以下方面作出努力。一是加强金融监管合作，尽快制定普遍接受的国际金融监管标准和规范，完善评级机构行为准则和监管制度，建立覆盖全球特别是主要国际金融中心的早期预警机制，提高早期应对能力。二是国际金融机构应该增强对发展中国家的救助，有关国际和地区金融机构应该积极拓宽融资渠道，通过多种方式筹集资源。中方支持国际货币基金组织增资，愿同各方积极探讨并作出应有贡献。同时，我们认为，注资应该坚持权利和义务平衡、分摊和自愿相结合的原则，新增资金应该确保优先用于欠发达国家；应该建立快速反应、行之有效的国际金融救援机制，对借款国采取客观、科学、全面的评估标准。三是金融稳定论坛应该发挥更大作用。论坛不久前已成功实现扩员，应该尽快理顺机制，制定规划，着手工作，及时就稳定金融市场、加强金融监管提出更多可行性建议，并同其他国际金融机构加强协调，共同推动国际金融体系改革早日取得积极进展。四是国际货币基金组织应该加强和改善对各方特别是主要储备货币发行经济体宏观经济政策的监督，尤其应该加强对货币发行政策的监督。五是改进国际货币基金组织和世界银行治理结构，提高发展中国家代表性和发言权。六是完善国际货币体系，健全储备货币发行调控机制，保持主要储备货币汇率相对稳定，促进国际货币体系多元化、合理化。下一阶段，各方应该在充分协商的基础上制定出可供操作的时间表和路线图，扎扎实实推进改革，创造有利于世界经济健康发展的制度环境。

第四，进一步反对保护主义。近来，贸易保护主义和其他形式的保护主义明显抬头，这不符合我们在华盛顿峰会上达成的反对保护主义、避免政策内顾的共识。上世纪二三十年代经济大萧条时期，保护主义曾盛行一时，带来了严重后果。历史的教训一定要汲取。当前，任何国家和地区都不应借刺激经济之名、行保护主义之实。我们应该共同反对以保护本国就业为由对外国劳务人员采取歧视性做法。我们应该共同反对任何形式的贸易保护主义，反对以各种借口提高市场准入门槛和各种以邻为壑的投资保护主义行为，共同反对滥用贸易救济措施。我们希望有关国家放宽对发展中国家不合理的出口限制，努力扩大双边贸易规模。多哈回合谈判事关全球贸易自由化进程。我们应该共同坚守 2008 年 7 月有关各方达成的共识，在现有框架基础上继续前进，推动谈判早日取得全面、均衡的成果。

第五，进一步支持发展中国家。当前，一些发展中国家经济金融形势恶化，社会政治动荡加剧，值得我们高度重视。虽然国际金融危机给各国造成了很大困难，但我们不能因此中断联合国千年发展目标进程。继续推进这一进程，也有利于恢复世界经济增长。我再次呼吁，国际社会应该高度关注和尽量减少国际金融危机对发展中国家特别是最不发达国家造成的损害；国际社会特别是发达国家应该承担应尽的责任和义务，继续履行援助、减债等承诺，切实保持和增加对发展中国家援助，切实帮助发展中国家维护金融稳定、促进经济增长，切实帮助发展中国家特别是非洲国家克服困难，不断改善这些国家发展的外部环境。

各位同事！

国际金融危机给中国带来了前所未有的困难和挑战。主要表现在：经济下行压力明显加大，进出口继续下滑，工业生产明显放缓，部分企业生产经营困难，就业难度加大。这场国际金融危机与中国发展方式转变、经济结构调整的关键时期不期而遇，新的挑战与既有矛盾相互交织，加大了我们解决问题的难度。

为应对国际金融危机冲击、保持经济平稳较快发展，中国及时调整宏观经济政策，果断实施积极的财政政策和适度宽松的货币政策，形成了进一步扩大内需、促进经济增长的一揽子计划。我们大规模增加政府支出，实施总额 4 万亿元人民币的两年投资计划，实行结构性减税政策，多次降息和增加银行体系流动性，大范围实施产业调整振兴规划，大力推进科技创新和技术改造，大力加强节能减排和生态环境保护，继续调整国民收入分配格局，大力拓展国内市场特别是农村市场，大幅度提高社会保障水平。现在，这些措施已取得初步成效、呈现出积极迹象，国内消费需求比较旺盛，投资需求稳步提高，社会大局保持稳定。这表明中国的应对思路是符合实际的，政策是积极有效的。中国为应对国际金融危机冲击采取的一系列举措不仅对本国经济、而且对区域经济乃至世界经济都将产生积极影响。

虽然国际金融危机对中国实体经济的不利影响继续显现，但中国经济发展的基本态势和长期向好趋势没有发生根本变化，支撑中国经济持续较快发展的根基没有动摇。经过改革开放 30 年持续快速发展，中国积累了较为雄厚的物质基础，体制环境进一步完善，基础设施建设、产业优化升级、科技进步和创新、生态环境保护、居民消费、社会事业等方面有巨大发展空间，扩大内需潜力巨大，人力资源丰富，金融体系总体稳健，宏观经济政策调整有较大余地。中国正在努力变压力为动力、化挑战为机遇，把国际金融危机带来的不利影响降到最低程度，继续保持经济平稳较快发展。

面对国际金融危机冲击，我们将继续坚持对外开放的基本国策，始终不渝奉行互利共赢的开放战略。我们坚信，一个充满活力、更加开放的中国，不仅有利于保持中国经济平稳较快发展势头，而且有利于国际社会共同应对国际金融危机、促进世界和平与发展。

各位同事！

中国作为国际社会负责任的成员，始终积极参与应对国际金融危机的国际合作。

中国在面临巨大困难的形势下，保持了人民币汇率基本稳定。

中国积极参与国际金融公司贸易融资计划，并决定提供首批15亿美元的融资支持。我们支持地区性开发银行开展融资业务，愿继续同国际金融机构和有关国家协作，进一步加强多边、区域和双边贸易融资合作。

中国尽最大努力向有关国家提供支持和帮助，同有关国家和地区签署了总额达6500亿元人民币的双边货币互换协议，还将根据需要签署更多双边货币互换协议。我们积极参与清迈倡议多边化项下的货币储备库建设，维护地区经济金融形势稳定，促进地区金融合作和贸易发展。

中国组织了大型采购团赴海外采购，显示了中国坚持对外开放、推动恢复世界经济增长的坚定态度。

中国明确承诺，将认真落实中非合作论坛北京峰会确定的各项援非举措，在力所能及范围内继续增加对非援助、减免非洲国家债务，扩大对非贸易和投资、加强中非务实合作。中国将在南南合作框架内，继续向其他发展中国家提供力所能及的援助，包括无偿援助、债务减免、贸促援助。

中国将继续同国际社会加强宏观经济政策协调，推动国际金融体系改革，积极维护多边贸易体制稳定，为推动恢复世界经济增长作出应有贡献。

各位同事！

寒冬过后必将迎来万物复苏、万象更新的春天。只要我们增强信心、携手合作，就一定能克服这场国际金融危机的严峻挑战，创造更加美好的未来。

谢谢各位。

在“金砖四国”领导人会晤时的讲话

（2009 年 6 月 16 日，叶卡捷琳堡）

中华人民共和国主席　胡锦涛

尊敬的梅德韦杰夫总统，
各位同事：

很高兴在美丽的叶卡捷琳堡同各位相聚，就共同关心的重大问题交换看法，共商加强我们四国合作和发展大计。首先，我谨对梅德韦杰夫总统和俄罗斯政府的盛情邀请和周到安排，表示衷心的感谢！

当今世界，世界多极化和经济全球化深入发展，科技进步日新月异，各国相互依存不断加深，加强对话、深化合作、实现共赢已成为处理国际事务的主旋律。然而，国际金融危机仍在蔓延深化，形形色色的保护主义抬头，世界经济陷入衰退，南北差距持续扩大。与此同时，气候变化、粮食安全、能源资源安全、公共卫生安全问题突出，恐怖主义、大规模杀伤性武器扩散、有组织跨国犯罪等全球性挑战依然严峻。

作为主要新兴市场国家，“金砖四国”人口占世界总人口的 42%，国内生产总值占世界总量的 14.6%，贸易额占全球贸易额的 12.8%，按购买力平价计算对世界经济增长的贡献率已超过 50%。我们四国国情不同，但都肩负着维护世界和平、携手应对传统和非传统安全威胁的重大使命，都承载着加快经济社会发展、提高人民生活水平的重大责任，都面临着维护发展中国家权益、推动国际金融体系改革的重大课题。

几年来，在我们共同努力下，“金砖四国”已从一个经济学概念发展成为一个新的国际合作平台，引起世人广泛关注，成为国际社会一支重要力量。在当前形势下，我们四国既面临新的发展机遇，也面临前所未有的挑战。我们应该把握历史机遇，加强团结合作，共同维护发展中国家的整体利益。对于我们四国下一步合作，我愿提出以下建议。

第一，增强政治互信。我们四国都是对全球事务具有影响力的新兴国家，都是维护地区和国际和平稳定的重要力量。我们应该充分用好现有机制，通过对话和交流加深政治互信，成为国际上相互尊重、平等协商的典范。

第二，深化经济合作。我们四国在资源、市场、劳动力、科技等方面各有优势，彼此互补性强。我们应该加大经济合作力度，丰富合作内涵，拓宽合作领域，创新合作方式，增强合作实效。除经贸合作外，还可以结合应对气候变化，建立科技合作伙伴关系，在新能源等高技术领域开展联合研发，共同培育新的经济增长点。

第三，推进人文交流。我们四国历史文化悠久、人文底蕴深厚，人民友谊源远流长。我们应该积极拓展文化、教育、卫生、旅游、体育等领域交流合作，促进人民相互了解，推动各界成为好朋友、好伙伴，为深化全方位合作打下坚实社会基础。

第四，提倡经验互鉴。我们四国都在实践中摸索出适合自身特点的发展道路，这是人类社会的共同财富。我们应该尊重各自选择的发展道路，相互交流发展经验，彼此借鉴发展模式，在自愿基础上同其他发展中国家分享。我们还应该本着开放和透明原则，加强同其他各方的对话、交流、合作。

各位同事！

目前，世界经济正经历罕见的严峻挑战。积极应对国际金融危机、推动恢复世界经济增长，是摆在我们四国和世界各国面前的重大课题。我们四国都积极参与了二十国集团领导人峰会，为峰会成功作出了重要贡献。下一步，我们应该加强协调，推动峰会成果全面有效落实。为此，我建议着重进行以下努力。

——致力于推动世界经济尽快复苏。我们要努力克服困难，争取率先从国际金融危机中复苏。这不仅是我们自身的需要，也有助于推动恢复世界经济增长。我们要结合应对国际金融危机冲击，解决自身经济发展中长期存在的结构性问题，转变发展方式，争取在推动恢复世界经济增长的同时提高经济发展质量和水平。我们要坚持开放市场，发挥互补优势，扩大经贸合作。我们还要坚决反对保护主义，共同维护国际商品、服务、人员等正常有序流动，推动多哈回合谈判早日取得全面、均衡的成果。

——致力于推动国际金融体系改革。建立公平、公正、包容、有序的国际金融新秩序，从体制机制上为世界经济持续发展提供保障，符合历史发展潮流，符合各方根本利益。我们要共同推动制订国际货币基金组织和世界银行改革方案，切实提高发展中国家代表性和发言权，以客观反映世界经济格局变化；推动完善国际金融监管机制，确保发展中国家有效参与金融稳定理事会等国际金融监管机构；推动完善国际货币体系，健全储备货币发行调控机制，稳步推进国际货币体系多元化，保持主要储备货币汇率相对稳定。

——致力于落实联合国千年发展目标。我们要继续呼吁国际社会不能因为应对国际金融危机而忽视发展问题、减少发展投入，特别要关注国际金融危机对发展中国家尤其是最不发达国家的冲击。我们要呼吁各方继续执行联合国千年发展目标，敦促发达国家兑现官方发展援助承诺，推动联合国将于本月下旬召开的金融和经济危机及其对发展问题的影响高级别会议取得积极成果，并在力所能及的范围内继续为帮助其他发展中国家有效应对挑战作出贡献。

——致力于确保粮食安全、能源资源安全、公共卫生安全。我们在全力应对国际金融危机冲击的同时，要着眼长远、统筹兼顾，妥善处理影响发展的其他突出问题，特别是气候变化、粮食安全、能源资源安全、公共卫生安全问题。这些问题关系世界各国人民的福祉和整体利益。我们要加大农业投入，发展先进技术，抑制市场投机，增加粮食援助，加强农业和粮食合作。我们要加快开发清洁能源和可再生能源，构建先进能源技术研发和推广体系，推动实现能源供应多元化。我们要加强信息沟通，交流疫情防控经验，研发和分享疫苗，开展大规模传染性疾病防控合作。

各位同事！

国际金融危机给中国带来了巨大困难和严重挑战。为应对国际金融危机冲击、保持经济平稳较快发展，中国果断实施积极的财政政策和适度宽松的货币政策，形成了进一步扩大内需、促进经济平稳较快发展的一揽子计划。现在，这些措施已取得初步成效，呈现出积极迹象。在面临巨大困难的形势下，中国保持人民币汇率基本稳定，同有关国家和地区签署总额达 6500 亿元人民币的双边货币互换协议，积极参与国际金融公司贸易融资计划，支持对国际货币基金组织增资。中国为应对国际金融危机冲击采取的一系列举措不仅对本国经济、而且对区域经济乃至世界经济都将产生积极影响。

各位同事！

在纷繁复杂的国际挑战面前，让我们以强烈责任感和使命感，共同努力，深化合作，致力于建设持久和平、共同繁荣的和谐世界。

谢谢大家！

携手应对气候变化挑战

——在联合国气候变化峰会开幕式上的讲话

(2009 年 9 月 22 日，纽约)

中华人民共和国主席　胡锦涛

潘基文秘书长，

各位同事：

今天，各国领导人汇聚联合国，共商应对气候变化大计，这对推动国际社会有力应对气候变化这一全球性挑战具有十分重要的意义。

全球气候变化深刻影响着人类生存和发展，是各国共同面临的重大挑战。37 年来，从斯德哥尔摩到里约热内卢，从京都到巴厘岛，我们为保护全球环境、应对气候变化共同努力，取得显著成就。这是世界各国不断加深认知、不断凝聚共识、不断应对挑战的历史进程。《联合国气候变化框架公约》及其《京都议定书》已成为各方公认的应对气候变化主渠道，共同但有区别的责任原则已成为各方加强合作的基础，走可持续发展道路、实现人与自然相和谐已成为各方共同追求的目标。

气候变化是人类发展进程中出现的问题，既受自然因素影响，也受人类活动影响，既是环境问题，更是发展问题，同各国发展阶段、生活方式、人口规模、资源禀赋以及国际产业分工等因素密切相关。归根到底，应对气候变化问题应该也只能在发展过程中推进，应该也只能靠共同发展来解决。

应对气候变化，涉及全球共同利益，更关乎广大发展中国家发展利益和人民福祉。在应对气候变化过程中，必须充分考虑发展中国家的发展阶段和基本需求。发展中国家历史排放少、人均排放低，目前受发展水平所限，缺少资金和技术，缺乏应对气候变化能力和手段，在经济全球化进程中处于国际产业链低端，承担着大量转移排放。当前，发展中国家的首要任务仍是发展经济、消除贫困、改善民生。国际社会应该重视发展中国家特别是小岛屿国家、最不发达国家、内陆国家、非洲国家的困难处境，倾听发展中国家声音，尊重发展中国家诉求，把应对气候变化和促进发展中国家发展、提高发展中国家发展内在动力和可持续发展能力紧密结合起来。

各位同事！

应对气候变化，实现可持续发展，是摆在我们面前一项紧迫而又长期的任务，事关人类生存环境和各国发展前途，需要各国进行不懈努力。当前，我们在共同应对气候变化方面应该坚持以下几点。

第一，履行各自责任是核心。共同但有区别的责任原则凝聚了国际社会共识。坚持这一原则，对确保国际社会应对气候变化努力在正确轨道上前行至关重要。发达国家和发展中国家都应该积极采取行动应对气候变化。根据《联合国气候变化框架公约》及其《京都议定书》的要求，积极落实“巴厘路线图”谈判。发达国家应该完成《京都议定书》确定的减排任务，继续承担中期大幅量化减排指标，并为发展中国家应对气候变化提供支持。发展中国家应该根据本国国情，在发达国家资金和技术转让支持下，努力适应气候变化，尽可能减缓温室气体排放。

第二，实现互利共赢是目标。气候变化没有国界。任何国家都不可能独善其身。应对这一挑战，需要国际社会同舟共济、齐心协力。支持发展中国家应对气候变化，既是发达国家应尽的责任，也符合发达国家长远利益。我们应该树立帮助别人就是帮助自己的观念，努力实现发达国家和发展中国家双赢，实现各国利益和全人类利益共赢。

第三，促进共同发展是基础。发展中国家应该统筹协调经济增长、社会发展、环境保护，增强可持续发展能力，摆脱先污染、后治理的老路。同时，不能要求发展中国家承担超越发展阶段、应负责任、实际能力的义务。从长期看，没有各国共同发展，特别是没有发展中国家发展，应对气候变化就没有广泛而坚实的基础。

第四，确保资金技术是关键。发达国家应该担起责任，向发展中国家提供新的额外的充足的可预期的资金支持。这是对人类未来的共同投资。气候友好技术应该更好服务于全人类共同利益。应该建立政府主导、企业参与、市场运作的良性互动机制，让发展中国家用得上气候友好技术。

各位同事！

中国取得了巨大发展成就，人民生活和社会面貌发生了深刻变化。中国经济总量虽然已处于世界前列，但人均国内生产总值仍排在全球 100 位之后。中国仍是世界上最大发展中国家，人口占世界五分之一，城乡、区域、经济社会发展不平衡，面临的困难还很多，实现现代化还有很长的路要走。中国从对本国人民和世界人民负责任的高度，充分认识到应对气候变化的重要性和紧迫性，已经并将继续坚定不移为应对气候变化作出切实努力，并向其他发展中国家提供力所能及的帮助，继续支持小岛屿国家、最不发达国家、内陆国家、非洲国家提高适应气候变化能力。

中国高度重视和积极推动以人为本、全面协调可持续的科学发展，明确提出了建设生态文明的重大战略任务，强调要坚持节约资源和保护环境的基本国策，坚持走可持续发展道路，在加快建设资源节约型、环境友好型社会和建设创新型国家的进程中不断为应对气候变化作出贡献。

中国已经制定和实施了《应对气候变化国家方案》，明确提出 2005 年到 2010 年降低单位国内生产总值能耗和主要污染物排放、提高森林覆盖率和可再生能源比重等有约束力的国家指标。仅通过降低能耗一项，中国 5 年内可以节省能源 6.2 亿吨标准煤，相当于少排放 15 亿吨二氧化碳。

今后，中国将进一步把应对气候变化纳入经济社会发展规划，并继续采取强有力的措施。一是加强节能、提高能效工作，争取到 2020 年单位国内生产总值二氧化碳排放比 2005 年有显著下降。二是大力发展可再生能源和核能，争取到 2020 年非化石能源占一次能源消费比重达到 15% 左右。三是大力增加森林碳汇，争取到 2020 年森林面积比 2005 年增加 4000 万公顷，森林蓄积量比 2005 年增加 13 亿立方米。四是大力发展绿色经济，积极发展低碳经济和循环经济，研发和推广气候友好技术。

各位同事！

世界期待着我们就事关人类生存和发展的气候变化问题作出抉择。我相信，只要我们本着对各自国家和人类社会负责任的态度，立足现实，着眼未来，坚持《联合国气候变化框架公约》及其《京都议定书》主渠道地位，坚持共同但有区别的责任原则，坚持“巴厘路线图”的授权，哥本哈根大会就会成为国际社会合作应对气候变化新的里程碑。中国愿同各国携手努力，共同为子孙后代创造更加美好的未来！

谢谢各位。

同舟共济　共创未来

——在第六十四届联大一般性辩论时的讲话

（2009 年 9 月 23 日，美国纽约）

中华人民共和国主席　胡锦涛

主席先生，各位同事，女士们，先生们：

当今世界正处在大发展大变革大调整时期，和平、发展、合作的时代潮流更加强劲。世界多极化、经济全球化深入发展，多边主义和国际关系民主化深入人心，开放合作、互利共赢成为国际社会广泛共识，国与国相互依存更加紧密。

同时，国际金融危机影响仍在持续，世界经济复苏前景还不明朗，全球失业和贫困人口数量上升，发展不平衡更加突出，气候变化、粮食安全、能源资源安全、公共卫生安全等全球性问题进一步显现，恐怖主义、大规模杀伤性武器扩散、跨国有组织犯罪、重大传染性疾病等非传统安全威胁依然存在，一些热点问题长期得不到解决，地区局部冲突此起彼伏，国际形势中的不稳定不确定因素给世界和平与发展带来严峻挑战。

面对前所未有的机遇和挑战，国际社会应该继续携手并进，秉持和平、发展、合作、共赢、包容理念，推动建设持久和平、共同繁荣的和谐世界，为人类和平与发展的崇高事业不懈努力。

第一，用更广阔的视野审视安全，维护世界和平稳定。在人类历史上，各国安全从未像今天这样紧密相连。安全内涵不断扩大，传统安全威胁和非传统安全威胁相互交织，涉及政治、军事、经济、文化等诸多领域，对各国构成共同挑战，需要采用综合手段共同应对。安全不是孤立的、零和的、绝对的，没有世界和地区和平稳定，就没有一国安全稳定。

我们应该坚持互信、互利、平等、协作的新安全观，既维护本国安全，又尊重别国安全关切，促进人类共同安全。坚持联合国宪章宗旨和原则，坚持用和平方式解决地区热点问题和国际争端，反对任意使用武力或以武力相威胁。支持联合国在国际安全领域继续发挥重要作用。坚持平等、互利、合作精神，保障全球经济金融稳定。坚持反对一切形式的恐怖主义、分裂主义、极端主义，不断深化国际安全合作。

全面禁止和彻底销毁核武器，建立无核武器世界，是中国的一贯主张。国际社会应该切实推进核裁军进程，消除核武器扩散风险，促进核能和平利用及其国际合作。

第二，用更全面的观点看待发展，促进共同繁荣。在经济全球化深入发展的大背景下，各国发展息息相关。没有发展中国家普遍发展和平等参与，就没有世界共同繁荣，就无法建立更加公正合理的国际经济秩序。受国际金融危机冲击，发展中国家外部发展环境恶化，经济增长普遍减速，发展遇到严重困难。

我们应该把促进共同发展作为解决全球发展不平衡和实现可持续发展的重要途径。联合国应该加大对发展问题的投入，促进经济全球化朝着均衡、普惠、共赢方向发展，努力营造有利于发展中国家发展的国际环境。国际金融机构应该把新增资源首先用于帮助发展中国家脱困，以更加灵活多样、更加便利快捷的方式提供贷款支持。国际金融体系改革应该着力提高发展中国家代表性和发言权。

我们应该采取负责任的应对国际金融危机举措，坚定反对保护主义，积极推动多哈回合谈判早日取得全面、均衡的成果。发达国家应该向发展中国家开放市场、减免关税，兑现官方发展援助和减债承诺，特别是加大对最不发达国家援助力度，重点解决其面临的饥饿、医疗、教育等问题。

发展中国家应该立足自主发展，探索有利于实现发展、消除贫困的发展模式。发展中国家之间应该扩大贸易和投资合作，相互开放市场，提升南南合作水平。

第三，用更开放的态度开展合作，推动互利共赢。在气候变化、粮食安全、能源资源安全、公共卫生安全等全球性挑战面前，任何国家都不可能独善其身。加强国际合作，是应对挑战、确保和睦安宁的必由之路。我们应该树立共赢理念，把本国人民利益同世界人民共同利益结合起来，扩大各方利益汇合点。

气候变化是人类生存和发展面临的严峻挑战之一。国际合作是应对气候变化的关键。我们应该坚持《联合国气候变化框架公约》及其《京都议定书》主渠道地位，坚持共同但有区别的责任原则，坚持“巴厘路线图”的授权，推动哥本哈根大会取得成功，努力实现互利共赢。

粮食和能源问题事关各国民生、发展、稳定。我们应该加大农业投入，发展先进技术，抑制市场投机，增加粮食援助，加强农业和粮食合作。加强能源开发利用方面的互利合作，加紧研发新能源和可再生能源，构建先进能源技术研发和推广体系，实现能源供应多元化。

甲型流感持续蔓延，已成为国际社会共同面临的全球性公共卫生挑战。中国愿为发展中国家防控甲型流感提供力所能及的帮助。

第四，用更宽广的胸襟相互包容，实现和谐共处。不同文明交流借鉴、兼容并蓄，是社会进步的不竭动力。国家不分大小、强弱、贫富一律平等。我们应该承认各国文化传统、社会制度、价值观念的差异，尊重各国自主选择发展道路的权利。积极促进和保障人权，加强对话，消除隔阂。倡导开放包容精神，使不同文明和发展模式在竞争比较中取长补短、在求同存异中共同发展。

主席先生、各位同事！

中国人民即将迎来中华人民共和国成立 60 周年。60 年前，中国人民经过长期艰苦奋斗实现了民族独立、人民解放，建立起人民当家做主的新中国。30 年前，中国人民开始了改革开放和社会主义现代化建设的伟大历史征程。中国社会迸发出前所未有的活力和创造力。而今的中国，综合国力显著增强，人民生活总体上达到小康水平。中国发展对世界和平与发展作出了重大贡献。

历史是继续前进的基础，是开创未来的启示。我们清醒地认识到，中国仍然是发展中国家，我们在发展进程中遇到的矛盾和问题无论规模还是复杂性都世所罕见。中国要全面建成惠及十几亿人口的更高水平的小康社会，进而基本实现现代化、实现全体人民共同富裕，还有很长的路要走。中国将继续从本国国情出发，坚持走中国特色社会主义道路，坚持以经济建设为中心，坚持改革开放，全面推进经济建设、政治建设、文化建设、社会建设以及生态文明建设，真正做到发展为了人民、发展依靠人民、发展成果由人民共享，努力实现以人为本、全面协调可持续的科学发展。

中国的前途命运日益紧密地同世界的前途命运联系在一起。中国越是发展，对世界的贡献就越大，给世界带来的机遇也越大。中国将始终不渝走和平发展道路，始终不渝奉行互利共赢的开放战略，坚持在和平共处五项原则的基础上同所有国家发展友好合作。中国过去、现在、将来都是维护世界和平、促进共同发展的积极力量。

中国作为一个负责任的发展中大国，历来把促进共同发展作为外交政策的重要内容，尽力向其他发展中国家提供支持和帮助，已兑现对联合国《千年宣言》所作承诺。截至目前，中国向 120 多个国家提供了援助，累计免除 49 个重债穷国和最不发达国家债务，对 40 多个最不发达国家的商品给予零关税待遇。

国际金融危机发生以来，中国在面临巨大困难的情况下，保持人民币汇率基本稳定，为维护国际贸易健康发展发挥了重要作用。我们积极参与国际金融公司贸易融资计划，向国际货币基金组织提供融资支持并主要用于帮助发展中国家。我们同有关发展中国家签署双边货币互换协议。我们设立“中国—东盟投资合作基金”，为上海合作组织成员国提供信贷支持，积极参与东亚区域外汇储备库建设。

为进一步帮助发展中国家，中国还将采取以下举措。

——继续加强对受国际金融危机影响严重的发展中国家的支持，认真落实有关增资融资计划，加强贸易和投资合作，增强有关国家抵御金融风险和可持续发展能力。

——继续落实中国在联合国千年发展目标高级别会议上提出的帮助发展中国家加快发展的举措，促进联合国千年发展目标的实现。

——继续落实中非合作论坛北京峰会确定的各项援非举措，增加对非援助，减免非洲重债穷国和最不发达国家债务，扩大对非贸易和投资，在农业、卫生、教育、防灾减灾等领域向非洲国家提供人力和技术支持，加大面向非洲的人力资源培训。

——继续参与和推动地区货币金融合作，维护地区金融和经济形势稳定，促进地区金融合作和贸易发展。

主席先生、各位同事！

同舟共济、互利共赢是时代对我们的客观要求，也是实现各国共同发展繁荣的必由之路。让我们携起手来，共同分享发展机遇，共同应对各种挑战，为建设持久和平、共同繁荣的和谐世界而不懈努力！

谢谢各位。

共同缔造普遍安全的世界

——在安理会核不扩散与核裁军峰会上的讲话

（2009 年 9 月 24 日，美国纽约）

中华人民共和国主席　胡锦涛

主席先生，各位同事：

当前，国际安全环境复杂多变，核扩散问题依然突出，核裁军任重道远。为缔造普遍安全的世界，我们要努力做到以下几点。

——努力营造和平稳定的国际大环境，通过和平方式解决国际争端，增加各国安全感，促进发展，消除贫困，消除冲突和动荡根源。

——充分尊重和照顾各国正当合理的安全关切，不把本国安全凌驾于别国安全之上，通过互利共赢实现普遍安全。

——致力于建立相互理解和信赖的国家关系，化解分歧和猜疑，在平等基础上开展对话和合作。

——坚持多边主义，巩固以联合国为核心的集体安全体系，增强其公正性和合理性，使之在国际安全合作中发挥强大作用。

一个普遍安全的世界，首先应该摆脱核战争威胁。借此机会，我愿提出 5 点主张。

第一，维护全球战略平衡和稳定，积极推进核裁军进程。所有核武器国家应该切实履行《不扩散核武器条约》第六条规定的义务，并公开承诺不寻求永远拥有核武器。拥有最大核武库的国家应该继续率先大幅度实质性削减其核武器。《全面禁止核试验条约》应该早日生效。应该尽快就“禁止生产核武器用裂变材料条约”进行谈判。条件成熟时，其他核武器国家也应该加入多边核裁军谈判进程。为最终实现全面彻底核裁军，国际社会应该适时制订一项切实可行的分阶段的长远规划，包括缔结《全面禁止核武器公约》。

第二，放弃以首先使用核武器为基础的核威慑政策，切实减少核武器威胁。所有核武器国家应该明确承诺无条件不对无核武器国家和无核武器区使用或威胁使用核武器，并就此达成有法律约束力的国际文书。同时，核武器国家之间应该谈判缔结互不首先使用核武器条约。

第三，巩固国际核不扩散机制，防止核武器扩散。所有国家应该加入《不扩散核武器条约》，切实维护和加强条约权威性和有效性。强化国际原子能机构保障监督职能。所有国家应该严格履行防扩散义务，不搞双重标准，加强和改进防扩散出口管制。

第四，充分尊重各国和平利用核能的权利，积极开展国际合作。发达国家应该积极帮助发展中国家为和平目的开发利用核能。国际原子能机构应该加大投入，推动核电、核安全、核技术应用等方面技术合作和援助。

第五，大力加强核安全，切实减少核风险。各国应该严格遵守核安全领域各项国际法律文书，采取切实措施，确保其核设施和核材料安全，有效防止核材料流失。国际社会应该加强合作，共同打击核恐怖主义。

中国一贯主张全面禁止和彻底销毁核武器，我愿在这里郑重重申，中国坚定奉行自卫防御的核战略，始终恪守在任何时候和任何情况下不首先使用核武器政策，明确承诺无条件不对无核武器国家和无核武器区使用或威胁使用核武器。中国不参加任何形式的核军备竞赛，将继续把自身核力量维持在国家安全需要的最低水平，将继续为推进国际核裁军进程作出努力。中国愿继续为维护国际核不扩散体系发挥建设性作用。

谢谢各位。

合力应对挑战　推动持续发展
——在亚太经合组织第十七次领导人非正式会议上的讲话

（2009 年 11 月 15 日，新加坡）

中华人民共和国主席　胡锦涛

尊敬的李显龙总理，

各位同事：

很高兴同大家再次相聚，就共同关心的国际和地区问题交换意见。李显龙总理和新加坡政府为会议作了周到细致的安排，我对此表示感谢。

亚太经合组织 21 个经济体拥有世界 40% 的人口、54% 的经济总量、44% 的贸易量。世界关注我们的声音，我们达成的共识将对世界特别是本地区发展产生重要影响。

去年，我们在利马作出同舟共济、积极应对国际金融经济危机的坚定承诺。一年来，国际社会的协调努力初见成效。世界经济出现企稳回升的积极迹象，亚太地区经济复苏好于预期，有望成为世界经济全面复苏的重要推动力量。

当前，国际金融危机的深层次影响依然存在，世界经济形势好转的基础并不牢固，各种形式的贸易和投资保护主义明显抬头，国际经济体系的内在矛盾尚未得到根本解决，推动世界经济全面恢复增长还面临诸多不确定不稳定因素。与此同时，多哈回合谈判进程艰难曲折，气候变化、粮食安全、能源资源安全、公共卫生安全、重大自然灾害等全球性问题日益突出。这些对亚太和世界经济全面复苏和长远发展带来严峻挑战。

在这样的关键时刻，我们更应该团结一致，秉持开放合作、互利共赢的理念，加强协调，携手努力，巩固世界经济复苏势头、推动世界经济平衡有序发展。同时，我们应该以应对国际金融危机为契机，认真审视导致危机发生的深层次原因和各经济体在危机中暴露出来的深层次矛盾，加快转变经济发展方式，切实解决经济发展中的深层次、结构性问题，为经济又好又快发展奠定坚实基础。为此，中方提出以下主张。

第一，坚持不懈，推动世界经济全面恢复增长。不久前，二十国集团领导人匹兹堡峰会明确提出，必须继续实施经济刺激计划以促进经济活动，直到经济复苏势头得到巩固。各经济体应该保持宏观经济政策的连续性和稳定性，采取更加扎实有效的举措，在促进消费、扩大内需上下工夫。我们应该坚决维护公正自由开放的全球贸易和投资体系，努力保持商品、投资、服务自由流通。这对世界经济全面复苏和长远发展至关重要。

第二，着眼长远，促进可持续增长。要实现经济可持续增长，必须形成资源节约、环境友好的生产方式、生活方式、消费模式，实现经济增长、社会发展、环境保护相协调。我们应该统筹考虑当前增长和长远发展，在推动经济恢复增长的同时，优化能源结构，推进产业升级，大力发展绿色经济，培育新的经济增长点，为经济可持续增长创造条件。发达成员应该向发展中成员提供资金、技术转让、能力建设支持，确保发展中成员用得上气候友好技术，让气候友好技术更好服务于全人类共同利益。发展中成员应该立足实际，努力探索符合自身情况和发展阶段的可持续增长道路。

第三，统筹兼顾，倡导包容性增长。让经济全球化和经济发展成果惠及所有国家和地区、惠及所有人群，是可持续发展在社会领域的必然要求。实现包容性增长，既有利于解决经济发展过程中出现的社会问题，也有利于为推进贸易和投资自由化、实现经济长远发展奠定坚实社会基础。我们应该结合应对国际金融危机，优化产业结构，提高经济发展质量，提高全社会就业水平，增强抵御危机和风险能力。我们应该加强社会保障网络建设，着力解决教育、医疗、养老、住房等民生问题，实现发展为了人民、发展依靠人民、发展成果由人民共享的目标。明年，中国将主办亚太经合组织第五届人力资源开发部长级会议，为各方应对国际金融危机带来的社会问题、探讨实现包容性增长提供交流合作平台。希望各方积极支持和参与。

第四，全面协调，推动平衡增长。促进平衡增长、推动世界经济平衡有序发展是实现共同繁荣的必由之路。世界经济失衡根源是南北发展严重不平衡。发展中成员可以成为推动世界经济全面复苏和长远发展的重要力量。国际社会特别是发达成员应该以更广阔的视野和更长远的眼光审视发展问题，尽快落实在发展援助、贸易融资、优惠贷款等方面所作的承诺，向发展中成员开放市场，帮助发展中成员提高经济发展水平。国际金融机构应该帮助发展中成员保持金融稳定、促进经济增长，增强发展中成员危机承受能力和经济修复能力。只有兼顾发达成员和发展中成员利益和需求，实现双方经济均衡协调增长，才能真正实现世界经济平衡有序发展。

各位同事！

全球性挑战需要全球共同应对。一段时间以来，世界多国领导人越来越经常地聚集在一起，探讨解决全球性问题之道。这说明，国际社会已经认识到，随着经济全球化深入发展，和衷共济、合作共赢是我们的必然选择。亚太各经济体具有丰富多样性和高度互补性，在合作应对挑战方面积累了宝贵经验，为亚太经合组织合作奠定了良好基础。结合本次会议议程，我愿就当前世界和地区经济社会发展中的突出问题谈几点看法。

——坚定信心，支持多边贸易体制健康发展。维护多边贸易体制稳定，推动多哈回合谈判加快进程并取得成功，有利于提升国际贸易开放水平、抑制贸易保护主义、推动世界经济复苏，符合各方共同利益。中国是贸易和投资自由化便利化的坚定支持者，始终致力于建立公平、合理、非歧视的多边贸易体制，一直以建设性姿态参与多哈回合谈判。我们愿同各方一道努力，推动多哈回合谈判在锁定已有成果、尊重多哈授权的基础上，抓紧解决遗留问题，早日取得全面、均衡的成果，实现发展回合目标。我们应该履行已经作出的承诺，坚决反对任何形式的保护主义，警惕和纠正形形色色的隐性保护主义行为，减少和消除贸易壁垒，通过对话协商解决贸易摩擦。

——通力合作，携手应对气候变化挑战。气候变化是全人类面临的重大挑战，需要国际社会合力应对。《联合国气候变化框架公约》及其《京都议定书》是国际社会共同应对气候变化的主渠道，相关国际合作应该坚持共同但有区别的责任原则。发达国家应该按照《联合国气候变化框架公约》确定的原则和“巴厘路线图”提出的要求，在 2012 年后继续率先减排，同时为发展中国家应对气候变化提供资金、转让技术，提高发展中国家应对气候变化能力。发展中国家也应该通过实施可持续发展战略为应对气候变化作出自己的努力。在不久前召开的联合国气候变化峰会上，我代表中国政府明确表示，中国将继续在节能减排、发展可再生能源和核能、增加森林碳汇、发展绿色经济等方面采取强有力措施，为国际社会共同应对气候变化作出力所能及的贡献。哥本哈根大会是国际社会合作应对气候变化的一次重要会议。中方愿以积极和建设性的态度参与谈判，同各方一道推动哥本哈根大会取得积极成果。近年来，亚太经合组织在合作应对气候变化方面进行了有益尝试，特别是结合本地区特点，在森林保护方面采取了具体举措。希望各方继续支持和参与去年成立的亚太森林恢复与可持续管理网络各项活动，共同为本地区增加碳汇、减缓气候变化献计出力。

——多管齐下，积极推动区域经济一体化。加快区域经济一体化对本地区具有重要现实意义。亚太经合组织成员处在不同发展阶段，多样性明显。我们应该在不同层次、不同范围、通过多种途径推动区域经济一体化。我们应该加强经济结构改革领域合作，促进各成员改善商业环境，降低运营成本，帮助工商界特别是中小企业渡过难关。我们应该加强各成员基础设施等领域互联互通，改善本地区贸易、通信、运输网络，促进贸易、投资、人员更加便捷、顺畅、安全流动。本月初，中国成功举办亚太经合组织港口服务网络港口发展大会，探讨深化本地区港口及相关行业合作、加强港口和航运业在综合运输及国际供应链中的作用，为密切区域联系作出了积极贡献。

——团结协作，共同应对非传统安全威胁。近年来，各种全球性问题日益突出，对本地区经济社会发展和人民生活造成重大影响。我们应该本着平等、互利、共赢的全球发展伙伴精神，加强合作，共同维护世界粮食安全。我们应该树立和落实互利合作、多元发展、协同保障的新能源安全观，稳定能源价格，改善能源结构，促进能源技术转让，减少能源贫困。我们应该加强在甲型 H1N1 流感防控方面的协调，开展信息交流、早期预警、危机管理、防疫互助等合作，更好保障民众福祉。我们应该继续深化防灾减灾领域合作，总结合作中的有效做法和成功经验，加强交流和互助，共同抗击自然灾害。

各位同事!

今年是亚太经合组织成立 20 周年。20 年来，亚太经合组织逐步建立起全方位、多层次、宽领域合作机制，推动了地区经济合作，提升了亚太大家庭意识；尊重本地区多样性突出、经济社会发展阶段不同的现实，以自主自愿、协商一致、循序渐进的方式开辟了区域合作新途径；通过单边和集体行动计划相结合的方式，为推进本地区贸易和投资自由化便利化进行了有益探索；不断创新经济技术合作方式，为缩小成员间发展差距、促进共同繁荣发挥了重要作用。

中国作为亚太大家庭的一员，一贯重视并积极参与亚太经合组织各领域合作。中国积极推进区域贸易和投资自由化便利化，支持加快区域经济一体化。中国是经济技术合作的积极倡导者和参与者，提出了多项合作倡议，推动本地区经济合作走向深入。中国致力于亚太大家庭团结，积极推动建设持久和平、共同繁荣的和谐亚太。中国通过参与亚太经合组织合作促进了自身发展，也为本地区乃至世界经济发展作出了重要贡献。

亚太和世界经济正在经历深刻变革。经过 20 年的发展，亚太经合组织自身也面临一些新的挑战和问题。回首过去，展望未来，为充分发挥职能和作用、保持活力和动力、提升地位和影响，我们认为，亚太经合组织应该与时俱进、顺应形势，不断改革完善，提升合作效率。

第一，突出特色，继续推动贸易和投资自由化便利化进程。亚太经合组织是本地区贸易和投资自由化便利化的倡导者和开拓者，应该坚持不懈开展区域经济合作，不断推进区域经济一体化，提高各成员经济发展水平。茂物目标事关亚太经合组织的信誉、凝聚力和未来发展。发达成员如期实现茂物目标，将展现亚太经合组织推动贸易和投资自由化、反对贸易保护主义的决心，对提振各方信心、扩大区域贸易、推进区域经济一体化具有重要意义。中国支持将发达成员如期实现茂物目标作为亚太经合组织近期工作重点，稳步加以推进。

第二，加大投入，推动经济技术合作取得更大成果。经济技术合作是亚太经合组织的两大支柱之一，是推动贸易和投资自由化便利化的重要保证，也是缩小成员间发展差距、实现共同繁荣的必要手段。我们应该从促进全体成员平衡有序发展的高度重视经济技术合作问题，加大经济技术合作投入，积极探索新形势下开展合作的新方式，切实帮助发展中成员开展能力建设，扩大技术转让，提高经济技术合作水平。

为推动亚太经合组织经济技术合作进程，中国政府将拨款1000万美元设立中国亚太经合组织合作基金，用于鼓励和支持中国相关部门和企业参与亚太经合组织经济技术合作。

第三，改革创新，不断增强机制生机活力。近年来，亚太经合组织运作机制改革取得重要进展，为自身未来发展奠定了良好基础。当前形势下，亚太经合组织应该主动适应新情况、积极应对新挑战，继续稳步推进自身改革和机制建设。同时，应该优化资源配置，提高工作效率，增强合作效能，提升在应对重大经济问题方面的相关性、针对性、时效性，巩固和提高在区域合作中的影响力，为促进区域经济社会发展和人民生活改善作出新的更大的贡献。

各位同事！

前不久，中国人民热烈庆祝了中华人民共和国成立60周年。60年来特别是改革开放30年来，中国取得了举世瞩目的发展成就，发生了翻天覆地的巨大变化，实现了从高度集中的计划经济体制到充满活力的社会主义市场经济体制、从封闭半封闭到全方位对外开放的历史性转变，中国的前途命运日益紧密地同世界的前途命运联系在一起。中国需要和平稳定、和谐合作的国际发展环境，也愿意为营造这样的环境贡献自己的力量。中国将同国际社会携手合作、同舟共济，合力应对挑战，努力寻求包容性、可持续、平衡的经济增长。中国将始终不渝走和平发展道路，始终不渝奉行互利共赢的开放战略，始终不渝谋求和平的发展、开放的发展、合作的发展，为推动建设持久和平、共同繁荣的和谐世界作出不懈努力。

谢谢各位。

中国的发展和中美关系
——在美国友好团体举行的晚宴上的主旨演讲
(2009年9月10日，华盛顿)

中国全国人大常委会委员长　吴邦国

女士们，先生们，朋友们：

在我即将结束华盛顿之行的时候，美国商会、美中贸易全国委员会、美中关系全国委员会等10家团体联合举行这场盛大活动，使我们有机会再次与各位新老朋友见面，感到十分高兴。长期以来，美国的各友好团体和在座的各位朋友，为增进中美人民友谊、促进中美关系发展作出了不懈努力和宝贵贡献。借此机会，我谨代表中国政府和人民，向在座的各位朋友表示衷心的感谢！向所有关心、支持和致力于中美友好事业的美国各界人士致以诚挚的问候和良好的祝愿！

我这次访美的目的，是落实两国元首达成的重要共识，同美方扩大交流、增进互信、促进合作，推动中美关系沿着积极合作全面的方向健康稳定发展。今天，我与奥巴马总统、拜登副总统兼参议长进行了很好的会晤，昨天与佩洛西众议长、井上健代理临时参议长，以及美国国会参众两院的同事们进行了坦诚的交流，就双边关系和共同关心的重大国际和地区问题深入交换意见，形成了许多共识，还广泛接触了美国政界、工商界、企业界和地方的朋友们。虽然访问还没有结束，但可以说已经取得了令人满意的成果。

女士们，先生们，朋友们：

应对国际金融危机、推动世界经济复苏，是我这次访问期间各方谈论最多的话题。去年爆发的国际金融危机，给世界各国经济发展造成了重大影响，中国也不例外。面对这一严重冲击，中国政府果断调整宏观经济政策，确定保增长、调结构、促民生三大任务，及时实施进一步扩大内需、促进经济增长的一揽子计划。经过全国上下共同努力，今年上半年国内生产总值实现7.1%的增长，国民经济总体形势企稳向好，为战胜国际金融危机冲击、实现新的发展奠定了基础，也为促进世界经济复苏作出了积极贡献。我最近接触的外国朋友都关心中国的发展，并就中国的发展提出这样那样的问题。那我今天的演讲，就先谈谈中国的发展问题。

一、发展是中国战胜困难的一大法宝。这里我举几个例子，各位朋友印象会更深一些。一是，上世纪60年代中叶到70年代中叶，中国发生了

“文化大革命”十年内乱，国民经济几乎到了崩溃的边缘，人均国内生产总值只有 226 美元，粮食和肉、蛋、油等食品限量供应，连棉布、肥皂、火柴等日用品都要凭票供应，大多数家庭是三代人挤在一间房子里，人们追求的“三大件”是自行车、手表、缝纫机。面对如此困难的局面，是邓小平先生确定了发展是硬道理的战略思想，中国开始实行他所倡导的改革开放新政策，不断消除生产力发展的体制障碍，极大地激发了全体中国人民的积极性、主动性和创造性。30 年来，中国国民经济持续快速发展，各项事业全面进步，国内生产总值年均增长 9.8%。二是，去年 5 月 12 日，中国四川汶川发生强度 8 级、烈度达 11 度的特大地震，给人民生命财产和经济社会发展造成严重损失。面对这场新中国成立以来破坏性最强、波及范围最广、救灾难度最大的强烈地震，我们依靠集中力量办大事的制度优势、中华儿女自强不息的民族精神和改革开放 30 年的发展积累，举全国之力，在第一时间展开了史无前例的生死大营救，从地震废墟中救出被掩埋人员 8.4 万人，及时救治伤员 430 多万人次，最大限度地减少了人员伤亡。与此同时，紧急转移安置受灾群众 1500 多万人，调运帐篷 158 万顶、棉衣被 1900 万件，建设活动板房 67.7 万套、简易房 184.3 万户，确保了受灾群众有饭吃、有衣穿、有地方住，确保了大灾之后无大疫，确保了灾区社会稳定和人心安定。之后又全面开展灾后恢复重建工作，建立灾后恢复重建基金，制定恢复重建规划，形成对口支援机制。仅仅一年多时间，已经完成恢复重建投资 4600 多亿元，一个家家有房住、户户有就业、人人有保障、设施有提高、生态有改善的恢复重建目标正在成为现实。如果没有改革开放 30 年的发展积累，遭遇如此严重的特大自然灾害，结果是难以想象的。

二、发展是中国对世界的贡献。这主要体现在三个方面。一是，中国的发展与全人类的共同利益息息相关。中国把自己的事情办好，使 13 亿人民的日子一天比一天好，这本身就是对人类发展和福祉作出的历史贡献。改革开放 30 年来，中国的粮食产量由 3 亿吨增加到 5 亿吨，用占世界不到十分之一的耕地成功地解决了占世界近五分之一人口的吃饭问题，城乡居民收入分别增长 7.2 倍和 6.9 倍，农村贫困人口减少了近 2.4 亿人，平均预期寿命从 1949 年前的 35 岁上升到 73 岁，人民生活总体达到小康水平。大家可以想象，如果中国不发展或者发展不起来，那不仅仅是中国人民的灾难，也是世界人民的灾难。二是，中国的发展为世界各国发展带来机遇，使世界人民从中受益。自 2001 年加入世界贸易组织以来，中国每年平均进口 6870 亿美元的商品，为相关国家和地区创造约 1400 万个就业岗位。改革开放 30 年，中国累计实际利用外资 9038 亿美元，批准外商投资企业 67 万多家，世界 500 强企业在华几乎都有投资。去年，中国经济对世界经济增长的贡献率达到22%，对全球贸易增长的贡献率超过9%。这次中国积极应对国际金融危机冲击，促进经济平稳较快增长，成为促进世界经济复苏的重要因素，再次证明了这一点。三是，中国的发展增添了维护世界和平、促进共同发展的坚定力量。目前，中国同世界上171个国家建立了外交关系，同30多个国家和地区组织确定了战略伙伴关系，已成为亚太经合组织、上海合作组织、东盟10+3、20国集团等机制的重要成员，与非洲和阿拉伯国家共同创立了中非、中阿合作论坛，与欧盟建立了领导人定期会晤机制，与美国建立了中美战略与经济对话机制，加入了包括《不扩散核武器条约》在内的300多个国际多边条约以及130多个政府间国际组织和国际机构，积极参加禁毒、反恐和打击跨国犯罪的国际合作，与国际社会一道，推动建设持久和平、共同繁荣的和谐世界。

三、发展是中国的第一要务。改革开放30年，中国经济社会发展取得巨大的成就。但我们也清醒地认识到，中国是世界上最大的发展中国家，人口多、底子薄，城乡、区域、经济社会发展不平衡，生产力不发达，经济发展方式总体粗放，自主创新能力不强，人民生活水平还不高，人口资源环境压力大，就业、社会保障、收入分配等民生问题比较突出。这些仍然是中国的基本国情和面临的主要矛盾。中国的经济总量、资源总量、消费总量和基本公共服务等等，被13亿这一巨大的人口数一除，人均都远远低于世界平均水平。中国人均国内生产总值只有3000多美元，排在世界100位之后，东部沿海省份与内陆省份人均国内生产总值相差10倍以上。在农村，有4000多万贫困人口，还有近2亿的富余劳动力；在城镇，有2000多万人靠领取最低生活费过日子，每年还有2400多万人需要解决就业问题。仅今年需要就业的大学毕业生就达到近700万人。由此可以看出，中国仍处于并将长期处于社会主义初级阶段。中国要实现现代化，还有相当长的路要走，需要几代人、十几代人，甚至几十代人的不懈努力。我们确定了到2020年实现全面建设小康社会的奋斗目标。我们将始终把发展作为执政兴国的第一要务，深入贯彻落实科学发展观，继续解放思想，坚持改革开放，推动科学发展，促进社会和谐。我们将更好地发挥市场在资源配置中的基础性作用，坚持扩大内需的方针，加快经济增长由主要依靠投资、出口拉动向依靠消费、投资、出口协调拉动转变，由主要依靠第二产业带动向依靠第一、第二、第三产业协同带动转变，由主要依靠增加物质资源消耗向主要依靠科技进步、劳动者素质提高、管理创新转变，实现经济社会又好又快发展。尽管前进道路上会遇到这样或那样的困难和问题，但中国的发展是大势所趋、人心所向，我们对此充满信心。只要我们坚持以中国特色社会主义理论体系为指导，坚定不移地沿着中国特色社会主义道路走下去，就一定能够把中国建设成为富强民主文明和谐的社会主义现代化国家，使中国各族人民都过上幸福安康的好日子。

这里，我要强调的是，中国发展离不开世界，世界繁荣稳定也离不开中国。我们将始终不渝走和平发展道路，既通过维护世界和平发展自己，又通过自身发展维护世界和平。这是中国政府和人民根据时代发展潮流和自身根本利益作出的战略抉择，绝不是权宜之计，而是内在的、永恒的追求。我们认为，由于历史文化、发展阶段、社会制度和意识形态的不同，国与国之间在一些问题上有不同看法甚至分歧，是完全可以理解的。大家可以坐下来谈，一时谈不拢也没关系，至少可以增进相互了解，但分歧不应成为合作的障碍，更不能成为干涉别国内政和遏制别国发展的理由。我们主张，推进国际关系民主化，尊重世界多样性，尊重各国人民自主选择发展道路的权利，不干涉别国内部事务，不把自己的意志强加于人。我们反对，以认识分歧为借口，拿宗教和言论自由作幌子，去支持或变相支持“台独”、“藏独”等分裂势力，干涉中国内政。我们坚持，在和平共处五项原则的基础上同所有国家发展友好合作。也就是说，相互尊重国家主权和领土完整，尊重和照顾彼此核心利益，是中国同其他国家和国际组织建立和发展关系的政治基础。这一点在任何时候都不会改变。

女士们，先生们，朋友们：

中美建交 30 年来，两国关系经历风风雨雨，取得了历史性发展。正是两国老一辈领导人以政治家的战略眼光、只争朝夕的进取精神，跨越分歧、打破坚冰，发表了上海公报、建交公报、“八·一七”公报等三个联合公报，为中美关系的发展奠定了政治基础。正是两国几届领导人坚持三个联合公报确定的原则，加强对话交流，增进政治互信，促进互利合作，使得中美关系的内涵不断充实，合作的水平不断提升。正是一批又一批像在座各位朋友一样致力于中美友好事业的两国各界人士的共同努力，使得今天的中美关系已经成为当今世界最为重要、最具活力和发展潜力的双边关系之一。

当前，中美关系正站在一个新的历史起点上。奥巴马总统就职以来，在双方共同努力下，中美关系实现平稳过渡，取得良好开局并保持积极发展势头。今年 4 月，胡锦涛主席和奥巴马总统在伦敦会晤期间，确立了共同努力建设 21 世纪积极合作全面的中美关系新定位，建立了中美战略与经济对话新机制。7 月底，在华盛顿举行的首轮中美战略与经济对话取得积极成果。胡锦涛主席发来贺词，强调作为世界上有重要影响的国家，中美两国在事关人类和平与发展的一系列重大问题上肩负着重要责任，拥有广泛的共同利益和广阔的合作空间。在当前复杂多变的国际经济政治形势下，中美双方通过战略与经济对话，扩大共识，减少分歧，加深互信，促进合作，符合双方共同利益，有利于推动中美关系朝着积极合作全面的方向发展，对世界的和平稳定与发展繁荣也具有重要意义。奥巴马总统亲临开幕式，强调中美关系将塑造21世纪，希望看到中国成为国际社会强大、繁荣和成功的一员，不赞成对中国进行遏制，认为美中互为伙伴既出于必需，也出于选择。他还引用中国古代著名思想家孟子的名言，表明决心通过持续合作而非对抗来塑造21世纪。这个月在纽约联合国相关会议和匹兹堡20国集团领导人金融峰会上，两国元首将再次会晤。奥巴马总统还将应胡锦涛主席邀请首次访华。两国元首频繁接触中达成的重要共识，为新形势下中美关系发展指明了方向。这里还值得一提的是，两国议会交往也掀开了中美关系新的一页。今年5月佩洛西众议长成功访华，现在我又成功访美。这是我担任中国全国人大常委会委员长后第一次正式访美，也是中国全国人大常委会委员长20年来第一次访美。这次我与美国各界人士进行了广泛接触交流，印象最深的是，双方合作的愿望从来没有像今天这样强烈，双方合作的诚意从来没有像今天这样真挚。大家都认为，新形势下中美关系的战略意义和全球影响日益突出，发展中美关系符合两国和两国人民的根本利益，有利于亚太地区乃至世界的和平与发展。

女士们，先生们，朋友们：

中国是世界上最大的发展中国家，美国是世界上最大的发达国家，两国有着广泛共同利益和深厚合作基础，当前又面临重要发展机遇。我们要以实际行动，把双方加强合作的强烈愿望转化为现实，不断开创中美关系的新局面。

一是在互利共赢基础上扩大合作领域。随着经济全球化深入发展和科技革命迅猛推进，国与国相互依存日益紧密，人类社会面临的共同挑战越来越多，需要世界各国携手合作，共同应对。中美都是世界上有重要影响的国家，对此肩负着重要责任。当前要大力加强以下三个领域的工作：一要加强共同应对国际金融危机的合作，密切宏观经济及金融政策的沟通协调，切实推进贸易投资自由化和便利化，努力消除各种形式的贸易投资障碍，妥善处理双方经贸摩擦和纠纷，积极推动国际金融体系改革和监管完善。二要加强能源环境和气候变化领域的合作，通过开展联合研究、建设示范工程、共同开发技术、扩大相互投资等形式，加强低碳经济、可再生能源和清洁能源、洁净煤和碳捕捉及封存、智能电网、建筑能效、新能源汽车等方面的互利合作，使相关合作成为中美关系的新亮点。三要加强在国际和地区问题上的密切沟通和协调，保持在反恐、防扩散、打击跨国犯罪以及朝核、伊朗核等地区热点问题上的对话与合作，同国际社会一道，共同维护世界和平与稳定。

二是在加强交流过程中凝聚合作力量。发展中美关系，加强中美合作，离不开两国各方面的共同参与。双方应当不断加强各领域、各层次交流和人员往来，形成推动中美关系发展的合力。要继续保持双方高层密切接触和交往的良好势头，深化战略互信，巩固中美合作的政治基础。要充分发挥中美战略与经济对话的作用，深入探讨事关两国关系发展的战略性、长期性、全局性问题，并以此引领其他双边机制发挥更大作用。要大力推进双方经贸、人文领域以及地方政府、社会团体之间的交流，特别是加强两国年青一代的友好交流，增进人民友谊，夯实中美友好的社会基础。议会交往作为国家关系的重要组成部分，在推动国家关系发展方面发挥着不可替代的作用。中国全国人大同美国国会参众两院分别建立了定期交流机制，并先后与美众议院举行了 10 次会议、与美参议院举行了 4 次会议。在新形势下，中国全国人大愿同美国国会一道，围绕两国关系发展大局，保持密切交往，加强定期交流，开展专门委员会、工作机构等多层次友好往来，深入坦诚对话，扩大政治互信，促进务实合作，继续为推动积极合作全面的中美关系发展发挥建设性作用。

三是在相互尊重原则下妥善处理分歧。妥善处理两国关系中的重大敏感问题，对实现中美关系健康稳定发展至关重要。中美之间虽然存在分歧，但共同利益远远大于分歧。双方应当本着相互尊重、求同存异、互利共赢的精神，从战略高度和长远角度看待和发展中美关系，尊重彼此的主权和领土完整，尊重彼此的制度选择和发展道路，尊重彼此的核心利益和重大关切，坦诚对话，耐心沟通，不断扩大利益汇合点，共同把中美关系的发展大局维护好、发展好。

女士们，先生们，朋友们：

中美关系今天的良好局面来之不易。推动中美关系健康稳定发展，是两国人民的共同愿望，也是时代赋予的历史责任。让我们携起手来，排除各种干扰，合作应对挑战，共同谱写中美关系新的美好篇章！

坚定信心　加强合作　推动世界经济新一轮增长

——在世界经济论坛2009年年会上的特别致辞

（2009 年 1 月 28 日）

中华人民共和国国务院总理　温家宝

尊敬的施瓦布主席，

女士们，先生们：

很高兴出席世界经济论坛 2009 年年会，并发表特别致辞。首先，我要感谢施瓦布主席的盛情邀请和周到安排。本届年会意义特殊，在历史罕见的国际金融危机之中，各国政要、企业家和专家学者聚集在这里，围绕"重塑危机后的世界"这一主题，共同探讨维护国际金融稳定、促进世界经济增长的举措，探索全球综合治理之道，既有重要的现实意义，也体现了会议举办者的远见卓识。各方面热切期盼从这里听到富有智慧的声音，凝聚战胜危机的力量。我们有责任向世界传递信心、勇气和希望。我预祝本届年会取得成功！

我们正在经历的这场国际金融危机，使世界经济陷入上世纪大萧条以来最困难的境地。各国和国际社会纷纷采取积极应对措施，对提振信心、缓解危机、防止金融体系崩溃和世界经济深度衰退起到了重要作用。这场危机的原因是多方面的。主要是：有关经济体宏观经济政策不当、长期低储蓄高消费的发展模式难以为继；金融机构片面追逐利润而过度扩张；金融及评级机构缺乏自律，导致风险信息和资产定价失真；金融监管能力与金融创新不匹配，金融衍生品风险不断积聚和扩散。"吃一堑，长一智"。我们必须从中认真吸取教训，正确处理储蓄与消费的关系，金融创新与金融监管的关系，虚拟经济与实体经济的关系，从根本上找到化解危机之策。

坦率地说，这场危机对中国经济也造成较大冲击，我们正面临严峻挑战。主要是：外部需求明显收缩，部分行业产能过剩，企业生产经营困难，城镇失业人员增多，经济增长下行的压力明显加大。

中国作为一个负责任的大国，在危机中采取了积极负责的态度。我们把扩大国内有效需求特别是消费需求作为促进经济增长的基本立足点。及时调整宏观经济政策取向，果断实施积极的财政政策和适度宽松的货币政策，迅速出台扩大国内需求的十项措施，陆续制定和实施一系列政策，形成了系统完整的促进经济平稳较快发展的一揽子计划。一是大规模增加政府支出和实施结构性减税。中国政府推出了总额达 4 万亿元的两年计划，规模相当于 2007 年中国 GDP 的 16%，主要投向保障性安居工程、农村民生工程、铁路交通等基础设施、生态环保等方面的建设和地震灾后恢复重建，既有“十一五”规划内加快实施的项目，也有根据发展需要新增的项目。这个计划经过了科学论证，在资金保证上作了周密安排，其中中央政府计划投资 1.18 万亿元，并带动地方和社会资金参与建设。中国政府还推出了大规模的减税计划，主要是全面实施增值税转型，出台中小企业、房地产交易相关税收优惠政策等措施，取消和停征 100 项行政事业性收费，一年可减轻企业和居民负担约 5000 亿元。二是大频度降息和增加银行体系流动性。中央银行连续五次下调金融机构存贷款利率，其中一年期存、贷款基准利率累计分别下调 1.89 和 2.16 个百分点，大幅度减轻企业财务负担。连续四次下调存款准备金率，大型金融机构累计下调 2 个百分点，中小型金融机构累计下调 4 个百分点，共释放流动性约 8000 亿元，使商业银行可用资金大幅增加。出台一系列金融促进经济增长的政策措施，扩大贷款总量，优化信贷结构，加大对“三农”、中小企业等方面的金融支持。三是大范围实施产业调整振兴规划。我们抓住机遇全面推进产业结构调整和优化升级，制定汽车、钢铁等重点产业的调整和振兴规划，既着眼于解决企业当前存在的困难，又致力于产业的长远发展。采取有力措施，推进企业兼并重组，淘汰落后产能，发展先进生产力，提高产业集中度和资源配置效率。我们鼓励企业技术进步和技术改造，支持企业广泛应用新技术、新工艺、新设备、新材料，调整产品结构，开发适销对路产品，提高生产经营水平。我们不断完善和落实金融支持政策，健全信用担保体系，放宽市场准入，支持中小企业发展。四是大力推进科技创新和技术改造。加快实施国家中长期科学和技术发展规划，特别是 16 个重大专项，突破一批核心技术和关键共性技术，为中国经济在更高水平上实现可持续发展提供科技支撑。推动发展高新技术产业群，创造新的社会需求，培育新的经济增长点。五是大幅度提高社会保障水平。我们加快完善社会保障体系，继续提高企业退休人员基本养老金，提高失业保险金和工伤保险金标准，提高城乡低保、农村五保等保障水平，提高优抚对象抚恤和生活补助标准。今年中央财政用于社会保障和就业的资金投入增幅将大大高于财政收入增速。我们积极推进医药卫生体制改革，力争用三年时间基本建成覆盖全国城乡的基本医疗卫生制度，初步实现人人享有基本医疗卫生服务，预计三年内各级政府将为此投入 8500 亿元。我们坚持优先发展教育，正在制定《国家中长期教育改革和发展规划纲要》，今年将进一步提高农村义务教育公用经费标准，加大对家庭经济困难学生的资助，提高中小学教师待遇，继续促进教育公平和优化教育结构。我们实施更加积极的就业政策，特别是出台了促进高校毕业生和农民工就业的各项政策措施，进一步开辟公益性就业岗位，千方百计减缓金融危机对就业的影响。总的看，这些重大政策措施，注重标本兼治、远近结合，综合协调、相互促进，把扩大国内需求、调整振兴产业、推进科技创新、加强社会保障结合起来，把增加投资和刺激消费结合起来，把克服当前困难和促进长远发展结合起来，把拉动经济增长和改善民生结合起来，对于动员全社会力量共同应对危机，起到了关键性作用。

当前中国经济形势总体上是好的。经过努力，在战胜两场突如其来的特大自然灾害的同时，2008 年中国经济保持了平稳较快发展。国内生产总值增长 9%，居民消费价格基本稳定；粮食连续五年丰收，总产量达到 5.28 亿吨；城镇新增就业 1113 万人，城乡居民收入持续增加；金融体系稳健运行，银行体系流动性和信贷资产质量保持在较好水平。作为一个发展中大国，中国把自己的事情办好，有利于提振对世界经济增长的信心，有利于减缓国际金融危机扩散蔓延趋势，有利于增加中国的进口和对外投资，拉动世界经济增长，给其他国家提供更多发展机遇和就业机会。中国经济保持平稳较快发展，对维护国际金融稳定和促进世界经济增长作出了重要贡献。

女士们，先生们：

中国经济能不能继续保持平稳较快发展？有些人可能会有疑虑。我可以给大家一个肯定的回答：我们对此充满信心。我们的信心来自哪里？信心来自中国经济发展的基本面没有改变。由于我们正确判断形势、及时果断调整宏观经济政策，中国经济仍然保持了平稳较快发展。我们制定并实施的既应对当前困难又着眼长远发展的一揽子计划，开始见到效果，今年将发挥更大作用。信心来自中国经济发展的长期趋势没有改变。我们仍处于重要战略机遇期，在工业化和城镇化快速推进中，基础设施建设、产业结构和消费结构升级、环境保护和生态建设、社会事业发展，蕴藏着巨大的需求和增长潜力，它将有力支撑中国经济在较长时间内继续保持较高速度增长。信心来自中国经济发展的优势没有改变。经过 30 年改革开放，我们建立了良好的物质、技术和体制基础。劳动力资源丰富、素质较高、成本较低；国家财政收支状况良好，金融体系稳健，社会资金充裕；我们有集中力量办大事的制度优势、和谐安定的社会环境。更为重要的是，我们树立了以人为本、全面协调可持续发展的科学发展理念，始终坚持改革开放，始终奉行互利共赢的开放战略，找到了一条符合中国国情、顺应时代潮流的正确发展道路；我们的人民拥有坚韧不拔、自强不息、百折不挠的精神与意志，正是这些优秀品质，使历史悠久的中国在逆境中焕发更加强劲的生命力。同时，中国经济发展的外部环境没有根本改变，求和平、谋发展、促合作是当今世界发展不可阻挡的潮流，国际分工格局调整中蕴藏着新的机遇。我们完全有信心、有条件、有能力继续保持经济平稳较快发展，继续为世界经济发展作出积极贡献。

女士们，先生们：

国际金融危机是一场全球性的挑战，战胜这场危机要靠信心、合作和责任。坚定信心是战胜危机的力量源泉。信念的力量，远比想象的更为强大。国际社会和各国的当务之急，是继续采取一切必要的措施，尽快恢复市场信心。在经济困难面前，各国对世界经济发展的前景有信心，国家领导人和各国人民对自己的国家有信心，企业对投资有信心，个人对消费有信心，比什么都重要。务实合作是战胜危机的有效途径。在经济全球化条件下，大家的命运已紧紧联系在一起，谁也离不开谁。金融危机检验着国际社会加强合作的诚意和水平，考验着我们的智慧。只有加强合作，携手努力，同舟共济，才能有效应对危机。承担责任是战胜危机不可或缺的重要基础。各国政府坚定、勇敢、负责地承担起责任，对于稳定金融秩序、防止危机对实体经济影响加深十分重要。政治家要有远见卓识，既要对自己的国家和人民负责，也要对国际社会负责。当前，应当抓紧落实 20 国集团领导人金融市场和世界经济峰会以来达成的广泛共识，不仅要采取更加积极有效的措施渡过当前难关，而且要努力推动建立公正、合理、健康、稳定的世界经济新秩序。为此，我提出以下意见。

一是深化国际经贸合作，推进多边贸易体制健康发展。历史经验告诉我们，越是危机关头越要坚持开放与合作。贸易保护主义不仅会加大危机的严重程度，还会使危机持续更长时间，是损人不利己的行为。要积极推进贸易投资自由化便利化。中国坚定地支持推动多哈回合谈判早日达成平衡的结果，建立公平、开放的多边贸易体制。作为多边贸易体制的重要补充，积极推进区域经济一体化进程。

二是推动国际金融体系改革，加快建立国际金融新秩序。这场危机充分暴露了现有国际金融体系和治理结构的缺陷。要加快主要国际金融组织治理结构改革，建立合理的全球金融救助机制，增强履行职责的能力。增加发展中国家在国际金融组织中的发言权和代表性，积极发挥其在维护国际和地区金融稳定等方面的作用。鼓励区域货币金融合作，充分发挥地区资金救助机制作用。稳步推进国际货币体系多元化。

三是加强国际金融监管合作，防范金融风险积聚和扩散。各国金融当局应加强信息交流与沟通，加大对全球资本流动的监测力度，防范金融风险跨境传递。扩大国际金融体系监管的覆盖面，特别要增强对主要储备货币国家的监督，建立及时高效的危机早期预警系统。制定合理有效的金融监管标准，完善会计准则、资本充足要求等各类监督制度。加强对金融机构和中介组织的监管，增强金融市场和各类金融产品透明度。

四是切实保护发展中国家利益，促进世界经济共同发展。国际社会特别是发达国家要承担应尽的责任和义务，尽量减少国际金融危机对发展中国家造成的损害，帮助发展中国家保持金融稳定和经济增长。国际金融组织应该通过放宽贷款条件等措施，及时救助有需要的发展中国家。积极推进国际减贫进程，特别要加大对最不发达国家和地区的援助力度，增强他们的自我发展能力。

五是协同应对全球性问题挑战，建设人类共有的美好家园。面对气候变暖、环境恶化、疫病和自然灾害、能源资源和粮食安全、恐怖主义蔓延等关系人类生存和发展的问题，任何国家都无法置身事外，也难以单独应对，国际社会必须加强合作，共同应对这些挑战。

这里，我再次重申，中国将始终不渝地谋求和平的发展、开放的发展、合作的发展。中国愿意继续与国际社会一道，积极维护国际金融稳定、促进世界经济发展，积极应对各种全球性风险和挑战，为实现世界的和谐与可持续发展贡献自己的力量！

女士们，先生们！严冬终将过去，春天就要来临。让我们坚定信心，加强合作，共同推动世界经济新一轮增长！

谢谢大家！

全面推进中非新型战略伙伴关系
——在中非合作论坛第四届部长级会议开幕式上的讲话

（2009 年 11 月 8 日，沙姆沙伊赫）

中华人民共和国国务院总理　温家宝

尊敬的穆罕默德·胡斯尼·穆巴拉克总统阁下，尊敬的各位国家元首和政府首脑阁下，尊敬的非洲联盟委员会主席让·平阁下，各位代表团团长、部长和大使阁下，女士们、先生们：

来到美丽的海滨城市沙姆沙伊赫，与出席中非合作论坛第四届部长级会议的各位朋友畅叙友情、共商合作，我感到非常高兴。作为本次会议共同主席国的总理，我谨代表中国政府，对各位与会嘉宾表示热烈欢迎，对埃及政府为本次会议所做的精心准备和周到安排表示衷心感谢！

中非合作论坛创立九年来，一直发挥着引领和推动中非关系发展的重要作用，日益成为中非加深友谊的桥梁、加强合作的平台。特别是论坛北京峰会召开三年来，中非致力于共建政治上平等互信、经济上合作共赢、文化上交流互鉴的新型战略伙伴关系，开创了中非合作的新局面。

——政治互信不断增强。双方高层往来更加频繁、外交磋商与战略对话日趋密切，非洲国家在涉及中国核心利益问题上更加坚定地支持中方，中非在重大国际和地区事务中相互协调配合，维护和扩大了广大发展中国家的共同利益。

——经贸合作日益深化。2008 年中非贸易突破千亿美元，同中国有贸易往来的非洲国家增加到 53 个；中国在非洲开工建设 6 个经贸合作区，中国企业到非洲国家落户增加到近 1600 家，直接投资存量达到 78 亿美元；工程承包和劳务合作规模不断扩大，金融合作方兴未艾。

——中国扩大对非援助取得实效。中国在遭受国际金融危机冲击、自身面临不少困难的情况下，信守诺言，全面落实北京峰会的承诺，对非援助规模翻了一番，免除 33 国 168 笔债务已近尾声，总计 50 亿美元的优惠性质贷款近期将全部到位，首期 10 亿美元的中非发展基金如期启动。这些不仅促进了非洲自我发展能力建设，也为非洲国家应对国际金融危机的冲击发挥了积极作用。

——人文交流蓬勃开展。文教、卫生、人力资源培训等领域的交流与合作发展迅猛，中国为非洲国家培训各类人员年底以前将达到 15000 人，青年、妇女、友好省市等领域的交往日趋频繁，进一步加深了相互理解和传统友谊。

女士们、先生们、朋友们，

近年来，迅速提升的中非关系、日益密切的中非合作，吸引了全世界的目光。在这里我想强调，中国不是近年来突然出现在非洲的，非洲也不是近年来才支持中国的。早在上世纪五六十年代，中非就在反帝、反殖、反霸的历史浪潮中并肩战斗，在振兴民族经济的艰辛历程中携手同行。坦赞铁路、援非医疗队、青年志愿者，是中国无私帮助非洲的生动例证；把中国“抬进”联合国、北京奥运圣火在非洲顺利传递、向四川汶川地震灾区热心捐款，是非洲人民对中国人民情谊的真实写照。中国政府和人民始终尊重非洲国家自主选择社会制度的权利，支持非洲人民探索适合本国国情的发展道路，坚信非洲完全有能力以非洲方式处理好自己的问题。中非经贸合作是建立在互利共赢、开放透明基础之上的，中国对非洲的支持和援助，过去没有、将来也永远不会附加任何政治条件。中国乐见其他国家和国际组织积极参与非洲的开发与建设，共同推动非洲的和平、发展与进步。

中非关系能够经受住国际风云变幻的考验，始终保持蓬勃发展的势头，患难与共、相互支持是基础；相互尊重、平等相待是核心；互利合作、共同发展是关键。当今世界正在经历空前的大变革、大调整，中非同属发展中国家，既面临着加快发展的难得的历史机遇，也面临着纷繁复杂的全球性挑战。双方进一步加强互利合作，有利于充分发挥各自优势，实现共同发展；有利于带动国际社会更加关注非洲，帮助非洲加快实现千年发展目标；有利于促进南南合作，提升发展中国家在国际政治、经济格局中的整体地位；有利于推动国际关系民主化和国际秩序公正化，建设持久和平、共同繁荣的和谐世界。

女士们、先生们、朋友们，

当前，与其他地区一样，非洲也面临着金融危机、气候变化等全球性问题的挑战。金融市场波动，经济大幅下滑，外资流入锐减，一些国家和地区出现动荡，实现联合国千年发展目标任务更加艰巨；受气候变化的影响，水旱灾害频繁、沙漠化加剧、物种减少、粮食减产、生态环境恶化，可持续发展面临严重威胁。

非洲人口占世界的1/7，是发展中国家最集中的大陆，非洲的发展，是实现世界经济发展不可或缺的组成部分。作为非洲真诚可靠的朋友，中国对非洲面临的困难和挑战感同身受。中国呼吁国际社会要增强紧迫感，更加切实有效地支持非洲发展。一是坚持落实千年发展目标的决心不动摇，措施不减弱，切实履行对非援助承诺，积极为非洲创造有利的国际经济、贸易、金融等外部条件。二是深刻认识非洲国家提高适应气候变化能力的迫切需要，理解和支持非洲国家的合理关切和诉求，把帮助非洲应对气候变化与提高可持续发展能力紧密结合起来，通过综合治理，促进非洲的全面协调发展。三是对非洲国家在应对粮食安全、能源安全、流行性疾病等其他全球性问题面临的特殊困难，给予更多理解、支持和帮助。

女士们、先生们、朋友们，

在新形势下，中国愿意和非洲国家不断深化各领域务实合作，全面推进中非新型战略伙伴关系。为此，我愿提出以下建议：

第一，加强战略协调，维护共同利益。保持高层交往势头，密切政治对话和磋商，就双方共同关心的重大全球性问题加强协调配合，提升发展中国家在国际体系中的发言权和代表性，共同推动国际政治经济秩序朝着更加公正合理的方向发展。中国将一如既往地在国际场合为非洲仗义执言，维护非洲国家的利益，同时与非洲国家加强应对全球性挑战策略和经验方面的交流，帮助非洲国家提高应对能力和自我发展能力。

第二，落实千年发展目标，改善非洲民生。发展经济、消除贫困、改善民生，是非洲国家的首要任务。中国将继续在力所能及的范围内增加对非援助、减免非洲国家债务，优化对非援助结构，使援助项目进一步向农业、教育、医疗卫生、减贫、清洁饮用水等攸关民生的领域倾斜，帮助非洲尽早实现联合国千年发展目标。

第三，提升经贸合作，实现互利共赢。中非经济互补性很强，互利合作前景广阔。应大力发展中非贸易，尽快扭转今年双边贸易下滑态势，积极扩大非洲商品对华出口。中国鼓励更多企业赴非洲投资，引导中国企业更多承担社会责任，同当地人民和睦相处。要把对非经贸合作同技术转让结合起来，大力帮助非洲培训技术人员和管理人才。

第四，促进人文交流，巩固中非友好。中非都有着灿烂多姿的文化。双方应进一步加强文化交流和借鉴，鼓励双方举办各种文化节、艺术展和体育赛事，支持双方民间组织、新闻媒体、学术机构密切联系。中国将继续支持非洲发展教育、卫生、科技等社会事业，欢迎非洲各国参与上海世博会，充分展示非洲各领域的发展成果。

第五，拓宽合作领域，加强机制建设。中方愿加大对非洲和平安全事务的参与，增加对非洲一体化建设的支持，扩大同非洲区域性组织的合作。愿与非方共同努力，推进中非合作论坛机制建设，促进双方职能部门在论坛框架下开展合作，强化和扩展论坛对中非关系的促进和引领作用。

女士们、先生们、朋友们，

中国人民对非洲人民的感情是真诚的，中国对非洲发展的支持是实实在在的。今后不管世界风云如何变化，我们同非洲人民的友谊不会变，与非洲深化互利合作、实现共同发展的决心不会变，支持非洲经济社会发展的政策不会变。在今后 3 年，中国政府将采取八项新举措推进中非合作：

第一，倡议建立中非应对气候变化伙伴关系，不定期举行高官磋商，在卫星气象监测、新能源开发利用、沙漠化防治、城市环境保护等领域加强合作。中方决定为非洲援建太阳能、沼气、小水电等 100 个清洁能源项目。

第二，加强科技合作，倡议启动“中非科技伙伴计划”，实施 100 个中非联合科技研究示范项目，接收 100 名非洲博士后来华进行科研工作，并为其回国服务提供资助。

第三，增加非洲融资能力，向非洲国家提供 100 亿美元优惠性质贷款；支持中国金融机构设立非洲中小企业发展专项贷款，金额 10 亿美元。对非洲与中国建交的重债穷国和最不发达国家，免除截至 2009 年底对华到期未还的政府无息贷款债务。

第四，扩大对非产品开放市场，逐步给予非洲与中国建交的最不发达国家 95% 的产品免关税待遇，2010 年年内首先对 60% 的产品实施免关税。

第五，进一步加强农业合作，为非洲国家援建的农业示范中心增加到 20 个，向非洲派遣 50 个农业技术组，为非洲国家培训 2000 名农业技术人员，提高非洲实现粮食安全的能力。

第六，深化医疗卫生合作，为援非 30 所医院和 30 个疟疾防治中心提供价值 5 亿元人民币的医疗设备和抗疟物资，为非洲培训 3000 名医护人员。

第七，加强人力资源开发和教育合作，为非洲国家援助 50 所中非友好学校，培训 1500 名校长和教师；到 2012 年，向非洲提供的中国政府奖学金名额将增至 5500 名；今后 3 年为非洲培训各类人才总计 2 万名。

第八，扩大人文交流，倡议实施“中非联合研究交流计划”，促进学者、智库交往合作，交流发展经验，并为双方出台更好合作政策提供智力支持。

女士们、先生们、朋友们，

53 年前，埃及成为非洲第一个与新中国建交的国家。中埃建交开启了中非关系的新纪元。今天，在埃及召开的中非合作论坛第四届部长级会议，将成为中非关系进一步发展的新起点。非洲有句谚语：独行可以走得快，结伴才能走得远。中国也有句谚语：路遥知马力，日久见人心。我相信，只要中非双方同心协力、开拓进取、平等互利，我们就完全能够抓住机遇、战胜挑战，中非新型战略伙伴关系就一定会迈上新的台阶，中非友谊与合作就一定会不断地结出更加丰硕的成果。

最后，预祝本届论坛部长级会议圆满成功！

弘扬世博理念　推动共同发展
——在第七届上海世博国际论坛开幕式上的致辞

(2009 年 11 月 12 日，北京)

中华人民共和国国务院总理　温家宝

尊敬的蓝峰主席、洛塞泰斯秘书长，

各位来宾、女士们、先生们：

我很高兴出席第七届上海世博国际论坛。我谨代表中国政府，对出席论坛的各位嘉宾表示热烈欢迎，并衷心祝愿这次论坛取得圆满成功！举办一系列世博国际论坛，是广泛传播世博理念、扩大世博会影响的重要活动。这次论坛以“凝聚全球智慧，共创城市未来”为主题，进行广泛、深入的研讨，对丰富 2010 年上海世博会的内涵，推动世博会成功举办具有重要意义。

世博会是人类文明成果荟萃的伟大盛会，每一届世博会都成为见证人类文明发展的重要驿站。一部世博会的历史，是人类从落后走向进步、从封闭走向开放、从冲突走向合作、从崇拜物质走向崇尚科学的历史。

“一切始于世博会”这句广为传诵的名言，道出了世博会对人类的巨大影响力。蒸汽机、电灯、电话、电影、电视、汽车、飞机、航天器……这些重大发明正是通过世博会传遍了世界，深刻改变了人类的生活。美国女作家海伦·凯勒曾以抚摸方式参观了 1893 年芝加哥世博会，后来她在《假如给我三天光明》的传世名篇中深情地写道，如果给她三天光明，她要把最宝贵的第三天留给博物馆，对整个世界做匆匆一瞥，看人类进步的艰难曲折，看历代兴衰和沧桑之变。世博会在全球范围推动了广泛的国际交流，为世界各国开阔视野、展示自我提供了机会和舞台，有力地促进了各国走向国际化和现代化的进程。世博会超越了信仰、地域和种族的界限，冲破了动荡、冲突和战争的阴影，把各国人民汇聚在和平、进步、友爱、合作的世博大家庭里。世博会开启着人类重新认识世界的窗口，引领人们从对物的崇拜转向对人的关怀、从征服自然转向尊重自然、从追求增长转向推崇可持续发展。

斗转星移，世博会已经走过了 158 个春秋。一个半世纪的积淀，世博会历久而弥新，始终保持旺盛生命力，不仅极大地激发了人们创造物质财富的积极性和热情，而且给人类留下了宝贵的精神财富：

第一，高举进步的旗帜。追求进步是人类永恒的主题，也是贯穿世博会整个发展进程的主旋律。世博会始终顺应人类发展进步的潮流，不断与时俱进，演绎着人类对“进步”理念的最新诠释，这是世博事业能够长盛不衰的关键所在。

第二，崇尚创新的精神。创新是推动人类进步不竭的源泉，也是世博会的灵魂。历史证明，世博会崇尚创新的精神无数次点燃人类智慧的火焰，帮助人们战胜各种困难和挑战，在推动世界经济社会发展中发挥着不可替代的作用。

第三，坚持开放的道路。开放兼容是一个国家和民族走向繁荣富强的必由之路。促进不同文化的碰撞和融合，加强交流与合作，是世博会一如既往的使命。世博会所展示的开放精神，符合人类发展进步的潮流，从而使世博事业发展道路越走越宽广。

第四，倡导和谐的理想。建立以和为贵、以人为本、人与人相敬相爱、人与自然相近相亲的和谐世界，是世博大家庭不灭的理想。这与国际社会致力于推动建立持久和平、共同繁荣的和谐世界的精神相得益彰，使弘扬世博精神成为人类的共同追求。1867 年，法国作家雨果在巴黎世博会导览手册上写下“抛弃战争吧！让我们联手、和谐与团结！”这句话至今回荡在我们的耳边。

女士们、先生们：

中国与世博会的关系源远流长，一百年前就有中国人提出要在中国举办世博会。中国与世博会交往的历史，也是中国从封闭半封闭走向全方位对外开放、从积贫积弱走向繁荣富强的历史。

1851 年，第一届世博会在英国伦敦举行，当时中国封建王朝的统治者对世界科技的飞速发展和政治经济格局的历史性变化还茫然无知，视西方科技为“奇技淫巧”，将世博会称为“赛奇会”。仅有上海英商“宝顺洋行”的一个商人徐荣村，以其经营的“荣记湖丝”参加博览会，并获得金银大奖。经过几次走近世博会，不少中国人大开眼界，接受了近代文明的洗礼，进而萌发了学习西方、追赶西方的强烈使命意识。1876 年，中国第一次以官方名义参加了美国费城世博会，随团参展的商人李圭根据经历写下了《环游地球新录》，成为中国人“睁眼看世界”的名篇。此后，一些有识之士不仅希望参与世博会，而且期望中国举办世博会。中国早期改良主义代表人物郑观应，在《盛世危言》中第一次提出上海举办世博会的主张。1910 年，一位叫陆士谔的青年创作了幻想小说《新中国》，虚构了 100 年后在上海浦东举办万国博览会的情景。维新变法的代表人物梁启超等也曾提出在上海举办世博会，渴望自己的祖国“睡狮破浓梦，病国起沉疴”。但由于当时中华民族内忧外患、国力衰微，举办世博会只能是一个遥远的梦想。

新中国成立后，特别是改革开放以来，中国抓住历史机遇，实现了30年的高速发展，社会主义建设取得了巨大成就。随着对外开放的扩大，中国重新登上了世博会的舞台，并日益成为世博会中的重要角色，受到国际社会的普遍欢迎和好评。从1982年起，中国共参加了12次世博会。1993年中国加入《国际展览公约》，成为国际展览局的第46个成员。1999年，中国在云南昆明成功举办了世界园艺博览会，显示中国已具备举办综合性世博会的能力。2001年，中国正式提出由上海市申办2010年世博会，表达了13亿中国人民对世博会的热切期盼。2002年，国际展览局决定，将2010年世博会举办权授予中国上海，中华民族的百年世博梦想终于变成了现实。

中国是世界上人口最多的发展中国家。世博会第一次在发展中国家举办，充分体现了世博会强大的生命力，也充分显示了国际展览局的远见卓识。我们相信，中国举办世博会，既是中国的机遇，也是世界的机遇，对最广泛传播和弘扬世博理念、促进世界和平与发展必将产生深远的影响。

——上海世博会将是一次世界人民大团圆的盛会。目前，已有192个国家和50个国际组织确认参加上海世博会，这将是规模空前、名副其实的一次全球盛会，注定以最为广泛的参与度载入世博会的史册。我们最大限度地争取世界各国政府和各国人民的参与、理解和支持，真正体现了世博会可以超越信仰、超越地域、超越种族的伟大精神。

——上海世博会将是一次促进人类文明发展的盛会。“城市，让生活更美好”是上海世博会的主题。亚里士多德曾经说过，“人们来到城市，是为了生活。人们留在城市，是为了更好地生活”。随着工业化、城市化的发展，城市在使人们享受美好生活的同时，也带来了人口膨胀、交通拥挤、环境污染、资源紧缺、城市贫困、文化摩擦等严峻困扰和挑战。实现城市的和谐、可持续发展，是摆在世界各国面前的一个重大而紧迫的课题。上海世博会期间，世界各国充分展示城市文明成果、交流城市建设经验、传播先进城市发展理念，探讨新的更好的人类居住、生活、工作模式，将为人类可持续发展留下一份丰厚的精神遗产。

——上海世博会将是一次推动创新、促进合作的盛会。上海世博会为世界各国、国际组织和企业提供一个展示创新成果的平台，交流合作的平台。这里将成为闪耀全球智慧、聚焦国际视野、启迪人们心灵的神圣殿堂，将看到独具创意和科技理念的特色展览、交融荟萃的地域风情和多元文化的精彩诠释，从而促进各国、各企业在坚持自主创新的同时，充分利用国际科技资源，广泛开展各种形式的科技合作。

——上海世博会将是一次凝聚信心、促进共同发展的盛会。当今世界正处于大发展、大变革时期，世界多极化、经济全球化深入发展，开放合作、互利共赢成为国际社会的广泛共识。在共同应对国际金融危机、气候变化、能源和粮食安全、核扩散威胁等一系列全球性挑战的背景下，办好上海世博会，对于我们坚定信心，凝聚共识，推动世界和平与共同发展，具有十分重要的现实意义。

女士们、先生们：

我们正在经历一场百年罕见的国际金融危机，大家都很关心中国应对危机的情况和经济形势，这里我想作一简要介绍。

这场金融危机使世界经济遭受了上世纪大萧条以来最为严峻的挑战。经过国际社会务实合作、共同努力，目前最坏的时期已经过去，世界经济开始复苏，但是，全面复苏将是缓慢曲折的过程。我们要继续秉承开放合作、承担责任、互利共赢的精神，共同推动世界经济全面持续平衡发展。

中国作为一个发展中大国，在应对危机中采取了积极负责任的态度。我们认真做好自己的事，全面参与国际合作，积极发挥建设性作用。中国始终高度重视经济社会全面协调可持续发展，坚持把扩大内需特别是消费需求作为应对国际金融危机的基本立足点，努力做到速度与结构、质量、效益相统一，政府调控与市场作用相结合，促进增长与改善民生相协调，全面实施并不断丰富完善应对国际金融危机的一揽子计划，较快扭转了经济增速下滑态势，也为世界经济复苏作出了积极贡献。实践证明，我们应对国际金融危机采取的一揽子计划和政策措施是及时的、有力的、有效的。当前，中国经济回升向好的趋势不断得到巩固，但仍然面临不少困难和问题。我们将进一步加强和改善宏观调控，正确处理好保持经济平稳较快发展、调整经济结构和管理好通胀预期的关系，继续实行积极的财政政策和适度宽松的货币政策，增强政策的灵活性和可持续性，更加重视提高经济增长的质量和效益，促进中国经济平稳较快发展。

这里我重申，中国将始终不渝地谋求和平的发展、开放的发展、合作的发展，中国愿意同国际社会一道，坚决反对贸易投资保护主义，妥善应对各种风险和挑战，为实现世界和谐与可持续发展贡献自己的力量！

中国申博成功 7 年来，我们举全国之力，集世界智慧，认真扎实推进各项筹办工作。这次世博会，既属于上海市，更属于全中国、全世界。中国政府和中国人民作出了巨大努力，世界各国、国际组织和各界朋友也作出了很大贡献。我们将继续全力以赴做好各项筹办工作，进一步加强与各参展国家、地区和国际组织的合作，确保把上海世博会办成一届成功、精彩、难忘的盛会。第七届世博国际论坛是上海世博会开幕前的最后一届国际论坛。借此机会，我代表中国政府，向为筹办世博会付出辛劳与汗水的同志们和朋友们表示衷心的感谢！

最后，我们真诚地欢迎大家，欢迎世界各地朋友，明年相聚上海，与全体中国人民一起，共同领略上海世博会的精彩纷呈，共同分享人类文明的盛宴！

谢谢大家！

凝聚共识　加强合作
推进应对气候变化历史进程
——在哥本哈根气候变化会议领导人会议上的讲话

（2009 年 12 月 18 日，哥本哈根）

中华人民共和国国务院总理　温家宝

拉斯穆森首相阁下，

各位同事：

此时此刻，全世界几十亿人都在注视着哥本哈根。我们在此表达的意愿和作出的承诺，应当有利于推动人类应对气候变化的历史进程。站在这个讲坛上，我深感责任重大。

气候变化是当今全球面临的重大挑战。遏制气候变暖，拯救地球家园，是全人类共同的使命，每个国家和民族，每个企业和个人，都应当责无旁贷地行动起来。

近三十年来，中国现代化建设取得的成就已为世人瞩目。在这里我还要告诉各位，中国在发展的进程中高度重视气候变化问题，从中国人民和人类长远发展的根本利益出发，为应对气候变化作出了不懈努力和积极贡献。

——中国是最早制定实施《应对气候变化国家方案》的发展中国家。先后制定和修订了节约能源法、可再生能源法、循环经济促进法、清洁生产促进法、森林法、草原法和民用建筑节能条例等一系列法律法规，把法律法规作为应对气候变化的重要手段。

——中国是近年来节能减排力度最大的国家。我们不断完善税收制度，积极推进资源性产品价格改革，加快建立能够充分反映市场供求关系、资源稀缺程度、环境损害成本的价格形成机制。全面实施十大重点节能工程和千家企业节能计划，在工业、交通、建筑等重点领域开展节能行动。深入推进循环经济试点，大力推广节能环保汽车，实施节能产品惠民工程。推动淘汰高耗能、高污染的落后产能，2006 至 2008 年共淘汰低能效的炼铁产能 6059 万吨、炼钢产能 4347 万吨、水泥产能 1.4 亿吨、焦炭产能 6445 万吨。截至今年上半年，中国单位国内生产总值能耗比 2005 年降低 13%，相当于少排放 8 亿吨二氧化碳。

——中国是新能源和可再生能源增长速度最快的国家。我们在保护生态基础上，有序发展水电，积极发展核电，鼓励支持农村、边远地区和条件适宜地区大力发展生物质能、太阳能、地热、风能等新型可再生能源。2005年至2008年，可再生能源增长51%，年均增长14.7%。2008年可再生能源利用量达到2.5亿吨标准煤。农村有3050万户用上沼气，相当于少排放二氧化碳4900多万吨。水电装机容量、核电在建规模、太阳能热水器集热面积和光伏发电容量均居世界第一位。

——中国是世界人工造林面积最大的国家。我们持续大规模开展退耕还林和植树造林，大力增加森林碳汇。2003至2008年，森林面积净增2054万公顷，森林蓄积量净增11.23亿立方米。目前人工造林面积达5400万公顷，居世界第一。

中国有13亿人口，人均国内生产总值刚刚超过3000美元，按照联合国标准，还有1.5亿人生活在贫困线以下，发展经济、改善民生的任务十分艰巨。我国正处于工业化、城镇化快速发展的关键阶段，能源结构以煤为主，降低排放存在特殊困难。但是，我们始终把应对气候变化作为重要战略任务。1990至2005年，单位国内生产总值二氧化碳排放强度下降46%。在此基础上，我们又提出，到2020年单位国内生产总值二氧化碳排放比2005年下降40%—45%，在如此长时间内这样大规模降低二氧化碳排放，需要付出艰苦卓绝的努力。我们的减排目标将作为约束性指标纳入国民经济和社会发展的中长期规划，保证承诺的执行受到法律和舆论的监督。我们将进一步完善国内统计、监测、考核办法，改进减排信息的披露方式，增加透明度，积极开展国际交流、对话与合作。

各位同事，

应对气候变化需要国际社会坚定信心，凝聚共识，积极努力，加强合作。必须始终牢牢把握以下几点：

第一，保持成果的一致性。应对气候变化不是从零开始的，国际社会已经为之奋斗了几十年。《联合国气候变化框架公约》及其《京都议定书》是各国经过长期艰苦努力取得的成果，凝聚了各方的广泛共识，是国际合作应对气候变化的法律基础和行动指南，必须倍加珍惜、巩固发展。本次会议的成果必须坚持而不能模糊公约及其议定书的基本原则，必须遵循而不能偏离“巴厘路线图”的授权，必须锁定而不能否定业已达成的共识和谈判取得的进展。

第二，坚持规则的公平性。“共同但有区别的责任”原则是国际合作应对气候变化的核心和基石，应当始终坚持。近代工业革命200年来，发达国家排放的二氧化碳占全球排放总量的80%。如果说二氧化碳排放是气候变化的直接原因，谁该承担主要责任就不言自明。无视历史责任，无视人均排放和各国的发展水平，要求近几十年才开始工业化、还有大量人口处于绝对贫困状态的发展中国家承担超出其应尽义务和能力范围的减排目标，是毫无道理的。发达国家如今已经过上富裕生活，但仍维持着远高于发展中国家的人均排放，且大多属于消费型排放；相比之下，发展中国家的排放主要是生存排放和国际转移排放。今天全球仍有 24 亿人以煤炭、木炭、秸秆为主要燃料，有 16 亿人没有用上电。应对气候变化必须在可持续发展的框架下统筹安排，决不能以延续发展中国家的贫穷和落后为代价。发达国家必须率先大幅量化减排并向发展中国家提供资金和技术支持，这是不可推卸的道义责任，也是必须履行的法律义务。发展中国家应根据本国国情，在发达国家资金和技术转让支持下，尽可能减缓温室气体排放，适应气候变化。

第三，注重目标的合理性。中国有句成语：千里之行，始于足下。西方也有句谚语：罗马不是一天建成的。应对气候变化既要着眼长远，更要立足当前。《京都议定书》明确规定了发达国家至 2012 年第一承诺期的减排指标。但从实际执行情况看，不少发达国家的排放不减反增。目前发达国家已经公布的中期减排目标与协议的要求和国际社会的期望仍有相当距离。确定一个长远的努力方向是必要的，更重要的是把重点放在完成近期和中期减排目标上，放在兑现业已作出的承诺上，放在行动上。一打纲领不如一个行动，我们应该通过切实的行动，让人们看到希望。

第四，确保机制的有效性。应对气候变化，贵在落实行动，重在机制保障。国际社会要在公约框架下作出切实有效的制度安排，促使发达国家兑现承诺，向发展中国家持续提供充足的资金支持，加快转让气候友好技术，有效帮助发展中国家、特别是小岛屿国家、最不发达国家、内陆国家、非洲国家加强应对气候变化的能力建设。

最后，我要强调的是，中国政府确定减缓温室气体排放的目标是中国根据国情采取的自主行动，是对中国人民和全人类负责的，不附加任何条件，不与任何国家的减排目标挂钩。我们言必信、行必果，无论本次会议达成什么成果，都将坚定不移地为实现、甚至超过这个目标而努力。

谢谢!

在首轮中美战略与经济对话开幕式上的讲话

（2009年7月27日，华盛顿）

中华人民共和国国务委员　戴秉国

尊敬的希拉里国务卿和盖特纳财长，

尊敬的王岐山副总理，

女士们、先生们、朋友们：

今年4月胡锦涛主席与奥巴马总统在伦敦峰会期间共同决定建立的中美战略与经济对话隆重开幕了，这是中美关系中一件可喜可贺的大事。此时此刻，恐怕全世界的目光都投向了这个大厅。胡锦涛主席专门发来贺词，奥巴马总统将亲临开幕式并发表重要讲话，更显示出这个对话具有的重要而特殊的价值。

我和王岐山副总理来自一个对你们来说是遥远而又邻近的东方文明国度，来自一个产生了孔夫子、孙中山、毛泽东、邓小平等一大批伟人、为人类贡献了四大发明的国家，来自一个13亿人正在聚精会神搞建设、一心一意谋发展、坚持构建和谐社会并致力于同世界各国和谐相处、共同繁荣的国家，来自一个人权事业几十年间获得了巨大发展的国家。我们到这里来做什么呢？我们到这里来，是要本着相互尊重、平等相待、互利共赢的精神，就中美两国关系和事关人类生存、和平、发展的宏观性、战略性和前瞻性问题与美方进行坦诚深入的对话，探讨在急剧变化的21世纪如何建设积极合作全面的中美关系，寻求增进理解、深化互信、扩大共识、发展合作，把我们共同利益的蛋糕做得更大、更美，以造福于中美两国人民，造福于我们共同生活的地球家园。

我们中美两国能够构建起21世纪积极合作全面的中美关系坚固大厦吗？我本人已经走过了人生68个年头，对这个世界的种种变迁做过一些研究和思考，我愿乐观地看待中美关系的未来。

首先，人类进入21世纪仅仅9年的时间就已展示出21世纪的世界与20世纪是多么的不同。今天中国也好，美国也好，其他国家也好，都生活在一个变得越来越小的“地球村”里，都面临着无法独自应对的越来越多、越来越大的全球性共同挑战，大家实际上都在同一条被狂风巨浪不断侵袭的大船上，利益交融、休戚相关、安危与共，只能顺应时代发展的潮流，同舟共济、和谐共处、合作共赢。

其次，经过30年的共同努力，中美关系取得巨大发展。尽管我们两国有很多方面的不同，美国永远不会变成中国，中国也永远不会变成美国。但活生生的事实是，中美之间的沟通互动从未像今天这样频繁，中美之间的利益交融从未像今天这样紧密，中美之间的互利合作从未像今天这样广泛，中美关系发展的动力也从未像今天这样强劲。我们两个伟大的国家、伟大的人民，有千万条理由要紧紧抓住历史机遇，不断增进战略互信，积极扩大全面合作，妥善处理分歧和敏感问题，共同开创中美关系更加美好的未来。

"好的开头是成功的一半"。近几年来，我曾先后同佐利克和内格罗蓬特两位常务副国务卿密切合作，进行了富有成果的战略对话。今天我非常高兴能同王岐山副总理、克林顿国务卿、盖特纳财长一道为中美关系而合作，很荣幸能同克林顿国务卿女士一起主持中美战略与经济对话框架下的中美战略对话。我们一定要不负众望、不辱使命，把头开好。

女士们、先生们、朋友们：

我以为，我们正在参与创造21世纪两个社会制度、意识形态、文化传统、发展阶段不同国家同舟共济、共对挑战的历史，参与创造全球化时代的21世纪相互尊重、和谐相处、合作共赢的新型大国关系的历史。我们能做到吗？我要说：我们一定要努力做到，也一定能够做到（Yes We can)。

谢谢大家。

维护世界和平　促进共同发展
——在日内瓦外交与国际关系学院的演讲

（2009 年 8 月 12 日，日内瓦）

中华人民共和国外交部长　杨洁篪

尊敬的墨菲院长，
各位使节、国际组织和机构代表，
日内瓦外交与国际关系学院的教师和同学们，
女士们，先生们，朋友们：

很高兴在美丽的日内瓦与各位相聚一堂。首先，我想对日内瓦外交与国际关系学院授予我名誉博士学位表示诚挚的感谢。日内瓦外交与国际关系学院以严谨扎实的学风在国际上负有盛名。能够获得这座学院的名誉博士学位，我深感荣幸。这也体现了墨菲院长对中国人民的友好情谊。值此机会，我也要向长期致力于促进中国与瑞士、欧洲乃至世界友好合作的朋友们表示崇高的敬意和衷心的感谢。

当今世界正处于大变革大调整之中。全球化继续向纵深发展，既为人类社会带来难得的机遇，也使国际社会大家庭面临广泛的挑战。金融危机波及世界的每一个角落，牵动各国的发展议程。地区热点问题出现新的变数，影响着国际安全形势的发展演变。气候变化、能源安全、环境恶化、贫困加剧、传染病蔓延、大规模杀伤性武器的扩散等全球性问题日益突出，已经并将继续对国际关系产生广泛和深远的影响。

这一切昭示我们，世界正变得越来越小，国与国、人与人之间的距离越来越近，大家同处“地球村”，同乘一条船。在这个各国利益交融、休戚相依的时代，与世界隔绝不可能实现真正的发展与繁荣，独善其身不可能实现持久的和平与稳定。同舟共济、互利共赢，应成为各国的共同选择。

朋友们：

经过 30 多年的改革开放，中国同世界的关系发生了历史性变化，中国的前途命运日益紧密地同世界的前途命运联系在一起。不管国际风云如何变幻，中国都将高举和平、发展、合作旗帜，奉行独立自主的和平外交政策，恪守维护世界和平、促进共同发展的外交宗旨。

——我们始终不渝坚持走和平发展道路。中华民族是热爱和平的民族。中华民族的复兴对世界不是威胁，而是机遇和贡献。我们始终秉持国家不分大小、强弱、贫富，一律平等，尊重各国人民自主选择发展道路的权利。我们致力于和平解决国际争端和热点问题，推动国际和地区安全合作。中国的发展是和平的发展，不会损害任何人，也不会威胁任何人。中国现在不称霸，将来也绝不称霸。

——我们始终不渝奉行互利共赢的开放战略。中国将继续以自己的发展促进地区和世界的共同发展，扩大同各方利益的汇合点，在实现本国发展的同时兼顾各方特别是发展中国家的正当关切。我们将继续按照通行的国际经贸规则，参与国际经贸合作。我们支持国际社会向发展中国家提供更多援助，协助其改善民生，增强自主发展能力。我们支持完善国际贸易和金融体制，通过磋商协作解决彼此间的摩擦和分歧。中国决不做损人利己、以邻为壑的事情。

——我们始终不渝致力于建设和谐世界。和谐世界的目标是持久和平、共同繁荣。为此，各国应遵循《联合国宪章》宗旨和原则，恪守国际法和公认的国际关系准则，在国际关系中弘扬民主、和睦、协作、共赢精神。政治上相互尊重、平等协商；经济上相互合作、优势互补；文化上相互借鉴、求同存异；安全上相互信任、加强合作；环保上相互帮助，协力推进，共同呵护人类赖以生存的地球家园。

——我们始终不渝坚持在和平共处五项原则基础上同所有国家发展友好合作。中美两国确定共同建设 21 世纪积极合作全面的中美关系。上个月举行的中美战略与经济对话首次会议，就许多双边和重大的全球性问题达成重要共识。中俄战略协作伙伴关系保持了良好发展势头，两国在能源、经贸、科技、文化等领域的合作不断取得新进展。中欧全面战略伙伴关系不断向前发展，双方战略共识日益增多，经贸合作富有成效，相互了解不断加深。中日战略互惠关系总体保持良好发展势头，双边务实合作不断加强。我们将继续本着“与邻为善、以邻为伴”的周边外交方针，加强睦邻友好和务实合作，共同营造和平稳定、平等互信、合作共赢的地区环境。我们加强同广大发展中国家的团结合作，深化传统友谊。

——我们积极参与国际社会应对各种全球性问题的协调与合作。中国积极参与应对金融危机的国际合作，主张各国加强宏观经济政策协调，推进国际金融体系改革，加大对发展问题的关注和投入。中国高度重视并积极参与应对气候变化国际合作，主张国际社会坚持《联合国气候变化框架公约》和《京都议定书》基本框架，坚持“共同但有区别的责任”原则，在可持续发展原则下共同应对气候变化问题。中国积极参与国际粮食合作并提供了力所能及的对外援助。中国主张国际社会树立和落实多元发展、协同保障的新能源安全观，加强能源开发利用的互利合作。中国支持世界卫生组织促进全球公共卫生事业的努力，将继续与世界卫生组织和其他成员国就此加强合作。中国积极支持国际军控、裁军与防扩散进程，一贯主张全面禁止和彻底销毁核武器，坚持反对大规模杀伤性武器及其运载工具的扩散，愿与各国一道共同为早日实现无核武器世界而努力。

——我们积极推动妥善解决热点问题。中国一直致力于维护国际防扩散体系，维护朝鲜半岛和东北亚地区和平与发展。我们主张通过外交谈判和平解决伊朗核问题，寻求伊核问题的长远解决之道。中国支持平衡推进苏丹达尔富尔问题政治进程和维和部署，敦促达区各派别参加谈判，争取早日达成全面和平协议。我们积极倡导和参与一切有助于中东和平的国际努力，希望有关各方把握时机，采取切实行动，推动中东局势向缓和、稳定方向发展。

朋友们：

日内瓦是众多联合国专门机构和重要国际组织所在地，许多重要的国际规则在这里诞生。中国重视并支持相关国际组织在解决当今世界面临的重大和全球性问题中发挥积极作用，愿进一步加强双方友好合作。

“国之交在于民相亲”。作为各国人民友好交往的使者，外交官以及即将和正在从事外交事业的人们在推动世界和平、促进共同发展方面肩负着重大使命。让我们共同努力，为维护世界的和平稳定、促进人类的共同发展作出更大的贡献！

谢谢大家。

中美联合声明

（2009 年 11 月 17 日，北京）

应中华人民共和国主席胡锦涛邀请，美利坚合众国总统贝拉克·奥巴马于二○○九年十一月十五日至十八日对中国进行国事访问。两国元首就中美关系和其他共同关心的问题进行了深入、坦诚的会谈，成果丰富。双方积极评价中美建交三十年来两国关系取得的巨大发展，并就推进新时期中美关系发展达成一致。奥巴马总统将分别与中国全国人大常委会委员长吴邦国、国务院总理温家宝举行会见。奥巴马总统还与中国青年人进行了交流并回答他们的提问。

一、中美关系

双方认为，两国领导人保持密切交往对确保中美关系长期健康稳定发展至关重要。双方认为两国元首今年以来的三次会晤和两国其他重要双边交往加强了两国关系。奥巴马总统邀请胡锦涛主席于明年访问美国，胡主席愉快地接受了邀请。两国领导人将继续通过互访、会晤、通话、书信等方式保持密切沟通。

双方高度评价中美战略与经济对话机制的重要作用，认为对话为两国增进理解、扩大共识、减少分歧、寻求对共同问题的解决办法提供了独特的平台。双方认为今年七月在华盛顿举行的首轮对话成果丰硕，同意切实履行双方在首轮对话中所作承诺并将于二○一○年夏天在北京举行第二轮对话。双方同意继续利用高层领导人的直接联系渠道就重大敏感问题保持及时沟通，将两国外长年度互访机制化，并鼓励两国其他部门高级官员经常互访。

双方积极评价中国中央军事委员会副主席徐才厚上将今年十月访美成果，表示将采取具体措施推进两军关系未来持续、可靠地向前发展。双方将共同做好二○一○年中国人民解放军总参谋长陈炳德上将访美和美国国防部长罗伯特·盖茨、美军参谋长联席会议主席迈克尔·马伦上将访华有关准备工作，积极落实两军已商定的各项交流与合作计划，包括提高两军交往的级别和频率。上述措施旨在加强双方开展务实合作的能力，增进对彼此意图和国际安全环境的理解。

双方同意在平等互利基础上深化反恐磋商与合作，加强执法合作。双方同意以对等的方式及时就执法事务交换证据和情报。双方将就共同关心的案件开展联合调查，并为对方提供调查协助。双方将加强在刑事调查方面的合作，深化在打击贪污、禁毒和前体化学品控制、打击非法移民活动方面的合作，加强在打击跨国犯罪和犯罪集团以及反洗钱和包括打击制造伪钞、追讨非法资金在内的反恐融资领域的共同努力，并打击走私和贩卖人口。

美方重申支持中国上海举办二〇一〇年世博会。

双方积极评价《中美科技合作协定》签署三十年来两国科技合作与交流取得的丰硕成果，同意通过中美科技合作联委会进一步提升两国在科技创新领域交流与合作的水平。

双方期待本着透明、对等和互利原则，就航天科学合作加强讨论并在载人航天飞行和航天探索方面开启对话。双方欢迎美国国家航空航天局局长和中方相应官员在二〇一〇年实现互访。

双方同意加强民用航空领域合作，确认愿扩大《中国民用航空局与美国联邦航空局民航技术合作协议备忘录》。双方欢迎两国公共和私营机构在高速铁路基础设施建设方面进行合作。

双方承诺将落实最近签署的《中美两国农业部关于农业合作的谅解备忘录》。

双方同意就卫生健康领域进一步开展联合研究，包括干细胞联合研究等。双方将深化在全球公共卫生领域的合作，包括甲型 H1N1 流感的预防、监控、报告和控制以及禽流感、艾滋病毒及艾滋病、肺结核、疟疾。双方还将加强在食品安全和产品质量方面的合作。

双方强调各国及各国人民都有权选择自身发展道路。各国应相互尊重对方对于发展模式的选择。双方都认识到，中国与美国在人权领域存在分歧。双方本着平等和相互尊重的精神处理有关分歧，并按照国际人权文书促进和保护人权，决定于二〇一〇年二月底前在华盛顿举行下一轮中美人权对话。双方认为在法律领域促进合作并就法治问题交流符合两国人民和政府的利益和需要。双方决定尽早举行中美法律专家对话。

双方认为，人文交流对促进更加紧密的中美关系具有重要作用。为促进人文交流，双方原则同意建立一个新的双边机制。双方高兴地看到近年来在彼此国家留学的人数不断增加。目前在美国的中国留学人员已接近十万人，美方将接受更多中国留学人员赴美学习并为中国留学人员赴美提供签证便利。美国在华留学人员约有两万名。美方将启动一个鼓励更多美国人来华留学的新倡议，今后四年向中国派遣十万名留学人员。中方欢迎美方上述决定。双方同意加紧商谈并于二〇一〇年续签《中华人民共和国政府和美利坚合众国政府文化协定二〇一〇至二〇一二年执行计划》，并适时在美合作举办第二届“中美文化论坛”。

二、建立和深化双边战略互信

双方认为，二十一世纪全球性挑战日益增多，世界各国相互依存不断加深，对和平、发展与合作的需求增强。中美在事关全球稳定与繁荣的众多重大问题上，拥有更加广泛的合作基础，肩负更加重要的共同责任。两国应进一步加强协调与合作，共同应对挑战，为促进世界和平、安全、繁荣而努力。

双方认为，培育和深化双边战略互信对新时期中美关系发展至关重要。在双方讨论中，中方表示，中国始终不渝走和平发展道路，始终不渝奉行互利共赢的开放战略，致力于推动建立持久和平、共同繁荣的和谐世界。美方重申，美方欢迎一个强大、繁荣、成功、在国际事务中发挥更大作用的中国。美方表示，美国致力于与其他国家共同努力应对所面临的最困难的国际问题。中方表示，欢迎美国作为一个亚太国家为本地区和平、稳定与繁荣作出努力。双方重申致力于建设二十一世纪积极合作全面的中美关系，并将采取切实行动稳步建立应对共同挑战的伙伴关系。

双方强调台湾问题在中美关系中的重要性。中方强调，台湾问题涉及中国主权和领土完整，希望美方信守有关承诺，理解和支持中方在此问题上的立场。美方表示奉行一个中国政策，遵守中美三个联合公报的原则。美方欢迎台湾海峡两岸关系和平发展，期待两岸加强经济、政治及其他领域的对话与互动，建立更加积极、稳定的关系。

双方重申，互相尊重主权和领土完整这一根本原则是指导中美关系的中美三个联合公报的核心。双方均不支持任何势力破坏这一原则的任何行动。双方一致认为，尊重彼此核心利益对确保中美关系稳定发展极端重要。

双方认为，中美两国在共同应对全球挑战方面开展合作，有助于促进世界繁荣与安全。双方重申一九九八年六月二十七日作出的关于不把各自控制下的战略核武器瞄准对方的承诺。双方认为，两国在推动和平利用外空方面拥有共同利益，双方同意采取步骤加强外空安全。双方同意通过中美战略与经济对话、两军交往等渠道就具有战略重要性的问题进行讨论。

双方同意通过现有磋商和对话渠道，根据国际法准则，在相互尊重管辖权和利益的基础上妥善处理军事安全和海上安全问题。

三、经济合作和全球复苏

双方决心共同努力，推动全球经济实现更加可持续和平衡的增长。为此，双方注意到彼此强有力和及时的政策措施有助于遏制全球产出下降和稳定金融市场。双方同意延续现有举措以确保强健、可持续的全球经济复苏和金融体系。双方重申将继续在宏观经济政策领域加强对话与合作。双方承诺履行在首轮中美战略与经济对话、二十国集团峰会和在新加坡举行的亚太经合组织会议中作出的所有承诺。

双方积极评价二十国集团三次金融峰会在应对国际金融危机方面所发挥的重要作用，愿与二十国集团其他成员一道努力提高作为国际经济合作主要论坛的二十国集团的效力。双方同意共同努力，包括通过合作推动二十国集团的“相互评估进程”，推动二十国集团“为了实现强有力、可持续、平衡增长框架”取得成功。双方欢迎二十国集团近期达成的共识，即确保国际金融机构享有充分资源，改革其治理机制以提高国际金融机构的可信性、合法性和有效性。双方强调应及早落实国际金融机构份额和投票权量化改革目标，按照匹兹堡峰会领导人声明增加新兴市场和发展中国家在这些机构中的发言权和代表性。双方同意共同加强这些国际金融机构的能力，以防范和应对未来的危机。

双方将进一步加强宏观经济政策的沟通与信息交流，共同努力采取调整国内需求和相关价格的政策，促进更加可持续和平衡的贸易与增长。中方将继续落实政策，调整经济结构，提高家庭收入，扩大内需，增加消费对国内生产总值的贡献，改革社会保障体系。美国将采取措施提高国内储蓄占国内生产总值的比重，推动可持续的、非通货膨胀式的增长。为此，美方致力于将联邦预算赤字降到一个可持续发展的水平并采取措施鼓励私人储蓄。双方将采取前瞻性的货币政策，并适当关注货币政策对国际经济的影响。

双方认识到开放贸易和投资对本国经济和全球经济的重要性，并致力于共同反对各种形式的保护主义。双方同意本着建设性、合作性和互利性的态度，积极解决双边贸易和投资争端。双方将加快《双边投资协定》谈判。双方承诺推动多哈发展回合在二〇一〇年达成一个积极、富有雄心、平衡的最终成果。

双方积极评价第二十届中美商贸联委会会议成果。双方重申在会议中所作承诺并期待其得到全面落实。

四、地区及全球性挑战

双方认识到，在当前国际形势发生复杂深刻变化的情况下，中美在合作应对地区和全球安全挑战方面拥有共同责任。双方强调中美在亚太地区拥有广泛共同利益，支持构建和完善开放、包容、共赢的地区合作框架。双方将努力推动亚太经合组织在促进地区贸易投资自由化和经济技术合作以及东盟地区论坛在促进地区安全合作方面发挥更有效作用。

双方认为遵守《不扩散核武器条约》、国际原子能机构相关规定以及实施联合国安理会所有相关决议对两国合作阻止核武器扩散的努力取得成功至关重要。两国元首忆及二〇〇九年九月二十四日出席联合国安理会核不扩散与核裁军峰会，表示欢迎峰会成果并坚决支持联合国安理会一八八七号决议。

双方重申继续推动六方会谈进程并落实二〇〇五年“九·一九”共同声明的重要性，包括朝鲜半岛无核化、关系正常化及在东北亚地区建立永久和平机制。双方表示，愿与有关各方共同努力，通过协商对话，全面实现六方会谈宗旨和总体目标。中方对美朝开始高级别接触表示欢迎。双方希望六方会谈多边机制早日重启。

双方关切地注意到伊朗核问题的最新动向。双方同意，伊朗根据《不扩散核武器条约》拥有和平利用核能的权利，同时伊朗也应履行该条约规定的相应国际义务。六国与伊朗于十月一日在日内瓦举行的会晤对解决国际社会对伊朗核项目的关切是一个有希望的开端，双方对此表示欢迎，并表示愿尽快继续此类接触。双方强调应全力采取建立信任措施，呼吁伊朗对国际原子能机构总干事的提议作出积极反应。双方重申大力支持通过谈判寻求全面、长期解决伊核问题的办法，呼吁伊朗继续与六国进行建设性接触，并与国际原子能机构全面合作，以取得令人满意的结果。

双方欢迎一切有助于南亚和平、稳定、发展的努力，支持阿富汗、巴基斯坦为打击恐怖主义、维护国内稳定、实现经济社会可持续发展作出的努力，支持印度和巴基斯坦改善和发展关系。双方愿就南亚问题加强沟通、对话与合作，共同促进南亚和平、稳定和发展。

双方强调致力于最终实现无核武器世界。双方重申反对大规模杀伤性武器扩散，将共同维护国际核不扩散体系。双方同意在相互尊重和平等的基础上加强防扩散领域的合作。双方将共同努力确保二〇一〇年《不扩散核武器条约》审议大会取得成功。双方致力于尽早批准《全面禁止核试验条约》，并将共同努力推动该条约早日生效。双方支持日内瓦裁谈会尽早启动“禁止生产核武器用裂变材料条约”谈判，愿加强在核安全和打击核恐怖主义领域的沟通与合作。中方重视美方有关于二〇一〇年四月举行核安全峰会的倡议，将积极参加峰会筹备进程。

双方还讨论了联合国维和行动对维护国际和平与安全的重要性。

双方同意就发展问题加强对话，探讨双方就此开展协调与合作的领域，并确保两国有关努力有利于取得可持续成果。

五、气候变化、能源与环境

双方就气候变化问题进行了建设性和富有成效的对话。双方强调气候变化是我们时代的重大挑战之一。双方认为应对这一挑战需要强有力的回应，国际合作是不可或缺的组成部分。双方相信，应对气候变化应该尊重发展中国家把经济和社会发展作为优先事项，并相信向低碳经济转型是促进所有国家经济持续增长和可持续发展的机会。

关于即将召开的哥本哈根会议，双方同意，依据“巴厘行动计划”积极促进《联合国气候变化框架公约》全面、有效和可持续实施具有重要意义。双方决心根据各自国情采取重要减缓行动，并认识到两国在促成加强世界应对气候变化能力的可持续成果方面具有重要作用。双方决心支持这些承诺。

在此背景下，双方致力于在哥本哈根会议达成最终的法律协议，同时相信，在共同但有区别的责任原则和各自能力的基础上，达成的成果应包括发达国家的减排目标和发展中国家的国内适当减缓行动。该项成果也应实质性地增加给发展中国家的资金帮助，促进技术开发、推广和转让，尤其应该注意最贫穷国家和最脆弱国家适应气候变化的需要，促进保护和增强森林作用的措施，并在执行减缓措施以及提供资金、技术和能力建设支持方面保持充分的透明度。

双方将共同并与其他国家一道在未来几周内为哥本哈根会议的成功而努力。

双方一致认为，向绿色经济、低碳经济转型十分关键，未来数年清洁能源产业将为两国民众提供大量机会，欢迎在今年七月首轮中美战略与经济对话期间宣布并于奥巴马总统访华期间正式签署的《中美关于加强气候变化、能源和环境合作的谅解备忘录》基础上，双方为推进气候变化、能源和环境的政策对话和务实合作采取重要步骤。

双方认识到《能源和环境合作十年框架》的重要性，并致力于加强清洁的大气、水、交通、电力和资源保护领域的合作。根据在十年合作框架下新制订的中美能效行动计划，中美两国将通过技术合作、示范和政策交流，共同努力以成本效益高的方式提高工业、建筑和消费品领域的能效。注意到两国在能效领域的巨大投资，双方强调，通过能源节约将带来创造就业和促进经济增长的大量机遇。

双方欢迎《中国科技部、国家能源局与美国能源部关于中美清洁能源联合研究中心合作议定书》的签署。中美清洁能源联合研究中心将为两国科学家和工程技术人员从事清洁能源联合研发提供便利，并为两国研究人员提供交流平台。双方同意在未来五年对中美清洁能源联合研究中心投入至少 1.5 亿美元，两国各出资一半。中心在两国各设一总部。优先研究课题将包括建筑能效、清洁煤（包括碳捕集与封存）及清洁汽车。

双方欢迎启动中美电动汽车倡议，使两国在未来数年有几百万辆电动汽车投入使用。基于中美两国在电动汽车领域的巨大投资，两国政府宣布在十几个城市开展联合示范项目，并努力开发共同的技术标准以推动此产业规模快速增长。双方一致认为两国对清洁汽车的快速利用拥有很大的共同利益。

双方非常欢迎两国在发展二十一世纪煤炭技术方面的努力。双方同意促进大规模碳捕集与封存示范项目方面的合作，并就碳捕集与封存技术的开发、利用、推广和转让立即开展工作。双方欢迎中美两国企业、大学和研究机构最近就碳捕集与封存、煤炭高效利用技术开展合作达成的协议。

双方欢迎《中国国家发展和改革委员会与美国环境保护局关于应对气候变化能力建设合作备忘录》的签署。

双方欢迎中美可再生能源伙伴关系的启动。通过该伙伴关系，两国将就大规模利用风能、太阳能、先进生物燃料和现代电网制定路线，在设计和执行实现这一远景所需的政策和技术手段方面进行合作。鉴于两国相加市场规模巨大，中美可再生能源的加速利用将在全球范围内极大降低这些技术的成本。

双方欢迎建立中美能源合作项目——一种政府和产业间的伙伴关系，旨在加强能源安全和应对气候变化。该项目将利用私营部门资源和专长，加快清洁能源技术的应用。

双方对近期举办的第四届中美能源政策对话和第九届中美石油和天然气产业论坛表示赞许，并对加速中国非常规天然气资源发展的中美页岩气合作倡议的启动表示欢迎。该倡议旨在利用美国近期的经验，以提高中美两国能源安全，帮助中国向低碳经济转型。

双方同意促进核能和平利用的全球努力，并欢迎近期举行的全球核能伙伴关系第三次执行委员会会议，以及该伙伴关系寻求方法强化民用核能合作的国际框架的承诺。双方同意互相协商，以便寻找包括保障燃料供应和全程核燃料管理的办法，从而使各国在核扩散风险最小化的同时，能够和平利用核能。

附　录

一、2009 年中华人民共和国外交部组织机构表

办　公　厅
政策规划司
亚　洲　司
西亚北非司
非　洲　司
欧　亚　司
欧　洲　司
北美大洋洲司
拉丁美洲和加勒比司
国　际　司
军　控　司
条约法律司
边界与海洋事务司
新　闻　司

礼　宾　司
领　事　司（领事保护中心）
香港澳门台湾事务司
翻　译　室
外事管理司
涉外安全事务司
干　部　司
离退休干部局
行　政　司
财　务　司
机　要　局
部　纪　委
机关党委
国外工作局
档　案　馆
外交部机关及驻外机构服务中心

二、2009年中华人民共和国外交部领导成员名单

杨洁篪	外交部长
王光亚	外交部副部长
张志军	外交部副部长
武大伟	外交部副部长
吕国增	外交部副部长
李金章	外交部副部长
何亚非	外交部副部长
宋　涛	外交部领导成员
翟　隽	外交部副部长
胡正跃	外交部部长助理
吴海龙	外交部部长助理

三、同中国建交的国家、建交日期和 2009 年中国驻外使节一览表

（以建交先后为序）

序号	国　名	建交日期	中国在任使节
1	俄罗斯联邦①	1949 年 10 月 3 日	刘古昌 李辉 （8 月以后）
2	保加利亚共和国	1949 年 10 月 4 日	张万学
3	罗马尼亚	1949 年 10 月 5 日	刘增文
4	匈牙利共和国	1949 年 10 月 6 日	张春祥 高建（女） （8 月以后）
5	朝鲜民主主义人民共和国	1949 年 10 月 6 日	刘晓明
6	捷克共和国②	1949 年 10 月 6 日	霍玉珍（女）
7	斯洛伐克共和国②	1949 年 10 月 6 日	陈建福
8	波兰共和国	1949 年 10 月 7 日	孙荣民
9	蒙古国	1949 年 10 月 16 日	余洪耀
10	阿尔巴尼亚共和国	1949 年 11 月 23 日	王俊岭
11	越南社会主义共和国	1950 年 1 月 18 日	孙国祥
12	印度共和国	1950 年 4 月 1 日	张炎
13	印度尼西亚共和国	1950 年 4 月 13 日	章启月（女）
14	瑞典王国	1950 年 5 月 9 日	陈明明
15	丹麦王国	1950 年 5 月 11 日	谢杭生
16	缅甸联邦	1950 年 6 月 8 日	管木 叶大波 （1 月以后）
17	瑞士联邦	1950 年 9 月 14 日	董津义
18	列支敦士登公国③	1950 年 9 月 14 日	李晓驷（兼）
19	芬兰共和国	1950 年 10 月 28 日	马克卿（女） 黄兴 （8 月以后）
20	巴基斯坦伊斯兰共和国	1951 年 5 月 21 日	罗照辉
21	挪威王国	1954 年 10 月 5 日	高建（女） 唐国强 （9 月以后）

续表

序号	国　名	建交日期	中国在任使节
22	塞尔维亚共和国④	1955 年 1 月 2 日	魏敬华
23	阿富汗伊斯兰共和国	1955 年 1 月 20 日	杨厚兰 郑清典 （1 月以后）
24	尼泊尔联邦民主共和国	1955 年 8 月 1 日	邱国洪
25	阿拉伯埃及共和国	1956 年 5 月 30 日	武春华
26	阿拉伯叙利亚共和国	1956 年 8 月 1 日	李华新
27	也门共和国	1956 年 9 月 24 日	罗小光 刘登林 （8 月以后）
28	斯里兰卡民主社会主义共和国	1957 年 2 月 7 日	叶大波 杨秀萍（女） （1 月以后）
29	柬埔寨王国	1958 年 7 月 19 日	张金凤（女）
30	伊拉克共和国	1958 年 8 月 25 日	常毅
31	摩洛哥王国	1958 年 11 月 1 日	龚元兴 许镜湖（女） （6 月以后）
32	阿尔及利亚民主人民共和国	1958 年 12 月 20 日	刘玉和
33	苏丹共和国	1959 年 2 月 4 日	李成文
34	几内亚共和国	1959 年 10 月 4 日	火正德
35	加纳共和国	1960 年 7 月 5 日	于文哲
36	古巴共和国	1960 年 9 月 28 日	赵荣宪
37	马里共和国	1960 年 10 月 25 日	张国庆
38	索马里联邦共和国⑤	1960 年 12 月 14 日	
39	刚果民主共和国	1961 年 2 月 20 日	吴泽献
40	老挝人民民主共和国	1961 年 4 月 25 日	潘广学
41	乌干达共和国	1962 年 10 月 18 日	孙和平
42	肯尼亚共和国	1963 年 12 月 14 日	张明 邓洪波 （5 月以后）
43	布隆迪共和国	1963 年 12 月 21 日	曾宪柒
44	突尼斯共和国	1964 年 1 月 10 日	李蓓芬
45	法兰西共和国	1964 年 1 月 27 日	孔泉
46	刚果共和国	1964 年 2 月 22 日	李树立
47	坦桑尼亚联合共和国	1964 年 4 月 26 日	刘昕生
48	中非共和国	1964 年 9 月 29 日	石虎

续表

序号	国　名	建交日期	中国在任使节
49	赞比亚共和国	1964年10月29日	李强民
50	贝宁共和国	1964年11月12日	耿文兵
51	毛里塔尼亚伊斯兰共和国	1965年7月19日	张迅
52	加拿大	1970年10月13日	兰立俊
53	赤道几内亚共和国	1970年10月15日	严小敏
54	意大利共和国	1970年11月6日	孙玉玺
55	埃塞俄比亚联邦民主共和国	1970年11月24日	顾小杰
56	智利共和国	1970年12月15日	刘玉琴（女） 吕凡 （12月以后）
57	尼日利亚联邦共和国	1971年2月10日	徐建国
58	科威特国	1971年3月22日	黄杰民
59	喀麦隆共和国	1971年3月26日	黄长庆
60	圣马力诺共和国[6]	1971年5月6日	孙玉玺（兼）
61	奥地利共和国	1971年5月28日	吴恳
62	塞拉利昂共和国	1971年7月29日	邱绍芳
63	土耳其共和国	1971年8月4日	宫小生
64	伊朗伊斯兰共和国	1971年8月16日	解晓岩
65	比利时王国	1971年10月25日	张援远
66	秘鲁共和国	1971年11月2日	高正月 赵五一 （8月以后）
67	黎巴嫩共和国	1971年11月9日	刘志明
68	卢旺达共和国	1971年11月12日	孙树忠
69	塞内加尔共和国	1971年12月7日	卢沙野 龚元兴 （11月以后）
70	冰岛共和国	1971年12月8日	张克远 苏格 （9月以后）
71	塞浦路斯共和国	1971年12月14日	赵亚力 李国邦 （11月以后）
72	马耳他共和国	1972年1月31日	柴玺 张克远 （7月以后）
73	墨西哥合众国	1972年2月14日	殷恒民

续表

序号	国 名	建交日期	中国在任使节
74	阿根廷共和国	1972 年 2 月 19 日	曾钢
75	大不列颠及北爱尔兰联合王国	1972 年 3 月 13 日	傅莹（女）
76	毛里求斯共和国	1972 年 4 月 15 日	高玉琛 边燕花（女） （5 月以后）
77	荷兰王国	1972 年 5 月 18 日	张军
78	希腊共和国	1972 年 6 月 5 日	罗林泉
79	圭亚那合作共和国	1972 年 6 月 27 日	张君高
80	多哥共和国	1972 年 9 月 19 日	杨民
81	日本国	1972 年 9 月 29 日	崔天凯
82	德意志联邦共和国	1972 年 10 月 11 日	马灿荣 吴红波 （8 月以后）
83	马尔代夫共和国⑦	1972 年 10 月 14 日	叶大波（兼） 杨秀萍（女）（兼） （1 月以后）
84	马达加斯加共和国	1972 年 11 月 6 日	沃瑞棣
85	卢森堡大公国	1972 年 11 月 16 日	马志学
86	牙买加	1972 年 11 月 21 日	陈京华
87	乍得共和国⑧	1972 年 11 月 28 日	王英武 杨广玉 （8 月以后）
88	澳大利亚联邦	1972 年 12 月 21 日	章均赛
89	新西兰	1972 年 12 月 22 日	张利民
90	西班牙	1973 年 3 月 9 日	邱小琪 朱邦造 （1 月以后）
91	几内亚比绍共和国	1974 年 3 月 15 日	严邦华
92	加蓬共和国	1974 年 4 月 20 日	薛金维 李福顺（女） （5 月以后）
93	马来西亚	1974 年 5 月 31 日	刘健
94	特立尼达和多巴哥共和国	1974 年 6 月 20 日	黄兴 杨优明 （10 月以后）
95	委内瑞拉玻利瓦尔共和国	1974 年 6 月 28 日	张拓

续表

序号	国　名	建交日期	中国在任使节
96	尼日尔共和国	1974 年 7 月 20 日	陈公来 夏煌 （11 月以后）
97	巴西联邦共和国	1974 年 8 月 15 日	陈笃庆 邱小琪 （3 月以后）
98	博茨瓦纳共和国	1975 年 1 月 6 日	丁孝文 刘焕兴 （4 月以后）
99	菲律宾共和国	1975 年 6 月 9 日	宋涛 刘建超 （3 月以后）
100	莫桑比克共和国	1975 年 6 月 25 日	田广凤
101	泰王国	1975 年 7 月 1 日	张九桓 管木 （2 月以后）
102	孟加拉人民共和国	1975 年 10 月 4 日	郑清典 张宪一 （3 月以后）
103	斐济群岛共和国	1975 年 11 月 5 日	韩志强
104	萨摩亚独立国	1975 年 11 月 6 日	马崇仁
105	科摩罗联盟	1975 年 11 月 13 日	陶卫光
106	佛得角共和国	1976 年 4 月 25 日	吴元山 李春华 （8 月以后）
107	苏里南共和国	1976 年 5 月 28 日	苏格 袁南生 （8 月以后）
108	塞舌尔共和国	1976 年 6 月 30 日	王卫国
109	巴布亚新几内亚独立国	1976 年 10 月 12 日	魏瑞兴
110	利比里亚共和国	1977 年 2 月 17 日	周欲晓
111	约旦哈希姆王国	1977 年 4 月 7 日	郁红阳
112	巴巴多斯	1977 年 5 月 30 日	刘焕兴 魏强 （4 月以后）
113	阿曼苏丹国	1978 年 5 月 25 日	潘伟芳

续表

序号	国 名	建交日期	中国在任使节
114	大阿拉伯利比亚人民社会主义民众国	1978 年 8 月 9 日	王旺生
115	美利坚合众国	1979 年 1 月 1 日	周文重
116	吉布提共和国	1979 年 1 月 8 日	张国庆
117	葡萄牙共和国	1979 年 2 月 8 日	高克祥
118	爱尔兰	1979 年 6 月 22 日	刘碧伟
119	厄瓜多尔共和国	1980 年 1 月 2 日	蔡润国
120	哥伦比亚共和国	1980 年 2 月 7 日	李长华 高正月 （8 月以后）
121	津巴布韦共和国	1980 年 4 月 18 日	袁南生 忻顺康 （8 月以后）
122	瓦努阿图共和国	1982 年 3 月 26 日	程树平
123	安提瓜和巴布达	1983 年 1 月 1 日	陈立钢
124	安哥拉共和国	1983 年 1 月 12 日	张伯伦
125	科特迪瓦共和国	1983 年 3 月 2 日	魏文华
126	莱索托王国	1983 年 4 月 30 日	高德毅
127	阿拉伯联合酋长国	1984 年 11 月 1 日	高育生
128	多民族玻利维亚国	1985 年 7 月 9 日	屈生武
129	格林纳达	1985 年 10 月 1 日	张万海
130	乌拉圭东岸共和国	1988 年 2 月 3 日	李仲良
131	卡塔尔国	1988 年 7 月 9 日	岳晓勇
132	巴勒斯坦国[9]	1988 年 11 月 20 日	杨伟国 王强 （11 月以后）
133	巴林王国	1989 年 4 月 18 日	李志国 杨伟国 （11 月以后）
134	密克罗尼西亚联邦	1989 年 9 月 11 日	刘菲（女） 张卫东 （8 月以后）
135	纳米比亚共和国	1990 年 3 月 22 日	任小萍（女）
136	沙特阿拉伯王国	1990 年 7 月 21 日	杨洪林
137	新加坡共和国	1990 年 10 月 3 日	张小康（女）
138	爱沙尼亚共和国	1991 年 9 月 11 日	黄忠坡
139	拉脱维亚共和国	1991 年 9 月 12 日	程文举

续表

序号	国　名	建交日期	中国在任使节
140	立陶宛共和国	1991 年 9 月 14 日	杨秀萍（女） 佟明涛 （1月以后）
141	文莱达鲁萨兰国	1991 年 9 月 30 日	佟晓玲（女）
142	乌兹别克斯坦共和国	1992 年 1 月 2 日	于洪君
143	哈萨克斯坦共和国	1992 年 1 月 3 日	程国平
144	乌克兰	1992 年 1 月 4 日	周力
145	塔吉克斯坦共和国	1992 年 1 月 4 日	左学良
146	吉尔吉斯共和国	1992 年 1 月 5 日	张延年 王开文 （3月以后）
147	土库曼斯坦	1992 年 1 月 6 日	吴虹滨
148	白俄罗斯共和国	1992 年 1 月 20 日	鲁桂成
149	以色列国	1992 年 1 月 24 日	赵军
150	摩尔多瓦共和国	1992 年 1 月 30 日	施隆壮
151	阿塞拜疆共和国	1992 年 4 月 2 日	张海舟 张延年 （3月以后）
152	亚美尼亚共和国	1992 年 4 月 6 日	宏九印
153	斯洛文尼亚共和国	1992 年 5 月 12 日	智昭林
154	克罗地亚共和国	1992 年 5 月 13 日	吴连起
155	格鲁吉亚	1992 年 6 月 9 日	宫建伟
156	大韩民国	1992 年 8 月 24 日	程永华
157	厄立特里亚国	1993 年 5 月 24 日	舒展 李连生 （8月以后）
158	马其顿共和国	1993 年 10 月 12 日	董春风
159	安道尔公国[10]	1994 年 6 月 29 日	邱小琪（兼） 朱邦造（兼） （1月以后）
160	摩纳哥公国[11]	1995 年 1 月 16 日	孔泉（兼）
161	波斯尼亚和黑塞哥维那	1995 年 4 月 3 日	刘文信
162	巴哈马国	1997 年 5 月 23 日	胡定贤
163	库克群岛[12]	1997 年 7 月 25 日	张利民（兼）
164	南非共和国	1998 年 1 月 1 日	钟建华
165	汤加王国	1998 年 11 月 2 日	樊桂金

续表

序号	国　名	建交日期	中国在任使节
166	东帝汶民主共和国	2002 年 5 月 20 日	苏健 傅元聪 （5月以后）
167	多米尼克共和国	2004 年 3 月 23 日	邓波清
168	黑山	2006 年 7 月 6 日	李满长
169	哥斯达黎加共和国	2007 年 6 月 1 日	汪晓源
170	纽埃⑬	2007 年 12 月 12 日	张利民（兼）
171	马拉维共和国	2007 年 12 月 28 日	林松添

注释：

① 1949 年 10 月 3 日系中国与前苏联建交日。1991 年 12 月 27 日，国务委员兼外长钱其琛致电俄罗斯外长，宣布中华人民共和国承认俄罗斯联邦政府并决定中华人民共和国驻前苏联大使改任驻俄罗斯大使。

② 1949 年 10 月 6 日系中国与原捷克斯洛伐克建交日。1992 年 12 月 31 日捷斯联邦解体，1993 年 1 月 1 日捷克共和国和斯洛伐克共和国成为独立主权国家，中国政府分别予以承认并与两国建立大使级外交关系。

③ 中华人民共和国同列支敦士登公国 1950 年 9 月 14 日建交。1988 年 9 月，中国驻苏黎世兼驻列支敦士登公国总领事馆开馆，中国首次向列国派驻总领事，由中国驻苏黎世总领事兼任。

④ 1955 年 1 月 2 日系中国与前南斯拉夫社会主义联邦共和国建交日。1992 年 4 月 30 日，中国外交部发言人宣布，中国驻前南斯拉夫大使改任驻南联盟共和国大使。2003 年 2 月 4 日，南斯拉夫联盟共和国将国名改为塞尔维亚和黑山。2006 年 6 月 3 日，黑山共和国独立，塞尔维亚共和国继承塞黑国际法主体地位。6 月 14 日，中国外交部照会塞外交部，宣布中国驻塞尔维亚和黑山特命全权大使转任驻塞尔维亚共和国特命全权大使，驻塞黑使馆同时更名。

⑤ 由于索马里国内原因，中国驻索马里外交人员自 1991 年撤离后迄今未返索。

⑥ 中国驻意大利大使兼任驻圣马力诺大使。

⑦ 中国驻斯里兰卡大使兼任驻马尔代夫大使。

⑧ 中华人民共和国同乍得共和国 1972 年 11 月 28 日建交，1997 年 8 月 15 日中止外交关系，2006 年 8 月 6 日复交。

⑨ 中国在拉马拉设驻巴勒斯坦民族权力机构办事处，王强任办事处主任。

⑩ 中国驻西班牙大使兼任驻安道尔公国大使。

⑪ 中华人民共和国同摩纳哥公国自 1995 年 1 月 16 日起建立领事关系，中国驻马赛总领事兼任驻摩纳哥总领事。2006 年 2 月升格为大使级外交关系，中国驻法国大

使兼任驻摩纳哥大使。

⑫ 中国驻新西兰大使兼任驻库克群岛大使。

⑬ 中国驻新西兰大使兼任驻纽埃大使。

四、中华人民共和国常驻联合国、驻其他国际组织代表团（处）名称、驻地和2009年常驻代表（团长）一览表

名　　称	驻地	常驻代表
中华人民共和国常驻联合国代表团	纽约	张业遂大使
中华人民共和国常驻联合国日内瓦办事处和瑞士其他国际组织代表团	日内瓦	李保东大使
中华人民共和国常驻联合国维也纳办事处和其他国际组织代表团	维也纳	唐国强大使 胡小笛大使 （9月以后）
中华人民共和国驻欧盟使团	布鲁塞尔	宋哲大使
中华人民共和国常驻美洲国家组织观察员办事处(1)	华盛顿	周文重大使（兼）
中华人民共和国常驻禁止化学武器组织代表团(2)	海牙	张军大使（兼）
中华人民共和国常驻联合国环境规划署代表处(3)	内罗毕	张明大使（兼） 邓洪波大使（兼） （5月以后）
中华人民共和国常驻联合国人居署代表处(4)	内罗毕	张明大使（兼） 邓洪波大使（兼） （5月以后）
中华人民共和国常驻国际海底管理局代表处(5)	金斯敦	陈京华大使（兼）
中华人民共和国常驻世界贸易组织代表团	日内瓦	孙振宇大使
中华人民共和国常驻联合国教育、科学及文化组织代表团	巴黎	师淑云大使（女）
中华人民共和国常驻联合国粮农机构代表处	罗马	马有祥公使 李正东公使 （1月以后）
中华人民共和国常驻国际民用航空组织代表处	蒙特利尔	马涛（代表）
中华人民共和国常驻联合国亚洲及太平洋经济社会委员会代表处	曼谷	刁鸣生参赞

注释：

⑴中国驻美国大使兼任中国常驻美洲国家组织观察员。

⑵中国驻荷兰大使兼任中国常驻禁止化学武器组织代表。

⑶中国驻肯尼亚大使兼任中国常驻联合国环境规划署代表。

⑷中国驻肯尼亚大使兼任中国常驻联合国人居署代表。

⑸中国驻牙买加大使兼任中国常驻国际海底管理局代表。

五、中国与外国互设领事机构一览表

（按国名英文字母顺序排列）

1. 中国在外国设立领事机构一览表

(1) 总领事馆

序号	国名	驻地	协议日期	开馆日期	领区	馆长
1	澳大利亚	悉尼	1978.9.18	1979.3.19	新南威尔士州	胡山
2	澳大利亚	墨尔本	1986.6.23	1986.9.11	维多利亚州、塔斯马尼亚州	沈伟廉
3	澳大利亚	珀斯	1994.4.15	1994.10.18	西澳大利亚州	李树钢
4	澳大利亚	布里斯班	2006.9.22（升格）	2005.4（开馆）	昆士兰州	任共平
5	奥地利	萨尔茨堡	1994.6.24	未开馆	萨尔茨堡、克恩顿州、蒂罗尔州、弗拉尔贝格州	无
6	比利时	安特卫普	1985.6.3	未开馆	安特卫普省、东佛兰德省、西佛兰德省	无
7	巴西	圣保罗	1984.8.15	1985.11.4	圣保罗州、巴拉那州、圣卡塔林纳州、南里约格郎德州	孙荣茂
8	巴西	里约热内卢	1991.8.5	1992.6.15	里约热内卢州、米纳斯吉拉斯州、圣埃斯皮里托州、巴伊亚州	李宝钧
9	加拿大	温哥华	1973.10.24	1974.11.17	不列颠哥伦比亚省、育空地区	梁梳根
10	加拿大	卡尔加里	1997.11.28	1998.10.2	阿尔伯塔省、萨斯喀彻温省、西北地区	吴新建
11	加拿大	多伦多	1980.8.25	1984.12.20	安大略省、曼尼托巴省	朱桃英
12	智利	伊基克	1985.4.29	暂时闭馆	第一行政区、第二行政区	无

续表

序号	国名	驻地	协议日期	开馆日期	领区	馆长
13	朝鲜	清津	1986.9.15	1987.7.1	咸境北道、咸境南道、两江道	董敏杰
14	埃及	亚历山大	1967.7.4	1968.2.5	塞得港省、亚历山大省、伊斯梅利亚省、苏伊士省	刘爱忠
15	厄瓜多尔	瓜亚基尔	1984.5.17	1984.9.10	瓜亚斯省、马纳维省、洛斯里奥斯省、埃尔奥罗省	张善利
16	法国	马赛	1980.10.17	1985.12.19	阿列日省、阿韦龙省、塔恩—加龙省、热尔省、洛特省、上比利牛斯省、塔恩省、上加龙省、奥德省、洛泽尔省、东比利牛斯省、上普罗旺斯阿尔卑斯省、沃克吕兹省、滨海阿尔卑斯省、上阿尔卑斯省、上科西嘉省、南科西嘉省、罗讷河口省、加尔省、埃罗省、瓦尔省	宋炳林
17	法国	斯特拉斯堡	1997.3.21	1998.4.28	阿尔萨斯、洛林、弗朗斯贡地、香槟阿登四个大区的14个省	孙继文
18	法国	里昂	2006.9.13	2009.12.2	安省、阿尔代什省、德龙省、伊泽尔省、卢瓦尔省、罗讷省、上萨瓦省、萨瓦省、阿列省、康塔尔省、多姆山省、上卢瓦尔省	李平
19	法国	圣但尼	2007.6.25	2010.2	留尼汪省	张国斌
20	德国	汉堡	1979.10.24	1984.5.14	汉堡州、不来梅州、下萨克森州、石勒苏益格—荷尔斯泰因州	陈红梅
21	德国	慕尼黑	1995.7.13	1997.6.7	巴伐利亚州	马晋生

续表

序号	国名	驻地	协议日期	开馆日期	领区	馆长
22	德国	法兰克福	2003.12.1	2005.6.23	黑森州、北莱茵—威斯特法伦州、巴登—符腾堡州、莱茵兰—普法耳茨州、萨尔州	温振顺
23	印度	孟买	1991.12.13	1992.12.8	孟买市、马哈拉斯特拉邦、卡纳塔克邦	王东华
24	印度	加尔各答	2006.11.21	2008.9.7	西孟加拉邦、奥里萨邦、查提斯加尔邦、贾坎德邦、比哈尔邦	毛四维
25	印度尼西亚	泗水	2005.2.28	2006.11.9	东爪哇省、巴厘省、西努沙登加拉省和东努沙登加拉	王华根
26	印度尼西亚	棉兰	2009.11.30		北苏门答腊省、南苏门答腊省、西苏门答腊省、占碑省、朋古鲁省、廖内省、廖内群岛、邦加和勿里洞省、楠榜省及亚齐特区	
27	意大利	米兰	1979.11.6	1985.6.11	伦巴第大区、艾米利亚—罗马涅大区、皮埃蒙特大区、威尼托大区	张利民
28	意大利	佛罗伦萨	1997.11.3	1998.6.1	托斯卡纳大区、翁布里亚大区、马尔盖大区、利古里亚大区	顾宏林
29	日本	大阪	1975.8.15	1976.3.8	大阪府、京都府、兵库县、奈良县、和歌山县、滋贺县、三重县、爱媛县、香川县、高知县、德岛县、岛根县、鸟取县、广岛县、冈山县	郑祥林
30	日本	札幌	1980.2.1	1980.9.10	北海道、青森县、秋田县、岩手县	胡胜才
31	日本	福冈	1984.12.26	1985.5.4	福冈县、佐贺县、大分县、熊本县、鹿儿岛县、宫崎县、冲绳县、山口县	武树民
32	日本	长崎	1984.12.26	1985.5.4	长崎县	滕安军

续表

序号	国名	驻地	协议日期	开馆日期	领区	馆长
33	日本	名古屋	2005.9.26	2007.7.17	爱知县、三重县、岐阜县、福井县、石川县、富山县	张立国
34	日本	新潟	2009.6.25		新潟县、山形县、福岛县	
35	哈萨克斯坦	阿拉木图	2007.8.18	2008.12.23	阿拉木图市、南哈萨克斯坦州、江布尔州、东哈萨克斯坦州、阿拉木图州	孙霖江
36	老挝	沙湾拿吉	1991.12.25	未开馆	沙湾拿吉、沙拉湾、占巴塞、色贡、阿速坡、甘蒙	无
37	列支敦士登	瓦杜兹	1950.9.14	1988.9.15	全国	梁建全（兼）
38	马来西亚	古晋	1993.10.18	1994.8.3	沙捞越州、沙巴州、纳闽联邦辖州	谢福根
39	墨西哥	蒂华纳	1984.10.10	1985.8.15	北下加利福尼亚州、南下加利福尼亚州、奇瓦瓦州、索诺拉州	高守坚
40	缅甸	曼德勒	1993.4.28	1994.8.22	曼德勒省、克钦邦、掸邦	唐英
41	尼日利亚	拉各斯	2003.8.27	2003.9.3	拉各斯州、奥约州、奥贡州、奥雄州、埃基提州、翁多州、科吉州、埃多州、三角州、贝耶尔萨州、阿南布拉州、依莫州、河流州、埃努古州、阿比亚州、阿夸依邦州、纳萨拉瓦州、贝努埃州、埃邦州、十字河州、塔拉巴州	郭崑
42	新西兰	奥克兰	1991.5.9	1992.6.15	奥克兰区、怀卡托区、北部区	廖菊华
43	巴基斯坦	卡拉奇	1966.5.16	1966.8.5	卡拉奇省、信德省、俾路支省	陈山民

续表

序号	国名	驻地	协议日期	开馆日期	领区	馆长
44	菲律宾	宿务	1994.12.8	1995.10.2	伊洛伊洛省、西内格罗省、保和省、宿务省、东内格罗省、锡基霍尔省、东萨马省、莱特省、北萨马省、西萨马省、南莱特省、巴西兰省、苏禄省、塔威塔威省、北三宝颜省、南三宝颜省、北阿古桑省、南阿古桑省、布基农省、卡米昆省、西米萨米斯省、东米萨米斯省、北苏里高省、南苏里高省、北达沃省、南达沃省、东达沃省、北哥打巴托省、南哥打巴托省、北拉瑙省、南拉瑙省、马京达瑙省、苏丹库达拉省	何时敬
45	波兰	革但斯克	1954.4.7	1958.12.1	滨海省、西滨海省、库亚瓦—滨海省、瓦尔米亚—马祖尔省	项早生
46	韩国	釜山	1992.12.30	1993.9.6	釜山市、大邱市、蔚山市、庆尚南道、庆尚北道	关华兵
47	韩国	光州	2008.10.20	2009.6.18	光州广域市、全罗南道、全罗北道、济州特别自治道	阎凤兰
48	罗马尼亚	康斯坦察	1978.8.21	1985.12.16	康斯坦察市、康斯坦察县、图尔恰县、加拉茨县、布勒依拉县	王铁山
49	俄罗斯	圣彼得堡	1985.6.13	1986.12.10	圣彼得堡市、列宁格勒州、卡累利阿自治共和国、摩尔曼斯克州、普斯科夫州、阿尔汉格尔斯克州、诺夫哥罗德州	田二龙
50	俄罗斯	哈巴罗夫斯克	1990.9.25	1992.9.9	哈巴罗夫斯克边疆区、滨海边疆区、萨哈林州、阿穆尔州、犹太自治州	孙立杰

续表

序号	国名	驻地	协议日期	开馆日期	领区	馆长
51	俄罗斯	叶卡捷琳堡	2004. 10. 14	2009. 9. 25	克拉斯诺亚尔斯克边疆区、新西伯利亚州、鄂木斯克州、斯维尔德洛夫斯克州、秋明州、车里雅宾斯克州	谢金英
52	俄罗斯	伊尔库茨克	2006. 12. 22	2009. 12. 18	伊尔库茨克州、布里亚特共和国、赤塔州、图瓦共和国、哈卡西共和国	郭敏
53	沙特阿拉伯	吉达	1992. 2. 16	1993. 4. 25	吉达市、塔伊夫市、麦加省、麦地那省	王勇
54	南非	开普敦	1997. 12. 30	1999. 2. 9	西开普省、东开普省、北开普省	郝光峰
55	南非	约翰内斯堡	1997. 12. 30	1999. 2. 3	豪登省、自由州省	房利
56	南非	德班	1997. 12. 30	1999. 2. 9	夸祖鲁、纳塔尔省	刘彦涛
57	西班牙	巴塞罗那	1984. 11. 15	1987. 4. 6	巴塞罗那省、赫罗那省、莱里达省、塔拉戈纳省	王士雄
58	苏丹	朱巴	2007. 11. 18	2008. 9. 1	杰拜勒河州、上尼罗河州、湖泊州、琼格莱州、团结州、瓦提卜州、北加扎勒河州、西加扎勒河州、西赤道州、东赤道州	张清洋
59	瑞典	哥德堡	1996. 7. 3	1997. 4. 7	韦尔姆兰、斯科耐、延雪平、哈兰德、克鲁努贝里、布莱金厄、西约特兰省	崔惠欣
60	瑞士	苏黎世	1987. 1. 8	1988. 9. 15	苏黎世州、沙夫豪森州、图尔高州、圣加伦州、内罗登阿本策尔半州、外罗登阿本策尔半州、格劳宾登州、格拉鲁斯州、施维茨州、楚格州、阿尔高州、卢塞恩州	梁建全

续表

序号	国名	驻地	协议日期	开馆日期	领区	馆长
61	泰国	清迈	1988.7.22	1991.4.10	清迈府、清莱府、夜丰颂府、南奔府、南邦府、拍夭府、难府、帕府、程逸府、彭世洛府、素可泰府、达府	祝伟敏
62	泰国	宋卡	1993.8.16	1994.7.27	宋卡府、春蓬府、拉廊府、素叻他尼府、攀牙府、普吉府、甲米府、洛坤府、董里府、博他伦府、沙敦府、北大年府、也拉府、陶公府	王灿芬
63	坦桑尼亚	桑给巴尔	1964.5.24	1999.1.11	桑给巴尔地区	李一平
64	土耳其	伊斯坦布尔	1984.10.2	1985.7.26	伊斯坦布尔省、特基尔达省、科贾埃利省、布尔萨省、巴尔克西尔省、查纳卡累省、伊兹密尔省、马尼萨省、埃迪尔内省、克尔克拉霍利省	张志良
65	乌克兰	敖德萨	2005.6.14	未开馆	敖德萨州、尼古拉耶夫州、赫尔松州、基洛沃格勒州、扎波罗热州、顿涅茨克州、克里米亚自治共和国、塞瓦斯托波尔直辖市	吴小莺
66	阿拉伯联合酋长国	迪拜	1988.3.14	1989.2.14	迪拜、沙迦、阿治曼、乌姆盖万、哈伊马角、富查伊拉	高有祯
67	英国	曼彻斯特	1984.4.17	1986.6.30	大曼彻斯特郡、泰恩和威尔郡、兰开夏郡、北约克郡、南约克郡、默西塞德郡、西约克郡、达勒姆郡、德比郡	倪坚
68	英国	爱丁堡	1996.9.2	1997.11.4	苏格兰、北爱尔兰	谭秀甜

续表

序号	国名	驻地	协议日期	开馆日期	领区	馆长
69	美国	休斯敦	1979. 8. 24	1979. 11. 20	密西西比州、亚拉巴马州、阿肯色州、俄克拉荷马州、佐治亚州、路易斯安那州、佛罗里达州、得克萨斯州	高燕平
70	美国	旧金山	1979. 8. 24	1979. 12. 13	加利福尼亚州北部48个县、俄勒冈州、华盛顿州、阿拉斯加州、内华达州	高占生
71	美国	纽约	1981. 6. 16	1981. 12. 12	纽约州、新泽西州、康涅狄格州、马萨诸塞州、新罕布什尔州、宾夕法尼亚州、佛蒙特州、缅因州、俄亥俄州、罗德岛州	彭克玉
72	美国	芝加哥	1981. 6. 16	1985. 7. 26	伊利诺伊州、印第安纳州、威斯康星州、密执安州、密苏里州、堪萨斯州、艾奥瓦州、明尼苏达州、科罗拉多州	黄屏
73	美国	洛杉矶	1981. 6. 16	1988. 3. 2	夏威夷州及美属太平洋岛屿、亚利桑那州、新墨西哥州、加利福尼亚州南部10个县	张云
74	越南	胡志明市	1992. 11. 22	1993. 5. 28	待定	许明亮
75	也门	亚丁	1990. 5. 26	1990. 6. 1	亚丁、拉赫杰、阿比洋、夏布瓦、哈达拉毛、马哈拉拉	冯福德

(2) 领事馆

序号	国名	驻地	开馆日期	领区	馆长
1	玻利维亚	圣克鲁斯	1992.5.6	圣克鲁斯省	朱解人
2	喀麦隆	杜阿拉	1993.12.21	滨海省(含杜阿拉)、西南省、西部省、西北省	张玉森
3	哥伦比亚	巴兰基亚	1990.6.26	大西洋省、马格达莱纳省、玻利瓦尔省	韩莉
4	法国	帕皮提	2007.9.13	法属波利尼西亚	杨书法
5	马达加斯加	塔马塔夫	1996.5.17	塔马塔夫省(含塔马塔夫市)和迪耶果—苏瓦雷斯省	徐金龙
6	菲律宾	拉瓦格	2007.4.11	科迪勒拉行政区(阿拉布省、阿巴尧省、本格特省、伊夫肴省、卡林巴省、高山省)、第一地区(北伊罗戈省、南伊罗戈省、拉允隆省、班诗兰省)和第二地区(巴坦省、卡加延省、伊莎贝拉省、新比斯开省、基里诺省)	田其祥

(3) 领事办公室

序号	国名	驻地	所属馆	开馆年份
1	埃及	塞得港	驻亚历山大总领事馆	1978
2	老挝	孟赛	驻老挝大使馆	暂未开馆
3	俄罗斯	符拉迪沃斯托克	驻哈巴罗夫斯克总领事馆	2005

注:

表内数据如与往年数据不同,以本表数据为准。

2. 外国在中国内地设立领事机构一览表

(1) 总领事馆

序号	国　名	驻地	领　区	协议日期
1	阿根廷	上海	上海、江苏、浙江、安徽	1995. 10. 04
2	阿根廷	广州	广东、福建、海南、广西	1988. 05. 16
3	澳大利亚	上海	上海、江苏、浙江、安徽、江西、湖北	1978. 09. 18
4	澳大利亚	广州	广东、广西、海南、福建、湖南、云南	1992. 05. 27
5	奥地利	上海	上海、江苏、浙江、安徽	1994. 06. 24
6	奥地利	广州	广东、海南、湖南、云南、贵州、广西	2007. 04. 06
7	白俄罗斯	上海	上海、江苏、安徽、江西、浙江、福建	2008. 08. 05
8	比利时	上海	上海、江苏、浙江、安徽	1985. 06. 03
9	比利时	广州	广东、云南、海南、福建、广西	2005. 10. 10
10	玻利维亚	广州	广东	1987. 10. 16
11	巴西	上海	上海、江苏、浙江、安徽、山东	2002. 09. 30
12	巴西	广州	广东、海南、福建、广西、贵州、云南、湖南	1991. 12. 23
13	保加利亚	上海	上海、江苏、浙江、安徽、江西、福建	2005. 01. 25
14	柬埔寨	广州	广东、福建、海南	1997. 12. 25
15	柬埔寨	上海	上海、江苏、浙江、安徽	1999. 05. 28
16	柬埔寨	昆明	云南、四川、贵州	2003. 09. 23
17	柬埔寨	重庆	重庆、湖北、湖南、陕西	2004. 07. 30
18	柬埔寨	南宁	广西	2005. 07. 29
19	加拿大	上海	上海、江苏、浙江、安徽	1980. 08. 25
20	加拿大	广州	广东、广西、福建、海南	1980. 08. 25
21	智利	上海	上海、江苏、浙江、安徽	1985. 04. 29
22	古巴	上海	上海、江苏、浙江	1989. 06. 08

续表

序号	国　名	驻地	领　区	协议日期
23	古巴	广州	广东、广西、海南、	2006.11.08
24	捷克	上海	上海、江苏、浙江、安徽	1987.03.07
25	朝鲜	沈阳	辽宁、吉林、黑龙江	1986.02.13
26	丹麦	上海	上海、江苏、浙江、安徽、江西	1994.03.25
27	丹麦	广州	广东、广西、福建、海南	1998.08.04
28	厄瓜多尔	上海	上海、江苏、浙江、安徽	1984.05.17
29	厄瓜多尔	广州	广东	2009.03.17
30	埃及	上海	上海、江苏、浙江、安徽	1983.03.11
31	埃塞俄比亚	广州	广东、湖南、福建、江西、海南、广西	2009.05.31
32	芬兰	上海	上海、江苏、浙江、安徽、江西	1995.07.06
33	芬兰	广州	广东、福建、海南、广西、云南	2004.11.01
34	法国	上海	上海、江苏、浙江、安徽	1980.10.17
35	法国	广州	广东、广西、福建、海南	1991.04.29
36	法国	武汉	湖北、湖南、江西	1998.04.03
37	法国	成都	四川、云南、贵州、重庆	2005.07.18
38	法国	沈阳	辽宁、吉林、黑龙江	2007.08.22
39	德国	上海	上海、江苏、浙江、安徽	1979.10.24
40	德国	广州	广东、广西、福建、海南	1995.07.13
41	德国	成都	四川、贵州、云南、重庆	2003.12.01
42	希腊	上海	上海、山东、江苏、浙江、福建、安徽、江西	2004.02.11
43	希腊	广州	广东、福建、海南、广西	2006.08.14
44	匈牙利	上海	上海、浙江、江苏、安徽	2004.04.07
45	冰岛	上海	上海、江苏、浙江	2009.09.18
46	印度	上海	上海、江苏、浙江	1991.12.13
47	印度	广州	广东、福建、湖南、海南、云南、四川、广西	2006.11.21
48	印度尼西亚	广州	广东、广西、福建、海南	2002.03.24

续表

序号	国　名	驻地	领　区	协议日期
49	印度尼西亚	上海	上海、江苏、浙江、安徽、江西	2002.03.24
50	伊朗	上海	上海、江苏、浙江、安徽	1988.09.26
51	爱尔兰	上海	上海、江苏、浙江、安徽、江西	2000.01.19
52	以色列	上海	上海、江苏、浙江、安徽	1993.10.08
53	以色列	广州	广东、福建、海南、广西	2008.09.08
54	意大利	上海	上海、江苏、浙江、安徽	1979.11.06
55	意大利	广州	广东、广西、福建、海南	1997.11.03
56	日本	上海	上海、江苏、浙江、安徽、江西	1975.08.15
57	日本	广州	广东、海南、福建、广西	1980.02.01
58	日本	沈阳	辽宁、黑龙江、吉林	1985.12.03
59	日本	重庆	重庆、四川、贵州、云南	2004.12.03
60	日本	青岛	山东	2008.12.18
61	哈萨克斯坦	上海	上海、江苏、安徽、浙江、江西、福建	2005.03.25
62	科威特	上海	上海、浙江、江苏、安徽	2008.01.02
63	科威特	广州	广东、福建、海南、广西	2008.01.02
64	老挝	昆明	云南、广东、广西	1991.12.25
65	老挝	南宁	广西、广东	2009.09.02
66	卢森堡	上海	上海、江苏、浙江、安徽、福建	2006.01.23
67	马来西亚	广州	广东、福建、海南、江西、湖南	1993.10.18
68	马来西亚	上海	上海、江苏、浙江、安徽	1999.09.20
69	马来西亚	昆明	云南、广西、贵州、四川、重庆	1999.11.04
70	墨西哥	上海	上海、江苏、浙江、安徽	1984.10.10
71	墨西哥	广州	广东、海南、福建、湖南、江西、广西	2005.08.31
72	蒙古	呼和浩特	内蒙古呼和浩特市、包头市、乌海市、赤峰市、通辽市、鄂尔多斯市、巴彦淖尔市、乌兰察布市、阿拉善盟	1989.03.30
73	缅甸	昆明	云南、贵州、四川、重庆	1993.08.19

续表

序号	国名	驻地	领区	协议日期
74	缅甸	南宁	广西、广东、湖南	2009.10.15
75	尼泊尔	拉萨	未定	1958.01.17
76	荷兰	上海	上海、江苏、浙江、安徽	1994.08.23
77	荷兰	广州	广东、广西、福建、海南	1997.04.01
78	新西兰	上海	上海、江苏、浙江、安徽	1991.05.09
79	新西兰	广州	广东、广西、海南、湖南、福建	2007.03.24
80	尼日利亚	上海	上海、浙江、江苏、安徽、福建	2007.10.08
81	挪威	上海	上海、江苏、浙江、安徽、江西、福建	1996.06.28
82	挪威	广州	广东、福建、海南、广西	2007.12.25
83	巴基斯坦	上海	上海、江苏、浙江、安徽	1996.12.01
84	巴基斯坦	成都	四川、贵州、云南、重庆	2006.11.24
85	巴基斯坦	广州	广东、福建、海南、广西、湖南	2007.12.11
86	秘鲁	上海	上海、江苏、浙江、安徽、福建、江西	2002.02.20
87	秘鲁	广州	广东、广西、贵州、海南、云南、湖南	2006.04.13
88	菲律宾	厦门	福建、江西	1994.12.08
89	菲律宾	广州	广东、海南、湖南、广西	1996.11.26
90	菲律宾	上海	上海、江苏、浙江、安徽、湖北	2001.10.30
91	菲律宾	重庆	重庆、贵州、云南	2008.08.21
92	菲律宾	成都	四川	2008.11.25
93	波兰	上海	上海、江苏、浙江、安徽、福建	1954.04.01
94	波兰	广州	广东、广西、海南	1987.11.11
95	葡萄牙	上海	上海、浙江、江苏、安徽、江西	2005.05.23
96	韩国	上海	上海、江苏、浙江、安徽	1992.12.30
97	韩国	广州	广东、广西、福建、海南	2000.10.08
98	韩国	青岛	山东	1993.12.22
99	韩国	沈阳	辽宁、黑龙江、吉林	1999.01.28

续表

序号	国　名	驻地	领　区	协议日期
100	韩国	成都	四川、云南、贵州、重庆	2004.01.21
101	韩国	西安	陕西、甘肃、宁夏	2006.06.13
102	韩国	武汉	湖北、湖南、江西、河南	2009.09.17
103	罗马尼亚	上海	上海、江苏、浙江、安徽	1984.10.10
104	俄罗斯	上海	上海、江苏、浙江、安徽	1985.06.13
105	俄罗斯	沈阳	辽宁、吉林、黑龙江	1990.09.25
106	俄罗斯	广州	广东、福建、海南、云南、江西、广西	2005.10.06
107	塞尔维亚	上海	上海、江苏、浙江、安徽	1998.02.11
108	新加坡	上海	上海、江苏、浙江、安徽	1991.10.25
109	新加坡	厦门	福建、江西、	1995.10.25
110	新加坡	广州	广东、海南、湖南、贵州、云南、广西	2003.03.20
111	斯洛伐克	上海	上海、江苏、浙江、福建、安徽、江西	2004.07.30
112	沙特阿拉伯	上海	上海、江苏、浙江、福建	1992.08.14
113	南非	上海	上海、山东、江苏、浙江、安徽、福建、广东	1997.12.30
114	西班牙	上海	上海、江苏、浙江、安徽、江西	1984.11.15
115	西班牙	广州	广东、福建、湖南、广西、海南、贵州、云南	2007.04.05
116	斯里兰卡	上海	上海、福建、湖南、江苏、浙江、安徽	2008.04.18
117	斯里兰卡	成都	四川、云南、贵州、陕西、重庆	2009.09.28
118	瑞典	上海	上海、江苏、浙江、安徽	1996.07.03
119	瑞典	广州	广东、广西、福建、海南	2002.09.10
120	瑞士	上海	上海、江苏、浙江、安徽	1995.02.15
121	瑞士	广州	广东、福建、海南、广西	2005.08.05
122	泰国	广州	广东、海南	1988.07.22
123	泰国	昆明	云南、贵州、湖南	1993.08.26
124	泰国	上海	上海、江苏、浙江、安徽	1996.03.25

续表

序号	国　名	驻地	领　　区	协议日期
125	泰国	成都	四川、重庆	2004. 10. 10
126	泰国	厦门	福建、江西	2004. 10. 10
127	泰国	西安	陕西、甘肃、宁夏	2005. 07. 01
128	泰国	南宁	广西	2005. 10. 17
129	土耳其	上海	上海、江苏、浙江、安徽	1996. 04. 15
130	乌克兰	上海	上海、江苏、浙江、安徽、福建、江西	2000. 03. 02
131	阿联酋	上海	上海、浙江、江苏、安徽、福建	2008. 09. 19
132	英国	上海	上海、江苏、浙江、安徽	1984. 04. 17
133	英国	广州	广东、福建、海南、湖南、广西、江西	1996. 09. 02
134	英国	重庆	重庆、四川、贵州、云南	1999. 04. 14
135	美国	上海	上海、江苏、浙江、安徽	1979. 01. 31
136	美国	广州	广东、广西、福建、海南	1979. 01. 31
137	美国	沈阳	辽宁、吉林、黑龙江	1980. 09. 17
138	美国	成都	四川、云南、贵州、西藏、重庆	1980. 09. 17
139	美国	武汉	河南、湖北、湖南、江西	1980. 09. 17
140	乌拉圭	上海	上海、江苏、浙江、安徽	2002. 08. 26
141	乌兹别克斯坦	上海	上海、浙江、江苏、安徽、江西、湖南、福建	2005. 07. 12
142	瓦努阿图	上海	上海、江苏、浙江、安徽	2000. 10. 12
143	委内瑞拉	上海	上海、浙江、江苏	2005. 07. 05
144	越南	广州	广东	1992. 11. 22
145	越南	南宁	广西	2003. 10. 16
146	越南	昆明	云南	2003. 10. 16

(2) 领事馆

序号	国 名	驻地	领 区	协议日期
1	加拿大	重庆	重庆、四川、贵州、云南	1997. 11. 28
2	丹麦	重庆	重庆、四川、贵州、云南	2004. 11. 11
3	蒙古	二连浩特	内蒙古呼伦贝尔市、锡林郭勒盟、兴安盟	1996. 07. 22
4	新加坡	成都	四川	2006. 04. 13
5	苏丹	广州	广东、江西、福建、湖南、贵州、云南、浙江、广西	2009. 03. 24

(3)领事代理处

序号	国 名	驻地	领 区	协议日期
1	蒙古	上海	上海、江苏、浙江	2008. 03. 31

(4) 领事办公室

序号	国名	驻地	名称	协议日期
1	朝鲜	丹东	朝鲜驻沈阳总领事馆领事办公室	2008. 11. 18
2	日本	大连	日本驻沈阳总领事馆常驻大连办公室	1993. 01. 01
3	老挝	景洪	老挝驻昆明总领事馆常驻景洪办公室	1998. 04. 29
4	俄罗斯	哈尔滨	俄罗斯驻沈阳总领事馆常驻哈尔滨办公室	1993. 04. 16
5	也门	上海	也门驻华大使馆驻上海领事办公室	2006. 01. 05
6	也门	广州	也门驻华大使馆驻广州领事办公室	2006. 01. 05
7	越南	上海	越南驻华大使馆领事部驻上海办公室	2006. 12. 12

（5）名誉领事

序号	国　名	驻地	领　　区	委派日期
1	几内亚	上海	未定	尚未委派
2	牙买加	上海	上海、浙江、江苏、安徽	2001.03.26
3	马尔代夫	上海	上海	2006.10.31
4	摩纳哥	上海	上海、江苏、浙江、安徽	2002.01.25
5	摩纳哥	北京	北京	2008.08.06
6	尼泊尔	上海	未定	2003.01.16
7	尼日尔	广州	未定	尚未委派
8	巴布亚新几内亚	上海	未定	2006.08.28
9	塞舌尔	北京	未定	尚未委派
10	坦桑尼亚	广州	未定	尚未委派

注：

表内数据如与往年数据不同，以本表数据为准。

3. 外国在中国香港设立领事机构一览表

(1) 总领事馆

序号	国　名	领　区	保留(设立)总领馆协议日期	备　注
1	安哥拉	香港	2005.06.28	
2	安提瓜和巴布达	香港、澳门	1998.06.19	待开馆
3	阿根廷	香港 澳门(扩领)	1997.01.31 1999.06.17	
4	澳大利亚	香港 (可在澳门执行职务)	1996.09.26 1999.09.08	
5	奥地利	香港 (可在澳门执行职务)	1997.06.20	
6	孟加拉国	香港 (可在澳门执行职务)	1997.01.29	
7	比利时	香港 (可在澳门执行职务)	1997.02.03	
8	巴西	香港 澳门(扩领)	1996.11.08 1999.12.15	
9	文莱	香港、澳门	2006.07.14	
10	保加利亚	香港	1997.05.05	暂时闭馆
11	柬埔寨	香港 澳门(扩领)	1997.04.16 2002.02.22	
12	加拿大	香港 (可在澳门执行职务)	1996.09.19	
13	智利	香港 (可在澳门执行职务)	1996.11.06 1998.05.06	
14	哥伦比亚	香港 澳门(扩领)	1996.10.21 1999.12.17	
15	捷克	香港 (可在澳门执行职务)	1997.06.27	
16	丹麦	香港 (可在澳门执行职务)	1997.06.06	
17	朝鲜	香港	1999.06.01	
18	厄瓜多尔	香港	1997.03.21	暂时闭馆

续表

序号	国　名	领　区	保留(设立)总领馆协议日期	备　注
19	埃及	香港 澳门(扩领)	1996. 11. 11 2000. 03. 31	
20	芬兰	香港 (可在澳门执行职务)	1996. 12. 09	
21	法国	香港 (可在澳门执行职务)	1997. 05. 15	
22	德国	香港 (可在澳门执行职务)	1997. 06. 23	
23	希腊	香港 澳门(扩领)	1997. 03. 18 1999. 11. 18	
24	匈牙利	香港、澳门	1998. 05. 19	暂时闭馆
25	印度	香港 (可在澳门执行职务)	1996. 11. 29	
26	印度尼西亚	香港 澳门(扩领)	1996. 12. 06 2008. 03. 17	
27	伊朗	香港 澳门(扩领)	1999. 07. 05 2005. 11. 28	
28	以色列	香港 (可在澳门执行职务)	1997. 02. 04	
29	意大利	香港 (可在澳门执行职务)	1997. 06. 05	
30	日本	香港 (可在澳门执行职务)	1997. 03. 29	
31	哈萨克斯坦	香港、澳门	2003. 07. 02	
32	科威特	香港 澳门(扩领)	1999. 06. 30 2007. 02. 27	
33	老挝	香港 (可在澳门执行职务)	1999. 04. 30	
34	马来西亚	香港 (可在澳门执行职务)	1997. 05. 14	
35	墨西哥	香港 澳门(扩领)	1996. 11. 22 1999. 10. 29	
36	缅甸	香港 澳门(扩领)	1997. 04. 25 2000. 06. 02	
37	尼泊尔	香港 澳门(扩领)	1997. 05. 20 2001. 02. 06	

续表

序号	国名	领区	保留(设立)总领馆协议日期	备注
38	荷兰	香港 (可在澳门执行职务)	1996. 11. 12	
39	新西兰	香港 (可在澳门执行职务)	1997. 01. 22	
40	尼日利亚	香港 (可在澳门执行职务)	1997. 04. 28	
41	巴基斯坦	香港 澳门(扩领)	1996. 12. 01 1999. 06. 28	
42	秘鲁	香港 (可在澳门执行职务)	1997. 06. 23 1999. 11. 26	
43	菲律宾	香港 澳门(扩领)	1996. 11. 26 1999. 08. 30	
44	波兰	香港 (可在澳门执行职务)	1997. 05. 19	
45	韩国	香港 (可在澳门执行职务)	1997. 04. 24	
46	罗马尼亚	香港、澳门	2003. 08. 11	
47	俄罗斯	香港 (可在澳门执行职务)	1997. 06. 27	
48	沙特阿拉伯	香港 (可在澳门执行职务)	1998. 04. 29	
49	新加坡	香港 澳门(扩领)	1997. 02. 05 2008. 01. 21	
50	南非	香港 澳门(扩领)	1997. 12. 30 1999. 06. 07	
51	西班牙	香港 (可在澳门执行职务)	1997. 06. 18	
52	瑞典	香港 (可在澳门执行职务)	1996. 11. 03	
53	瑞士	香港 (可在澳门执行职务)	1997. 04. 11	
54	泰国	香港 (可在澳门执行职务)	1997. 04. 02	
55	土耳其	香港 (可在澳门执行职务)	1997. 05. 08	
56	阿联酋	香港	1998. 10. 29	

续表

序号	国 名	领 区	保留(设立)总领馆协议日期	备 注
57	英国	香港 澳门(扩领)	1996.09.26 1999.10.29	
58	美国	香港 (可在澳门执行职务)	1997.03.25	
59	委内瑞拉	香港 澳门(扩领)	1996.11.13 1999.10.11	
60	越南	香港 澳门(扩领)	1996.12.19 2003.05.16	
61	津巴布韦	香港、澳门	2008.05.31	

(2) 名誉领事

序号	国 名	领 区	保留(委派)名领协议日期	备 注
1	阿尔巴尼亚	香港	2003.11.04	
2	巴哈马	香港	2008.12.23	
3	巴林	香港	2001.04.05	
4	巴巴多斯	香港	1997.04.30	
5	贝宁	香港	1997.02.28	
6	博茨瓦纳	香港	2006.03.10	
7	布隆迪	香港	2006.02.10	
8	不丹	香港	2004.04.27	
9	喀麦隆	香港	1997.06.02	
10	中非	香港	2001.09.28	
11	刚果(布)	香港	1997.02.26	
12	科特迪瓦	香港	1997.06.02	
13	克罗地亚	香港	2002.05.15	
14	古巴	香港	1996.12.31	
15	塞浦路斯	香港	1997.02.03	
16	吉布提	香港	1997.01.22	
17	刚果(金)	香港	1999.12.29	

续表

序号	国　名	领　区	保留(委派) 名领协议日期	备　注
18	赤道几内亚	香港	1997.04.08	
19	爱沙尼亚	香港	1998.12.11	
20	埃塞俄比亚	香港、澳门	2002.06.18	
21	厄立特里亚	香港、澳门	2005.08.10	
22	斐济	香港	1997.06.20	
23	加蓬	香港	1996.08.22	
24	加纳	香港	1997.05.05	
25	格林纳达	香港	2006.07.27	
26	几内亚	香港	1997.05.05	
27	冰岛	香港 澳门(扩领)	1996.12.17 2009.09.14	
28	爱尔兰	香港	1997.06.20	
29	牙买加	香港	1997.05.29	
30	约旦	香港	1997.02.03	
31	肯尼亚	香港、澳门	2003.12.09	
32	拉脱维亚	香港	2002.08.12	
33	莱索托	香港	2001.09.05	
34	利比里亚	香港	2004.09.07	
35	立陶宛	香港 澳门(扩领)	1997.05.29 2008.09.03	
36	卢森堡	香港	1997.04.23	
37	马达加斯加	香港	1997.05.28	
38	马尔代夫	香港 澳门(扩领)	1997.04.15 2009.05.21	
39	马里	香港	1997.04.22	
40	马耳他	香港	1997.04.09	
41	毛里求斯	香港	1997.04.14	
42	摩纳哥	香港	1997.05.06	
43	蒙古	香港	1997.01.27	

续表

序号	国 名	领 区	保留(委派) 名领协议日期	备 注
44	摩洛哥	香港	1996.12.25	
45	莫桑比克	香港	1997.05.07	
46	纳米比亚	香港 澳门(扩领)	1997.01.30 2000.08.18	
47	尼日尔	香港	1999.03.01	
48	挪威	香港、澳门	2003.09.10	
49	阿曼	香港	1997.04.04	
50	巴布亚新几内亚	香港	1996.07.16	
51	葡萄牙	香港	2005.01.07	
52	卢旺达	香港、澳门	2000.07.26	
53	萨摩亚	香港	2004.07.22	
54	圣马力诺	香港	2005.07.05	
55	塞内加尔	香港	2009.06.17	
56	塞舌尔	香港 澳门(扩领)	1997.01.03 2009.03.06	
57	斯洛伐克	香港	1997.06.19	
58	斯洛文尼亚	香港 澳门(扩领)	1997.06.20 2006.01.12	
59	斯里兰卡	香港 澳门(扩领)	1997.05.21 2004.08.04	
60	苏丹	香港 澳门(扩领)	2005.12.19 2009.03.10	
61	苏里南	香港	1997.02.17	
62	坦桑尼亚	香港、澳门	1998.04.08	
63	多哥	香港	1996.12.19	
64	汤加	香港	2003.01.22	
65	特立尼达和多巴哥	香港	1997.03.24	
66	突尼斯	香港	1997.05.02	
67	乌干达	香港	1999.01.08	
68	乌克兰	香港	2003.08.20	

续表

序号	国名	领区	保留(委派)名领协议日期	备注
69	乌拉圭	香港 澳门(扩领)	2002.12.23 2003.08.08	
70	瓦努阿图	香港	1997.01.09	
71	也门	香港	2005.10.24	

注：

表内数据如与往年数据不同，以本表数据为准。

4. 外国在中国澳门设立领事机构一览表

(1) 总领事馆

序号	国　名	领　区	保留(设立)领馆协议日期	备　注
1	安哥拉	澳门	2006.07.26	
2	菲律宾	澳门	2000.09.25	
3	葡萄牙	澳门 香港(扩领)	1999.07.28 2003.10.15	

(2) 名誉领事

序号	国　名	领　区	保留(委派)名领协议日期	备　注
1	不丹	澳门	2000.01.12	
2	佛得角	澳门	2000.10.11	
3	爱沙尼亚	澳门	1999.08.25	
4	法国	澳门	1999.12.14	
5	几内亚	澳门	1999.05.24	
6	几内亚比绍	澳门	1999.11.22	
7	马里	澳门	1999.03.18	
8	莫桑比克	澳门	1999.04.12	
9	尼日尔	澳门	2002.07.30	
10	秘鲁	澳门	1999.11.26	
11	苏里南	澳门	1999.11.16	
12	英国	澳门	1999.10.29	
13	格林纳达	澳门	2005.04.26	

注:

表内数据如与往年数据不同,以本表数据为准。

六、中国与外国互免签证协议一览表

（按协议国国名汉字笔画顺序排列）

截至2009年12月31日，中国与下列国家达成互免签证协议：

序号	协议国	互免签证的证件类别	生效日期
1	土耳其	外交、公务（特别）、因公普通护照	1989.12.24
2	土库曼斯坦	外交、公务、因公普通、加注“公务”字样的普通护照；团体旅游	1993.02.01
3	马尔代夫	外交、公务护照	1984.11.27
4	马耳他	外交、公务护照	2008.03.06
5	马来西亚	外交、公务（官员）护照	尚未生效
6	马其顿	外交、公务、因公普通护照、标有“因公”字样的普通护照	1994.07.19
7	厄瓜多尔	外交、公务（官员）护照	1987.07.11
		因公普通（特别）护照	1988.12.25
8	牙买加	外交、公务（官员）护照	1995.06.08
9	贝宁	外交、公务、因公普通、附有“公务证明”的普通护照	1993.11.06
10	乌克兰	外交、公务护照、海员证	2002.03.31
11	乌拉圭	常驻对方国家使领馆人员所持外交、公务（官员）护照	1988.11.07
		外交护照	1994.01.01
12	文莱	外交、公务（官员）护照	2005.06.18
13	巴西	外交、公务（官员）护照	2004.08.10
14	巴哈马	外交护照（需逗留30天以上的人员除外）	2009.06.15
15	巴基斯坦	外交、公务（官员）护照	1987.08.16
		因公普通护照	1988.04.30
16	古巴	外交、公务（官员）、因公普通护照	1988.12.23
17	白俄罗斯	外交、公务护照；团体旅游	1993.03.01

续表

序号	协议国	互免签证的证件类别	生效日期
18	印度尼西亚	外交、公务护照	2005.11.14
19	立陶宛	外交、公务护照、海员证（随船）	1992.09.14
20	尼泊尔	外交、公务（官员）护照	2006.10.16
21	圣马力诺	外交、公务、普通护照	1985.07.22
22	圭亚那	外交、公务（官员）、因公普通护照	1998.08.19
23	吉尔吉斯斯坦	外交、公务护照	2003.06.14
24	老挝	外交、公务、因公普通、加注有效公务签证的普通护照	1989.11.06
25	亚美尼亚	外交、公务、因公普通、加注“因公”字样的普通护照	1994.08.03
26	伊朗	外交、公务护照	1989.07.12
27	匈牙利	外交、公务护照	1992.05.28
28	约旦	外交、公务（特别）护照	1993.03.11
29	赤道几内亚	外交、公务（官员）护照	2006.01.01
30	克罗地亚	外交、公务（官员）护照	1995.04.09
31	苏丹	外交、公务、特别、官员护照	1995.10.26
32	阿尔巴尼亚	外交、公务（特别）护照	1956.08.25
33	阿根廷	外交、公务（官员）护照	1993.08.14
34	阿曼	外交、公务、特别护照	尚未生效
35	阿塞拜疆	外交、公务、因公普通护照	1994.02.10
		团体旅游	1994.05.01
36	坦桑尼亚	外交、公务护照	2005.07.11
37	英国	外交护照	2007.10.25
38	罗马尼亚	外交、公务护照、海员证	1981.09.16
39	委内瑞拉	外交、公务护照	1989.07.13
40	波兰	外交、公务护照、海员证、机组人员证件	1992.07.27
41	波黑*1	外交、公务、因公普通护照、标有“因公”字样的普通护照	1980.01.09

续表

序号	协议国	互免签证的证件类别	生效日期
42	孟加拉国	外交、公务（官员）、因公普通、加注“政府公务”或“免费”字样的普通护照	1989.12.18
43	玻利维亚	外交、公务（官员）护照	1987.11.15
		公务普通护照	2008.01.18
44	柬埔寨	外交、公务护照	2006.09.14
45	哈萨克斯坦	外交、公务护照	1994.02.01
46	保加利亚*2	外交、公务、因公普通护照	1987.07.17
47	俄罗斯	团体旅游	2000.12.01
		外交护照，随车执行公务的国际列车乘务员、指定定期机组人员、持海员证执行公务船员	2001.05.25
48	突尼斯	外交、公务（特别）护照	2006.09.29
49	泰国	外交、公务（官员）护照	2003.10.18
50	埃及	外交、公务（特别）护照	2007.01.27
51	格林纳达	外交、公务（官员）护照	尚未生效
52	格鲁吉亚	外交、公务、因公普通护照；团体旅游	1994.02.03
53	哥伦比亚	外交护照	1987.11.14
		公务（官员）护照	1991.11.14
54	哥斯达黎加	外交、公务护照	2008.01.15
55	特立尼达和多巴哥	外交、公务（官员）护照	2006.11.23
56	秘鲁	外交、公务（特别）护照	2004.05.12
57	菲律宾	外交、公务（官员）护照（限临时访问人员）	2005.02.28
58	塔吉克斯坦	外交、公务、因公普通、加注“公务”字样的普通护照	1993.06.01
59	越南	外交、公务、因公普通护照	1992.03.15
60	斯洛文尼亚	外交、公务护照	1994.07.01
61	斯洛伐克*3	外交、公务（特别）护照	1956.06.01
62	朝鲜	外交、公务护照	1956.10.01
		因公普通、因公团体护照	1965.01.01

续表

序号	协议国	互免签证的证件类别	生效日期
63	黑山*1	外交、公务、因公普通护照、标有“因公”字样的普通护照	1980.01.09
64	智利	外交、公务（官员）护照	1986.05.07
65	缅甸	外交、公务（官员）护照	1998.03.05
66	蒙古	外交、公务、因公普通护照	1989.04.30
67	塞尔维亚*1	外交、公务、因公普通、加注“因公”字样的普通护照	1980.01.09
68	塞舌尔	外交、公务护照	1992.02.20
69	塞浦路斯	外交、公务护照	1991.10.02
70	墨西哥	外交、公务（官员）护照	1998.01.01
71	摩尔多瓦	外交、公务、因公普通、加注“公务”字样的普通护照；团体旅游	1993.01.01

注：

*1. 目前适用中国与前南斯拉夫社会主义联邦共和国有关协议。

*2. 保加利亚于1999年停止颁发因公普通护照。目前，中国持外交、公务护照人员赴保仍可免签，但持公务普通护照人员需办理签证。

*3. 目前适用中国与前捷克斯洛伐克共和国有关协议。

4. 持用协议规定的证件免签入境并不意味可无限期在协议国停留或居住。根据协议规定，持证人免签入境后，一般不可停留超过30日。如需停留超过30日，应尽快与当地主管机关联系，按规定申办居留手续。

5. 表内数据如与往年数据不同，以本表数据为准。

七、2009年中国参加的多边条约一览表

（包括签署、批准、接受及加入）

（截至2009年12月31日）

序号	条约名称	签订日期/地点/保存机关	公约生效日期	中国采取行动情况	备注
1	《关于加强美利坚合众国与哥斯达黎加共和国1949年公约建立的美洲间热带金枪鱼委员会的公约》	2003年11月14日 华盛顿 美国政府	2010年8月27日	2009年6月17日国务院决定核准；2009年10月30日交存核准书；2010年8月27日对中国生效	暂不适用香港、澳门特区
2	《2000年有毒有害物质污染事故防备、反应与合作议定书》	2000年3月15日 伦敦 国际海事组织秘书长	2007年6月14日	2009年11月19日递交加入书；2010年2月19日对中国生效	适用于澳门特区，暂不适用于香港特区
3	《2006年国际热带木材协定》	2006年1月27日 日内瓦 联合国秘书长	尚未生效	2009年12月14日交存核准书	适用于澳门特区，暂不适用于香港特区
4	《联合国打击跨国有组织犯罪公约关于预防、禁止和惩治贩运人口，特别是妇女和儿童行为的补充议定书》	2000年11月15日 纽约 联合国秘书长	2003年9月29日	2009年12月26日第11届全国人大常委会第12次会议决定批准	适用于澳门特区，暂不适用于香港特区

续表

序号	条约名称	签订日期/地点/保存机关	公约生效日期	中国采取行动情况	备注
5	《〈1973年国际防止船舶造成污染公约的1978年议定书〉附则Ⅲ的修正案》	2006年10月13日 伦敦 国际海事组织秘书长	2010年1月1日	2009年7月1日默认接受	适用于香港和澳门特区
6	《海上事故或海上事件安全调查国际标准和建议做法规则》	2008年5月16日 伦敦 国际海事组织秘书长	2010年1月1日	2009年7月1日默认接受	适用于香港和澳门特区
7	《经修正的〈1974年国际海上人命安全公约〉的修正案》[MSC.256(84)号决议]	2008年5月16日 伦敦 国际海事组织秘书长	2010年1月1日	2009年7月1日默认接受	适用于香港和澳门特区
8	《经修正的〈1974年国际海上人命安全公约〉的修正案》[MSC.257(84)号决议]	2008年5月16日 伦敦 国际海事组织秘书长	2010年1月1日	2009年7月1日默认接受	适用于香港和澳门特区
9	《经修正的〈1974年国际海上人命安全公约1988年议定书〉的修正案》	2008年5月16日 伦敦 国际海事组织秘书长	2010年1月1日	2009年7月1日默认接受	适用于香港和澳门特区

续表

序号	条约名称	签订日期/地点/保存机关	公约生效日期	中国采取行动情况	备注
10	《〈1994 年国际高速船安全规则〉的修正案》	2008 年 5 月 16 日 伦敦 国际海事组织秘书长	2010 年 1 月 1 日	2009 年 7 月 1 日默认接受	适用于香港和澳门特区
11	《〈2000 年国际高速船安全规则〉的修正案》	2008 年 5 月 16 日 伦敦 国际海事组织秘书长	2010 年 1 月 1 日	2009 年 7 月 1 日默认接受	适用于香港和澳门特区
12	《〈散货船和油船检验期间加强检验计划导则〉［经修正的第 A.744（18）号决议］的修正案》	2008 年 5 月 16 日 伦敦 国际海事组织秘书长	2010 年 1 月 1 日	2009 年 7 月 1 日默认接受	适用于香港和澳门特区
13	《〈国际海运危险货物规则〉的修正案》	2008 年 5 月 16 日 伦敦 国际海事组织秘书长	2010 年 1 月 1 日	2009 年 7 月 1 日默认接受	适用于香港和澳门特区

八、2009年中国与外国签订的主要双边条约一览表

序号	条约名称	签订日期	签订地点
1	中华人民共和国政府和美利坚合众国政府对旧石器时代到唐末的归类考古材料以及至少250年以上的古迹雕塑和壁上艺术实施进口限制的谅解备忘录	2009年1月14日	华盛顿
2	中华人民共和国政府和瑞士联邦委员会关于促进和相互保护投资协定	2009年1月27日	伯尔尼
3	中华人民共和国政府和欧洲共同体关于易制毒化学品管制的合作协议	2009年1月30日	布鲁塞尔
4	中华人民共和国政府和大不列颠及北爱尔兰联合王国政府2009~2013年文化交流计划	2009年2月1日	伦敦
5	中华人民共和国政府和塞舌尔共和国政府关于塞舌尔驻香港名誉领事馆领区扩大至澳门的换文	2009年2月2日	北京
6	中华人民共和国与亚洲开发银行贷款协定(北方旱作农业项目)	2009年2月3日	马尼拉
7	中华人民共和国政府和沙特阿拉伯王国政府关于石油、天然气、矿产领域开展合作的议定书的补充谅解备忘录	2009年2月10日	利雅得
8	中华人民共和国政府和马里共和国政府关于促进和保护投资协定	2009年2月12日	巴马科
9	中华人民共和国政府和塞内加尔共和国政府关于成立经济、贸易和技术合作委员会的协定	2009年2月13日	达喀尔
10	中华人民共和国政府和巴哈马国政府关于互免持外交护照人员签证的协定	2009年2月17日	拿骚
11	中华人民共和国政府和菲律宾共和国就菲律宾驻广州总领事馆领区管辖范围调整事达成协议的换文	2009年1月9日/2009年2月17日	北京

续表

序号	条约名称	签订日期	签订地点
12	中华人民共和国政府和委内瑞拉玻利瓦尔共和国政府关于《中华人民共和国政府和委内瑞拉玻利瓦尔共和国政府关于联合融资基金的协议》的修改议定书	2009年2月18日	加拉加斯
13	中华人民共和国政府和巴西联邦共和国政府关于能源和矿业合作的议定书	2009年2月19日	巴西利亚
14	中华人民共和国政府和巴基斯坦伊斯兰共和国政府自由贸易区服务贸易协定	2009年2月21日	武汉
15	中华人民共和国政府和马耳他共和国政府关于促进和保护投资的协定	2009年2月22日	瓦莱塔
16	中华人民共和国政府和马耳他共和国政府2009~2012年文化交流计划	2009年2月22日	瓦莱塔
17	中华人民共和国政府和阿尔及利亚共和国政府关于简化双方民航办事处常驻人员及互免机组成员签证协议	2009年2月20日/2009年2月24日	北京
18	中华人民共和国政府和厄瓜多尔政府关于厄瓜多尔在广州设立总领事馆的换文	2009年3月3日/2009年3月17日	北京
19	中华人民共和国外交部和俄罗斯联邦外交部2009年磋商计划	2009年3月20日	北京
20	中华人民共和国政府和乌拉圭东岸共和国政府关于贸易和投资合作谅解备忘录	2009年3月23日	北京
21	中华人民共和国政府和澳大利亚联邦政府文化合作协定2009~2011年度文化交流执行计划	2009年3月23日	悉尼
22	中华人民共和国政府和苏丹共和国政府关于苏丹在广州设立领事馆的换文	2009年3月10日/2009年3月24日	北京
23	中华人民共和国政府和欧洲共同体及其成员国关于修订海运协定的议定书	2009年3月31日	布鲁塞尔
24	中华人民共和国政府和塞尔维亚共和国政府科学技术合作协定	2009年4月7日	北京
25	中华人民共和国政府和乌干达共和国政府文化协定2009~2012年执行计划	2009年4月14日	坎帕拉
26	中华人民共和国政府与哈萨克斯坦共和国政府关于能源和贷款领域一揽子合作的备忘录	2009年4月16日	北京
27	中华人民共和国政府和俄罗斯联邦政府关于石油领域合作的协议	2009年4月21日	北京

续表

序号	条约名称	签订日期	签订地点
28	中华人民共和国和阿尔巴尼亚共和国关于深化传统友好关系的联合声明	2009年4月21日	北京
29	中华人民共和国政府和大不列颠及北爱尔兰联合王国政府关于大不列颠及北爱尔兰联合王国驻广州总领馆扩大领区范围事的换文	2009年5月5日	北京
30	中华人民共和国政府与大不列颠及北爱尔兰联合王国政府就大不列颠及北爱尔兰联合王国驻广州总领事馆领区扩大至江西省达成协议的换文	2009年4月8日/2009年5月5日	北京
31	中华人民共和国政府和加拿大政府海运协定修改议定书	2009年5月6日	渥太华
32	中华人民共和国政府和国际海事组织关于2009年5月11日至15日在中国香港举行拆船外交会议的东道国协议及其行政安排	2009年5月6日	伦敦
33	中华人民共和国政府和老挝人民民主共和国政府经济贸易技术合作委员会第四次会议纪要	2009年5月7日	北京
34	中华人民共和国政府和大韩民国政府关于大韩民国在广州建造总领事馆馆舍使用土地的协议	2009年5月8日	北京
35	中华人民共和国政府和埃塞俄比亚联邦民主共和国政府对所得避免双重征税和防止偷漏税的协定及议定书	2009年5月14日	北京
36	中华人民共和国政府与巴西联邦共和国政府关于石油、装备和融资的谅解备忘录	2009年5月19日	北京
37	中华人民共和国和巴西联邦共和国关于进一步加强中巴战略伙伴关系的联合公报	2009年5月19日	北京
38	中华人民共和国政府和老挝人民民主共和国政府关于老挝人民民主共和国在昆明建造总领事馆馆舍使用土地的协议	2009年5月20日	北京
39	中华人民共和国政府和马尔代夫共和国政府就马尔代夫驻香港名誉领事馆领区扩大至澳门达成协议的换文	2009年4月29日/2009年5月21日	北京
40	中华人民共和国政府和埃塞俄比亚政府就埃塞俄比亚在广州设立总领事馆事的协议	2009年5月31日	北京

续表

序号	条约名称	签订日期	签订地点
41	中华人民共和国政府与日本国政府关于日本无偿援助中国政府“人才培养奖学金”项目的换文	2009 年 6 月 4 日	北京
42	中华人民共和国政府和格林纳达政府关于互免持外交、公务（官员）护照人员签证的协定	2009 年 6 月 17 日	北京
43	关于一九九七年六月二十七日《中华人民共和国政府和俄罗斯联邦政府关于建立中俄总理定期会晤机制及其组织原则的协定》的议定书	2009 年 6 月 17 日	莫斯科
44	中华人民共和国政府和塞内加尔共和国政府关于塞内加尔在香港委派名誉领事的换文	2009 年 6 月 8 日/2009 年 6 月 17 日	北京
45	中华人民共和国政府与日本国政府关于中华人民共和国在新潟设立总领事馆达成协议的换文	2009 年 6 月 25 日	东京
46	中华人民共和国外交部和土耳其共和国外交部建立联合工作组谅解备忘录	2009 年 6 月 25 日	北京
47	中华人民共和国政府和土耳其共和国政府关于防止盗窃、盗掘和非法进出境文化财产的协定	2009 年 6 月 25 日	北京
48	中华人民共和国政府与乌兹别克斯坦共和国政府关于扩大油气领域合作的框架协定	2009 年 6 月 27 日	塔什干
49	中华人民共和国和印度尼西亚共和国引渡条约	2009 年 7 月 1 日	北京
50	中华人民共和国政府与亚太空间合作组织东道国协定	2009 年 7 月 15 日	北京
51	中华人民共和国政府和佛得角共和国政府文化合作协定 2009 ~2012 年执行计划	2009 年 7 月 16 日	北京
52	中华人民共和国政府和联合国关于技术合作信托基金的协议	2009 年 7 月 22 日	北京
53	中华人民共和国政府和东盟成员国政府全面经济合作框架协定投资协定	2009 年 8 月 15 日	曼谷
54	中华人民共和国政府和美利坚合众国政府关于在美利坚合众国和中华人民共和国建造外交和领事馆舍的施工条件协议	2009 年 8 月 20 日	北京
55	中华人民共和国和塞尔维亚共和国关于建立战略伙伴关系的联合声明	2009 年 8 月 20 日	北京

续表

序号	条约名称	签订日期	签订地点
56	中华人民共和国政府和塞尔维亚共和国政府关于基础设施领域经济技术合作协定	2009 年 8 月 20 日	北京
57	中华人民共和国政府和佛得角共和国政府关于成立经济、贸易和技术合作联合委员会的协定	2009 年 8 月 24 日	普拉亚
58	中华人民共和国政府和坦桑尼亚联合共和国政府文化协定 2009 ~2012 年执行计划	2009 年 8 月 27 日	达累斯萨拉姆
59	中华人民共和国政府与卢森堡大公国政府互免机组成员签证协议	2009 年 9 月 2 日	北京
60	中华人民共和国政府和老挝人民民主共和国政府关于老挝在南宁设立总领事馆的换文	2009 年 8 月 24 日/2009 年 9 月 2 日	北京
61	中华人民共和国政府和莱索托王国政府文化合作协定 2009 ~2012 年执行计划	2009 年 9 月 7 日	北京
62	中华人民共和国政府和冰岛共和国政府关于冰岛驻香港领区扩大至澳门的协议	2009 年 9 月 3 日/2009 年 9 月 14 日	北京
63	中华人民共和国政府和埃塞俄比亚联邦民主共和国政府关于防止盗窃、盗掘和非法进出境文化财产的协定	2009 年 9 月 16 日	北京
64	中华人民共和国政府与大韩民国政府关于大韩民国在武汉设立总领事馆的换文	2009 年 9 月 2 日/2009 年 9 月 17 日	北京
65	中华人民共和国政府和冰岛共和国政府关于冰岛在上海设立总领事馆达成协议的换文	2009 年 9 月 3 日/2009 年 9 月 18 日	北京
66	中华人民共和国政府和塞浦路斯共和国政府就塞浦路斯共和国在香港名誉领事馆扩大至澳门的换文	2009 年 8 月 6 日/2009 年 9 月 25 日	北京
67	中华人民共和国政府和斯里兰卡民主社会主义共和国政府就斯里兰卡民主社会主义共和国在成都设立领事馆事的换文	2009 年 9 月 8 日/2009 年 9 月 28 日	北京
68	中华人民共和国政府和俄罗斯联邦政府关于互设文化中心的协定	2009 年 10 月 13 日	北京
69	中俄总理第十四次定期会晤联合公报	2009 年 10 月 13 日	北京
70	中华人民共和国政府和吉尔吉斯共和国政府联合公报	2009 年 10 月 15 日	北京
71	中华人民共和国政府和罗马尼亚政府关于互设文化中心的谅解备忘录	2009 年 10 月 20 日	布加勒斯特

续表

序号	条约名称	签订日期	签订地点
72	中华人民共和国政府和印度共和国政府关于应对气候变化合作的协定	2009年10月21日	新德里
73	中华人民共和国政府和东南亚国家联盟成员国关于建立中国—东盟中心的谅解备忘录	2009年10月25日	差安华欣
74	中华人民共和国政府和泰王国政府关于建设大湄公河次区域南北经济走廊国际大桥项目（会晒—清孔）融资安排协议	2009年10月25日	差安华欣
75	中华人民共和国政府和东南亚国家联盟成员国政府关于加强标准、技术法规与合格评定领域合作的谅解备忘录	2009年10月25日	差安华欣
76	中华人民共和国政府和毛里求斯共和国政府文化合作协定2010~2012年执行计划	2009年10月26日	路易港
77	中华人民共和国政府和菲律宾共和国政府关于战略性合作共同行动计划	2009年10月29日	马尼拉
78	中华人民共和国外交部与新加坡共和国外交部关于中新两国中、高级官员交流培训项目的框架协议（2010~2014）	2009年11月12日	新加坡
79	中华人民共和国政府和新加坡共和国政府关于在新加坡共和国设立中国文化中心的谅解备忘录	2009年11月12日	新加坡
80	中华人民共和国政府和智利共和国政府关于海关合作与行政互助的协定	2009年11月13日	新加坡
81	中华人民共和国政府和美利坚合众国政府关于加强气候变化、能源和环境合作的谅解备忘录	2009年11月5日/2009年11月16日	北京
82	中华人民共和国政府和荷兰王国政府关于打击犯罪的警务合作谅解备忘录	2009年11月19日	北京
83	中华人民共和国政府和阿曼苏丹国政府关于互免持外交、公务及特别护照人员签证的协定	2009年12月10日	北京

九、2009年中国与各建交国双边贸易总值表*

金额单位：万美元

国家(地区)	进出口额	出口额	进口额	同比(%)		
				进出口	出口	进口
亚洲						
阿富汗	21474.2	21336.6	137.6	39.2	40.7	-48.9
阿拉伯联合酋长国	2122764.7	1863242.1	259522.5	-24.9	-21.2	-43.7
阿曼	615818.1	74750.3	541067.8	-50.4	-5.9	-53.5
巴基斯坦	677513.3	551500.5	126012.8	-4.0	-8.9	25.2
巴勒斯坦	2432.2	2357.5	74.7	-40.7	-42.2	199.4
巴林	68652.5	47528.8	21123.7	-12.7	-27.4	60.9
朝鲜	268073.4	188768.6	79304.8	-4.0	-7.1	4.3
东帝汶	2328.3	2326.0	2.3	144.2	146.8	-78.6
菲律宾	2053149.6	858437.3	1194712.2	-28.3	-6.0	-38.7
哈萨克斯坦	1401495.2	774819.8	626675.4	-20.2	-21.1	-18.9
韩国	15622815.4	5367576.0	10255239.4	-16.0	-27.4	-8.5
吉尔吉斯斯坦	527597.3	522752.2	4845.0	-43.5	-43.3	-60.1
柬埔寨	94398.9	90709.7	3689.2	-16.8	-17.2	-5.0
卡塔尔	225422.7	87239.7	138183.0	-5.5	-18.8	5.4
科威特	504293.9	154284.3	350009.7	-25.7	-11.9	-30.5
老挝	74724.9	37668.3	37056.6	85.7	40.5	176.0
黎巴嫩	106577.8	105680.1	897.7	-2.8	-2.5	-32.4
马尔代夫	4079.0	4066.2	12.8	23.7	28.9	-91.0
马来西亚	5196610.2	1963190.1	3233420.1	-3.0	-8.5	0.7
蒙古	240309.1	105793.1	134516.0	-1.2	16.5	-11.8
孟加拉国	458176.0	444103.0	14073.0	-2.3	-2.5	6.7
缅甸	290030.5	225419.1	64611.5	10.5	14.0	-0.2

续表

国家（地区）	进出口额	出口额	进口额	同比（%）		
				进出口	出口	进口
尼泊尔	41416.1	40887.1	529.0	8.5	8.9	-11.5
日本	22883248.7	9789303.8	13093944.9	-14.2	-15.7	-13.1
塞浦路斯	122008.0	120464.7	1543.3	7.5	7.1	45.8
沙特阿拉伯	3254853.9	897781.4	2357072.4	-22.2	-17.1	-24.0
斯里兰卡	163949.0	156925.7	7023.3	-3.0	-3.7	16.0
塔吉克斯坦	140255.9	121757.4	18498.5	-6.5	-17.7	813.8
泰国	3820964.4	1330656.3	2490308.0	-7.5	-14.9	-2.9
土耳其	1008182.2	833378.4	174803.8	-19.8	-21.4	-10.9
土库曼斯坦	95419.1	91569.9	3849.1	14.9	14.2	35.3
文莱	42243.6	14044.3	28199.3	92.5	7.6	217.3
乌兹别克斯坦	191008.1	156053.1	34955.0	18.9	22.1	6.3
新加坡	4786423.9	3006675.2	1779748.7	-8.8	-6.9	-11.8
叙利亚	222059.2	221057.5	1001.7	-3.6	-3.6	1.5
也门	240596.3	116845.2	123751.1	-45.3	-1.4	-61.4
伊拉克	514813.6	183855.6	330958.0	94.1	44.6	139.5
伊朗	2121165.1	791883.5	1329281.6	-23.6	-3.0	-32.2
以色列	517671.8	365257.1	152414.7	-14.4	-14.2	-15.0
印度	4337638.1	2965743.2	1371894.9	-16.3	-6.1	-32.3
印度尼西亚	2838602.8	1472191.5	1366411.3	-9.9	-14.4	-4.6
约旦	207812.6	196586.9	11225.7	6.6	7.7	-8.9
越南	2104597.4	1629826.7	474770.7	8.2	7.8	9.5
非洲						
阿尔及利亚	512688.5	418026.5	94662.0	11.4	11.4	11.5
埃及	586021.8	510766.0	75255.8	-7.0	-13.1	75.4
埃塞俄比亚	146719.9	125244.3	21475.6	11.8	1.8	163.0
安哥拉	1706180.0	238587.1	1467592.9	-32.6	-18.9	-34.4
贝宁	204632.0	195253.8	9378.2	-15.6	-15.6	-14.9

续表

国家(地区)	进出口额	出口额	进口额	同比(%)		
				进出口	出口	进口
博茨瓦纳	23068.5	16539.8	6528.7	-34.7	-2.2	-64.5
布隆迪	3495.7	3398.8	96.9	96.3	92.2	698.1
赤道几内亚	141361.1	35854.0	105507.1	-44.5	29.3	-53.5
多哥	116611.4	112974.1	3637.3	-6.6	-7.3	17.7
厄立特里亚	3991.7	3949.5	42.2	26.9	36.3	-82.9
佛得角	3540.5	3540.5		136.8	136.8	
刚果(布)	210295.3	36689.9	173605.4	-51.6	-40.3	-53.5
刚果(金)	146691.3	32125.8	114565.5	-19.3	36.9	-27.7
吉布提	29463.8	29452.8	11.0	16.0	16.8	-93.9
几内亚	28752.7	28128.7	624.0	-20.1	-15.9	-75.3
几内亚比绍	2481.1	2319.4	161.7	235.8	277.3	30.1
加纳	161334.6	153372.3	7962.2	-12.4	-12.3	-14.8
加蓬	86870.3	15471.0	71399.3	-55.0	10.8	-60.2
津巴布韦	29710.9	15625.9	14085.0	5.6	17.4	-5.0
喀麦隆	81352.1	41585.3	39766.8	-5.2	9.6	-17.0
科摩罗	1117.2	1116.9	0.2	-56.1	-56.1	
科特迪瓦	56760.1	50486.8	6273.3	-5.7	-5.0	-11.1
肯尼亚	130682.7	127719.3	2963.4	1.8	2.2	-14.7
莱索托	5207.5	5039.2	168.3	-36.0	-36.7	-0.9
利比里亚	188551.1	188155.2	395.9	65.0	65.5	-33.3
利比亚	517705.2	200266.2	317439.0	22.4	22.1	22.6
卢旺达	8373.9	5804.1	2569.8	-5.9	-2.2	-13.1
马达加斯加	45021.0	39538.6	5482.3	-32.6	-34.4	-15.9
马拉维	8198.2	6499.2	1699.0	-8.1	-19.8	109.5
马里	20464.6	16759.7	3704.9	-11.3	-0.1	-41.1
毛里求斯	29798.2	29212.8	585.4	-8.5	-8.7	2.6
毛里塔尼亚	109728.8	24178.6	85550.1	-11.0	27.9	-18.1

续表

国家(地区)	进出口额	出口额	进口额	同比(%)		
				进出口	出口	进口
摩洛哥	250544.8	212936.7	37608.1	-10.8	-9.3	-18.4
莫桑比克	51672.5	33915.7	17756.8	22.5	14.6	41.1
纳米比亚	57688.2	26450.1	31238.1	9.8	8.8	10.7
南非	1606255.5	736659.5	869595.9	-10.0	-14.5	-5.8
尼日尔	28391.3	28386.5	4.8	70.1	70.2	-29.3
尼日利亚	637142.2	547554.6	89587.6	-12.4	-19.1	76.2
塞拉利昂	6520.3	5466.2	1054.1	-22.5	-30.6	98.3
塞内加尔	44131.1	39933.6	4197.5	8.6	-0.6	744.6
塞舌尔	1527.5	1524.4	3.1	-14.3	7.9	-99.2
苏丹	638859.6	170551.4	468308.3	-22.1	-9.0	-26.0
索马里	6785.9	6730.9	55.0	67.4	66.9	191.8
坦桑尼亚	110863.4	91402.3	19461.1	2.5	-3.8	47.9
突尼斯	81865.6	71114.5	10751.1	4.0	2.0	19.0
乌干达	25127.5	23117.2	2010.3	1.7	0.5	17.8
赞比亚	143048.3	15199.8	127848.5	81.8	-42.5	144.7
乍得	21426.6	14889.8	6536.7	76.3	86.3	57.1
中非	2737.7	1273.2	1464.5	-16.4	12.7	-31.7
欧洲						
阿尔巴尼亚	27151.4	20720.0	6431.3	-4.5	5.7	-27.1
阿塞拜疆	68160.5	55328.9	12831.7	-14.9	-19.4	11.7
爱尔兰	521262.3	197930.0	323332.3	-26.3	-54.2	17.7
爱沙尼亚	44179.7	36246.5	7933.2	-34.7	-38.4	-10.6
安道尔	268.0	249.7	18.3	121.0	113.9	303.8
奥地利	483387.3	142816.1	340571.2	-1.2	-19.3	9.1
白俄罗斯	81001.8	28042.4	52959.4	-5.7	-22.4	6.4
保加利亚	73706.2	59606.5	14099.7	-45.1	-47.0	-35.0
比利时	1671997.5	1087263.7	584733.8	-17.3	-26.9	9.6

续表

国家(地区)	进出口额	出口额	进口额	同比(%)		
				进出口	出口	进口
冰岛	8747.0	5421.7	3325.3	-31.8	-41.8	-5.3
波兰	899149.8	748696.4	150453.4	-13.8	-17.2	7.9
波斯尼亚和黑塞哥维那	4940.9	3565.8	1375.1	-37.8	-51.0	107.9
丹麦	651647.0	422573.6	229073.4	-20.2	-24.1	-11.8
德国	10566274.7	4991815.5	5574459.2	-8.1	-15.7	-0.1
俄罗斯联邦	3880344.7	1751402.1	2128942.6	-31.8	-47.0	-10.7
法国	3448115.1	2146024.9	1302090.2	-11.4	-7.9	-16.7
芬兰	779815.2	452600.8	327214.3	-28.3	-38.4	-7.4
格鲁吉亚	20980.4	19193.4	1787.1	-29.2	-34.5	406.7
荷兰	4180375.2	3668287.6	512087.6	-18.4	-20.1	-3.4
黑山	7767.3	7692.8	74.5	-12.5	-11.2	-65.0
捷克	615561.2	502377.6	113183.6	-5.3	-8.6	12.9
克罗地亚	119327.2	111841.2	7486.0	-34.1	-35.8	10.4
拉脱维亚	47830.5	45229.4	2601.1	-44.8	-46.7	44.4
立陶宛	69381.2	65569.9	3811.3	-36.3	-38.1	30.8
列支敦士登	5718.0	618.1	5100.0	41.9	-28.4	61.0
卢森堡	325472.3	304999.1	20473.2	-15.4	-14.2	-30.4
罗马尼亚	281040.1	237737.0	43303.2	-13.5	-17.7	20.3
马耳他	166280.4	126279.9	40000.5	9.7	18.4	-11.1
马其顿	8010.4	5601.1	2409.3	-4.6	-20.8	81.5
摩尔多瓦	7582.8	7257.1	325.8	2.6	1.8	24.6
摩纳哥	2013.9	914.5	1099.4	-24.7	-40.4	-3.6
挪威	573491.0	267539.3	305951.7	21.8	4.5	42.4
葡萄牙	240445.2	192352.2	48093.0	-11.1	-17.0	24.1
瑞典	961068.7	415678.7	545390.1	-5.4	-18.8	8.3
瑞士	955767.1	265839.8	689927.3	-15.1	-32.0	-6.1
塞尔维亚	33735.8	30834.8	2901.0	-33.2	-37.4	136.2

续表

国家(地区)	进出口额	出口额	进口额	同比(%)		
				进出口	出口	进口
圣马力诺	100.6	97.8	2.8	-59.6	-49.4	-94.9
斯洛伐克	229641.2	139901.5	89739.8	-22.1	-28.8	-8.8
斯洛文尼亚	89648.2	77001.3	12646.9	-18.2	-20.1	-3.9
乌克兰	577849.9	360397.3	217452.6	-34.0	-52.4	82.1
西班牙	1836373.7	1407160.4	429213.3	-30.0	-32.3	-20.9
希腊	367290.4	345786.2	21504.2	-13.8	-15.1	15.9
匈牙利	680969.2	534326.6	146642.6	-8.9	-12.4	6.1
亚美尼亚	11137.7	8743.9	2393.9	38.0	26.3	108.0
意大利	3126385.1	2024314.5	1102070.6	-18.3	-24.0	-5.3
英国	3915346.1	3127802.2	787543.9	-14.2	-13.3	-17.5
美洲						
阿根廷	779250.2	348303.8	430946.5	-45.9	-31.1	-54.0
安提瓜和巴布达	49378.6	49369.0	9.6	-6.8	-6.8	26.9
巴西	4240198.6	1411843.5	2828355.1	-12.9	-24.9	-5.3
巴哈马	42268.6	42253.8	14.8	9.5	9.7	-75.6
巴巴多斯	9378.7	9155.4	223.3	219.5	227.7	57.4
秘鲁	645047.4	209898.9	435148.5	-11.2	-24.3	-3.1
玻利维亚	25484.3	12974.4	12509.9	-22.6	-27.3	-16.9
多米尼克	2348.1	2232.1	116.0	-69.9	-70.5	-46.4
厄瓜多尔	176671.9	100356.2	76315.7	-26.3	-35.1	-10.1
哥伦比亚	337549.3	239633.5	97915.8	-17.9	-19.8	-13.0
哥斯达黎加	318405.9	53761.8	264644.1	10.2	-13.2	16.6
格林纳达	398.3	395.2	3.1	4.4	4.7	-23.4
古巴	154736.3	97292.4	57443.9	-31.5	-28.2	-36.4
圭亚那	6983.2	5908.5	1074.8	-20.9	-16.8	-38.1
加拿大	2970924.0	1767553.9	1203370.1	-13.8	-18.9	-5.0
美国	29825983.7	22081071.2	7744912.4	-10.6	-12.5	-4.8

续表

国家(地区)	进出口额	出口额	进口额	同比(%)		
				进出口	出口	进口
墨西哥	1618422.4	1229576.1	388846.4	-7.8	-11.3	5.4
苏里南	10809.1	9617.7	1191.4	1.6	-6.4	225.6
特立尼达和多巴哥	34752.5	24421.4	10331.1	-7.0	-30.2	328.2
委内瑞拉	715288.7	281210.7	434078.0	-28.0	-16.5	-33.9
乌拉圭	155331.2	81956.0	73375.2	-6.0	-20.3	17.6
牙买加	21855.4	19699.2	2156.2	-25.7	-31.8	286.8
智利	1776867.3	492828.8	1284038.4	2.4	-20.3	14.9
大洋洲						
澳大利亚	6008605.4	2064376.2	3944229.2	0.7	-7.2	5.4
巴布亚新几内亚	88591.1	52818.6	35772.5	3.1	53.5	-30.6
斐济	9713.2	9655.4	57.9	5.6	6.0	-37.2
库克群岛	730.3	704.5	25.8	173.8	709.5	-85.6
密克罗尼西亚联邦	859.8	463.4	396.4	102.2	9.2	38711.8
萨摩亚	4486.8	3724.2	762.6	61.0	47.5	192.1
汤加	805.4	799.5	5.9	0.9	0.4	234.1
瓦努阿图	4880.9	4744.2	136.7	39.2	36.9	215.8
新西兰	456260.4	208535.1	247725.4	3.7	-16.9	30.9

* 以上统计数字由海关总署提供,该数字未包括各建交国与中国香港特别行政区、中国澳门特别行政区和中国台湾省的贸易额。

十、2009 年中国接收各建交国留学生情况统计表*

国　　别	长期留学生人数	短期留学生人数	总　数
亚洲			
阿富汗	131	29	160
阿拉伯联合酋长国	21	0	21
阿曼	29	9	38
巴基斯坦	5626	112	5738
巴勒斯坦	145	15	160
巴林	61	4	65
朝鲜	786	79	865
东帝汶	16	7	23
菲律宾	810	1463	2273
哈萨克斯坦	5997	500	6497
韩国	53819	10413	64232
吉尔吉斯斯坦	1178	105	1283
柬埔寨	322	84	406
卡塔尔	2	2	4
科威特	12	0	12
老挝	1381	176	1557
黎巴嫩	47	10	57
马尔代夫	94	0	94
马来西亚	2291	501	2792
蒙古	5134	550	5684
孟加拉国	373	39	412
缅甸	631	395	1026
尼泊尔	2622	32	2654

续表

国　别	长期留学生人数	短期留学生人数	总　数
日本	10053	5356	15409
塞浦路斯	8	3	11
沙特阿拉伯	668	22	690
斯里兰卡	870	31	901
塔吉克斯坦	527	12	539
泰国	7911	3468	11379
土耳其	1050	176	1226
土库曼斯坦	535	12	547
文莱	16	6	22
乌兹别克斯坦	525	57	582
新加坡	1682	1516	3198
叙利亚	145	13	158
也门	752	37	789
伊拉克	207	7	214
伊朗	397	42	439
以色列	247	102	349
印度	8343	125	8468
印度尼西亚	6813	1113	7926
约旦	138	43	181
越南	11372	875	12247
非洲			
阿尔及利亚	358	5	363
埃及	213	124	337
埃塞俄比亚	228	430	658
安哥拉	192	2	194
贝宁	128	20	148
博茨瓦纳	62	15	77
布隆迪	260	16	276

续表

国别	长期留学生人数	短期留学生人数	总数
赤道几内亚	170	1	171
多哥	137	17	154
厄立特里亚	52	8	60
佛得角	84	2	86
刚果(布)	350	11	361
刚果(金)	328	10	338
吉布提	64	17	81
几内亚	160	25	185
几内亚比绍	449	7	456
加纳	740	72	812
加蓬	166	5	171
津巴布韦	141	39	180
喀麦隆	366	27	393
科摩罗	44	4	48
科特迪瓦	129	16	145
肯尼亚	412	49	461
莱索托	74	9	83
利比里亚	123	22	145
利比亚	69	10	79
卢旺达	207	7	214
马达加斯加	159	44	203
马拉维	64	36	100
马里	159	17	176
毛里求斯	559	28	587
毛里塔尼亚	117	8	125
摩洛哥	161	19	180
莫桑比克	103	1	104
纳米比亚	105	19	124

续表

国　别	长期留学生人数	短期留学生人数	总　数
南非	199	94	293
尼日尔	173	53	226
尼日利亚	850	121	971
塞拉利昂	135	29	164
塞内加尔	160	12	172
塞舌尔	58	9	67
苏丹	430	43	473
索马里	337	2	339
坦桑尼亚	479	61	540
突尼斯	112	19	131
乌干达	188	19	207
赞比亚	305	39	344
乍得	96	8	104
中非	97	6	103
欧洲			
阿尔巴尼亚	40	2	42
阿塞拜疆	124	6	130
爱尔兰	124	122	246
爱沙尼亚	35	6	41
安道尔	0	0	0
奥地利	220	260	480
白俄罗斯	230	46	276
保加利亚	113	32	145
比利时	366	243	609
冰岛	48	97	145
波兰	362	104	466
波斯尼亚和黑塞哥维那	12	0	12
丹麦	212	152	364

续表

国　别	长期留学生人数	短期留学生人数	总　数
德国	2663	1576	4239
俄罗斯	8213	2383	10596
法国	3601	1821	5422
芬兰	240	166	406
格鲁吉亚	46	14	60
荷兰	604	452	1056
黑山	4	1	5
捷克	140	86	226
克罗地亚	33	5	38
拉脱维亚	55	14	69
立陶宛	47	12	59
列支敦士登	2	0	2
卢森堡	11	5	16
罗马尼亚	92	18	110
马耳他	1	19	20
马其顿	21	4	25
摩尔多瓦	41	26	67
摩纳哥	0	21	21
挪威	252	150	402
葡萄牙	128	306	434
瑞典	689	201	890
瑞士	382	219	601
塞尔维亚	50	10	60
圣马力诺	1	23	24
斯洛伐克	70	26	96
斯洛文尼亚	53	20	73
乌克兰	593	113	706
西班牙	791	628	1419

续表

国　别	长期留学生人数	短期留学生人数	总　数
希腊	50	55	105
匈牙利	148	54	202
亚美尼亚	50	28	78
意大利	1650	1009	2659
英国	1488	1514	3002
美洲			
阿根廷	117	19	136
安提瓜和巴布达	35	2	37
巴巴多斯	17	8	25
巴哈马	19	10	29
巴西	495	224	719
玻利维亚	81	9	90
多米尼克	97	0	97
厄瓜多尔	142	35	177
哥伦比亚	420	106	526
哥斯达黎加	117	14	131
格林纳达	37	10	47
古巴	227	33	260
圭亚那	30	4	34
加拿大	1739	781	2520
美国	9543	9107	18650
秘鲁	139	35	174
墨西哥	982	98	1080
苏里南	34	6	40
特立尼达和多巴哥	7	1	8
委内瑞拉	164	39	203
乌拉圭	19	6	25
牙买加	22	2	24

续表

国　别	长期留学生人数	短期留学生人数	总　数
智利	139	118	257
大洋洲			
澳大利亚	959	915	1874
巴布亚新几内亚	71	10	81
斐济	43	13	56
密克罗尼西亚	47	7	54
萨摩亚	57	11	68
汤加	84	6	90
瓦努阿图	20	5	25
新西兰	272	173	445

*　本表由教育部提供，表中未包括各建交国在中国香港特别行政区、澳门特别行政区和台湾省就读的留学生人数。

后　记

《中国外交》由外交部政策规划司主编、外交部各地区业务司撰稿、世界知识出版社出版发行，每年出版一卷，向国内外公开发行。

《中国外交》旨在准确、全面地阐述中国的外交政策和中国对国际形势的最新看法，系统、完整地介绍中国上一年度对外关系及外交实践。

《中国外交》（2010 年版）主要介绍 2009 年的中国外交，文中配有彩色插图，同时发行中文版和英文全译本。

《中国外交》(2010 年版）共分九章。

第一章和第二章主要介绍中国对 2009 年国际形势的看法和中国的外交工作概况。

第三章主要介绍 2009 年中国与各建交国家的关系。每个建交国成一节，按各建交国国名的英文字母顺序排列。

第四章主要介绍 2009 年中国与国际和地区组织的关系以及中国对有关问题的立场及观点。

第五章介绍 2009 年中国外交中的军控、裁军与防扩散工作。

第六章介绍 2009 年中国外交中的条约法律工作。

第七章介绍 2009 年中国外交中的边界与海洋工作。

第八章介绍 2009 年中国外交中的新闻工作。

第九章介绍 2009 年中国外交中的领事工作。

另外还收录“2009 年中国外交重要活动”和“2009 年中国外交重要文献”。

最后为附录。

外交部政策规划司

二〇一〇年三月八日

图书在版编目（CIP）数据
中国外交:2010年版／中华人民共和国外交部政策规划司编. 一北京:
世界知识出版社，2010.6
ISBN 978－7－5012－3848－4

Ⅰ.①中…　Ⅱ.①中…　Ⅲ.①外交—概况—中国—2010　Ⅳ.①D82

中国版本图书馆CIP数据核字（2010）第105855号

ISBN 978-7-5012-3848-4

ISBN 978-7-900159-47-2

中国外交／2010年版
Zhongguo Waijiao / 2010 Nian Ban

责任编辑／田　非　杨志芬
责任出版／王勇刚
责任校对／马莉娜

出版发行／世界知识出版社
地址电话／北京市东城区干面胡同51号（010）65265919
邮政编码／100010
经　　销／新华书店
排版印刷／北京世知文化创意有限公司　河北新华印刷一厂印刷
开本印张／720×1020毫米　1/16　30½印张　12插页　554千字
版次印次／2010年8月第一版　2010年8月第一次印刷
标准书号／ISBN 978－7－5012－3848－4
定　　价／110.00元（精装）